Historische Biographik

Europäische Hochschulschriften
Publications Universitaires Européennes
European University Studies

Reihe III
Geschichte und ihre Hilfswissenschaften

Série III   Series III
Histoire, sciences auxiliaires de l'histoire
History and Allied Studies

Bd./Vol. 829

PETER LANG
Frankfurt am Main · Berlin · Bern · New York · Paris · Wien

Olaf Hähner

Historische Biographik

Die Entwicklung
einer geschichtswissenschaftlichen
Darstellungsform von der Antike
bis ins 20. Jahrhundert

PETER LANG
Europäischer Verlag der Wissenschaften

Die Deutsche Bibliothek - CIP-Einheitsaufnahme

Hähner, Olaf:
Historische Biographik : die Entwicklung einer geschichtswissenschaftlichen Darstellungsform von der Antike bis ins 20. Jahrhundert / Olaf Hähner. - Frankfurt am Main ; Berlin ; Bern ; New York ; Paris ; Wien : Lang, 1999
  (Europäische Hochschulschriften : Reihe 3, Geschichte und ihre Hilfswissenschaften ; Bd. 829)
  Zugl.: Siegen, Univ., Diss., 1998
  ISBN 3-631-34650-6

Gedruckt auf alterungsbeständigem,
säurefreiem Papier.

D 467
ISSN 0531-7320
ISBN 3-631-34650-6
© Peter Lang GmbH
Europäischer Verlag der Wissenschaften
Frankfurt am Main 1999
Alle Rechte vorbehalten.

Das Werk einschließlich aller seiner Teile ist urheberrechtlich geschützt. Jede Verwertung außerhalb der engen Grenzen des Urheberrechtsgesetzes ist ohne Zustimmung des Verlages unzulässig und strafbar. Das gilt insbesondere für Vervielfältigungen, Übersetzungen, Mikroverfilmungen und die Einspeicherung und Verarbeitung in elektronischen Systemen.

Printed in Germany 1 2 3 4 5   7

Inhaltsverzeichnis

Siglen VIII
Vorwort XI

A. Einleitung

I. Die Geschichte der Darstellungsformen als Teil der
   Historiographiegeschichte 1
II. Die historische Biographie in der Diskussion seit 1945 4
III. Ansätze zur Rekonstruktion der Geschichte der historischen Biographie 9
IV. Methoden und Grenzen der Untersuchung 14

B. Die Biographie als historiographische Darstellungsform: Abgrenzungen und erste Unterscheidungen

I. Historische Biographie und biographische Historie 23
II. Personale und historische Biographie 27
III. Die zwei Grundformen historischer Biographik: Syntagmatisches und
   paradigmatisches Verhältnis 30

C. Historiographiegeschichtliche Voraussetzungen der modernen historischen Biographie

I. Vormoderne Traditionen
   1. Antike 35
   2. Mittelalter 42
   3. Frühe Neuzeit 49
II. Aufklärung: Trennung von Biographie und Geschichtsschreibung
   1. Überblick 56
   2. Das Verhältnis von Individuum und Geschichte in der pragmatischen
      Geschichtsauffassung 57
   3. Theorie der historischen Biographie im 18. Jahrhundert 59
   4. Praxis der historischen Biographie in der europäischen Aufklärung 68
   5. Biographische Sammelwerke um 1800 76
III. Zwischen Aufklärung und Historismus: Die geistesgeschichtlichen Voraussetzungen
   der historischen Biographie im 19. Jahrhundert
   1. Überblick 82
   2. Goethe: Biographie als historische Bildungsgeschichte
      a) Herder: Die historisch verstandene Individualität 83

b) Goethe: Die Biographie als historische Bildungsgeschichte und die
paradigmatische Qualität der "geistigen Flügelmänner" 87
c) "Dichtung und Wahrheit" als historische Biographie 92
3. Hegel: Das neue Verhältnis von Individuum und Geschichte in der
idealistischen Geschichtsphilosophie
a) Die Theorie der welthistorischen Individuen 96
b) Hegels Geschichtsphilosophie und die Theorie der historischen Biographie 100

D. Ausbildung und Etablierung der historischen Biographie im Historismus

I. Idealistischer Historismus
1. Der Historismus und die Geschichte der historischen Biographie 105
2. Droysen: Die Biographie als geschichtswissenschaftliche Darstellungsform
    a) Droysens "Historik" und die Theorie der historischen Biographie 108
    b) Das historische Interesse an den Individuen und die Idee einer
       rein historischen Biographie 111
    c) Die Bestimmung der historischen Biographie als "Ausprägung des
       Gedankens" und die Kandidatentheorie 115
    d) "Geschichte Alexanders des Großen" 118
3. Ranke: Die Idee der integrativen historischen Biographie
    a) Individuum und Geschichte bei Ranke und die Idee der
       integrativen Biographie 122
    b) "Geschichte Wallensteins" 125
    c) "Deutsche Geschichte im Zeitalter der Reformation" 130

II. Politischer Historismus
1. Die Etablierung der historischen Biographie als geschichtswissenschaftliche
    Darstellungsform in der zweiten Hälfte des 19. Jahrhunderts 135
2. Die politische Biographik der Jahrhundertmitte
    a) Dokumentarische Monumentalbiographik 142
    b) Das borussische Geschichtsbild und die "Männer, die Geschichte machen" 146
    c) Droysens "York" 151
3. Ansätze zu einer paradigmatischen Biographik in der zweiten Jahrhunderthälfte
    a) Übersicht 161
    b) Strauß' "Märklin" 163
    c) Poeschels "Erzgebirgische Gelehrtenfamilie" 169

III. Wissenschaftlicher Historismus
1. Fortsetzung und Höhepunkt der Etablierung der historischen Biographie 176
2. Die historische Biographie als Medium der Auseinandersetzung mit der
    borussischen Geschichtsinterpretation 179
3. Der "Methodenstreit" und die historische Biographie 187

4. Theoretische Beiträge zur historischen Biographie 198
5. Die historische Biographie nach dem Methodenstreit: Die "große
   Geschichte" in der "kleinen Synthese"
   a) Zeitalter der Reformation und Gegenreformation 209
   b) Bismarck und die Reichsgründung 219
   c) Politische Bewegungen im 19. Jahrhundert 232

E. Zusammenfassung und Diskussion der Ergebnisse im Hinblick auf eine Theorie der historischen Biographie 245

F. Verzeichnis der mehrfach benutzten Quellen und Literatur 269

Siglen:

ADB: Allgemeine Deutsche Biographie

AKG: Archiv für Kulturgeschichte

BioBl: Biographische Blätter

BW: Briefwechsel

DVjS: Deutsche Vierteljahrsschrift für Literaturwissenschaft und Geistesgeschichte

EdF: Erträge der Forschung

FBPG: Forschungen zur brandenburgischen und preußischen Geschichte

FS: Festschrift

FSGA: Freiherr vom Stein-Gedächtnisausgabe

Gd: Geschichtsdidaktik

GG: Geschichte und Gesellschaft

GWU: Geschichte in Wissenschaft und Unterricht

Hamberger/Meusel: Georg Christoph Hamberger/Johann Georg Meusel: Das gelehrte Teutschland oder Lexikon der jetzt lebenden teutschen Schriftsteller, angefangen v. G. Chr. HAMBERGER, fortgeführt v. J. G. MEUSEL, 5. Ausgabe, 23 Bde., Lemgo 1796-1834, ND Hildesheim 1965-67

HL: Rüdiger v. Bruch/Rainer A. Müller (Hgg.): Historikerlexikon. Von der Antike bis zum 20. Jahrhundert, München 1991

Historik: Johann Gustav Droysen: Historik. Historisch-kritische Ausgabe

HPB: Historisch-politisches Buch

HTh: History and Theory

HZ: Historische Zeitschrift

Küttler/Rüsen/Schulin: Wolfgang Küttler/Jörn Rüsen/Ernst Schulin (Hgg.): Geschichtsdiskurs, 4 Bde., Frankfurt a. M. 1993-1997

LMA: Lexikon des Mittelalters

MEW: Karl Marx/Friedrich Engels: Werke, hg. vom Institut für Marxismus-Leninismus beim Zentralkomitee der Sozialistischen Einheitspartei Deutschlands, Berlin(-Ost) 1956ff.

MGH: Monumenta Germaniae Historica

ND: Nachdruck

NDB: Neue Deutsche Biographie

NPL: Neue politische Literatur

OGG: Oldenbourg Grundriß der Geschichte

PhilG: Georg Wilhelm Friedrich Hegel: Vorlesungen über die Philosophie der Geschichte

PrJb: Preußische Jahrbücher

StdSt: Storia della Storiografia

SWnEsS: Johann Wolfgang Goethe: Sämtliche Werke nach Epochen seines Schaffens. Münchner Ausgabe, 20 Bde., hg. v. Karl Richter, München/Wien 1985-1992

Weber: Wolfgang Weber: Biographisches Lexikon zur Geschichtswissenschaft in Deutschland, Österreich und der Schweiz. Die Lehrstuhlinhaber für Geschichte von den Anfängen des Faches bis 1970, Frankfurt a.M. u.a. ²1987

WdF: Wege der Forschung

Vorwort

Im Sommer des vergangenen Jahres besuchte ich einen Berufungsvortrag zur Besetzung des Lehrstuhles für Neueste Geschichte und Didaktik der Geschichte an der Universität-Gesamthochschule Siegen. Das offizielle Thema des Vortrags lautete "München in nationalsozialistischer Zeit". Tatsächlich ging es in ihm aber um die Rolle Hitlers in der frühen nationalsozialistischen Bewegung und um die ideologischen Einflüsse, die Hitlers Welt- und Selbstbild in dieser Zeit und an diesem Ort formten. In der anschließenden Diskussion wurde der Vortragende gefragt, ob er diesen biographischen Ansatz auch didaktisch für sinnvoll halte und etwa in Schulgeschichtsbüchern stärker berücksichtigt sehen wollte. Der Angesprochene erhob daraufhin abwehrend die Hände und beteuerte, daß er seine Vorgehensweise keineswegs als biographisch verstanden wissen wolle und daß es bei der Darstellung des Nationalsozialismus selbstverständlich auf die allgemeinen Strukturen und Prozesse ankäme. Er hatte offensichtlich die Befürchtung, daß ein Bekenntnis zum biographischen Ansatz seine Chancen auf die Berufung schmälern könnte.

"Ist die Biographie eine mögliche Form legitimer Geschichtsschreibung?" Es scheint als ob das Fragezeichen, mit dem Eckhart Jander vor gut dreißig Jahren den Untertitel seiner Dissertation über die historische Biographie versehen hat, auch heute noch benötigt würde. Diesen Fragesatz in einen begründeten Aussagesatz zu verwandeln ist das Ziel der nachfolgenden Untersuchungen. Die Biographie *ist* eine Form legitimer Geschichtsschreibung. Sie leistet zur Produktion historischen Wissens einen eigenständigen und unverzichtbaren Beitrag. Man darf sich zu ihr als historiographischer Form bekennen, es bedarf keiner Entschuldigung als Historiker auch Biograph zu sein.-

Daß ich die letzten drei Jahre als glückliche und fruchtbare Fortsetzung meines Studiums an der Universität-Gesamthochschule Siegen empfinden konnte, verdanke ich wesentlich meinem Doktorvater, Professor Ulf Dirlmeier. Er hat die Liberalität besessen, mich in der Bearbeitung eines Themas zu ermuntern und zu fördern, das nicht zu seinen unmittelbaren Forschungsgebieten gehört. Es setzte sich die vorbildliche Betreuung fort, die Professor Ulf Dirlmeier schon während des Studiums und Examens meinen Kommilitonen und mir zukommen ließ. Professor Jürgen Reulecke verdanke ich die erste Anregung zum Thema dieser Arbeit. Für Hinweise und Material danke ich Professor Günter Niggl (Katholische Universität Eichstätt) und Professor Helmut Scheuer (Universität Gesamthochschule Kassel), der 1978 seine literaturwissenschaftliche Habilitationsschrift über die Biographie an der damaligen Gesamthochschule Siegen vorgelegt hat. Es würde mich freuen, wenn meine Arbeit ein wenig dazu beitragen könnte, daß man die Erforschung der Biographie weiterhin mit dem Namen unserer Universität verbindet. Darüber hinaus bin ich folgenden Personen und Institutionen zu

Dank verpflichtet: Dr. Bernd Fuhrmann hat sich um die finanzielle Grundlage dieser Untersuchung gekümmert und mir viel Arbeit bei dem Anfertigen und Ausfüllen von Anträgen, Bewerbungen und Formularen abgenommen. In diesem Zusammenhang danke ich der Deutschen Forschungsgemeinschaft, die diese Arbeit in der Schlußphase als Forschungsprojekt gefördert hat. Die Mitarbeiter der Universitätsbibliotheken Siegen und Gießen wußten meine Literaturwünsche - auch auf unbürokratischem Weg - stets zu befriedigen. Dr. Armin Flender, Rüdiger Gans, Sandra Hähner, Holger Kölsch, Marcellus Plümacher und Olaf Schröder haben durch Korrekturlesen, inhaltliche und stilistische Anregungen wesentlich zur Fertigstellung beigetragen.

Großer Dank gebührt nicht zuletzt meiner Frau, die nicht nur einen großen Teil der Korrekturarbeit getragen, sondern mich - trotz eigener beruflicher Verpflichtung - soweit entlastet hat, daß diese Arbeit in einem überschaubaren Zeitraum fertiggestellt werden konnte. Ihr und unserem Sohn sei sie deshalb gewidmet.

Olaf Hähner
Olpe, im Dezember 1998

A. Einleitung

I. Die Geschichte der Darstellungsformen als Teil der Historiographiegeschichte

In den letzten Jahren haben die historiographiegeschichtlichen Forschungen und Diskussionen eine neue Intensität gewonnen und eine neue Richtung eingeschlagen. Während Historiographiegeschichte bis in die 1970er Jahre zumeist die Funktion der Affirmation beziehungsweise der Kritik bestimmter Traditionen des eigenen Faches hatte, um den jeweils eigenen Standpunkt zu legitimieren, beziehungsweise gegnerische Standpunkte zu kritisieren, bemühen sich neuere historiographiegeschichtliche Versuche um eine Klärung der "historischen wie auch systematischen Grundlagen der Geschichte als Wissenschaft".[1] Historiographiegeschichte wird als Medium der Selbstverständigung der Geschichtswissenschaft über ihren Wissenschaftscharakter genutzt. Eine Folge dieser neuen Funktion der Historiographiegeschichte ist ihre enge Verbindung zur Geschichts- und Wissenschaftstheorie. Gleichzeitig ist sie durch verschiedene methodische Zugriffe und eine interdisziplinäre Ausrichtung geprägt. Neben die traditionellen hermeneutischen Formen[2] der Ideengeschichte,[3] der Werkgeschichte[4] und der an einzelnen herausragenden Figuren der Fachgeschichte orientierten Arbeiten[5] treten wissenssoziologische[6], institutionsgeschichtliche[7] und "linguistische" Ansätze, um nur einige zu nennen.[8] Wichtige Impulse hat das neue historiographiegeschichtliche Interesse durch den "linguistic turn" und die mit ihm verbundene Narrativitätsdebatte erfahren. Sie lenkte den

---

[1] Wolfgang KÜTTLER/Jörn RÜSEN/ERNST SCHULIN: Vorwort der Herausgeber, in: KÜTTLER/RÜSEN/SCHULIN, Bd. 1, S. 11-13, hier: S. 11.

[2] Zu den verschiedenen Formen vergleiche die hilfreiche Übersicht bei BLANKE: Typen und Funktionen der Historiographiegeschichtsschreibung, S. 193-197.

[3] Diesem Konzept lassen sich zuordnen: MEINECKE: Die Entstehung des Historismus; SRBIK: Geist und Geschichte vom deutschen Humanismus bis zur Gegenwart.

[4] Z.B. Moritz RITTER: Die Entwicklung der Geschichtswissenschaft an den führenden Werken betrachtet, München/Berlin 1919. Im Hinblick auf den Gegenstand dieser Untersuchung kann man nennen: JANDER: Untersuchungen zu Theorie und Praxis der deutschen historischen Biographie im neunzehnten Jahrhundert.

[5] Dies ist ohne Zweifel die nach wie vor häufigste Form der Historiographiegeschichtsschreibung. Allein zu Droysen lassen sich mehr als ein Dutzend Arbeiten nennen.

[6] Hier ist vor allem die bedeutende Pionierarbeit von Wolfgang WEBER zu nennen (Priester der Klio).

[7] Hier sind vor allem Arbeiten anzuführen, die die Entwicklung der Fachwissenschaft Geschichte an einzelnen Universitäten nachzeichnen, z.B.: SIMON: Staat und Geschichtswissenschaft in Deutschland und Frankreich 1871-1914; Reiner HANSEN/Wolfgang RIBBE (Hgg.): Geschichtswissenschaft in Berlin im 19. und 20. Jahrhundert. Persönlichkeiten und Institutionen (= Veröffentlichungen der Historischen Kommission zu Berlin, Bd. 82), Berlin/New York 1992. Für die mediävistische Forschung ist von besonderem Interesse: FUHRMANN: "Sind eben alles Menschen gewesen".

[8] Vgl. auch die übersichtliche Zusammenstellung dieser und weiterer methodischer Ansätze bei SIMON: Historiographie.

Augenmerk der Forschung auf die "Bedeutung der Form" (Hayden White). Die Frage nach den historiographischen Darstellungsformen ist damit zu einer "Grundfrage der Substanz historischen Denkens geworden."[9]

Über das Verhältnis der Geschichtsschreibung zur Geschichtswissenschaft haben sich in den letzten Jahren verschiedene Forschungspositionen herausgebildet. Die traditionelle, "zünftige" Position geht davon aus, daß Geschichtsschreibung eine bloße Funktion der Forschung sei.[10] Dagegen haben Geschichtstheoretiker, insbesondere aus angloamerikanischen Ländern, Sprache und literarische Form der Geschichtsschreibung als eigenständiges und ausschlaggebendes Element der Historie herausgestellt. Eine dritte Position geht davon aus, daß die Geschichtsschreibung ein abgrenzbares, aber auf Forschung und Interpretation der historischen Wirklichkeit bezogenes Element der Historie ist.[11] Diese Annahme, die bei Johann Gustav Droysen ihre erste und auch heute noch plausible Begründung erfahren hat,[12] erscheint für die Rekonstruktion der Historiographiegeschichte *aus geschichtswissenschaftlicher Sicht* die tragfähigste Ausgangsposition. Denn sie trägt sowohl dem Anspruch der historischen Wissenschaft auf Autonomie[13] und Rationalität[14] Rechnung als auch der Einsicht in die Bedeutung der narrativen und historiographischen Formung der Geschichte.

Das Erkenntnisinteresse der folgenden Untersuchung liegt hauptsächlich in der "kognitiven Strategie der Erzeugung historischen Wissens",[15] insofern sie durch die historiographischen Darstellungsformen getragen und bedingt ist. Die Darstellungsformen werden nicht als literarische Texte, sondern als Faktor innerhalb der historischen

---

[9] KÜTTLER/RÜSEN/SCHULIN: Vorwort der Herausgeber, S. 12.

[10] Vgl. RÜSEN: Lebendige Geschichte, S. 20.

[11] Diese Position wird insbesondere von Jörn RÜSEN bezogen: "Forschung und Geschichtsschreibung sind zwei Seiten und auch zwei Phasen des historischen Erkenntnisprozesses. [...] Denn jede Forschung zielt grundsätzlich auf Geschichtsschreibung [...]. Umgekehrt gibt es keine Geschichtsschreibung, die nicht Wahrheitsansprüche stellte, und damit ist sie tendenziell auf Forschung bezogen." (Lebendige Geschichte, S. 19). Vgl. ders.: Historische Vernunft, S. 38-41.

[12] Vgl. Historik, S. 57f. u. S. 217-219.

[13] "Es stände [sic!] kläglich um unsere Wissenschaft, wenn die Ästhetiker oder Rhetoriker ihr Maß und Ziel zu bestimmten hätten." (DROYSEN: Historik, S. 217). - Autonomie der Geschichtswissenschaft impliziert deshalb für Droysen, daß sich auch die Darstellungsformen aus den "Momenten unserer Methode" zu ergeben haben (S. 219).

[14] Der Anspruch auf Rationalität ist zurecht immer wieder von Jörn RÜSEN hervorgehoben worden: "Im Rahmen einer Historik reflektiert die Geschichtswissenschaft ihre Grundlagen in der Absicht, den ihr als Wissenschaft eigentümlichen Anspruch auf Vernunft [...] differenziert darzulegen und zu begründen. Dies gilt auch für den Faktor der historiographischen Gestaltung des historischen Wissens." (Lebendige Geschichte, S. 18). Vgl. ders.: Geschichtsschreibung als Theorieproblem der Geschichtswissenschaft, S. 150-152.

[15] Diese Formulierung ist Rüsens "Schema der disziplinären Matrix der Geschichtswissenschaft" entnommen. Vgl. RÜSEN: Historik - Überlegungen zur metatheoretischen Selbstauslegung und Interpretation des historischen Denkens im Historismus (und außerhalb), in: KÜTTLER/RÜSEN/SCHULIN, Bd. 3, S. 80-99, hier: S. 86.

Wissensproduktion betrachtet.[16] Ein Hinweis darauf, daß die Darstellungsformen ein wichtiges Element bei der Erfassung der historischen Wirklichkeit sind, findet sich auch im alltäglichen Sprachgebrauch wieder, wenn etwa vom "biographischen Zugriff" auf die Geschichte gesprochen wird. Denn dies bedeutet ja nichts anderes, als daß die historiographischen Gattungen - in diesem Fall die Biographie - den geschichtlichen Stoff auf eine ihnen eigentümliche Weise strukturieren und beleuchten. Sie haben einen wesentlichen Anteil an der Formung der Forschungs*ergebnisse* zu Geschichts*erkenntnissen*. Eine so verstandene Geschichte einer historiographischen Darstellungsform ist deshalb nicht nur eine Besinnung auf eine wichtige Tradition der historischen Fachdisziplin, sie ist auch ein Beitrag zu der zentralen geschichtstheoretischen Frage, auf welche Weise historisches Wissen entsteht.

Diese Arbeit berücksichtigt verschiedene methodische Zugänge zur Historiographiegeschichte und nimmt, soweit es in den Kräften des Verfassers stand, Anregungen aus benachbarten Fachwissenschaften (vor allem Philosophie und Literaturwissenschaft) auf. Sie ist aber vom Standpunkt des Historikers für Historiker geschrieben, und zwar nicht nur für den engen Zirkel, der sich an den teilweise esoterischen theoretischen Debatten beteiligt, sondern auch für den "praktizierenden" Historiker, dem an einer Reflexion über das eigene Tun gelegen ist. Vielleicht ist dazu die Beschäftigung mit einem wohlbekannten und sich reger Publikumsnachfrage erfreuenden Produkt der Praktiker, der historischen Biographie, kein schlechter Weg.

---

[16] Die gerade in jüngster Zeit wieder stärker gestellte Frage nach dem Verhältnis von Geschichtsschreibung und Literatur ist für diese Untersuchung deshalb nicht von zentraler Bedeutung. Damit soll nicht gesagt sein, daß man Geschichtsschreibung nicht auch als Literatur betrachten kann, sondern nur, daß hier eine Perspektive eingenommen wird, für welche literarische Kriterien eine untergeordnete Rolle spielen. Über das Verhältnis von Literatur und Geschichtsschreibung, das in der Vergangenheit hauptsächlich von Literaturwissenschaftlern thematisiert worden ist, informieren und reflektieren: ARISTOTELES: Poetik, übersetzt und hg. v. Manfred FUHRMANN, Stuttgart 1994, S. 29 (Aristoteles stellt bereits das wichtigste - und gleichzeitig umstrittenste - Unterscheidungskriterium heraus, die Fiktionalität.); Berthold EMRICH: Literatur und Geschichte, in: Reallexikon der deutschen Literaturgeschichte, Bd. 2, hg. v. Werner KOHLSCHMIDT und Wolfgang MOHR, Berlin ²1965, S. 111-143; Klaus HEITMANN: Das Verhältnis von Dichtung und Geschichtsschreibung in älterer Theorie, in: AKG 52(1970), S. 244-279; EGGERT: Studien zur Wirkungsgeschichte des deutschen historischen Romans 1850-1875; Michael MEYER: Die Entstehung des historischen Romans in Deutschland und seine Stellung zwischen Geschichtsschreibung und Dichtung. Die Polemik um eine "Zwittergattung" (1785-1845), Diss. München 1973; Gertrud M. KOCH: Zum Verhältnis von Dichtung und Geschichtsschreibung. Theorie und Analyse (=Arbeiten zur Ästhetik, Didaktik, Literatur- und Sprachwissenschaft, hg. v. Herbert MAINUSCH und Edgar MERTNER, Bd. 10), Frankfurt a. M. 1983; Paul RICOEUR: Zeit und Erzählung, Bd. 1: Zeit und historische Erzählung (= Übergänge. Texte und Studien zu Handlung, Sprache und Lebenswelt, hg. v. Richard GRATHOFF und Bernhard WALDENFELS, Bd. 18/1), München 1988; Eberhard LÄMMERT: "Geschichte ist ein Entwurf": Die neue Glaubwürdigkeit des Erzählens in der Geschichtsschreibung und im Roman, in: The German Quaterly 63(1990), S. 5-18; EGGERT/PROFITLICH/SCHERPE (Hgg.): Geschichte als Literatur; FULDA: Wissenschaft aus Kunst; DANIEL: "Ein einziges grosses Gemählde".

II. Die historische Biographie in der Diskussion seit 1945

Zweck dieses Abschnittes ist es, die fachwissenschaftliche Diskussion über die historische Biographie in Westdeutschland seit 1945 nachzuzeichnen. Die sich in ihr entfaltenden Positionen der "Traditionalisten", der traditionskritischen Sozialhistoriker und der "Alltagshistoriker" (und die wertvollen Vermittlungsversuche zwischen diesen Haltungen) bilden ein Raster, mit dem sich auch das gegenwärtige Verhältnis der Geschichtswissenschaft zu dieser Darstellungsform beschreiben läßt. In der Diskussion seit 1945 lassen sich in etwa drei Phasen unterscheiden:[17] a) bis 1970: die historische Biographie im "erneuerten Historismus",[18] b) 1970 bis 1980: die historische Biographie in der Diskussion um die "Historische Sozialwissenschaft", c) seit 1980: die historische Biographie in der Diskussion um die "Alltagsgeschichte".

Die Phase von 1945 bis etwa 1970 ist durch die Fortsetzung des alten historistischen Paradigmas geprägt. Sie ist sowohl gekennzeichnet durch Bemühungen, die Kontinuität des disziplinären Selbstverständnisses zu bewahren, als auch durch Eingeständnisse von Defiziten.[19] Die Forderung nach einem strukturgeschichtlichen Ansatz, wie er in den 1950er Jahren vor allem durch Werner Conze vorgetragen worden ist,[20] verbindet beide Haltungen mit dem Versuch einer Erneuerung, die den Anschluß an die internationale Entwicklung der Geschichtswissenschaft (Rezeption der "Annales"- Schule) sucht. Traditionsbesinnung und vorsichtige (Selbst-)Kritik sind auch die kennzeichnenden Merkmale in den Stellungnahmen zur historischen Biographie dieser Zeit. Verbreitet ist die Berufung auf Gewährsmänner des klassischen deutschen Historismus, insbesondere auf Ranke, Droysen und Dilthey.[21] Zugleich betont man aber auch, daß die Bio-

---

[17] Vgl. die Überblicke über die Entwicklung der westdeutschen Geschichtswissenschaft nach 1945 bei RÜSEN: Grundlagenreflexion und Paradigmenwechsel in der westdeutschen Geschichtswissenschaft; Thomas MERGEL/Thomas WELSKOPP: Geschichtswissenschaft und Gesellschaftstheorie, in: dies. (Hgg.): Geschichte zwischen Kultur und Gesellschaft. Beiträge zur Theoriedebatte, München 1997, S. 9-35.

[18] Zu dem Begriff vgl. RÜSEN: Grundlagenreflexion und Paradigmenwechsel, S. 57-60.

[19] Vgl. dazu die eindrückliche und heute noch sehr lesenswerte Rede, die Gerhard RITTER auf dem 20. Deutschen Historikertag 1949 gehalten hat (Gegenwärtige Lage und Zukunftsaufgaben deutscher Geschichtswissenschaft).

[20] Werner CONZE: [Rez.: F. Braudel: La Méditerranée et le monde méditerranéen à l'époque de Philippe II], in: HZ 172(1951), S. 358-362; ders.: Die Stellung der Sozialgeschichte in Forschung und Unterricht, in: GWU 3(1952), S. 648-657; ders.: Die Strukturgeschichte des technisch-industriellen Zeitalters als Aufgabe für Forschung und Unterricht, Köln/Opladen 1957.

[21] Theodor SCHIEDER zitiert Rankes Bestimmung der Biographie (Vorwort zur "Geschichte Wallensteins") mit dem Kommentar: "Das Problem jeder Biographie erscheint hier in unvergänglichen Worten: [...]" (Die Darstellungsformen der Geschichtswissenschaft, S. 147). Vgl. auch Walter HUBATSCH: Biographie und Autobiographie - das Problem von Quelle und Darstellung, in: Doklady Kongressa (= 13. Congrès International des Sciences historiques Moskau 1970), Bd. 1,2, Moskau 1973, S. 248-264 (stützt seine Ausführungen u.a. auf Droysen Dilthey); OPGENOORTH: Golo Manns Wallenstein, S. 129f. (Droysen). - Reinhard WITTRAMS Ausführungen zur historischen Biographie sind in dieser Hinsicht eine Ausnahme, denn er bezieht sich auf Karl Marx und Edward Hallett Carr (Der historische Prozeß und die

graphie nicht mehr sinnvoll sei als Huldigung an große Männer, sondern eine Darstellungsform sein sollte, "in der das eigentümliche Zusammenspiel persönlich-subjektiver Faktoren und außerpersönlich-objektiver Lebensmächte" dargestellt werde.[22]

Den radikalen Bruch mit der historistischen Tradition hat sich dann ein Teil der jüngeren Historikergeneration auf die Fahnen geschrieben, die ihrem neuen Selbstverständnis den Titel "Historische Sozialwissenschaft" geben.[23] Deren Kritik an der Tradition der historischen Biographie ist mit der Analyse des nachlassendes Interesses der Geschichtswissenschaft an der biographischen Form nach 1945 verbunden.[24] Hans-Ulrich Wehler unterscheidet einen realhistorischen und einen methodisch-konzeptionellen Grund: Die Erfahrung der Sachzwänge der industriellen Welt, die "Durchschlagskraft von Kollektivphänomenen", habe dazu geführt, daß die biographische Aufarbeitung der Geschichte an Attraktivität verloren habe.[25] Zweitens sei das methodische Fundament der traditionellen Biographie durch die Krise des historistischen Verstehensbegriffs besonders betroffen.[26] Diese Kritik verbindet sich mit der fachstrategischen Forderung, daß die historische Forschung sich auf die gesellschaftlichen und überindividuellen Phänomene konzentrieren solle, nicht auf die "sogenannten individuellen Motive."[27] Mit dem "Triumph der historischen Strukturanalyse"[28] gerät die histori-

---

Biographie, in: ders.: Anspruch und Fragwürdigkeit der Geschichte. Sechs Vorlesungen zur Methodik der Geschichtswissenschaft und zur Ortsbestimmung der Historie, Göttingen 1969, S. 57-71, hier: S. 60f. und 66).

[22] SCHIEDER: Die Darstellungsformen der Geschichtswissenschaft, S. 147; ähnlich: OPGENOORTH: Golo Manns Wallenstein, S. 130.

[23] Dieser Begriff (über dessen Angemessenheit sich streiten läßt, weil er qua Grammatik das Sozialwissenschaftliche zur Substanz und das Historische zum Akzidens erklärt) ist von Hans-Ulrich WEHLER geprägt worden. Vgl. ders.: Geschichte als Historische Sozialwissenschaft, Frankfurt a. M. 1973. Vgl. die Hinweise zu Durchsetzung des Begriffs bei Reinhard RÜRUP: Zur Einführung, in: ders. (Hg.): Historische Sozialwissenschaft. Beiträge zur Einführung in die Forschungspraxis, Göttingen 1977, S. 5-15, hier: S. 5.

[24] Hans-Ulrich WEHLER hat allerdings zurecht darauf hingewiesen, daß im Hinblick auf die deutsche Geschichtswissenschaft in 1950er und 60er Jahren keinesfalls von einem biographischem "Brachland" gesprochen werden könne. Die politik- und ideengeschichtlich orientierte deutsche Nachkriegshistorie hat sich weiterhin gerne dieser Form bedient. Wehler nennt in einer Anmerkung über dreißig biographische Werke, die in diesem Zeitraum erschienen sind (darunter allerdings Neuauflagen und Arbeiten, die nur in einem sehr weiten Sinne als Biographien bezeichnet werden können) (Geschichte und Psychoanalyse, in: ders.: Geschichte als Historische Sozialwissenschaft, S. 85-123, hier: S. 109).

[25] WEHLER: Zum Verhältnis von Geschichtswissenschaft und Psychoanalyse, S. 9.

[26] WEHLER: Zum Verhältnis von Geschichtswissenschaft und Psychoanalyse, S. 9f. Vgl. ders.: Einleitung, in: Eckart KEHR: Der Primat der Innenpolitik. Gesammelte Aufsätze zur preußisch-deutschen Sozialgeschichte im 19. und 20. Jahrhundert, hg. v. Hans-Ulrich WEHLER, Berlin ²1970 (¹1965), S. 1-30, hier: S. 24. - Vgl. die ähnliche Krisenanalyse bei KOCKA: Sozialgeschichte, S. 72f.

[27] WEHLER: Zum Verhältnis von Geschichtswissenschaft und Psychoanalyse, S. 22. Vgl. KOCKA: Struktur und Persönlichkeit als methodologisches Problem der Geschichtswissenschaft, S. 165-168; ders.: Sozialgeschichte, S. 76.

sche Biographie als "antiquiertes Schema"[29] in die Defensive. Es fehlt in den 70er Jahren nicht an traditionalistischen Stimmen, welche die historische Biographie gegen die "sozioökonomischen Strukturalisten" verteidigen.[30] Zahlreicher und fruchtbarer (weil in die Zukunft weisend) sind aber solche Beiträge, welche die traditionelle Biographie des "großen Einzelnen" mit der neuen Programmatik zu vermitteln suchen:[31] 1. Die Biographie hat auch innerhalb des neuen Paradigmas ihren Platz und ihre Berechtigung, wenn sie die stärker als bisher die Analyse der überindividuellen Strukturen und Prozesse als determinierende Rahmenbedingungen individuellen Handelns in die Darstellung miteinbezieht. Dies hat die gestalterische Konsequenz, daß die biographische Darstellung durch monographische Darstellungsteile zu ergänzen ist.[32] 2. Die Biographie verkörpert darüber hinaus einen eigenständigen, alternativen Zugang zur Geschichte, welcher Schwächen der strukturgeschichtlich ausgerichteten "Historischen Sozialwissenschaft" auszugleichen vermag: Sie stellt der vermeintlichen historischen Totalität der Strukturen die lebensgeschichtliche Totalität eines historischen Ausschnitts gegenüber und sie betont gegenüber der vermeintlichen Notwendigkeit überindividueller Entwicklungen die Bedeutung individuellen Handelns.[33] - Die 1980 erschienene Bismarck-Biographie von Lothar Gall und die Reaktionen der Fachwissenschaft protokollieren gewissermaßen dieses Diskussionsergebnis: Die führenden Vertreter der "Historischen Sozialwissenschaft" stellen befriedigt fest, daß der Autor von der Geschichtsmächtigkeit übergreifender Strukturen und Prozesse überzeugt sei, bemängeln aber, daß ihre Analyse und Darstellung zu kurz komme.[34] Theodor Schieder konstatiert: "das Problem ist ausgeschöpft".[35]

---

[28] Golo MANN: Plädoyer für die historische Erzählung, in: KOCKA/NIPPERDEY (Hgg.): Theorie und Erzählung in der Geschichte, S. 45 (Mit dem "Triumph" ist Wehlers 1973 erschienene Darstellung des Deutschen Kaiserreichs gemeint). Vgl. als Überblick der Kontroverse über diese Schrift: HAUSSMANN: Erklären und Verstehen, S. 240-322.

[29] SCHIEDER: [Rez.: Gall: Bismarck], S. 256.

[30] BERGLAR: Die Wiederkehr der Biographie, S. 232.

[31] Hier kann v.a. folgende Beiträge nennen: OELKERS: Biographik; RIESENBERGER: Biographie als historiographisches Problem; SCHULZE: Die Biographie in der "Krise der Geschichtswissenschaft".

[32] Vgl. v.a. RIESENBERGER: Biographie als historiographisches Problem, S. 37f.; SCHULZE: Die Biographie in der "Krise der Geschichtswissenschaft", S. 513. Wehler und Kocka gehen selbstverständlich davon aus, daß - in den Worten Kockas - "eine gute Biographie" auch unter dem Dach der "Historischen Sozialwissenschaft" ihren Platz hat (KOCKA: Sozialgeschichte, S. 76; vgl.: WEHLER: Zum Verhältnis von Geschichtswissenschaft und Psychoanalyse, S. 19).

[33] Dies ist von Hagen SCHULZE besonders herausgestellt worden (Die Biographie in der "Krise der Geschichtswissenschaft", S. 515-517). Vgl. aber schon die ähnliche Argumentation bei PRESS: Böhmischer Aristokrat und kaiserlicher General, S. 637.

[34] KOCKA: Bismarck-Biographien, S. 573 und S. 577-579; WEHLER: Galls "Bismarck", S. 205f. und S. 208f.

[35] SCHIEDER: [Rez.:Gall: Bismarck], S. 256. Gerhard HIRSCHER resümiert im Jahr 1989: "Nach einer langen und ebenso erbitterten wie erschöpfenden Diskussion um die Stellung der Biographie in der

Nach 1980 verliert die Diskussion zunächst an Intensität. Erst als sich Mitte des Jahrzehnts unter dem Namen der "Alltagsgeschichte"[36] neue, alternative Konzepte zur "Historischen Sozialwissenschaft" deutlich sichtbar konturieren (1984 wird erstmals auf einem Historikertag darüber diskutiert), flammt auch die Diskussion um die historische Biographie wieder auf, angetrieben durch die Diagnose, daß biographische Historie wieder Konjunktur habe. Es hat auch in den 1970er Jahren nicht an Stimmen gefehlt, die angesichts so erfolgreicher und viel diskutierter Biographien wie Golo Manns "Wallenstein" (1971) und Joachim C. Fests "Hitler" (1973), eine "Renaissance der Biographie" konstatierten,[37] seit der zweiten Hälfte der 80er Jahre aber wird dieses Urteil zum allgemeinen Tenor.[38] Die neuerliche Diskussion entzündet sich zwar an einer tatsächlich vorhandenen Konjunktur biographischer Darstellungen[39] (aus fachwissenschaftlicher Sicht ist die Konjunktur der "großen Synthesen" allerdings auffälliger und bedeutender),[40] ihre inhaltliche Substanz verdankt sie aber hauptsächlich dem fachstrate-

---

Geschichtsschreibung stellt sich heute der Eindruck ein, als ob die 'Wiederkehr des Menschen' in der Geschichtsschreibung eingetreten sei - allerdings in Verbindung mit den meisten der theoretischen Anregungen der strukturgeschichtlichen Sozial- und Wirtschaftsgeschichtsschreibung." (Die Biographie in der Diskussion der Geschichtswissenschaft, S. 122).

[36] Für die vielen neuen Ansätzen der 80er Jahre (Erfahrungsgeschichte, Historische Anthropologie, Mikro-Historie, Mentalitätsgeschichte, Frauen- und Geschlechtergeschichte etcetera) hat sich der diffuse Begriff der "Alltagsgeschichte" als Sammelbegriff eingebürgert. Vgl. dazu: Winfried SCHULZE: Einleitung, in: ders. (Hg.): Sozialgeschichte, Alltagsgeschichte, Mikro-Historie, S. 6-18, hier: S. 11. Vgl. als Überblick über die neuen Richtungen den instruktiven Aufsatz von Ute DANIEL (Clio unter Kulturschock. Zu den aktuellen Debatten der Geschichtswissenschaft, in: GWU 48[1997], S. 195-218, 259-278). Mit dem Verhältnis der neuen Richtungen zur "Historischen Sozialwissenschaft" beschäftigt sich auf überzeugende Weise: SIEDER: Sozialgeschichte auf dem Weg zu einer historischen Kulturwissenschaft?

[37] So im Jahr 1976 PRESS (Böhmischer Aristokrat und kaiserlicher General, S. 626) und zwei Jahre später BERGLAR (Die Wiederkehr der Biographie). Stärker ins Gewicht fallen allerdings die Stimmen, welche die Krise und den Verfall des Genres konstatieren: OELKERS: Biographik, S. 296; SCHULZE: Die Biographie in der Krise der "Geschichtswissenschaft", S. 509.

[38] Vgl.: Werner KLOSE: Die Wiederkehr der historischen Biographie, in: Geschichte, Politik und ihre Didaktik 15(1987), S. 212-216; Andreas GESTRICH: Einleitung, Sozialhistorische Biographieforschung, in:ders./KNOCH/MERKEL (Hgg.): Biographie - sozialgeschichtlich, S. 5-28, hier: S. 7; HIRSCHER: Die Biographie in der Diskussion der Geschichtswissenschaft, S. 122; BERLEPSCH: Die Wiederentdeckung des "wirklichen Menschen" in der Geschichte, S. 490; Sybille MANTHEY u.a.: Die Biographie in der Diskussion. Chancen und Grenzen am Beispiel von Biographien zur Französischen Revolution, in: Geschichte, Politik und ihre Didaktik, 17(1989), S. 287-291; GRADMANN: Geschichte, Fiktion und Erfahrung, S. 2f.; Hedwig RÖCKELEIN: Der Beitrag der psychohistorischen Methode zur "neuen historischen Biographie", in: dies. (Hg.): Biographie als Geschichte, S. 17-39, hier: S. 17; Wolfgang HARDTWIG: Alltagsgeschichte heute. Eine kritische Bilanz, in: SCHULZE (Hg.): Sozialgeschichte, Alltagsgeschichte, Mikro-Historie, S. 19-32, hier: S. 26.

[39] Ilja MIECK hat für die Bereich der Frühen Neuzeit anhand von einschlägigen Fachzeitschriften verzeichneten Neuerscheinungen ermittelt, daß in den Jahren 1988, 1991 und 1993 die biographische Darstellungsform die häufigste aller Darstellungsformen in Deutschland, England und Frankreich ist. Ihr Anteil an der Gesamtproduktion bewegt sich zwischen 15 und 40 Prozent (Die Frühe Neuzeit, S. 36-38).

[40] Man kann seit der Generation der Neorankeaner bis in die 1970er Jahre eine ausgeprägte Scheu der deutschen (Neuzeit-)Historiker vor der (nationalgeschichtlichen) Synthese beobachten. Vgl. die Hinweise

gischen Stellenwert der Biographie in der Auseinandersetzung zwischen "Alltagsgeschichte" und "Historischer Sozialwissenschaft". Die Biographie gilt nun einerseits als Korrektur oder Ergänzung strukturalistischer Sozialgeschichte (hier nimmt man das Diskussionsergebnis der 70er Jahre wieder auf), zum anderen aber auch als Medium, in welchem sich die neuen Forschungsinteressen geltend machen können: allem voran das Interesse am "wirklichen Menschen" und wie er die historische Wirklichkeit erfahren und verarbeitet hat.[41] Theoretische Impulse erfährt die Diskussion vor allem aus der sozialwissenschaftlichen Biographieforschung, der "Oral History"[42] und der Psychohistorie.[43] Anders als in der hauptsächlich auf die historistische Tradition bezogene Diskussion der 70er Jahre steht nun nicht mehr die Biographie über den "großen Einzelnen" im Blickpunkt, sondern - insofern von der Einzelbiographie die Rede ist - diejenige von "Durchschnittsindividuen" und interessanten Außenseitern.[44]

Da diese Untersuchung ihren zeitlichen Schwerpunkt auf die historistische Epoche der deutschen Geschichtswissenschaft legt, ist sie in erster Linie auf die traditionskritischen Debatten zu beziehen, die in den 70er Jahren geführt worden sind. Die historiographiegeschichtliche Besinnung auf die Tradition historischer Biographik gewinnt allerdings aus der neuerlichen, theoretisch fundierten Wertschätzung des Individuums in der Geschichte zusätzlichen Auftrieb. Ebenso ist es ihr förderlich, daß der Monopolanspruch der "Historischen Sozialwissenschaft" zunehmend durch einen aufgeschlossenen Methodenpluralismus abgelöst wird, der einen unbefangenen Blick auf die historiographischen Leistungen vergangener Jahrhunderte möglich werden und vielversprechend erscheinen läßt.

---

auf diesen Mangel bei RITTER: Gegenwärtige Lage und Zukunftsaufgaben deutscher Geschichtswissenschaft, S. 6; Andreas HILLGRUBER: Politische Geschichte in moderner Sicht, in: HZ 216(1974), S. 529-552, hier: S. 542f. Vgl. zur Renaissance der "Synthese": Hans-Ulrich WEHLER: Der neue Mut zur historischen Synthese, in: Merkur 38(1984), S. 568-573, erweitert wiederabgedruckt in: ders.: Aus der Geschichte lernen?, S. 66-90.

[41] Vgl. dazu GESTRICH: Einleitung: Sozialhistorische Biographieforschung, S. 8; GRADMANN: Geschichte, Fiktion und Erfahrung, S. 3; HARDTWIG: Alltagsgeschichte heute, S. 21-24.

[42] Vgl. dazu vor allem den Sammelband: GESTRICH/KNOCH/MERKEL (Hgg.): Biographie - sozialgeschichtlich.

[43] Vgl. RÖCKELEIN (Hg.): Biographie als Geschichte.

[44] Vgl. dazu HARDTWIG: Alltagsgeschichte heute, S. 24.

III. Ansätze zur Rekonstruktion der Geschichte der historischen Biographie

Während gerade in den letzten Jahren zahlreiche Arbeiten zur Historiographiegeschichte erschienen sind, ist dagegen die Geschichte einzelner Darstellungsformen weit weniger eingehend behandelt worden. Für den Bereich der Biographik sind die Antike und (mit Abstrichen) das Mittelalter am besten erforscht und erfaßt, weil die Biographie hier als wertvolle Überlieferung die Aufmerksamkeit der in diesen fachhistorischen Teildisziplinen besonders wichtigen Quellenkunde auf sich zieht.[45] Abgesehen von der anderen Fragestellung, geht es doch Altertumswissenschaft und Mediävistik hauptsächlich um die Biographie als Quelle und nicht als Darstellungsform, wirkt sich der starke Bezug der Quellenforschung auf die einzelnen Teildisziplinen dahingehend aus, daß der epochenübergreifenden Entwicklung einzelner Darstellungsformen bisher kaum Beachtung geschenkt worden ist. Bevor auf einige dieser geschichtswissenschaftlichen Ansätze eingegangen wird, lohnt sich ein Blick auf die biographiehistorischen Forschungen der Literaturwissenschaft, die bisher stärker als die Geschichtswissenschaft einen epochenübergreifende Betrachtungsweise entwickelt hat.

Ein erster Forschungsschub wurde getragen von der Diltheyschen Hochschätzung der Biographie und Autobiographie als aufschlußreiche Quellen der Geistesgeschichte. Die bisher umfassendste Geschichte der Autobiographie, die teilweise auch die Biographie miteinschließt, ist von dem Diltheyschüler Georg Misch vorgelegt worden[46]. Seit den 70er Jahren ist im Zuge eines "erweiterten Literaturbegriffs" (Helmut Kreuzer)[47] eine zweite Forschungswelle zu verzeichnen. Neben umfangreichen Arbeiten zur Autobiographie (unter anderem von Klaus-Detlef Müller, Bernd Neumann, Günther Niggl, und Ralph-Rainer Wuthenow)[48] sind auch Bemühungen um eine Gattungsgeschichte der Biographie zu beobachten (hier sind vor allem die Arbeiten von Helmut Scheuer einschlägig). Ausgangspunkt dieser Forschungen ist, daß die Biographie eine Form der Gebrauchsliteratur ist und deshalb bestimmte gesellschaftliche Funktionen erfüllt. Dementsprechend orientieren sich die gattungsgeschichtlichen Ansätze, insbesondere

---

[45] Forschungsstand und wichtige Literatur wird im Kapitel "Vorgeschichte der modernen historischen Biographie" jeweils nachgewiesen.

[46] MISCH: Geschichte der Autobiographie.

[47] Vgl. Helmut KREUZER: Zum Literaturbegriff der sechziger Jahre in der Bundesrepublik Deutschland, in: ders.: Veränderungen des Literaturbegriffs. Fünf Beiträge zu aktuellen Problemen der Literaturwissenschaft, Göttingen 1975, S. 64-75, hier: S. 74f.

[48] MÜLLER: Autobiographie und Roman; Bernd NEUMANN: Identität und Rollenzwang. Zur Theorie der Autobiographie, Frankfurt a. M. 1970; NIGGL: Geschichte der deutschen Autobiographie im 18. Jahrhundert; WUTHENOW: Das erinnerte Ich.

die Arbeit von Helmut Scheuer[49], die die Entwicklung der Biographie vom 18. Jahrhundert bis in die Gegenwart nachzeichnet, an dem Wandel der gesellschaftlichen Funktion des biographischen Schrifttums. Obwohl dabei auch Fragen der Geschichtsdarstellung eine Rolle spielen (denn auch diese hat ja gesellschaftliche, beziehungsweise politische Funktionen), steht die Bedeutung der Biographie als geschichtswissenschaftliche Darstellungsform verständlicherweise nicht im Vordergrund. Gleichwohl bieten diese Arbeiten eine Fülle von Material, Ansätzen und Thesen, von deren Berücksichtigung diese Untersuchung nur profitieren kann.

In der Geschichtswissenschaft mangelt es dagegen an einer zusammenhängenden Darstellung, die den angeführten literaturwissenschaftlichen Bemühungen vergleichbar wäre. Monographien liegen nur für einzelne Abschnitte vor, wie zum Beispiel von Albrecht Dihle über die historische Biographik in der Antike[50] oder von Christoph Gradmann über populäre historische Biographien in der Weimarer Republik[51]. Der für den Konstituierungsprozeß der historischen Biographie als geschichtswissenschaftliche Darstellungsform entscheidende Zeitraum, das 18., 19. und frühe 20. Jahrhundert, ist - abgesehen von der älteren Monographie von Eckhart Jander - bisher nur in kürzeren Aufsätzen gestreift worden. Im folgenden werden diejenigen Ansätze referiert und hinterfragt, aus denen sich methodische Schlußfolgerungen für die einzuschlagende Vorgehensweise dieser Untersuchung ziehen lassen.[52]

Der amerikanische Sozialhistoriker Theodore S. Hamerow versucht in einem Aufsatz[53], die Konjunktur der historischen Biographie gegen Ende des 19. Jahrhunderts auf realgeschichtliche Zustände zu beziehen. So richtig sein Ausgangspunkt ist, daß die Art und Weise, wie sich Geschichte für die Zeitgenossen vollzieht (ob sie etwa durch "große Individuen" bestimmt scheint, wie im Zeitalter Napoleons oder Bismarcks),

---

[49] SCHEUER: Biographie. Studien zur Funktion und zum Wandel einer literarischen Gattung vom 18. Jahrhundert bis zur Gegenwart.

[50] DIHLE: Studien zur griechischen Biographie, ders.: Die Entstehung der historischen Biographie.

[51] GRADMANN: Historische Belletristik. Vgl. dazu auch: ders.: "Historische Belletristik". Die historischen Biographien Werner Hegemanns und Emil Ludwigs in der Weimarer Republik, in: BIOS. Zeitschrift für Biographieforschung und Oral History, Heft 1, 1990, S. 95-112, und: Hans-Jürgen PERREY: Der "Fall Emil Ludwig" - Ein Bericht über eine historiographische Kontroverse der ausgehenden Weimarer Republik, in: GWU 43(1992), S. 169-181.

[52] Folgende Monographien und Aufsätze thematisieren ebenfalls die Entwicklung der historischen Biographie (mit Schwerpunkt 18. bis 20. Jahrhundert): Eine kurze und informationsreiche Übersicht über "das weite" Feld der historischen Biographie bietet das Büchlein von ROMEIN: Die Biographie. Lesenswert ist der um geistesgeschichtliche Zusammenhänge bemühte Essay von Friedrich ENGEL-JANOSI: Von der Biographie im 19. und 20. Jahrhundert (zuerst: 1976/77), in: KLINGENSTEIN/LUTZ/STOURZH (Hgg.): Biographie und Geschichtswissenschaft, S. 208-241. Wichtige Einblicke in die Blütezeit der historischen Biographik bietet SCHLEIER: Überlegungen zur historischen Biographie um die Jahrhundertwende in Deutschland.

[53] HAMEROW: Die Kunst der historischen Biographik in Deutschland von 1871 bis zur Gegenwart.

entscheidenden Einfluß auf Konjunktur und Gestalt der historischen Biographie hat, so scheinen doch seine Schlußfolgerungen daraus zu kurz gegriffen: So behauptet Hamerow erstens, "daß die biographische Literatur immer dann floriert, wenn ein bestimmtes Individuum einen beträchtlichen Einfluß auf sein eigenes Zeitalter ausübt."[54] Dies ist wohl richtig, aber das Gegenteil ist genauso wahr: Die Biographie floriert auch in Zeiten, die sich gerade durch die Abwesenheit solch dominierender Figuren auszeichnen. Noch problematischer ist seine zweite Schlußfolgerung: "Die Niederschrift einer Biographie spiegelt meist den Geist einer Gesellschaft, in der die Autorität in den Händen weniger Menschen liegt. Daher fühlt sich die biographische Geschichtsschreibung in oligarchischen Systemen am wohlsten."[55] Daraus folgt natürlich, daß das kaiserzeitliche Deutschland ein besonders geeignetes Land für die historische Biographie gewesen sein muß, weil hier "die Tradition der oligarchischen Regierungsform noch ungebrochen" war.[56] Diese plausibel klingende These übersieht, daß das klassische Land der historischen Biographie im 19. Jahrhundert England gewesen ist. Eine Sonderwegsthese in dieser Form scheint für das Gebiet der Biographik nicht tauglich zu sein.

1990 veröffentlichen die beiden ostdeutschen Historiker Ernst Engelberg und Hans Schleier einen Aufsatz über die Entwicklung der historischen Biographie vom 18. Jahrhundert bis zur Gegenwart.[57] Im ersten Teil beschreiben sie die "Genesis der Theorie der Biographie". Ihre Ausgangsthese ist, daß sich die Biographie im 18. Jahrhundert als Genre der Geschichtsschreibung verselbständigt hat, wobei sie die damals veröffentlichten biographietheoretischen Schriften als Indiz für diese Verselbständigung werten. Es ist aber auch denkbar, daß diese Schriften ein Infragestellen der Biographie als historiographische Darstellungsform signalisieren. (Denn in der Wissenschaftsgeschichte ist es oft so, daß dann über eine Sache nachgedacht wird, wenn sie ihre Selbstverständlichkeit verloren hat und fragwürdig geworden ist). Um den Stellenwert dieser Schriften richtig einschätzen zu können muß man - anders als dies Engelberg/Schleier in ihrem kurzen Aufsatz tun konnten - die geistesgeschichtlichen Kontexte, insbesondere die Entwicklung der Geschichtsanschauung, berücksichtigen.

Die Monographie von Eckhart Jander stellt die bisher ausführlichste Auseinandersetzung mit der Geschichte der historischen Biographie im 19. Jahrhundert dar.[58] Sie vermittelt mit ihren 25 Einzelanalysen verschiedener historischer Biographien ein sehr reiches, in sich differenziertes Bild. Der Begriff "Einzelanalyse" bezeichnet allerdings

---

[54] HAMEROW: Die Kunst der historischen Biographik, S. 30.
[55] Ebd.
[56] HAMEROW: Die Kunst der historischen Biographik, S. 31.
[57] ENGELBERG/SCHLEIER: Zu Geschichte und Theorie der historischen Biographie.
[58] JANDER: Untersuchungen zu Theorie und Praxis der deutschen historischen Biographie im neunzehnten Jahrhundert.

auch die begrenzte methodische Reichweite dieser Arbeit - sie geht nicht über die chronologische Aneinanderreihung dieser Einzelanalysen hinaus. Sie beginnt mit Daniel Jenisch' "Lebens-Beschreibung Karls des Großen" und endet mit Erich Marcks' Bismarck-Biographie. Das weite Feld der Biographik des 19. Jahrhunderts wird aufmerksam durchschritten, aber ohne daß eine zeitliche oder thematische Gliederung vorgenommen und Bezüge auf die Entwicklung der Geschichtswissenschaft und Geschichtstheorie aufgezeigt werden. Diese isolierte, immanente Betrachtungsweise läßt die Auswahl der Biographien zufällig und willkürlich erscheinen. Die für die Geschichte der Biographik zufällige und deshalb bedeutungslose Untersuchungsgrenze des Jahres 1900 führt außerdem dazu, daß wichtige Biographien der Kaiserreichshistoriographie nicht berücksichtigt worden sind.

Jürgen Oelkers hat den anspruchsvollen Versuch gemacht, die deutsche biographische Tradition des 19. Jahrhunderts durch Typisierung zu erfassen.[59] Er unterscheidet eine auf Ranke zurückgehende "episch-dokumentarische Biographik", eine auf Droysen zurückgehende "politisch-pädagogische" und eine auf Dilthey bezogene "ästhetisierende" Biographik.[60] Eine solche Typisierung ist zweifellos die richtige Methode, um die zusammenhanglose Darstellungsweise, wie sie bei Jander zu finden ist, zu überwinden. Andererseits ist es aber fraglich, ob die Konzentration auf diese drei Typen der Vielfalt der Biographik im 19. Jahrhundert gerecht werden kann. Typisierung, die auch in dieser Arbeit angestrebt wird, muß daher mit der Analyse eines möglichst breiten Spektrums historischer Biographien verbunden werden. Eine Kombination aus den Vorgehensweisen von Jander und Oelkers erscheint daher als die der Sache angemessene Methode.

Die Ansätze von Jander und Oelkers bieten sich außerdem an, um das Maßstabsproblem einer gattungsgeschichtlichen Rekonstruktion zu thematisieren. Eckhart Jander gibt vor, ohne einen bestimmten Maßstab oder einen Idealtypus historischer Biographik zu arbeiten.[61] Abgesehen von dem Vorteil, daß man sich auf diese Weise offenhält dafür, "wie es eigentlich gewesen ist", hat diese vermeintliche Maßstabslosigkeit in Rankescher Manier den heuristischen Nachteil, daß nicht genügend geklärt ist, wonach man eigentlich sucht und nach welchen Kriterien man den Untersuchungsgegenstand befragt. Die Einzelinterpretationen, die Jander in seiner Monographie vorlegt, zeigen außerdem, daß er implizit sehr wohl einen bestimmten Biographiebegriff als Maßstab zugrunde legt, nämlich den einer Biographie, die der modernen Vorstellung einer psychologisch tiefdringenden Entwicklungsgeschichte der Persönlichkeit entspricht. Der traditionskritische Ansatz von Jürgen Oelkers fällt dagegen in das entgegengesetzte

---

[59] OELKERS: Biographik. Dieser Aufsatz enthält in Kurzform die Thesen seiner Staatsexamensarbeit über die Biographik des 19. Jahrhunderts.
[60] OELKERS: Biographik, S. 300.
[61] Vgl. JANDER: Untersuchungen, S. 69.

Extrem: Er stellt einen Maßstab auf, den er kaum in der gegenwärtigen Biographik erfüllt sieht.[62] Etwas, was es noch gar nicht gibt, eine zukünftige Biographik "vom Ansatz einer kritischen Historie" aus,[63] wird als Meßlatte an die Tradition gelegt, die dementsprechend mangelhaft erscheinen muß.[64] Dem kann man entgegenhalten, daß sich erst in der Praxis zu erweisen hat, welche Darstellungsleistungen biographische Historie erbringen und welchen theoretischen Standards sie genügen kann. Denn es ist denkbar, daß einige Forderungen nicht in dem geforderten Maße zu erfüllen sind.[65] Es erscheint deshalb sinnvoller, sich einen Maßstab an dem zu bilden, was bereits geleistet worden ist. Erst dadurch wird eine sowohl kritische als auch eine affirmierende Perspektive auf die historiographische Tradition möglich, die gleichermaßen Grenzen wie Leistungen aufzuzeigen vermag.[66]

---

[62] Vgl. OELKERS: Biographik, S. 309.

[63] Ebd.

[64] OELKERS geht so weit zu behaupten, daß die von ihm rekonstruierten biographischen Typen des 19. Jahrhunderts "nicht eigentlich Biographien sind." Sie verfügten weder über eine Psychologie noch über eine Soziologie für ihren Gegenstand, "den sie entsprechend verfehlen." (Biographik, S. 302).

[65] HIRSCHER merkt an, daß der u.a. durch Oelkers formulierte "Anspruch auf eine theoretische Fundierung der historischen Biographie" bislang noch "nicht eingelöst werden konnte und auch kaum weiterverfolgt wurde." (Die Biographie in der Diskussion der Geschichtswissenschaft, S. 122). Folgende Überlegungen Jörn RÜSENS bezüglich der Historik gelten auch für die Theorie der historischen Biographie: "Eine Historik, die von einem historischen Denken handelte, das es noch gar nicht gibt, sondern das es erst geben soll (...), dürfte den Boden der für sie maßgeblichen Realität des historischen Denkens in der Geschichtswissenschaft unter den Füßen verloren haben." (Historische Vernunft, S. 15).

[66] Zur affirmierenden und kritischen Funktion der Historiographiegeschichtsschreibung vgl. BLANKE: Typen und Funktionen der Historiographiegeschichtsschreibung, S. 197-201.

IV. Methoden und Grenzen der Untersuchung

Eine geschichtswissenschaftliche Untersuchung, die sich der Biographie als *historiographischer* Darstellungsform zuwendet, hat ihr Hauptaugenmerk auf die Qualität des Historischen zu richten. Ein wichtiger Mangel der heutigen geschichtswissenschaftlichen Diskussion liegt darin, daß man sich über die historische Biographie äußert, ohne daß man eine klare Definition über diesen Gegenstand hätte. Man muß sich zunächst also um eine vorläufige Klärung dessen bemühen, was die Eigenschaft "historisch" für eine Biographie bedeutet, beziehungsweise was es heißt, wenn man die Biographie als geschichtswissenschaftliche Darstellungsform auffaßt. Diesem Zweck dient das den historischen Untersuchungen vorangestellte erste Kapitel des Hauptteils.

Unter welchen leitenden Fragestellungen ist eine Geschichte der historischen Biographie als Teil der Historiographiegeschichte zu sehen? Eine immanente Gattungsgeschichte, eine Entwicklungsgeschichte des Genres, wie man sie in der Literaturwissenschaft etwa für Roman, Autobiographie und ähnliche Textsorten erarbeitet und wie sie Eckhart Jander für die historische Biographie des 19. Jahrhunderts vorgelegt hat, würde dieser Themenstellung nicht gerecht, denn dann würde das Verhältnis dieser Gattung zur Geschichtswissenschaft ungeklärt bleiben. Mit anderen Worten: Eine auf diese Perspektive beschränkte Untersuchung könnte nicht erhellen, wann, wie und weshalb die Geschichtswissenschaft sich dieser Darstellungsform angenommen hat und worin die Leistungen und Grenzen dieser "Zusammenarbeit" bestehen. Erst der Bezug auf das Ganze der Historiographiegeschichte ermöglicht es, die Biographie als ihren Teil zu sehen. Das Thema beinhaltet somit zwei Leitfragen:

1. Wie ist es zu der Idee der "modernen historischen Biographie" gekommen (das heißt zu der heute im wesentlichen noch gebräuchlichen Form) und worin bestehen ihre wesentliche Inhalte?

2. Wie hat sich das Verhältnis der sich in Aufklärung und Historismus als moderne Wissenschaft konstituierenden Historie zu dieser Darstellungsform entwickelt?

Da dieses Verhältnis im Falle Deutschlands als langgestreckter Etablierungsprozeß der historischen Biographie in die geschichtswissenschaftlichen Darstellungsformen anzusehen ist, nenne ich dieses zweite Thema kurzerhand "Etablierungsgeschichte", während ich das erste als "Idee-Geschichte" bezeichne. (Diese Bindestrich-Formulierung wurde gewählt, um deutlich zu machen, daß hier kein Anspruch auf eine "Ideengeschichte" im Sinne der Meinecke-Schule oder der neueren "Intellectual history" erhoben wird). Beide Themenstellungen sind allerdings miteinander verschränkt, die Entwicklungen, die jeweils aufzuzeigen sind, beeinflussen und bedingen sich gegenseitig. Die wesentlichen Beziehungen zwischen beiden Ebenen lassen sich thesenartig folgendermaßen formulieren: 1. Die Geschichtswissenschaft wird sich nur dann der historischen Biographie bedienen, wenn sie sich als Darstellungsform konzipieren läßt, in der sich geschichtswissenschaftliche Erkenntnisinteressen befriedigen lassen. 2. Umgekehrt werden Forschungspräferenzen nicht ohne Einfluß auf die Idee-Geschichte des Genres sein. Abgesehen davon, daß die Idee-Geschichte der Etablierungsgeschichte logisch vorgeordnet ist (die Biographie kann sich erst dann innerhalb der Geschichtswissenschaft etablieren, wenn sie als geschichtswissenschaftliche Darstellungsform "gedacht" werden kann), scheint es eine Eigentümlichkeit der deutschen Historiographiegeschichte zu sein, daß Idee-Geschichte und Etablierungsgeschichte der historischen Biographie sich deutlich auf zwei verschiedene historische Perioden verteilen. So beschäftigen sich die ersten Kapitel (bis idealistischer Historismus) hauptsächlich mit der Idee-Geschichte, die letzten beiden Kapitel dagegen hauptsächlich mit der Etablierungsgeschichte und ihren Auswirkungen auf die Idee-Geschichte.

Grundlage der hier konzipierten Idee-Geschichte der historischen Biographie ist die eingangs formulierte These, daß die Darstellungsformen zwar auf die Forschung bezogen, aber nicht daraus abzuleiten sind, sondern als eine abgrenzbare kognitive Form ein relatives Eigengewicht in der historischen Wissensproduktion haben. Da auch eine historiographiegeschichtliche Darstellung die Entwicklung ihres Gegenstandes beschreiben *und* (zumindest ansatzweise) erklären sollte,[67] stellt sich die Frage nach den Quellen und den erklärenden Kontexten. Die zentrale Quelle für die *Beschreibung* der Idee-Geschichte der historischen Biographie ist die biographische Geschichtsschreibung selber. Diese ist allerdings nur daraufhin zu befragen, welche Formen biographischer Historie sich erkennen lassen. Die im Hauptteil zu findenden Einzel- oder Gruppeninterpretationen zielen also keinesfalls auf eine Gesamtinterpretation der jeweiligen Werke ab. Ihre Gegenstände als solche (zum Beispiel Alexander der Große), ihre Stellung in der Forschungsgeschichte, das sich in ihnen ex- oder implizit artikulierende politische Gegenwartsinteresse, aber auch die Feinheiten ihrer narrativen Gestalt sind in diesem Zusammenhang sekundär. Eine zweite wichtige Quelle sind biographietheoretische Äußerungen, die sich teilweise bereits in der ersten Quellengattung, zumeist als programmatische Vorworte oder Einleitungen, finden. Sie sind vor allem deshalb wichtig, weil sie "das spezielle Produkt und den allgemeinen theoretischen Kontext" vermitteln.[68] Sie weisen damit den Weg, durch welche Kontexte die Entwicklung der historischen Biographie zu *erklären* ist. Befragt man daraufhin die biographietheoretischen Äußerungen des 18., 19. und frühen 20. Jahrhunderts, so stellt sich heraus, daß diese Überlegungen zumeist darauf abzielen, wie das Verhältnis von Individuum und "Geschichte"

---

[67] Vgl. dazu die grundsätzlichen Überlegungen bei Hans-Peter JAECK: Die Erklärung historiographischer Texte als Ausgangspunkt einer "Strategie" der Historiographiegeschichte, in: KÜTTLER/RÜSEN/SCHULIN, Bd. 1, S. 336-345; SIMON: Historiographie, S. 18f.
[68] OELKERS: Biographik, S. 300.

zu denken ist. Der Bezug auf den Wandel dieser in den Bereich geschichtsphilosophischen Denkens weisenden Frage wird deshalb auch in dieser Arbeit angestrebt.[69] Setzt man die Vorgehensweise dieser Idee-Geschichte zu den von Horst Walter Blanke unterschiedenen Typen der Historiographiegeschichtsschreibung in Beziehung, so ist sie als Kombination aus Werkgeschichte und Geistesgeschichte zu charakterisieren.[70]

Die Beschreibung der Etablierungsgeschichte der historischen Biographie ist zunächst einmal eine quantitative Frage: Der Zahl der Historiker, die sich der biographischen Form annehmen, und deren Verhältnis zur Gesamtzahl der Geschichtswissenschaftler kann man stichhaltig entnehmen, inwieweit die Biographie als Darstellungsform etabliert ist. Diese Ergebnisse lassen sich noch dadurch untermauern, daß man nach dem Zusammenhang von Biographie und Historikerkarriere fragt. In einem Zeitraum, in der es für die Karriere als Historiker förderlich ist, eine Biographie zu schreiben, muß diese zu den fachwissenschaftlich anerkannten Darstellungsformen gehören. Der erklärende Kontext zu der solchermaßen feststellbaren Etablierungsgeschichte ist in der Entwicklung der *fachstrategischen Diskussion* zu suchen. Unter fachstrategischer Diskussion wird hier die (zumeist kontroverse) Auseinandersetzung und Selbstverständigung der Geschichtswissenschaft über ihre gesellschaftliche Funktion, wesentlichen Inhalte, Ziele und Methoden verstanden.[71] Die Kernsätze einer fachstrategischen Diskussion haben

---

[69] Damit soll natürlich keineswegs gesagt sein, daß der Wandel der Geschichtsanschauung die letzte, unableitbare Ursache in diesem Zusammenhang ist. Aber diesen Wandel seinerseits ausführlich zu erklären, wäre eine eigene, komplizierte Aufgabe, die in dieser Arbeit nicht zu leisten ist.

[70] BLANKE unterscheidet insgesamt zehn verschiedene Typen von Historiographiegeschichtsschreibung. (Typen und Funktionen der Historiographiegeschichtsschreibung, S. 191-197). Für eine "Werkgeschichte" spricht sicherlich ihre große Nähe zur tatsächlichen historiographischen Produktion der Geschichtswissenschaft. Sie orientiert sich an dem, was "wirklich" geleistet worden ist und nicht nur daran, was an dieser oder jener Stelle programmatisch gefordert wird. Der geistesgeschichtliche Typus ist vor allem von Friedrich Meinecke und seinem Werk, "Die Entstehung des Historismus", geprägt worden. Über die Grenzen und Einseitigkeiten dieser Weise des Herangehens ist im Zuge der Traditionskritik seit den 1970er Jahren viel geschrieben worden. Abgesehen von dem beeindruckenden reflexiven Niveau dieses Werks kann es m.E. aber immer noch als eines der aufschlußreichsten Bücher über die Entwicklung der Geschichtswissenschaft gelten.

[71] Jörn Rüsen und Horst Walter Blanke haben ein Modell der Historiographiegeschichte entwickelt, das die "Strukturgeschichte des historischen Denkens" anhand der Entwicklung der "Historik" rekonstruiert. Unter Historik wird dabei die "metatheoretische Reflexionsarbeit auf die geschichtswissenschaftliche Praxis" verstanden (BLANKE: Typen und Funktionen der Historiographiegeschichtsschreibung, S. 197). Diese Vorgehensweise birgt zum einen die Gefahr, daß die historiographische Praxis zu wenig berücksichtigt wird, zum anderen drohen in einer solchen theoretischen Globalperspektive Diskussionen mittlerer Reichweite und gegenstandsbezogene Forschungskontroversen aus dem Blick zu geraten. Zur "Reflexionsarbeit" tragen aber nicht nur geschichtstheoretische Vorlesungen und ausgearbeitete Historiken bei, sondern ebenso Rezensionen, programmatische Vorworte und vor allem Forschungskontroversen. Diese mehr praxisbezogene Reflexionsarbeit gehört zum täglichen Geschäft des Historikers und ist als der eigentliche Berührungs- und Vermittlungspunkt der metatheoretischen Reflexion zur historiographischen Praxis anzusehen. Der Begriff "fachstrategische Diskussion" scheint mir für diese Verhältnisse passender zu sein.

den Charakter von Zukunftsappellen, etwa: Die Geschichtswissenschaft sollte sich stärker der Rolle der Frau und der Geschlechterbeziehungen in der Geschichte widmen. In diesen Diskussionen über das Was und Wie der historischen Forschung sind die Antworten zu suchen, warum und in welcher Weise sich die Geschichtswissenschaft (beziehungsweise bestimmte Richtungen oder "Schulen") der Biographie als Darstellungsform zuwenden. Eine wichtige und, soweit ich sehe, bisher kaum systematisch genutzte Quelle, insbesondere für den Zusammenhang zwischen der Geschichte der Darstellungsformen und der Entwicklung der fachstrategischen Diskussionen stellen die *Rezensionen* dar. Hierunter haben diejenigen einen besonderen historiographiegeschichtlichen Quellenwert, die über das bloße Referieren des Inhaltes und des Forschungsstandes hinaus das betreffende Werk in Methode, Anspruch und darstellerischer Anlage zu der jeweils gegenwärtigen Lage der Geschichtswissenschaft in Beziehung setzen. Diese Rezensionen sind als praxisnahe *Fragmente einer Historiographiegeschichtsschreibung* anzusehen, die die Fachwissenschaft laufend produziert und an der ein Großteil der Historiker beteiligt ist. Als weitere Erklärungsmomente der Etablierungsgeschichte kommen lebensweltliche Faktoren (wie zum Beispiel der wilhelminische Genieenthusiasmus und die Bismarckverehrung) und die Konsequenzen des Professionalisierungs- und Institutionalisierungsprozesses der Geschichtswissenschaft hinzu. Der Typus der Etablierungsgeschichte ist somit als Kombination aus Werkgeschichte und Geschichte der fachstrategischen Diskussion unter Hinzuziehung lebensweltlicher und institutionsgeschichtlicher Aspekte anzusehen.

Da bei einem solch großen Untersuchungszeitraum eine annähernd vollständige Untersuchung aller als historische Biographien in Frage kommender Werke keinesfalls möglich ist, stellt sich das Problem der Auswahl. Angesichts der immensen Menge kann die Auswahl niemals zwingend sein in dem Sinne, daß jeder unter jeden Umständen die gleichen Biographien herangezogen hätte. Aber zumindest eine plausible Auswahl ist aus folgenden Gründen möglich: 1. Die Biographien sollen exemplarisch behandelt werden, das heißt, sie sollen beispielhaft ein epochentypisches Konzept verdeutlichen. Dieses epochentypische Konzept wird anhand theoretischer Äußerungen über die Biographie und durch Vergegenwärtigung der jeweiligen Geschichtsanschauung erschlossen. 2. Innerhalb der Tradition der historischen Biographik des 18. und 19. Jahrhunderts hat sich ein Kanon heute noch bekannter Werke, eine Reihe von Genreklassikern (zum Beispiel: Voltaire: Histoire de Charles XII., Droysen: Geschichte Alexanders des Großen, Ranke: Geschichte Wallensteins) herausgebildet. Damit ist eine Vorauswahl getroffen, die zu berücksichtigen schon deshalb geboten ist, weil diese Klassiker als allgemein bekannte Bezugspunkte dazu dienen können, die Rezeption dieser Untersuchung zu erleichtern. Andererseits wird sich die Auswahl nicht auf solche Klassiker beschränken, denn es ist davon auszugehen, daß einige biographisch interessante Ansätze gerade abseits der heute noch bekannten Tradition zu suchen sind. 3. Die Etablierungsgeschichte der historischen Biographie kann sich an der historiographischen Produktion der einflußreichen Fachvertreter orientieren. Eine lückenlose Behandlung der biographischen Produktion ist auf diese Weise sicherlich nicht gewährleistet, aber doch eine Berücksichtigung der einflußreichen und maßgebenden Werke, zumal sich die Fachwissenschaft wohl insgesamt weniger der biographischen Form bedient hat, als gemeinhin für das 19. und frühe 20. Jahrhundert angenommen wird.[72]

Darüber hinaus haben sich zeitliche und thematische Eingrenzungen als unvermeidlich erwiesen. Die Untersuchung schließt mit dem Ende des Ersten Weltkrieges. In der Biographik hat dieses epochale Ereignis unübersehbare Spuren hinterlassen.[73] Gleichwohl gilt für unseren Untersuchungsgegenstand wie für die Geschichtswissenschaft überhaupt, daß die Neuerungen, die sich in den 1890er Jahren konzentrieren, von größerer Bedeutung sind als die Veränderungen, die der Weltkrieg zeitigt.[74] Zwei Gründe sind für die Wahl dieser Grenze ausschlaggebend gewesen: Zum einen ist damit die Epoche des Kaiserreichs vollständig in die Untersuchung miteinbezogen, zum anderen ist es für das Verständnis der Neuerungen in den Jahren vor 1900 wichtig, die Analyse über die Jahrhundertwende hinaus auszudehnen, um für die Beobachtung der Veränderungen in der Praxis eine ausreichende empirische Grundlage zu haben.

Das ursprüngliche Vorhaben einer vergleichenden Betrachtung der deutschen, englischen und französischen Tradition ist angesichts der Materialfülle aufgegeben worden. Die Darstellung der "Vorgeschichte" und der Aufklärung sind europäisch ausgerichtet, danach wird in erster Linie die deutsche Entwicklung berücksichtigt. Schon ein flüchtiger Blick auf diese europäischen Nachbarn läßt vermuten, daß eine Geschichte der englischen oder französischen historischen Biographie eine völlig andere Gestalt haben

---

[72] Vgl. dazu als quantitativen Anhaltspunkt die Analyse der biographischen Produktion der "fachstrategischen Elite" in Kapitel F, Abschnitt 1.

[73] Eckart KEHR vertritt die These, daß der Erfolg der "Historischen Belletristik", eine Form populärer Biographik zur Zeit der Weimarer Republik, in der rückwärtsgewandten Sehnsucht breiter Publikumsschichten nach dem großen Individuum begründet sei: "Der Krieg hat den Menschen in das grauenhafteste Nichts hineingestoßen, hat ihm in Trommelfeuer und in der Inflation die Hilflosigkeit des Individuums gegen die massierte Technik [...] praktisch klar gemacht. Der Mensch will aus diesem Nichts zurück." (Der neue Plutarch. Die "historische Belletristik", die Universität und die Demokratie, in: ders.: Der Primat der Innenpolitik. Gesammelte Aufsätze zur preußisch-deutschen Sozialgeschichte im 19. und 20. Jahrhundert, hg. v. Hans-Ulrich WEHLER, Berlin ²1970, S. 269-278, hier: S. 270). Eine ähnliche These vertritt der Soziologie Siegried KRACAUER (Die Biographie als neubürgerliche Kunstform [zuerst: 1930], in: ders.: Das Ornament der Masse. Essays, Frankfurt a. M. 1977, S. 75-80). - Vgl. dazu: Helmut KREUZER: Biographie, Reportage, Sachbuch. Zu ihrer Geschichte seit den zwanziger Jahren, in: Benjamin BENNET/Anton KAES/William J. LILLYMAN (Hgg.): Probleme der Moderne. Studien zur deutschen Literatur von Nietzsche bis Brecht, Tübingen 1983, S. 431-458, hier: S. 436; GRADMANN: Historische Belletristik, S. 23-25.

[74] Vgl. Ernst SCHULIN: Weltkriegserfahrung und Historikerreaktion, in: KÜTTLER/RÜSEN/SCHULIN, Bd. 4, S. 165-188, bes. S. 165.

müßte. Dies liegt allein schon in der Tatsache begründet, daß die Ausbildung der Historie zur Fachwissenschaft nach dem deutschen Modell in diesen Ländern deutlich später erfolgt.[75] In England ist zum Beispiel jener langgestreckte Etablierungsprozeß der Biographie in die historiographischen Darstellungsformen nicht zu beobachten, sondern die englische Historie ist traditionell stärker biographisch ausgerichtet.[76] Der Methodenstreit, um ein letztes Vergleichsmoment zu nennen, dem in Deutschland eine Schlüsselrolle in der Etablierungs- und Idee-Geschichte der historischen Biographie zufällt, spielt in England keine Rolle,[77] während er in Frankreich als Ausgangspunkt einer bis Ende der 1970er Jahre währenden Abstinenz der "Nouvelle Histoire" von der biographischen Form zu werten ist.[78] Als Ausgangshypothese für einen Vergleich kann man formulieren: Die Pflege der Biographie scheint in England ein Bestandteil der Nationalkultur zu sein, dem sich die Historiker gewissermaßen nur anschließen, während in Deutschland (und Frankreich) Status und Konjunktur biographischer Geschichtsschreibung wesentlich stärker von den fachstrategischen Diskursen über das Wesen der Historie bestimmt sind.

Auch innerhalb dieses zeitlichen und nationalen Rahmens sind weitere Eingrenzungen vorgenommen worden: Die in der deutschen Historiographiegeschichte lange vernach-

---

[75] Vgl. OSTERHAMMEL: Epochen in der britischen Geschichtsschreibung, S. 173-175; SIMON: Historiographie, S. 167 (England) und S. 170 (Frankreich).

[76] Vgl. dazu: OSTERHAMMEL: Epochen der britischen Geschichtsschreibung, S. 166f; Harold T. PARKER: Great Britain, in: Georg G. IGGERS/Harold T. PARKER (Hgg.): International Handbook of Historical Studies. Contemporary Research and Theory, London 1979, S. 193-216, bes. S. 205.

[77] OSTERHAMMEL: Epochen der britischen Geschichtsschreibung, S. 176.

[78] Vgl. den Überblick bei Lutz RAPHAEL: Epochen der französischen Geschichtsschreibung, in: KÜTTLER/RÜSEN/SCHULIN, Bd. 1, S. 101-132. Ursula A. J. BECHER: Geschichtsinteresse und historischer Diskurs. Ein Beitrag zur Geschichte der französischen Geschichtswissenschaft im 19. Jahrhundert, Stuttgart 1986. - Allgemein zur "Nouvelle histoire" und der Annales-Schule: Annette RIECKS: Französische Sozial- und Mentalitätsgeschichte. Ein Forschungsbericht, Altenberg 1989 (zur Biographik vgl. S. 75f.); Peter BURKE: Offene Geschichte. Die Schule der "Annales", Berlin 1991 (org.: Cambridge 1990). - Das Verhältnis der "Nouvelle histoire" zur Biographie ist wiederholt erörtert worden: Réne PILLORGET: Die Biographie als historiographische Gattung. Ihre heutige Lage in Frankreich, in: Historisches Jahrbuch 99(1979), S. 327-354; Josef KONVITZ: Biography: The Missing Form in French Historical Studies, in: European Studies Review 6(1979), S. 9-20; Barrie M. RATCLIFFE: The Decline of Biography in French Historiography, in: Proceedings of the Annual Meeting of the Western Society for French History 8(1980), S. 556-567; Daniel MADELÉNAT: Situation et signification de la biographie en 1985, in: Problemes et methodes de la biographie. Actes du Colleque Sorbonne 3-4 mai 1985, Paris 1985, S. 129-139; Félix TORRES: Du champ des Annales à la biographie: réflexions sur le retour d'un genre, in: Problemes et methodes, S. 141-148; G. CHAUSSINAND-NOGARET: Biographique (Histoire), in: BURGUIÈRE (Hg.): Dictionnaire des Sciences Historiques, S. 86f.; Jacques LEGOFF: Wie schreibt man eine Biographie?, in: Fernand BRAUDEL u.a.: Der Historiker als Menschenfresser. Über den Beruf des Geschichtsschreibers, Berlin 1990, S. 103-112 (zuerst: Comment écrire une biographie historique aujourd'hui?, in: le-débat, Nr. 54, März-April 1989, S. 48-53); MIECK: Die Frühe Neuzeit, S. 27-30.

lässigte großdeutsch-katholische Geschichtsschreibung des 19. Jahrhunderts[79] wird auch in dieser Untersuchung nicht näher betrachtet. Auch wenn Thomas Brechenmacher zurecht darauf insistiert, daß der wissenschaftliche Gehalt dieser Historiographie nicht von vornherein als minderwertig abqualifiziert werden darf,[80] so ist doch festzuhalten, daß sie im Konstituierungsprozeß der historistischen Geschichtswissenschaft eine ungleich geringere Rolle spielt als die Geschichtsschreibung der kleindeutsch-protestantischen Historiker.[81] Die Darstellung konzentriert sich auf die biographische Geschichtsschreibung der Neueren Geschichte. Denn es sind in erster Linie Thematiken und theoretische Diskussionen innerhalb der Neueren Geschichte, die die fachwissenschaftliche Auseinandersetzung mit der biographischen Darstellungsform bestimmen.[82] Außer acht gelassen worden ist schließlich auch die marxistische Geschichtsanschauung.

---

[79] Vgl. dazu jetzt BRECHENMACHER: Großdeutsche Geschichtsschreibung im neunzehnten Jahrhundert.

[80] BRECHENMACHER: Großdeutsche Geschichtsschreibung, S. 12. Man vergleiche das abwertende Urteil bei WEHLER: Deutsche Gesellschaftsgeschichte, Bd. 3, S. 247.

[81] Unter Bezugnahme auf die sozialgeschichtlichen Arbeiten Wolfgang Webers zur Geschichte der Geschichtswissenschaft stellt Wolfgang REINHARD fest, daß von den fünfzehn einflußreichsten (gemessen an der Zahl ihrer Schüler, die ebenfalls Lehrstuhlinhaber wurden) deutschen Historikern der ersten drei Generationen dreizehn protestantisch und nur zwei katholisch gewesen sind. Die ersten beiden Generationen waren ausschließlich protestantisch (Martin Luther und der Ursprung der historistischen Geschichtswissenschaft in Deutschland, in: Hans R. GUGGISBERG/Gottfried G. KRODEL [Hgg.]: Die Reformation in Deutschland und Europa: Interpretationen und Debatten, Heidelberg 1993, S. 371-409, hier: S. 387).

[82] Die althistorische Forschung, insbesondere die durch Theodor Mommsen so glänzend hervortretende Geschichtsschreibung über die spätrepublikanische Zeit Roms, ist in Deutschland über viele Jahrzehnte hinweg sehr stark personengeschichtlich ausgerichtet gewesen. Eine ausgesprochene biographische Geschichtsschreibung kommt jedoch - zumindest in der Mommsen-Schule - erst nach 1900 mit Matthias Gelzer auf. Auch scheint diese Ausrichtung weniger eine bewußte fachstrategische Option - wie in der neueren Geschichte - sondern eine sich an der Sichtweise der Quellen orientierende Forschungsperspektive zu sein. Mit dieser Beobachtung korrespondiert, daß die Erforschung der griechischen Geschichte mit ihrer Orientierung an der Polis weit weniger personenkonzentriert erscheint. Vgl. dazu: Alfred HEUSS: Römische Geschichte, Braunschweig ³1971, S. 558f.; Hermann STRASBURGER: Matthias Gelzer und die großen Persönlichkeiten der ausgehenden römischen Republik, in: Jochen BLEICKEN/Christian MEIER/Hermann STRASBURGER: Matthias Gelzer und die römische Geschichte, Kallmünz 1977, S. 57-96; Jochen BLEICKEN: Geschichte der römischen Republik (= OGG, Bd. 2), München ⁴1992, S. 199f.; Hermann BENGTSON: Griechische Geschichte. Von den Anfängen bis in die römische Kaiserzeit, (= Handbuch der Altertumswissenschaft, 3. Abteilung, 4. Teil), München ⁵1977, S. 1-16; Wolfgang SCHULLER: Griechische Geschichte (= OGG, Bd. 1), München ⁴1995, S. 72. - Ähnliches gilt für die mediävistische Geschichtsforschung, deren Schwerpunkt im übrigen über viele Jahre hinweg eher in dem Bereich der Quellenaufbereitung (MGH) als auf der Geschichtsdarstellung liegt. Vgl. zur mediävistischen Geschichtsschreibung und - forschung im 19. Jahrhundert: Arno BORST: Die Staufer in der Geschichtsschreibung, in: ders.: Reden über die Staufer, Frankfurt a.M./Berlin/Wien 1978, S. 67-90; Alexander DEISENROTH: Deutsches Mittelalter und deutsche Geschichtswissenschaft im 19. Jahrhundert. Irrationalität und politisches Interesse in der deutschen Mediävistik zwischen aufgeklärten Absolutismus und erstem Weltkrieg, Rheinfelden 1983; Dieter BERG: Mediävistik - eine "politische Wissenschaft". Grundprobleme und Entwicklungstendenzen der deutschen mediävistischen Wissenschaftsgeschichte im 19. und 20. Jahrhundert, in: KÜTTLER/RÜSEN/SCHULIN, Bd. 1, S. 317-330; FUHRMANN: "Sind eben alles Menschen gewesen".

Eine nennenswerte marxistische biographische Historie ist in diesem Untersuchungszeitraum, mit Ausnahme der vor dem Ersten Weltkrieg konzipierten Marx-Biographie von Franz Mehring,[83] nicht zu verzeichnen.

---

[83] MEHRING: Karl Marx. In der marxistisch-leninistischen Historiographiegeschichtsschreibung gilt Mehring mit diesem Werk als "Lehrmeister der marxistischen Biographie der Arbeiterbewegung". Richtig ist, daß Mehring insofern prägend auf die marxistische Biographik gewirkt hat, als er es - wie seine Nachfolger - weitgehend versäumt, die marxistische Geschichtstheorie auch auf ihren Urheber selbst oder auf die Vertreter der Arbeiterbewegung anzuwenden. Insgesamt läßt in der marxistischen Biographik der Arbeiterbewegung ein Rückfall in eine ahistorische Heldenverehrung in einem Ausmaß beobachten, wie es in der "bürgerlichen" Geschichtswissenschaft des 19. und 20. Jahrhunderts zu keinem Zeitpunkt der Fall gewesen ist. Das Zitat stammt von: Annelies LASCHITZA: Zur Biographie als Genre der Geschichtswissenschaft der DDR über die Geschichte der Partei und der Arbeiterbewegung, in: Beiträge zur Geschichte der Arbeiterbewegung 21(1979), S. 323-341 u. S. 494-509, hier: S. 336.

B. Die Biographie als historiographische Darstellungsform: Abgrenzungen und erste Unterscheidungen

I. Historische Biographie und biographische Historie

Auf die Frage, "Was ist eine historische Biographie?", findet man in der Literatur zwei Antworten: Literaturwissenschaftler ordnen sie der literarischen Gattung "Biographie" zu,[1] Historiker betrachten sie dagegen als eine Form der Geschichtsschreibung. Die erste Zuordnungsmöglichkeit wird durch die Begriffsbildung "historische Biographie" nahegelegt: Das Adjektiv "historisch" bezeichnet eine Eigenschaft, mit deren Hilfe sich die Gruppe von Biographien aus der Gesamtgattung Biographie ausgrenzen läßt, die sich durch die Qualität des Historischen auszeichnen. Wird die historische Biographie aber als eine bestimmte Form der Geschichtsschreibung aufgefaßt, so ist es die Eigenschaft des Biographischen, die den Unterschied zu anderen historiographischen Formen ausmacht. In diesem Zusammenhang ist deshalb folgerichtig von *biographischer Historie* oder biographischer Geschichtsschreibung zu sprechen.[2] Es eröffnen sich damit zwei Wege, das Wesen der historischen Biographie zu bestimmen.

Warum und wie haben Biographien die Qualität des Historischen? Die großen deutschen Konversationslexika geben darauf folgende Antworten: Die 14. Auflage des "Brockhaus" von 1901 bezeichnet die Biographie als "die mit geschichtlicher Kunst ausgeführte Darstellung des Lebens einer Person".[3] Was ist mit "geschichtlicher Kunst" gemeint? "Meyers Lexikon" von 1936 ist etwas genauer: "Die höchste Anforderung an den Schriftsteller stellt die Gestaltung einer Biographie, die die Wechselwirkung zwischen der individuellen Entwicklung der beschriebenen Person und ihrer Zeit zeigt."[4] Noch deutlicher ist Goethe, der im Vorwort zu seiner Autobiographie "Dichtung und Wahrheit" folgende berühmte Definition der Biographie gegeben hat: "Denn dieses scheint die Hauptaufgabe der Biographie zu sein, den Menschen in seinen Zeitverhältnissen darzustellen [...]."[5] Die "Zeitverhältnisse" erscheinen deshalb als zentrale Darstellungsaufgabe für die Biographie, weil Goethe überzeugt ist, daß das Individuum,

---

[1] Vgl. etwa SCHEUER: Biographie, S. VII; R. M. G. NICKISCH: Der Brief und andere Textsorten im Grenzbereich der Literatur, in: Heinz-Ludwig ARNOLD/Heinrich DETERING (Hgg.): Grundzüge der Literaturwissenschaft, München 1996, S. 357-364.

[2] Dieser Doppelbezug läßt sich mittels der klassischen Definitionslehre verdeutlichen: Wir können zu der historischen Biographie zwei *genera proxima* angeben. Sie fällt zum einen unter die literarische Gattung Biographie, zum anderen unter die Formen der Geschichtsschreibung. Im ersten Fall ist die *differentia specifica* durch das Adjektiv "historisch" bezeichnet, im zweiten Fall durch "biographisch".

[3] Brockhaus' Konversations-Lexikon, Bd. 2, Leipzig/Berlin/Wien [14]1901, S. 1006-1010, hier: S. 1006.

[4] Meyers Lexikon, Bd. 1, Leipzig [8]1936, Sp. 1401f., hier: Sp. 1401.

[5] GOETHE: SWnEsS, Bd. 16, S. 11.

"nur zehn Jahre früher oder später geboren",[6] ein völlig anderer Mensch geworden wäre. Festzuhalten ist, daß Goethe die Einbeziehung des Historischen vom Standpunkt des Biographen aus fordert. Es geht ihm zunächst nicht um historische Erkenntnis, sondern um "verbesserte" biographische Erkenntnis, zu deren Beförderung die historische Situierung nötig ist. Die Darstellung des individuellen Lebensverlaufs, das personale Erkenntnisinteresse bleibt übergeordnet. Nun ist zwar deutlich geworden, warum man Biographien historische Qualitäten abfordern kann und wie diese in die biographische Arbeit einzufließen vermögen, es ist aber noch unklar, ob und wie damit auch spezifisch historische Erkenntnisinteressen befriedigt werden können - mit anderen Worten: Mit der begründeten Forderung nach historischer Biographik ist die Existenzberechtigung biographischer Historie noch nicht erwiesen. Die Biographie erfordert das Historische - erfordert die Historie auch die Biographie?

Wenn die historische Biographie als historiographische Darstellungsform (also als biographische Historie) aufgefaßt wird, dann besteht eine Definitionsmöglichkeit darin, sie zu den anderen Formen der Geschichtsschreibung in Beziehung zu setzten. Seit dem Humanismus sind immer wieder Versuche unternommen worden, die Eigenart der historiographischen Gattungen über die jeweils behandelte stoffliche Einheit zu bestimmen.[7] Die Biographie wird dabei zumeist als eine Form der "Spezialgeschichte" der "allgemeinen Geschichte" gegenübergestellt. Die wohl ausführlichste Aufgliederung des historischen Stoffes, gleichsam eine Taxonomie der historischen Einheiten, stellt Ernst Bernheim in seinem erstmals 1889 erschienenen "Lehrbuch der historischen Methode und der Geschichtsphilosophie" auf.[8] Er unterscheidet zunächst traditionell "allgemeine Geschichte" von "spezialisierter Geschichte". Diese wiederum teilt sich auf in Spezialisierungen bezüglich der "qualitativen Ausdehnung" (zum Beispiel Kulturgeschichte oder politische Geschichte) und der "quantitativen Ausdehnung". Unter den sechs Unterpunkten dieser Rubrik findet sich einer, der die "Geschichte gewisser Menschengruppen, beziehungsweise einzelner Menschen", also "Biographien" umfaßt. Indem die Biographie einer quantitativ sehr beschränkten historischen Einheit, nämlich einem einzelnen Menschenleben, zuzuordnen ist, erscheint sie gewissermaßen nur als ein kleiner, äußerer Zweig am großen Baum der Historiographie, denkbar weit von ihrem Stamm, der allgemeinen Geschichte, entfernt. Sie verschwindet als marginale Kleinstform unter vielen anderen Kleinformen der Geschichtsschreibung. Ein einfaches

---

[6] Ebd.

[7] Vgl. z.B. Francesco PATRIZI: Della Historia Diece Dialoghi (zuerst: 1560) (vgl. Kap. B, Abschnitt 4); Johann Christoph GATTERER: Vom historischen Plan (vgl. Kap. C, Abschnitt 3); Johann Gustav DROYSEN: Historik, S. 217-284 (vgl. Kap. E, Abschnitt 2). Als neueres Beispiel: SCHIEDER: Die Darstellungsformen der Geschichtswissenschaft.

[8] BERNHEIM: Lehrbuch der Historischen Methode und der Geschichtsphilosophie. Alle folgenden Zitate finden sich auf den Seiten 53-55.

Gedankenspiel vermag allerdings schnell die Unzulänglichkeit dieser Bestimmungsmethode aufzuzeigen: Stadtgeschichtlichen, territorialgeschichtlichen und nationalgeschichtlichen Monographien liegen jeweils wesentlich umfassendere historische Einheiten zugrunde als der Biographie. Aber man wird nicht sagen können, daß eine Biographie Alexanders des Großen (die ein Leben von nur 33 Jahren umfaßt) an allgemeingeschichtlicher Relevanz hinter einer Stadtgeschichte von Osnabrück, einer Territorialgeschichte von Nassau oder einer Nationalgeschichte von Dänemark zurückbliebe. Die Biographie kann eine allgemeingeschichtliche Relevanz vermitteln, die durch das Zeitquantum "Dauer eines Menschenlebens" nicht hinreichend zu bestimmen ist. Es eröffnen sich zwei Wege, die Relevanz biographischer Historie zu bestimmen: α. Auf der Ebene des Stoffes ist danach zu fragen, worin die allgemeingeschichtliche Relevanz etwa einer Biographie Alexanders des Großen begründet liegt. β. Aus der Sicht des historischen Betrachters ist zu erwägen, welche besonderen historischen Interessen und Fragestellungen durch biographische Historie befriedigt werden können.

α. Der Althistoriker Alexander Demandt hat in seinem anregenden Büchlein "Ungeschehene Geschichte" Beispiele kontrafaktischer Geschichte durchgespielt, um die Bedeutung von einzelnen Ereignissen, Entscheidungen und Zufällen zu erwägen. Eines seiner Beispiele lautet: "Was wäre geschehen, wenn Alexander d. Gr. nicht 323 gestorben wäre?" Ein früherer Tod hätte bedeutet, daß das Perserreich weiterbestanden haben würde;[9] ein späterer Tod hätte, so die von Demandt herangezogenen Überlegungen Arnold J. Toynbees, den Ausbau des Alexanderreiches zu einem hellenistischen Weltstaat möglich werden lassen - die gesamte Weltgeschichte wäre womöglich anders verlaufen.[10] Die Geschichte habe, so die Schlußfolgerung Demandts, eine "Knotenstruktur", es komme immer wieder zu großen Entscheidungssituationen, in denen wichtige Determinanten der weiteren geschichtlichen Entwicklung festgelegt würden.[11] Alle diese Entscheidungssituationen haben mit dem Handeln oder Nicht-Handeln von Menschen zu tun, auffällig ist aber, daß in zehn der fünfzehn von Demandt durchgespielten Fällen das Handeln *eines einzelnen Individuums* im Mittelpunkt steht. Man kann daraus folgern, daß einzelne Persönlichkeiten insbesondere in Phasen beschleunigten Wandels ("historischen Krisen") eine grundlegende Rolle spielen. Diese Überlegungen machen deutlich, daß die scheinbar kleine Einheit "Leben" Themen von großer geschichtlicher Bedeutung beinhalten kann. Genügt es aber, wenn man wie Eckhart Jander die historische Biographie als "Lebensbeschreibung eines für den Verlauf der Geschichte [...] bedeutenden Menschen"[12] definiert? Oder, anders formuliert, ist eine

---

[9] DEMANDT: Ungeschehene Geschichte, S. 68.
[10] DEMANDT: Ungeschehene Geschichte, S. 69-73.
[11] DEMANDT: Ungeschehene Geschichte, S. 120f.
[12] JANDER: Untersuchungen, S. 4.

Biographie Alexanders des Großen immer auch große Geschichtsschreibung? Der bekannteste Biograph der Antike, Plutarch, leitet seine Lebensbeschreibung des Makedonenkönigs mit folgenden Worten ein: "Denn ich schreibe nicht Geschichte, sondern zeichne Lebensbilder [...]." Ihm geht es um den Charakter Alexanders und da sind geringfügige Vorgänge, "ein Wort oder ein Scherz", oft bezeichnender "als Schlachten mit Tausenden von Toten".[13]

β. Biographische Historie ist über ihren Gegenstand noch nicht hinreichend bestimmt. Man kann über Alexander, Cäsar oder Friedrich II. von Preußen Biographien schreiben, die sich mit Dingen beschäftigen, die für die Erkenntnis wichtiger historischer Sachverhalte kaum Bedeutung haben. - "Denn daß Friedrich auf der Flöte blies oder Caesar einige grammatische Schriften verfaßt hat", polemisiert Johann Gustav Droysen, "ist zwar interessant, aber für die große geschichtliche Tätigkeit beider äußerst gleichgültig."[14] Vielmehr gilt, daß eine Darstellung erst dann zur Geschichtsdarstellung wird, wenn sie es unternimmt, historische Erkenntnis zu vermitteln.[15] Dieser von Ulrich Muhlack formulierte Grundsatz gilt auch für die Biographie: Sie wird erst dann zur biographischen Historie, wenn sie beabsichtigt, historische Erkenntnis zu vermitteln. Angefangen von der Auswahl des Helden, über die Auswahl der Fakten, ihre Zusammenstellung zu einer "Erzählung" bis zu den reflektierenden Passagen und der abschließenden Gesamtdeutung - all dies muß primär aufgrund von historischen Erkenntnisinteressen erfolgen, wenn einer Biographie der Status einer historischen Darstellungsform zugesprochen werden soll. Mit diesem Verweis auf historische Erkenntnisinteressen ist erst ein rein formales Kriterium biographischer Historie ermittelt. Im nächsten Schritt wäre zu fragen, ob es Erkenntnisinteressen gibt, die nur oder hauptsächlich in biographischer Historie befriedigt werden können - mit anderen Worten: Es geht um die gattungsspezifischen geschichtsdarstellenden Leistungen biographischer Historie. Diese im einzelnen zu ermitteln bleibt dem Schlußteil vorbehalten, nachdem die Untersuchung von Theorie und Praxis der historischen Biographie in ihrer Entwicklung bis zum frühen 20. Jahrhundert eine ausreichende Basis für solche weiterführenden Überlegungen gelegt hat.

---

[13] PLUTARCH: Von großen Griechen und Römern, übersetzt von Konrat ZIEGLER und Walter WUHRMANN, S. 41.
[14] DROYSEN: Historik, S. 243.
[15] Ulrich MUHLACK: Theorie oder Praxis der Geschichtsschreibung, in: KOSELLECK/RÜSEN/LUTZ (Hgg.): Formen der Geschichtsschreibung, S. 607-620, hier: S. 619.

II. Personale und historische Biographie

Die Biographie, auch in der Definition, die Goethe ihr gegeben hat, finden wir durch das biographische oder personale Interesse bestimmt: Es geht ihr primär um die Darstellung eines individuellen Lebenslaufes; ob dabei auch historische Erkenntnisse vermittelt werden, ist zunächst nebensächlich. Die biographische Historie hingegen ist als Form der Geschichtsschreibung durch das historische Erkenntnisinteresse bestimmt. Es steht zwar ein Individuum im Mittelpunkt, aber dieses interessiert nicht um seiner selbst willen, sondern aufgrund seiner historischen Bedeutung. Der damit angesprochene Gegensatz zwischen personalem und historischem Interesse hat in der Geschichte der Gattungstheorie oft zur Ausgrenzung der Biographie aus den historischen Darstellungsformen geführt. Diese Argumentation findet man beispielsweise bei dem Aufklärungshistoriker Johann Christoph Gatterer:

> "Der Biographe ist, in soferne er ein Biographe ist, kein eigentlicher Geschichtschreiber, sondern er beschäftiget sich mit Dingen, die der Geschichtschreiber nicht verarbeiten kan und darf. Karl XII und Peter der Grosse haben für jenen so gut, als für diesen gelebt. Der *Geschichtschreiber* betrachtet sie als Fürsten und Krieger, der *Biographe* als Menschen."[16]

Die Unterscheidung zwischen einer "biographischen" (personalen) und einer "historischen" Betrachtung der Individuen steht in einer Tradition, die sich über den Deutschen Idealismus[17] und Historismus[18] bis in die heutige Zeit verfolgen läßt: In Kurt Kluxens "Vorlesungen zur Geschichtstheorie" heißt es beispielsweise: "Es geht in der Historie nicht um den ganzen Menschen, sondern lediglich um dessen Geschichtlichkeit, also um das, was ihn zum *Moment* seiner Zeit oder zum Kind seines Zeitalters macht."[19] Statt diese Unterscheidung dazu zu benutzen, die Biographie aus dem Kanon der historischen Darstellungsformen auszugrenzen,[20] kann sie hier nützlich sein, einen personalen Idealtypus der Biographie von einem historischen zu unterscheiden. Damit ist die Möglichkeit gegeben, aus der Masse der Biographien diejenigen herauszuheben, die in einer Geschichte der historischen Biographie ihren Platz finden sollen. Die Kluft zwischen personal und historisch wäre so allerdings nicht überwunden, sondern nur ver-

---

[16] GATTERER: Vom historischen Plan, S. 32.
[17] HEGEL betont z.B., daß die philosophische Betrachtung der Weltgeschichte die Individuen nur "unter der Kategorie der Mittel" auffasse und ihnen als freie, sittliche Wesen nicht gerecht werden könne (PhilG, S. 49).
[18] Vgl. DROYSEN: Geschichte Alexanders des Großen, Gotha ³1880, S. 207.
[19] Kurt KLUXEN: Vorlesungen zur Geschichtstheorie, Bd. 2, Paderborn 1981, S. 22. Ähnliches findet sich bei: Karl-Georg FABER: Theorie der Geschichtswissenschaft, München ²1972, S. 206 u. 210. Vgl. dazu GOERTZ: Umgang mit Geschichte, S. 60-67.
[20] Vgl. zu diesem Problem Heinz RIEDER: Die historische Biographie. Persönlichkeitsporträt oder historische Darstellung?, in: Neue Deutsche Hefte 27(1980), S. 459-465, bes. S. 464.

schoben. Es erscheint deshalb angebracht, nicht nur von personalen und historischen Biographien, sondern auch vom personalen und historischen *Moment* innerhalb einer Biographie zu sprechen. Dies macht feinere Unterscheidungen möglich: Wenn das Historische Moment in einer personalen Biographie ist, so bedeutet dies, daß es dem personalen Zweck als Darstellungsmittel untergeordnet ist. Beliebt ist zum Beispiel, im Eingangskapitel einer Biographie ein buntes Tableau der historischen Zustände zur Zeit des Helden oder der Heldin zu zeichnen. Es soll dem Leser helfen, sich in die Zeit der biographierten Person hineinzuversetzen, um diese besser verstehen zu können. Indem es aber nur die Funktion einer Hilfestellung hat, ist es im Grunde entbehrlich. Bei Goethe hat das historische Moment ein größeres Gewicht: Das Individuum kann nur als ein sich in den jeweiligen Zeitumständen entwickelndes dargestellt werden. Das Historische ist hier so wesentlich, daß es vom Moment zum hauptsächlichen Erkenntniszweck umschlagen kann. So sieht Goethe in der Biographie auch eine besonders leistungsfähige Form der Geschichtsbetrachtung, die Eigentümlichkeiten und Sonderbarkeiten fremder Epochen besonders anschaulich zu vermitteln vermag.[21]

Ebenso ist in einer historischen Biographie das Personale als Moment enthalten. Es liegt im historischen Erkenntnisinteresse, einen möglichst umfassenden und tiefen Einblick in die Entwicklung und psychologische Struktur einer geschichtlich bedeutenden Persönlichkeit zu gewinnen (einem Interesse, dem sich die Psychohistorie verschrieben hat).[22] Gerade die Biographik über die großen geschichtlichen Individuen hat es ja mit Menschen zu tun, die man sich, wie Jacob Burckhardt formuliert, "mit abnormer intellectueller oder sittlicher *Kraft*"[23] ausgerüstet denkt und deshalb als außergewöhnliche Individuen Aufmerksamkeit auf sich ziehen. Das personale Moment ist in biographischer Historie zumeist stärker als in anderen Formen der Geschichtsschreibung. Aber es ist eben nur ein Moment, weil es einem historischen Erkenntniszweck dient. Der Historiker kann sich für die Jugend eines später bedeutenden Individuums interessieren, um zu ergründen, welche persönlichen Faktoren und historisch bedingten

---

[21] Siehe z.B. GOETHES Vorwort zu "Der junge Feldjäger", in: SWnEsS, Bd. 13/1, S. 485-487.

[22] Ein kontrovers diskutiertes Beispiel: Die Jugendbiographie Wilhelms II. von John C. G. RÖHL (Wilhelm II. Die Jugend des Kaisers 1859-1888, München 1993) konzentriert sich ganz auf den Versuch, die problematische Persönlichkeitsentwicklung des späteren deutschen Kaisers verständlich zu machen. Röhl gehört zu einer Gruppe von Historikern, die in seiner Person und den Beziehungen zu seinen Beratern den entscheidenden politischen Faktor des wilhelminischen Reiches sehen. Demzufolge erhält die Frage nach dem Charakter Wilhelms ein hohe historische Bedeutung. Die entgegengesetzte Position bezieht WEHLER, der dem Kaiser keine maßgebliche politische Rolle in der "wilhelminischen Polykratie" zubilligt: "Von einem eindeutig identifizierbaren, maßgeblich handelnden individuellen 'Subjekt' kann dabei nur äußerst selten die Rede sein." (Deutsche Gesellschaftsgeschichte, Bd. 3, S. 1019). Anders als im Falle des "Charismatikers" Bismarck widmet Wehler deshalb der Biographie und der Person Wilhelms keine Aufmerksamkeit. Vgl. den ebenfalls Röhl-kritischen forschungsgeschichtlichen Überblick bei Gregor SCHÖLLGEN: Das Zeitalter des Imperialismus (= OGG, Bd. 15), München ³1994, S. 119f.

[23] BURCKHARDT: Über das Studium der Geschichte, S. 379.

Sozialisationseinflüsse es zu dem gemacht haben, das schließlich ins Rad der Geschichte eingegriffen hat - oder er interessiert sich für die Eigenarten der Person als Ausdruck und Medium epochentypischer Zustände und Mentalitäten.[24]

Eine Geschichte der historischen Biographie, so lautet die Summe der Überlegungen in diesen ersten beiden Abschnitten, hat nur einen bestimmten Bereich der Biographik zu ihrem Gegenstand. Der Verweis auf historisch bedeutende Individuen als Gegenstand dieses Teilbereichs reicht zu seiner Definition nicht aus. Entscheidend ist, daß in den Biographien vornehmlich historische Erkenntnisinteressen befriedigt werden. Die von personalen Formen abgrenzbare Untergattung "historische Biographie" tritt dadurch in den Kreis der Historie und kann somit auch als biographische Historie verstanden werden. Das der Biographie eigentümliche Interesse am Individuum und seinem Leben, das Personale, geht in ihr nicht verloren, aber es ist nur ein Moment. Sie betrachtet das Individuum nicht an und für sich, sondern als Faktor innerhalb einer geschichtlichen Entwicklung oder als Ausdruck epochentypischer Zustände.

---

[24] Dies gilt auch für eine Person wie Hitler: "Hitlers Leben", schreibt sein Biograph Joachim C. FEST, "lohnte denn auch die Beschreibung und Interpretation kaum, wenn nicht überpersönliche Tendenzen oder Verhältnisse darin zum Vorschein kämen, und seine Biographie nicht stets auch ein Stück Biographie der Epoche wäre." (Hitler, S. 21).

III. Die zwei Grundformen historischer Biographik: Syntagmatisches und paradigmatisches Verhältnis

Im letzten Satz des vorherigen Abschnitts ist bezüglich des historischen Erkenntnisinteresses bereits eine Unterscheidung getroffen worden, die sich durch die gesamte Geschichte der historischen Biographie hindurch beobachten läßt. Sie ist deshalb ebenfalls hier bereits einzuführen. Da an dieser Stelle noch nicht auf Ergebnisse der nachfolgenden historiographiegeschichtlichen Untersuchungen zurückgegriffen werden kann, werden statt dessen bekannte geschichtsphilosophische Theoreme benützt, um diese Unterscheidung plausibel erscheinen zu lassen.

Bei den Überlegungen zur biographischen Historie ist bereits davon ausgegangen worden, daß historisch bedeutende Individuen Gegenstand dieser Darstellungsform sind. Historische Bedeutsamkeit gewinnt der Historiker einem individuellen Lebenslauf ab, indem er ihn zu einer historischen Thematik in Beziehung setzt. Wie können diese Bezüge gedacht werden? Aus der Tradition geschichtlichen Denkens sind vor allem griffige Extrempositionen bekannt, etwa Treitschkes berühmt-berüchtigtes Diktum von den "Männern, die Geschichte machen"[25] oder das nicht weniger bekannte von Marx über das Individuum als "ensemble der gesellschaftlichen Verhältnisse".[26] Man spricht im ersten Fall von einer individualistischen, im zweiten Fall von einer kollektivistischen oder soziologischen Geschichtsauffassung. Ausgehend von diesen beiden zugespitzten Positionen - die im übrigen nicht soweit auseinander liegen, wie es auf den ersten Blick scheint, denn sie setzen beide ein Wechselverhältnis von Individuum und Geschichte voraus[27] - lassen sich zwei unterschiedliche Erkenntnisperspektiven historischer Biographik formulieren: das syntagmatische und das paradigmatische Verhältnis.[28]

---

[25] TREITSCHKE: Einleitung, in: ders.: Politik, S. 1-12, hier: S. 7.

[26] Karl MARX: Thesen über Feuerbach (geschrieben: 1845), in: MEW, Bd. 3, Berlin(-Ost), S. 5-7, hier: S. 6.

[27] Beide Positionen gehen nämlich letztlich auf die idealistische Geschichtsphilosophie zurück, die Individuum und "Geschichte" in einem dialektischen Wechselverhältnis sieht: das Individuum muß sowohl als wirkend auf die Geschichte gedacht werden, wie die Geschichte wirkend auf das Individuum. Treitschke betont die individuelle Seite in diesem Wechselverhältnis, Marx die allgemein-geschichtliche.

[28] Die Begriffe paradigmatisch und syntagmatisch stammen aus der strukturalistischen Linguistik und sind erstmals von Ferdinand de SAUSSURE in seinem "Cours de linguistique générale" (dt.: Grundfragen der Allgemeinen Sprachwissenschaft, Berlin ²1967) geprägt worden (statt "paradigmatisch" gebraucht Saussure allerdings noch den Begriff "associatif"). Syntagmatisch bezeichnet dabei die syntaktischen Beziehungen der Wörter in ihrer linearen Abfolge im Satz. Paradigmatisch meint dagegen assoziative Beziehungen zu ähnlich klingenden Ausdrücken. Vgl. dazu: Jörn ALBRECHT: Europäischer Strukturalismus. Ein forschungsgeschichtlicher Überblick, Tübingen 1988, S. 43-48. Die Begründung der Auswahl dieser Begriffe bedarf einiger Ausführung: 1. Ein wichtiges formales Auswahlmotiv ist gewesen, daß zwei Begriffe gefunden werden sollten, die als Bestandteil eines dichotomischen Begriffspaars unmittelbar aufeinander verweisen. 2. Die Begriffe sollten so abstrakt und frei von bestimmten geschichtstheoretischen Assoziationen sein, daß sie für die gesamte Tradition historischer Biographik gleichermaßen problemlos anwendbar erscheinen. (Das ebenfalls in Betracht gezogene Begriffspaar "entwicklungsge-

Wird das Individuum als wirkend auf die Geschichte gedacht,[29] so sind Persönlichkeiten angesprochen, die "verflochten [sind] in den großen Hauptstrom der Ursachen und Wirkungen" (Burckhardt).[30] Man stellt sich das Individuum als Kausalursache von historischen Ereignissen, als verknüpfendes Element in einem geschichtlichen Ablauf oder "als aktives Element innerhalb des Systems"[31] vor. Dieses Verhältnis wird im folgenden *syntagmatisch* genannt. Transportiert eine historische Biographie in erster Linie dieses Verhältnis, so hat sie syntagmatische Relevanz und wird als *syntagmatische Biographie* bezeichnet.

Wird das Individuum als Gegenstand der Einwirkung des Geschichtlichen gedacht, so erscheint es als "ensemble der gesellschaftlichen Verhältnisse", als Spiegel der Zeitumstände. Dieses Verhältnis wird im folgenden *paradigmatisch* genannt. Liegt einer historischen Biographie vor allem dieses Verhältnis zugrunde, so hat sie paradigmatische Relevanz und wird als *paradigmatische Biographie* bezeichnet.

Beide Verhältnisse finden sich sowohl auf der Ebene des Gegenstandes als auch auf der des Betrachters wieder. Es gibt historische Individuen, die eher als Gegenstand syntagmatischer Biographik taugen, und solche, die eher paradigmatischer Lebensbeschreibung zufallen. Klassische Kandidaten syntagmatischer Biographik sind die "welthistorischen Individuen" Hegels, also zum Beispiel Alexander der Große oder Cäsar. Objekt paradigmatischer Biographik ist dagegen potentiell jeder Mensch, denn Zeittypisches und Repräsentatives findet sich an jedem Menschenleben (Und auch das Abweichende zeigt ja, indem es sich vom "Normalen" abhebt, dieses um so deutlicher). Syntagmatisch und paradigmatisch sind aber auch Perspektiven, die der Betrachter gegenüber ein und demselben Individuum einnehmen kann. Bismarck "macht" nicht nur Geschichte, sondern er ist auch selber von der Geschichte "gemacht". Er wird in seiner syntagmatischen Funktion erst verständlich, wenn man ihn als "Kind seiner Zeit" begreift. Zu der syntagmatischen Perspektive tritt das Paradigmatische als Moment

---

schichtlich" und "strukturgeschichtlich" erschien in dieser Hinsicht als zu vorbelastet). 3. Schließlich sollten die Begriffe Assoziationen implizieren, die auf die durch sie bezeichneten Verhältnisse verweisen. "Syntagmatisch" meint sowohl auf der linguistischen wie auf der geschichtstheoretischen Ebene etwas, was ein Element A mit dem Element B verknüpft. Vgl. die entsprechende Verwendung des Begriffs "syntagmatisch" bei FULDA (Wissenschaft aus Kunst, S. 175, 287, 341, 347). Bei dem Begriff "paradigmatisch" ist dagegen an seine Ursprungsbedeutung zu erinnern: Etwas ist paradigmatisch, wenn es als Beispiel oder Muster dient. Vgl. die Verwendung des Begriffs "Paradigma" bei DROYSEN: Historik, S. 259.

[29] Zur Kategorie der zurechenbaren historischen Wirkung und ihrer Bedeutung in biographischen bzw. personenkonzentrierten Darstellungen vgl. Philip POMPER: Historians and Individual Agency, in: HTh 35(1996), S. 281-308.

[30] BURCKHARDT: Über das Studium der Geschichte, S. 378.

[31] Peter Hanns REILL: Das Problem des Allgemeinen und des Besonderen im geschichtlichen Denken und in den historiographischen Darstellungen des späten 18. Jahrhunderts, in: ACHAM/SCHULZE (Hgg.): Teil und Ganzes, S. 141-168, hier: S. 161.

hinzu. Umgekehrt ist auch das Leben eines beliebigen Individuums nicht nur in paradigmatischer Perspektive zu sehen. Wenn beispielsweise in Biographien über Jugendliche zur Zeit des Nationalsozialismus danach gefragt wird, weshalb sich diese für bestimmte Aspekte oder Personen des Regimes begeistert haben, so erhält man damit auch eine Antwort auf die syntagmatische Frage nach den Faktoren, die die Entstehung und den Bestand der nationalsozialistischen Herrschaft bedingt haben.

Die Erkenntnisperspektive der paradigmatischen Biographie ist eher *synchron* angelegt. Die historische Bedeutung des Individuums wird in seiner Brennpunktfunktion für die gleichzeitig gegebenen Elemente einer geschichtlichen Welt angesehen. Die paradigmatische Biographie zeigt einen mehr oder weniger umfassenden *Querschnitt* einer Epoche. Die syntagmatische Biographie verfolgt in erster Linie eine *diachrone* Perspektive: Es geht um ein historische Individuum, dessen geschichtliches Handeln ein Vorher der historischen Welt mit einem Nachher verknüpft. Sie handelt von Voraussetzungen, Veränderungen und Wirkungen. Die kurze Einheit Leben wird zeitlich vorwärts wie rückwärts überschritten. Die Biographie eines "welthistorischen Individuums" erzählt nicht die gesamte Weltgeschichte, aber diese ist gewissermaßen virtuell, als Hintergrund der Deutung seines historischen Wirkens, anwesend.

Die idealtypische Gegenüberstellung der paradigmatischen und syntagmatischen Perspektive soll nicht darüber hinweg täuschen, daß das Wechselverhältnis zwischen Individuum und Geschichte von Fall zu Fall unterschiedlich ist. Dies liegt zum einen an den empirisch gegebenen und damit individuell je verschiedenen Verhältnissen eines Individuums zu seiner historischen Umwelt,[32] zum anderen an verschiedenen Fragemöglichkeiten nach den Verknüpfungen beider.

Hier gibt es einen bedeutenden Unterschied zwischen paradigmatischem und syntagmatischem Verhältnis. Denkt man bei letzterem vornehmlich an die "großen Individuen", "ohne welche die Welt uns unvollständig schiene",[33] so versteht sich die historische Bedeutung dieser Persönlichkeiten in groben Umrissen von selbst. Daß Alexander der Große der Eroberer des Perserreiches ist, weiß man, bevor man zu einer Alexander-Biographie greift. Seine historische Bedeutung ist als Tradition und Teil des Geschichts-

---

[32] Insbesondere das Auftreten Hitlers hat dazu beigetragen, das althergebrachte Konzept des historischen Individuums zu differenzieren. MEINECKE reflektiert z.B. in seiner Schrift "Die deutsche Katastrophe": "Es gibt in ihrem Verhältnis zueinander [des Persönlich-Zufälligen und dem Allgemeinen, O.H.] unendliche Variationen. Bald treten sie mehr, obwohl niemals ganz, auseinander, bald verschmelzen miteinander untrennbar. [...] Zuweilen scheinen die Dinge wie zwangsläufig so zu verlaufen, daß es auf den Einzelnen gar nicht ankommt. Dann aber wieder greift ein solcher mit ungeheurer Vehemenz der Wirkung in sie ein." (Die deutsche Katastrophe. Betrachtungen und Erinnerungen, Wiesbaden 1946, S. 87ff.). Vgl. auch das Eingangskapitel, "Hitler und die historische Größe", bei FEST (Hitler, S. 17-28).
[33] BURCKHARDT: Über das Studium der Geschichte, S. 378.

bewußtseins schon gegeben.[34] Das Bild, das man sich in Vergangenheit und Gegenwart von diesem Individuum machte und macht, gehört gewissermaßen zu den historischen Tatsachen, die dem Historiker vorliegen. Die historische Erkenntnisperspektive ist hier durch eine Kette oftmals widersprüchlicher historischer Urteile schon vorgeprägt, sie bedarf der empirischen Unterfütterung, inhaltlicher Differenzierungen, neuer Perspektiven und der Kritik. Das paradigmatische Verhältnis muß dagegen, vor allem, wenn man an die "Durchschnittsindividuen" denkt, denen sich die neuere Sozialbiographie zuwendet, vom Historiker erst (re-)konstruiert werden. Überspitzt formuliert: Die historischen Individuen des syntagmatischen Verhältnisses sind schon historische Individuen bevor sich der Historiker mit ihnen beschäftigt, die "Durchschnittsindividuen" des paradigmatischen Verhältnisses werden dagegen erst durch den Historiker zu historischen Individuen gemacht. Während es bei ersteren eher Anstrengung kostet, von ihrer tradierten historischer Bedeutung abzusehen und sich bloß auf den "Menschen" zu konzentrieren, erfordert es bei der Biographie von Jedermann konstruktive Kraft, über das bloß private Leben hinauszugehen und sein Leben in die historischen Kontexte zu stellen, in denen es tatsächlich steht.

Die Überlegungen zum paradigmatischen und syntagmatischen Verhältnis lassen sich noch weiter ausführen und differenzieren. Die in diesem Kapitel den historischen Untersuchungen vorweg geschickten Begriffsbestimmungen sollen allerdings nicht weitergeführt werden als unbedingt nötig, nämlich bis zur Klärung dessen, was man gewöhnlich "historische Biographie" nennt. Die weitere Begriffsarbeit bleibt den nachfolgenden Kapiteln überlassen, die dann nicht mehr auf behelfsmäßige geschichtsphilosophische Überlegungen, sondern auf die sich seit der Antike entfaltende Theorie und Praxis historischer Biographik selber zurückgreifen können.

---

[34] RÜSEN faßt "Tradition" und "Geschichte als kritisierte Tradition" als "Phänomen in der menschlichen Lebenspraxis" auf, in dem "keimhaft 'Geschichte'" schon vorgebildet ist (Historische Vernunft, S. 64-76, hier: S. 64).

C. Historiographiegeschichtliche Voraussetzungen der modernen historischen Biographie

I. Vormoderne Traditionen

1. Antike

Laut Jan Romein ist die Biographie "das älteste Genre der Historiographie."[1] Zur Unterstützung dieser These läßt sich anführen, daß die ältesten schriftlichen Überlieferungen der alten Hochkulturen oft auch biographische Elemente aufweisen. Die mythologischen Texte des Alten Orients, etwa das Gilgamesch-Epos aus Mesopotamien[2] oder die Erzvätergeschichte im Alten Testament, verdichten die Frühgeschichte ihrer Völker in dem Handeln von Gründerfiguren. In China kommt sehr früh eine kaiserzentrierte Geschichtsschreibung auf, die sorgfältig Worte und Taten der Herrscher überliefert.[3] Im Alten Ägypten bildet sich bereits in der zweiten Hälfte des dritten Jahrtausends vor Christi Geburt eine (auto-)biographische Tradition heraus.[4]

Der Ursprung der Biographie als eine abgrenzbare literarische Gattung ist jedoch in dem Land und bei dem Volk zu suchen, das auch die Bezeichnung "Biographie" geprägt hat - bei den alten Griechen.[5] Die altphilologische und althistorische Forschung hat mittlerweile von der Entwicklung (α.) der griechischen Biographie, ihrem Weiterleben

---

[1] ROMEIN: Biographie, S. 14. Diese Meinung vertritt ebenfalls GRAND: "On peut dire que l'histoire a commencé par la biographie des individus [...]" (Biographie, S. 890).

[2] Vgl. Barthel HROUDA: Mesopotamien. Die antiken Kulturen zwischen Euphrat und Tigris, München 1997, S. 84-86.

[3] Der Historiker war im alten China ein hochrangiger Beamter, der in der unmittelbaren Nähe des Kaisers wirkte: "Wenn der Herrscher handelt, zeichnet es der Historiker zur Linken auf; wenn er spricht, vermerkt es der Historiker zur Rechten." (Buch *Liji*, zitiert nach: Helwig SCHMIDT-GLINTZER: Geschichte der chinesischen Literatur. Die 3000jährige Entwicklung der poetischen, erzählenden und philosophisch-religiösen Literatur Chinas von den Anfängen bis zur Gegenwart, Darmstadt 1990, S. 53.) Vgl. zur frühen chinesischen Historiographie: Denis TWITCHETT/Michael LOEWE (Hgg.): The Cambridge History of China, Vol. 1.: The Ch'in and Han Empires, 221 B.C. - A.D. 220, Cambridge u.a. 1986, S. 2-6.

[4] Vgl. Miriam LICHTHEIM: Ancient Egyptian Literature. A Book of Readings, Bd. 1: The Old and Middle Kingdoms, Berkeley/Los Angeles/London 1975, S. 3-5; Erika SCHOTT: Die Biographie des Ka-Em-Tenenet, in: Jan ASSMANN/Erika FEUCHT/Reinhard GRIESHAMMER (Hgg.): Fragen an die altägyptische Literatur. Studien zum Gedenken an Eberhard OTTO, Wiesbaden 1977, S. 443-462. Einige Biographien finden sich in: Alessandro ROCCATI: La Littérature historique sous l'ancien empire Égyptien, Paris 1982.

[5] Der Ausdruck ist seit dem 6. Jahrhundert n. Chr. gebräuchlich (GERSTINGER: Biographie, Sp. 386). Allgemeine Verbreitung gefunden hat der Begriff allerdings erst im 17. Jahrhundert, vgl.: SCHEUER: Biographie, in: Historisches Wörterbuch der Rhetorik, hg. v. UEDING, S. 30.

in (β.) römischer Zeit und den dort erfolgten Neuerungen ein recht genaues Bild gezeichnet.⁶

α. Bei der Entstehung der historischen Biographie richtet die Forschung ihr Augenmerk auf zwei Faktoren: erstens auf die literarischen Traditionen und die dahinterstehenden geistigen Einflüsse, die die historische Biographie als literarische Gattung beeinflussen, zweitens auf die (mit den zeitgeschichtlichen Erfahrungen sich ändernde) Geschichtsanschauung der Historiker, die eine biographische Auffassung der Geschichte begünstigt oder nicht begünstigt. Um mit dem zweiten Faktor zu beginnen: Die klassische griechische Geschichtsschreibung des fünften vorchristlichen Jahrhunderts, Herodot und Thukydides, hat keine historische Biographik hervorgebracht. Ihre Geschichtsschreibung ist auf Ereigniszusammenhänge konzentriert, in denen Individuen zwar ihre Rolle spielen (man denke z.B. an Alkibiades in Thukydides' Darstellung des Peloponnesischen Krieges), die Geschichte sich aber nicht um einzelne Individuen konzentriert. Subjekte der griechischen Geschichte sind Kollektiva, Hellas als Ganzes und die einzelnen griechischen Stadtstaaten in ihrem Gegen- und Miteinander - nicht einzelne große Individuen. Einen gewissen Umschwung bewirkt hier die Alexander-Erfahrung des vierten Jahrhunderts vor Christus Die hellenistische Geschichtsschreibung ist stärker personenbezogen und hat in größerem Maß biographische Elemente.⁷

Entscheidend für die Geschichte der historischen Biographie ist aber, daß die literarische Form der griechischen Biographie außerhalb der Historiographie angesiedelt ist: Ihre Ursprünge liegen erstens im *Enkomion*, das die löblichen Taten und Eigenschaften eines Herrschers darstellt, zweitens in den Philosophenschulen mit ihrem Interesse, das Leben ihrer großen Meister als Verwirklichung philosophischer Lebensführung für die Nachwelt festzuhalten, und drittens im Interesse an anthropologisch-ethischen Forschungen, die im *Peripatos*, der Philosophenschule des Aristoteles, betrieben werden. Hier finden wir die "früheste Pflegestätte biographischer Schriftstellerei" mit Werken über Dichter und Philosophen, manchmal auch über Staatsmänner.⁸ Ein weiterer Tradi-

---

⁶ Wichtig ist immer noch: LEO: Die griechisch-römische Biographie nach ihrer litterarischen Form. Mit der Problematik der historischen Biographie hat sich in der neueren Forschung insbesondere Albrecht DIHLE beschäftigt: Studien zur griechischen Biographie; ders.: Die Entstehung der historischen Biographie; ders.: Antike Grundlagen. Vgl. folgende neuere Handbücher: MEISTER: Die griechische Geschichtsschreibung; ALBRECHT: Geschichte der römischen Literatur. GERSTINGER: Biographie; FUHRMANN: Biographie.

⁷ Diese Werke gelten in der Forschung aber nicht als Biographien, weil nur die Taten der Herrscher verzeichnet werden und die eigentliche biographische Methode, der Rückschluß auf den Charakter als Erklärungsgrundlage der Handlungen, weitgehend fehlt. Vgl. MEISTER: Die griechische Geschichtsschreibung, S. 186; DIHLE: Die Entstehung der historischen Biographie, S. 11.

⁸ DIHLE: Die Entstehung der historischen Biographie, S. 9. Eine genaue Rekonstruktion der Form der peripatetischen Biographik ist heute kaum mehr möglich, da bis auf wenige Fragmente nur Verfassernamen und Titel überliefert sind. Vgl. FUHRMANN: Biographie, S. 902f.; GERSTINGER: Biographie, Sp.

tionsstrang führt schließlich zu den alexandrinischen Gelehrten des 3. Jahrhunderts vor Christus. Hier entstehen, aufbauend auf den Arbeiten der Peripatetiker, unter anderem Lebensabrisse griechischer Denker und Dichter als Begleitinformationen für Werkausgaben sowie erste Biographiesammlungen. Die Biographik ist hier eine Hilfswissenschaft philologischer Gelehrsamkeit. Als Ausgangskonstellation der Entwicklung der historischen Biographie bleibt festzuhalten: Die griechische Geschichtsschreibung beinhaltet zwar, vor allem in hellenistischer Zeit, biographische Elemente, aber die Biographie wird nicht als Form der Geschichtsschreibung angesehen. Vielmehr wurzelt die griechische Biographik im *Enkomion*, in der exemplarischen Lebensdarstellung und in dem philologisch-gelehrten Lebensabriß. Alle diese Traditionsstränge haben gemeinsam, daß in ihnen kein genuin historisches Interesse zum Tragen kommt. Eine historische Biographie im eigentlichen Sinn hat die Literatur des klassischen und hellenistischen Griechentums nicht hervorgebracht.

β. Diese entsteht erst in der römischen Kaiserzeit durch Tacitus und Sueton. Hierfür macht Albrecht Dihle zwei Gründe geltend. Zum einen habe das römische Lesepublikum schon zu republikanischer Zeit ein starkes Interesse an der Bedeutung wichtiger Personen für die *res publica* gehabt.[9] Der Wert einer Person bemaß sich in römischen Augen nicht nur an der Verwirklichung allgemeiner moralischer Tugenden (wie in der Biographik des Peripatos), sondern war vor allem an ihre Leistung für das Gemeinwesen gebunden. Diese Neigung der Römer zur politisch-historischen Würdigung der Einzelpersönlichkeit[10] führt aber erst im ersten nachchristlichen Jahrhundert zur Begründung einer historischen Biographik, als ein wichtiges zweites Element hinzugekommen ist: Ebenso wie in hellenistischer Zeit das Alexander-Erlebnis führt nun das Caesar-Erlebnis und die darauffolgende Konzentration der politischen Macht in der Hand eines Herrschers zu einer um eine Person konzentrierten Geschichtsauffassung: Die *res gestae populi Romani* erscheinen den Historikern der Kaiserzeit als *res gestas Caesaris*.[11] Die annalistische römische Geschichtsschreibung der Republik, repräsentiert

---

184f.; Rudolf BLUM: Die Literaturverzeichnung im Altertum und Mittelalter. Versuch einer Geschichte der Biobibliographie von den Anfängen bis zum Beginn der Neuzeit, Frankfurt a. M. 1983, S. 11-19.

[9] DIHLE: Die Entstehung der historischen Biographie, S. 24ff.

[10] Diese Neigung schlägt sich schon früh in den *tituli* (Inschriften unter Statuen bedeutender Männer) und der *laudatio funebris* (Lob des Verstorbenen beim Begräbnis) und in der individualisierenden römischen Portraitplastik nieder. Vgl. ALBRECHT: Geschichte der römischen Literatur, S. 373.

[11] Vgl. DIHLE: Die Entstehung der historischen Biographie, S. 78. Helmut GUGEL hebt ebenfalls die veränderte politische Situation als Voraussetzung biographischer Geschichtsschreibung hervor und äußert in Bezug auf Sueton: "In der Zeit, in der Sueton lebte und schrieb, waren Senat und Volk von Rom sowie die einzelnen herausragenden Persönlichkeiten, die in der freien *libera res publica* ein weites Betätigungsfeld für ihren politischen Ehrgeiz gehabt hatten, zu bloßen Statisten einer Szenerie geworden, die der Kaiser nahezu allein beherrschte. Was er tat, war identisch mit der Geschichte, zumindest nach dem Gefühl der Zeitgenossen, denen jede politische Handlungsfähigkeit genommen war. Damit ist aber auch die Person

durch den älteren Cato und Livius, in der - ähnlich wie in der klassischen griechischen Geschichtsschreibung - das Volk das Subjekt der Geschichte war, erschien in dieser Form als nicht mehr geeignet, das historische Geschehen zu erfassen. In der Historiographie der annalistischen Tradition tritt deshalb das biographische Element immer stärker hervor.[12] Zum anderen nehmen die aus der griechisch-hellenistischen Tradition übernommenen biographischen Formen verstärkt historische Elemente und Zwecke auf: Sueton (ca. 70 - nach 121) wendet die Form der alexandrinischen Biographik auf die Reihe der Kaiser von Cäsar bis Domitian an und wird damit zum Begründer der historischen Herrscherbiographie. Tacitus (ca. 56 - ca. 120) verfaßt eine Gedächtnisschrift für seinen Schwiegervater, den Feldherrn Agricola, in der er ausgiebig zeitgeschichtliche Verhältnisse ausbreitet. Der Grieche Plutarch (ca. 46/48 - nach 120) schließlich schreibt eine Anzahl Parallelbiographien berühmter Griechen und Römer in der moralphilosophischen Tradition des *Peripatos*. Er gilt allgemein als "Vater der Biographie".[13]

Helmut Gugel erblickt in Sueton den Begründer der historischen Herrscherbiographie.[14] Sueton selbst hat "De vita Caesarum" wohl nicht als Geschichtsschreibung verstanden, sondern als gelehrte biographische Sammlung, die aber der Geschichtsschreibung mit wichtigen Informationen über das Wesen und Wirken der Kaiser Hilfestellung leisten könne.[15] Er verfährt in den einzelnen Viten seiner Caesarenreihe nicht rein chronologisch, sondern ordnet die biographischen Informationen zunächst zu Sachblöcken: Der Lebenslauf des Augustus ist beispielsweise aufgeteilt in zwei große Gruppen: öffentliches Wirken (umfaßt unter anderem Bürgerkriege, auswärtige Kriege, Militärwesen, öffentliche Bauten, Rechtsgebung, öffentliche Veranstaltungen und Provinzpolitik) und Privatleben (umfaßt Themen wie Familie, Verhalten als Privatmann,

---

des Kaisers vollständig in den Mittelpunkt des historischen Geschehens und zugleich des Interesses gerückt." (Studien zur biographischen Technik Suetons, S. 146).

[12] Beispielsweise konzentrieren sich die ersten sechs Bücher der Annalen des Tacitus ganz auf die Person des Kaisers Tiberius. Vgl. DIHLE: Die Entstehung der historischen Biographie, S. 46.

[13] Konrat ZIEGLER: Einleitung, in: PLUTARCH: Große Griechen und Römer, eingeleitet und übersetzt v. Konrat ZIEGLER, Bd. 1, S. 7-37, hier: S. 10. - Neben Sueton, Tacitus und Plutarch sind auch noch "De viris illustribus" von C. NEPOS zu erwähnen, eine Parallelbiographiensammlung griechischer und römischer Feldherren und Staatsmänner (Nepos ist damit ein Vorläufer Plutarchs), und die Alexander-Monographie "Historiae Alexandri Magni Macedonis" von Q. C. R. CURTIUS. Zu Nepos vgl. Joseph GEIGER: Cornelius Nepos and Ancient Political Biography (= Historia, Einzelschriften, Heft 47), Wiesbaden/Stuttgart 1985.

[14] GUGEL: Studien zur biographischen Technik Suetons, S. 148 u. S. 152. Vgl. zur Biographik Suetons: LEO: Die griechisch-römische Biographie, S. 1-11, DIHLE: Die Entstehung der historischen Biographie, S. 33-46 und Michael ALBRECHT: Nochmals antike Grundlagen: Sueton, in: BERSCHIN (Hg.): Biographie zwischen Renaissance und Barock, S. 311-332.

[15] DIHLE ist der Ansicht, daß Sueton seine Kaiserviten zwar zunächst im Rahmen der Konventionen gelehrter Biographik verfaßt habe, aber Auswahl und Reihung der Lebensbilder eine historiographische Absicht verraten würden (Die Entstehung der historischen Biographie, S. 79). Noch stärker wird diese Absicht von GUGEL betont (Studien zur biographischen Technik Suetons, S. 148f.).

Äußeres und Kleidung, musische Fähigkeiten und geistige Einstellungen).[16] Seine Biographien erscheinen eher als Materialsammlungen, in denen historisch Wichtiges neben Unwichtigem steht, denn als zusammenhängende Geschichtsschreibung, die ja in der rhetorischen Theorie der Antike als hohe Form der Prosadarstellung galt. Erst in der Nachfolge Suetons ist die Herrscherbiographie zur anerkannten, streckenweise dominierenden Form der Geschichtsschreibung geworden, die an die Stelle der Annalistik getreten ist.[17]

In Tacitus' Biographie seines Schwiegervaters Agricola ("De vita et moribus Iulii Agricolae liber"), eines römischen Feldherrn in Britannien zur Zeit des Kaisers Domitian,[18] vermischen sich enkomiastisch-biographische und historiographische Elemente zu einer neuen historiographischen Form:[19] der historischen Biographie nicht eines Herrschers, sondern eines Mannes "aus der zweiten Reihe". Ist in den Kaiserviten von Sueton und seinen Nachfolgern vor allem eine syntagmatische Relevanz zu entdecken (der Fortgang der römischen Geschichte anhand der Kaiserbiographien), kann das Taciteische Werk als das frühe Beispiel einer paradigmatisch relevanten historischen Biographie gelten. Der Grund für den paradigmatischen Charakter der Biographie liegt nicht zuletzt in dem repräsentativen Charakter ihres Helden: "Der zeitgeschichtliche Bezug des Agricola ist von vornherein dadurch gegeben, daß Cn. Iulius Agricola zur Zeit der Flavier eine der repräsentativen Gestalten der Senatsaristokratie war."[20] Dies allein reicht aber nicht aus, um von einer paradigmatischen Biographie zu sprechen, sondern es muß gefordert werden, daß das Paradigmatische in der Absicht des Biographen gelegen hat. Daß Tacitus diese Absicht hatte, kann man daraus ersehen, daß er in

---

[16] "Quoniam qualis in imperis ac magistratibus regendaque per terrarum orbem pace belloque re p. fuerit, exposui, referam nunc interiorem ac famialiarem eius vitam quibusque moribus atque fortuna domi et inter suos egerit a iuventa usque ad supremum vitae diem." ("Nachdem ich dargelegt habe, wie er sich in militärischen und zivilen Ämtern sowie bei der Verwaltung des Weltreiches in Friedens- und Kriegszeiten verhielt, will ich nunmehr von seinem Privat- und Familienleben berichten, welches seine Lebensgewohnheiten waren und was sein Schicksal daheim und unter seinen Angehörigen von der Jugend bis hin zu seinem Tode gewesen ist.") SUETON: Kaiserbiographien, S. 144f.

[17] Vgl. LEO: Die griechisch-römische Biographie, S. 268-314 u. S. 320; DIHLE: Die Entstehung der historischen Biographie, S. 68; GUGEL: Studien zur biographischen Technik Suetons, S. 147. - "Den Späteren muß er so sehr als nachzuahmendes Beispiel erschienen sein, daß es keiner mehr wagte, in anderer Form Geschichte zu schreiben. Was nach Sueton kam, war Biographie: Die 'Scriptores Historiae Augustae', die Autoren der Kaisergeschichte, hielten sich in ihren dreißig Biographien der Kaiser und Thronanwärter von Hadrian bis Numerian (117-285 u. Z.) an das von Sueton vorgegebene Schema." (Otto WITTSTOCK: Einführung, in: SUETON: Kaiserbiographien, S. 9-32; hier: S. 17).

[18] Agricola lebte von 40 - 93 n. Chr., aus dem Jahr 98 datiert Tacitus' Werk.

[19] DIHLE bezeichnet das Werk als "die erste historische Biographie, die wir kennen." (Antike Grundlagen, S. 15). Vgl. DIHLE: Die Entstehung der historischen Biographie, S. 27-33; LEO: Die griechisch-römische Biographie, S. 224-233. Zur Gattungsfrage vgl. auch Rudolf TILL: Einführung, in: TACITUS: Das Leben des Iulius Agricola, S. 1-13, hier: S. 5f.

[20] Herbert NESSELHAUF: Tacitus und Domitian (zuerst: 1952), in: Viktor PÖSCHL (Hg.): Tacitus (= WdF, Bd. 97), Darmstadt ²1986, S. 219-251, hier: S. 224.

dieser Biographie bewußt Elemente der Historiographie wie den landesgeschichtlichen Exkurs (Kapitel 10-12), die Schlachtschilderung (Kapitel 29ff.) oder die Feldherrenrede (Kapitel 30-32; 33-34) verwendet hat. In diesem bewußten Versuch, Biographie und Geschichtsschreibung zu verschmelzen, liegt deshalb auch der hohe Wert dieser Schrift.[21] - Das Werk ist aus zwei Teilen unterschiedlichen Charakters zusammengesetzt: Die eigentliche Biographie des Agricola (Jugend, Ausbildung: Kapitel 4-17 und Alter in Rom: Kapitel 39-43) bildet den Rahmen für einen historisch-biographischen Mittelteil. Dieser besteht wiederum aus zwei Teilen: Die Geschichte Britanniens als römische Provinz (Kapitel 10-17) fungiert als Vorgeschichte für die Schilderung der Konsolidierung und Erweiterung der römischen Herrschaft unter Agricolas Führung (Kapitel 18-38). Hier verbinden sich eindrucksvoll Biographie und Zeitgeschichte: Die Lebensleistung Agricolas als Feldherr und Statthalter ist zugleich eine geschichtliche Leistung auf dem Hintergrund epochentypischer Verhältnisse. Man erfährt, in welcher Weise die Römer eine Provinz erobern und zu zivilisieren suchen und erhält viele anschauliche Einzelheiten über das Leben von Feldherrn, Soldaten und Einheimischen in einer unruhigen Provinz mitgeteilt. Die Rede des britannischen Heerführers vermittelt einen eindrucksvollen Einblick in die Lage der "Betroffenen" der römischen Weltherrschaft. Die Integration dieser aufschlußreichen paradigmatischen Schilderungen erfolgt zwar aus einem biographischen Motiv (Herausstellen der Leistungen des Schwiegervaters), führt aber im Resultat zu einer noch heute sehr überzeugenden Verbindung von Biographie und Geschichte. Man kann Dihle nur beipflichten, wenn er bedauert, daß Tacitus ohne Nachfolger geblieben sei.[22]

Plutarch[23], der aus neuzeitlicher Perspektive wohl bekannteste Biograph des Altertums, steht in der Tradition der peripatetischen Biographie. Findet auch bei ihm eine Umwandlung einer ursprünglich nicht historiographischen Form in eine Form der Geschichtsschreibung statt? Die Rezeptionsgeschichte in der Neuzeit zeigt,[24] daß seine

---

[21] "Aber ganz neu ist im 'Agricola' der Versuch, einen individuellen, nach dem Muster der älteren Biographie in seiner Gesamtheit erfaßten, moralisch bewerteten Lebenslauf zugleich zum Spiegel einer besonderen geschichtlichen Periode zu machen." (DIHLE: Antike Grundlagen, S. 16).

[22] DIHLE: Die Entstehung der historischen Biographie, S. 79.

[23] Zur Biographik Plutarchs vgl. LEO: Die griechisch-römische Biographie, S. 146-192; DIHLE: Die Entstehung der historischen Biographie, S. 7-22. Kritisch gegenüber Leo äußert sich: Adolf WEIZSÄCKER: Untersuchungen über Plutarchs biographische Technik (= Problemata. Forschungen zur klassischen Philologie, Heft 2), Berlin 1931.

[24] "Im Abendland war Plutarch vom 5. bis ins 15. Jh. verschollen." (Konrat ZIEGLER: Plutarchos, in: Der kleine Pauly, Bd. 4, München 1972, Sp. 945-953, hier: Sp. 953). Walter BERSCHIN hat dagegen geltend gemacht, daß auch das Mittelalter, verstärkt seit dem 14. Jahrhundert, einige Plutarchkenntnisse gehabt habe (Sueton und Plutarch im 14. Jahrhundert, in: BUCK [Hg.]: Biographie und Autobiographie in der Renaissance, S. 35-44, hier: S. 38-44). Zur Rezeption in der Neuzeit vgl. auch: Rudolf SÜHNEL: Plutarch, Klassiker der Biographie, und seine Übersetzer Jacques Amyot (1559) und Sir Thomas North (1579), in: BERSCHIN (Hg.): Biographie zwischen Renaissance und Barock, S. 129-156.

Parallelbiographien auch als Geschichtsschreibung gelesen wurden.[25] Plutarch selbst aber äußert mehrfach, daß er mit seinen Biographien keine historiographischen Intentionen verfolgt:

> "Denn ich schreibe nicht Geschichte, sondern zeichne Lebensbilder, und hervorragende Tüchtigkeit oder Verworfenheit offenbart sich nicht durchaus in den aufsehenerregendsten Taten, sondern oft wirft ein geringfügiger Vorgang, ein Wort oder ein Scherz ein bezeichnenderes Licht auf einen Charakter als Schlachten mit Tausenden von Toten und die größten Heeresaufgebote und Belagerungen von Städten."[26]

Plutarch schreibt zwar über "Große Griechen und Römer", ja er stellt für die Nachwelt geradezu einen Kanon der großen Individuen der Geschichte des Altertums auf,[27] ihre Auswahl erfolgt aber nicht aus historischen Motiven, sondern aus moralisch-pädagogischen.[28] Plutarch benutzt die Geschichte als Fundus "edelster Vorbilder".[29] Es geht ihm nicht um die geschichtlichen Leistungen dieser Männer und ihre historische Bedeutung, sondern um die Darstellung vorbildlicher sittlicher Charaktere. Dieser Zweck bestimmt seine Methode: Charakteristisch sind nicht nur große geschichtliche Taten, sondern - im Gegenteil - gerade "geringfügige Vorgänge", Einzelheiten aus dem Privatleben oder Anekdoten.[30] Plutarch ist also nicht der Vater der historischen, sondern ein Vertreter der personalen Biographie. Mit seiner Kontrastierung von Biographie und Geschichtsschreibung ist er ein wichtiger Referenzpunkt für die einflußreiche Tradition der Abgrenzung beider Gattungen. Umgekehrt wird sich Johann Gustav Droysen, ein Verfechter einer Form historischer Biographik, die alles nur Persönlich-Private als historisch irrelevant auszuschließen bestrebt ist, von Plutarch scharf abgrenzen: "Nicht die albernen Plutarchischen Biographien, wohl aber die Taciteische des Agricola ist für diese Gattung Muster."[31] Es scheint hier so, als ob sich die moderne historische Biographie nur anti-plutarchisch denken ließe.

---

[25] Daniel JENISCH, ein Biographietheoretiker der Spätaufklärung, nennt Plutarch als klassisches Beispiel für die "schlicht-historische Biographie" (Theorie der Lebensbeschreibung, S. 13); vgl. die Bezugnahme auf Plutarch bei: Alexander FLEGLER: Ueber das Wesen der Historie und die Behandlung derselben. Zwei Vorlesungen, Bern 1831, S. 18.

[26] PLUTARCH: Grosse Griechen und Römer, Bd. 5, S. 7. An zahlreichen anderen Stellen finden sich Aussagen entsprechenden Inhalts.

[27] ZIEGLER: Einleitung, S. 16.

[28] "Wir hingegen bereiten uns durch das Studium der Geschichte und das ständige Schreiben über sie dazu, das Andenken an die edelsten und bewährtesten Männer immer in unseren Seelen heimisch zu machen." (PLUTARCH: Große Griechen und Römer, Bd. 4, S. 127f.).

[29] Ebd.

[30] Seine Methode findet allerdings ihre Grenze an der vorgefundenen Quellenlage: Oft hatte Plutarch nur oder überwiegend Nachrichten über die politischen Taten seiner Helden vorliegen, deshalb blieb ihm dann nichts anderes übrig, als über große Strecken diese nachzuerzählen, um aus dieser Schilderung sein Charakterbild zu gewinnen. Vgl. DIHLE: Die Entstehung der historischen Biographie, S. 19.

[31] DROYSEN: Historik, S. 243.

2. Mittelalter

Für den damit bezeichneten Zeitraum läßt sich kein so klares Bild zeichnen wie für die Antike. Informationen zu dem Untersuchungsgegenstand finden sich in verschiedenen Forschungsgebieten, nämlich der Biographiegeschichte, der Literaturgeschichte und der Mediävistik.

In den bisherigen biographiegeschichtlichen Darstellungen gilt das Mittelalter oft als wenig ergiebig und hinter der Antike zurückbleibend.[32] Dieses Urteil beruht zum einen auf der Ausgrenzung und undifferenzierten Abwertung der in großen Mengen überlieferten hagiographischen Literatur,[33] zum anderen auf der Fixierung auf das personale Moment der Biographie. Aus der Perspektive dieser Untersuchung scheint jedoch eine Neu- und Aufwertung des Mittelalters angebracht. Das Mittelalter ist nicht die Zeit der personalen Biographie, wohl aber bestimmter Formen der historischen Biographie.

Ein zweiter Forschungsstrang ist der philologisch-literarhistorische. Hier hat sich seit einigen Jahren Walter Berschin an das Großprojekt einer Gesamtdarstellung der Entwicklung der lateinischen Biographik im Mittelalter gewagt.[34] Methodischer Ausgangspunkt seines Vorhabens ist die Einbeziehung der umfangreichen hagiographischen Vitenüberlieferung in eine Geschichte der Biographie.[35] Seine Bemühungen können aber nicht mehr als eine nützliche Orientierungshilfe sein, da seine literaturhistorische Fragestellung nach stilgeschichtlichen Zusammenhängen hier nicht von Interesse ist.

Bleibt noch die Überlegung, was Historiker bisher zur Frage nach einer historischen Biographie im Mittelalter beigetragen haben. Berschin hat kritisch darauf hingewiesen, daß es sich die Mediävistik über viele Jahre hinweg leicht gemacht habe, indem sie die hagiographische Überlieferung als "Wunderliteratur" aus dem Kanon historiographischer Texte ausgegrenzt und nur den kleinen Rest weltlicher Herrscherbiographien als Historiographie anerkannt hätte.[36] Dies hat sich - so jedenfalls die Beobachtung Marc van Uytfanghes - inzwischen geändert: "Der allgemeine Durchbruch der *Nouvelle*

---

[32] "Auf welche Lebensbeschreibungen im Mittelalter man auch immer blicken mag: für eine Periode von tausend Jahren ist und bleibt die Ernte, quantitativ und vor allem qualitativ, recht karg." (ROMEIN: Biographie, S. 27). Ähnlich urteilt JANDER: "Die allgemeine Feststellung, daß ein nennenswerter Beitrag für die Entwicklung der Biographie im Mittelalter nicht sichtbar ist, wird kaum revidiert werden müssen." (Untersuchungen, S. 24).

[33] BERSCHIN gibt an, daß die Zahl der erfaßten und überlieferten hagiographischen Texte des Mittelalters wohl die 10.000 übersteigt (Biographie und Epochenstil im lateinischen Mittelalter, Bd. 1, S. 3); vgl. C. LEONARDI u.a.: Hagiographie, in: LMA, Bd. 4, Zürich/München 1989, Sp. 1840-1862.

[34] BERSCHIN: Biographie und Epochenstil im lateinischen Mittelalter, 3 Bde.

[35] Vgl. die Einleitung im ersten Band, S. 1-32, bes. S. 17-21.

[36] BERSCHIN: Biographie und Epochenstil, Bd. 1, S. 17f.: "Was nicht Heiligenleben ist, ist Biographie, und was nicht Biographie ist, ist Heiligenleben: Mit diesem doppelten Salto befreite sich die Mediävistik allzu lang vom Boden der ungeheuren Stoffmasse und zog sich auf den Plafond einer kleinen Auslese von Herrscherviten zurück [...]." Vgl. die knappen Hinweise zur Einschätzung der Biographie als Geschichtsschreibung bei: BRUNHÖLZL u.a.: Biographie, Sp. 200-203.

histoire [...] hat in der Tat bewirkt, daß man sich heutzutage von allen Seiten gierig auf die Hagiographie 'stürzt' und sie über alles und jedes 'befragt' [...]."[37] Als Quelle wird die hagiographische Literatur also inzwischen ernst genommen, das Interesse dieser Untersuchung richtet sich aber auf die Bedeutung biographischer Literatur als historiographische Darstellungsform. Ein wichtiges Problem in dieser Hinsicht ist bereits in der zweiten Hälfte des 19. Jahrhunderts aufgeworfen und seitdem immer wieder diskutiert worden:[38] Es ist die von Jacob Burckhardt und Karl Lamprecht gestellte Frage nach *Individualität und Individualitätsdarstellung* im Mittelalter. Burckhardt grenzt in seinem epochemachenden Werk "Die Kultur der Renaissance in Italien" (1867) den Renaissancemenschen vom mittelalterlichen ab, indem er sagt:

"Im Mittelalter lagen die beiden Seiten des Bewußtseins - nach der Welt hin und nach dem Inneren des Menschen selbst - wie unter einem gemeinsamen Schleier träumend oder halbwach. [...] der Mensch aber erkannte sich nur als Rasse, Volk, Partei, Korporation, Familie oder sonst in irgend einer Form des Allgemeinen."[39]

Karl Lamprecht kommt zu einer ähnlichen Feststellung, wenn er das Mittelalter als Zeitalter des Typischen bezeichnet, dem der Sinn für das Individuelle fehle.[40] Einige seiner Leipziger Schüler versuchen daraufhin, diese These durch Quellenanalysen zu untermauern.[41] Sie findet allerdings auch bald Widerspruch. Rudolf Teuffel zeigt in seiner Untersuchung überzeugend, daß es individuelle, selten auch psychologische Persönlichkeitsschilderungen im Mittelalter gibt.[42] Heinz Löwe vermittelt beide Positionen folgendermaßen: "Deshalb war Individualität eine sehr häufige Tatsache, aber kein Ideal."[43] Daraus läßt sich folgern, daß der typisierende Eindruck vor allem in Darstel-

---

[37] Marc van UYTFANGHE: Die Vita im Spannungsfeld von Legende, Biographik und Geschichte (mit Anwendung auf einen Abschnitt aus der Vita Amandi prima), in: Anton SCHARER/Georg SCHEIBELREITER (Hgg.): Historiographie im frühen Mittelalter (= Veröffentlichungen des Instituts für Österreichische Geschichtsforschung, Bd. 32), Wien/München 1994, S. 194-221, hier: S. 196; vgl. auch: Jürgen PAUL: Hagiographische Texte als historische Quelle, in: Saeculum 41(1990), S. 17-43.

[38] Vgl. die Hinweise zum gegenwärtigen Diskussionsstand bei OEXLE: Individuum und Erinnerungskultur im 13. Jahrhundert, S. 47f.

[39] BURCKHARDT: Die Kultur der Renaissance in Italien, S. 89. Vgl. dazu die Interpretation und Darstellung der Rezeption dieser vielleicht am häufigsten zitierten Stelle aus Burckhardts Gesamtwerk bei Werner KAEGI: Jacob Burckhardt. Eine Biographie, Bd. 3: Die Zeit der klassischen Werke, Basel/Stuttgart 1956, S. 712-718.

[40] Vgl. Karl LAMPRECHT: Deutsche Geschichte, 1. Abt.: Urzeit und Mittelalter. Zeitalter des symbolischen, typischen und konventionellen Seelenlebens, Bd. 3, Freiburg i. B. ³1906, S. 218f.

[41] So z.B. J. KLEINPAUL: Das Typische in der Personenschilderung der deutschen Historiker des 10. Jahrhunderts, Leipzig 1897. Vgl. auch Paul KIRN: Das Bild des Menschen in der Geschichtsschreibung von Polybios bis Ranke, Göttingen 1955, S. 108-129 u. S. 164-205.

[42] TEUFFEL: Individuelle Persönlichkeitsschilderung, S. 3. Vgl. auch den Periodisierungsvorschlag zur Entwicklung der Personendarstellung bei Robert BOSSARD: Über die Entwicklung der Personendarstellung in der mittelalterlichen Geschichtsschreibung, Diss. Zürich, Meilen 1944, S. 230-233.

[43] Heinz LÖWE: Von der Persönlichkeit im Mittelalter, in: GWU 2(1951), S. 522-536, hier: S. 530.

lungskonventionen begründet liegt: Es kommt den mittelalterlichen Schriftstellern darauf an, gerade die Übereinstimmung des einzelnen mit einem allgemeinen, idealen Typus (dem Mönch, dem Märtyrer, dem König) aufzuzeigen und nicht das davon abweichende Individuelle. Ein Blick in die Viten zeigt allerdings, daß mit diesem Bestreben nicht alle individuellen Züge nivelliert werden, sondern daß es ein individuelles Erfüllen des Ideals gibt.[44] Jacques Le Goff kommt in seiner Biographie Ludwigs des Heiligen zu dem Ergebnis, daß die Individualität des französischen Monarchen gerade darin bestanden habe, daß dieser eine besondere Energie besessen habe, die zeitgenössischen Ideale eines Königs und Heiligen möglichst perfekt zu verkörpern.[45] Insgesamt gilt aber, daß die mittelalterlichen Viten hauptsächlich die Taten eines Individuums, insofern es als Amtsträger handelt, verzeichnen und bewerten. Falls dieser Amtsträger eine politisch-historische Bedeutung hat und diese von dem Vitenschreiber dargestellt wird, kann man darin eine Form historischer Biographik erkennen.[46]

Mangels entsprechender Vorarbeiten sollen im folgenden nur drei Hinweise gegeben werden, die die Möglichkeiten historischer Biographik im Mittelalter sicherlich nicht erschöpfend repräsentieren können:[47] α. Herrscherviten, als Beispiel das Glanzstück dieses Genres, Einhards "Vita Karoli Magni"; β. aus dem Bereich hagiographischer Literatur, drei Viten herausragender Reichsbischöfe aus ottonischer Zeit und γ. einen kurzen Ausblick auf neue biographische Impulse im Spätmittelalter.

α. Die römische Tradition der historischen Herrscherbiographie hat erst um das Jahr 830 in Einhard, einem wichtigen Vertreter der karolingischen Renaissance, einen bedeutenden Nachfolger gefunden.[48] Inspiriert durch persönliche Bekanntschaft mit Karl dem Großen und geprägt durch antike literarische Vorbilder, insbesondere durch Sueton,[49] schreibt Einhard "das einzige Stück mittelalterlicher Biographie, das bislang 'Weltliteratur' geworden ist."[50] Noch heute überzeugt es durch seinen klaren Aufbau,

---

[44] Vgl. dazu Hildebrand TROLL: Persönlichkeitsschilderungen in der historischen Literatur der Stauferzeit, Diss. München 1947, S. 2.

[45] "Loin d'oblitérer la personnalité de Louis sous les lieux communs monarchiques, les Miroirs des princes et les hagiographies royales dépeignent un Saint Louis qui a voulu être l'incarnation vivante de ces lieux communs. Là est l'originalité profonde de Saint Louis et, par conséquent, de sa biographie." (LE GOFF: Saint Louis, S. 520).

[46] Vgl. KÖHLER: Das Bild des geistlichen Fürsten in den Viten des 10., 11. und 12. Jahrhunderts, S. 6f.

[47] Ich beschränke mich außerdem auf den fränkisch-deutschen Raum. Über die Biographik des übrigen Europa informiert: F. BRUNHÖLZL u.a.: Biographie.

[48] Vgl. zu Einhard Joseph FLECKENSTEIN: Einhard, in: LMA, Bd. 3, Zürich/München 1986, Sp. 1737-1739; Historikerlexikon, S. 81f.; HELLMANN: Einhards literarische Stellung; BERSCHIN: Biographie und Epochenstil, Bd. 3, S. 199-219.

[49] Einen Vergleich zwischen Einhard und Sueton führt HELLMANN: Einhards literarische Stellung, S. 175-190, durch.

[50] BERSCHIN: Biographie und Epochenstil, Bd. 3, S. 199.

seine erzählerische Stringenz und vor allem durch seinen ausgeprägten Sinn für die historische Bedeutung seines Helden. Einhards "Vita Karoli Magni" ist wie der "Agricola" von Tacitus ein zeitloser Klassiker der historischen Biographie.[51] Die philologische Forschung hebt an Einhard besonders den souveränen Umgang mit seinem Vorbild Sueton hervor.[52] Für *uns* ist dies nicht das wesentliche Moment. Einhard übernimmt zwar im wesentlichen den Aufbau und das systematische Verfahren von Suetons Augustusvita[53] und wendet, etwa bei der Beschreibung von Karls äußerer Erscheinung, viele antike Topoi an,[54] der wesentliche Unterschied aber ist, daß Einhard viel stärker die historische Bedeutung seines Gegenstandes reflektiert. Seine Biographie ist, insbesondere im ersten Teil, in welchem er die Kriege Karls des Großen schildert, durch und durch Geschichtsschreibung. Ein Vergleich mit Sueton mag dies illustrieren: Einhard beginnt seine Biographie mit der Vorgeschichte des karolingischen Herrscherhauses (Kap. 1-3) und nicht mit Vermutungen über Karls Kindheit und Jugend, für die ihm, laut eigener Aussage, die Quellen fehlen (S. 170). Sueton hingegen teilt alle Einzelheiten mit, die ihm über Kindheit und Jugend des Augustus bekannt sind.[55] Die Exposition der Biographie Einhards besteht somit in der Darstellung der *historischen Situation*, die Karl vorfand, als er als Herrscher des Frankenreiches wirksam wurde - ein wichtiges Merkmal der syntagmatischen historischen Biographie, das sich auch in modernen Werken findet. An die Vorgeschichte schließt Einhard die Darstellung von Karls Kriegen an, die mit bemerkenswerten Reflexionen über deren historische Bedeutung durchzogen ist: So wertet Einhard den Sachsenkrieg als den wichtigsten, den Karl geführt habe (Kap. 13, S. 180), und stellt als sein Ergebnis weitsichtig die Christianisierung der Sachsen und ihr Zusammenwachsen mit den Franken zu einem Volk heraus[56]

---

[51] Auch moderne Karlsbiographen orientieren sich an dem Aufbau von Einhards Werk, so z.B. Joseph FLECKENSTEIN, der sich ausdrücklich "in modifizierter Form dem Vorgehen Einhards" anschließt und seine Biographie nicht chronologisch sondern thematisch ordnet (Karl der Große, in: BEUMANN [Hg.]: Kaisergestalten des Mittelalters, S. 9-27, hier: S. 15).

[52] "Das wesentliche Moment für die literaturgeschichtliche Betrachtung ist der kaum überbietbar *imitative Charakter* der *Vita Karoli.*" (BERSCHIN: Biographie und Epochenstil, Bd. 3, S. 218).

[53] Wir haben oben bei Sueton den Abschnitt zitiert, in dem der römische Historiker den Aufbau seiner Augustusvita erläutert. Ein ähnlicher Passus findet sich bei Einhard: "ita tamen, ut, primo res gestas et domi et foris, deinde mores et studia eius, tum de regni administratione et fine narrando [...]." (Kap. 4, S. 170) Zitiert wird hier und im folgenden aus der oben aufgeführten Ausgabe.

[54] "Würde man in der Technik, die edierende Mittelalter-Historiker sonst gern anwenden, alles Entlehnte in Petit drucken, so bliebe von Einharts Karlsbild nicht viel in normaler Schrift stehen: das Körpermaß von sieben Fuß, die überdurchschnittlich große Nase, der feste Gang, der männliche Habitus und die auffallend helle Stimme." (BERSCHIN: Biographie und Epochenstil, Bd. 3, S. 214).

[55] Siehe Kap. 5-9.

[56] "Christianae fidei atque religionis sacramenta susciperent et Francis aduati unus cum eis populus efficerentur." (S. 176).

- viel mehr kann auch der moderne Historiker nicht zur verlaufsgeschichtlichen Bedeutung des Sachsenkrieges sagen![57]

Obwohl Einhards Vorbild stark gewirkt hat und von Karls Sohn, Ludwig dem Frommen, immerhin zwei Biographien überliefert sind, bleibt die Herrscherbiographie im deutschen Sprachraum relativ selten: Wichtige Vertreter sind die Biographie des ersten salischen Kaisers, die "Gesta Chuonradi II imperatoris" von Wipo, und die "Vita Heinrici IV" eines unbekannten Verfassers. Letztere ist bemerkenswert, weil hier - durch die Parteiungen des Investiturstreits angeregt - wie kaum zuvor ein politisches Interesse ausschlaggebend für Niederschrift und Gestalt einer historischen Biographie wird. In Otto v. Freisings und Rahewins "Gesta Friderici" dominiert das Zeithistorische (neben seinen geschichtsphilosophischen Exkursen), so daß man dieses Werk nicht mehr zur Gattung der historischen Biographie rechnen kann.

β. Neben der syntagmatischen Herrscherbiographie hat auch die paradigmatische Biographie im Mittelalter Vertreter gefunden, und zwar im weiten Feld der Hagiographik. Hier ist vor allem an die Lebensbeschreibungen bedeutender Reichsbischöfe aus ottonischer Zeit zu denken, an die Viten "Oudalrici", "Brunonis" und "Bernwardi".[58] Die Absicht der geistlichen Verfasser liegt natürlich zunächst darin, der Mit- und Nachwelt die Heiligkeit und Gottesstreiterschaft der verstorbenen Amtsträger darzulegen. Es geht um die Demonstration christlicher und mönchischer Tugenden (Fasten, Almosen, Beten etcetera), um vollbrachte Wunder[59] und darum, wie sich der Held gegenüber den Ränken Satans bewährt (Brunonis, Kap. 15, S. 198). Aber die besondere Position der dargestellten Heiligen, nämlich ihre geistlich-weltliche Doppelfunktion als Reichsbischöfe im sogenannten Reichskirchensystem hat zur Folge, daß auch ihre politische Leistung im zeitgeschichtlichen Rahmen zur Darstellung kommt. Diese Viten gehören deshalb nicht nur in den Bereich der Hagiographie sondern sind auch als Historiographie aufzufassen.[60] Alle drei Viten sind paradigmatisch relevant, weil sich in ihnen der Lebensgang hochmittelalterlicher Reichsbischöfe in ihrer reichsgeschichtli-

---

[57] Vgl.: FLECKENSTEIN: Karl der Große, S. 16f.; SCHNEIDER: Das Frankenreich, S. 28.

[58] Alle drei Viten finden sich mit Übersetzung in folgender Ausgabe: BUCHNER (Hg.): Lebensbeschreibungen einiger Bischöfe des 10.-12. Jahrhunderts. Im weiteren erfolgen Quellenangaben aus den Viten im Text. Zur Einschätzung der Viten vgl. Herbert GRUNDMANN: Geschichtsschreibung im Mittelalter, Göttingen 1965, S. 34-37; TEUFFEL: Individuelle Persönlichkeitsschilderung, S. 80-123; KÖHLER: Das Bild des geistlichen Fürsten. Vgl. auch die lesenswerte Umsetzung der "Vita Oudalrici" in Werner GOEZ' moderner Lebensbeschreibung des Bischofs Ulrich (Gestalten des Hochmittelalters, S. 25-40). Zu Bernward von Hildesheim vgl. Rudolf SCHIEFFER: Ein Bischof vor tausend Jahren, in: GWU 44(1993), S. 786-794.

[59] "Miraculorum Christi, quae per servuum suum sanctum Oudalricum [...] concessit" (Oudalrici, Prologus, S. 46).

[60] Vgl. dazu Rudolf BUCHNER: Einleitung, in: ders. (Hg.): Lebensbeschreibungen einiger Bischöfe des 10. - 12. Jahrhunderts, S. 1-32, hier: S. 2-4.

chen Bedeutung spiegelt.[61] Ulrich von Augsburg ist nicht nur ein herausragender Bischof, weil er sich vorbildlich um die geistlichen Bedürfnisse seines Bistums kümmert, sondern auch weil er sich zu Pferde, unbewaffnet, aber seine Ritter führend, im Abwehrkampf gegen die ungarische Belagerung Augsburgs bewährt.[62] Am stärksten ist das Bewußtsein der politischen Bedeutung des Reichsepiskopats in der "Vita Brunonis" über den Erzbischof von Köln und Bruder Ottos des Großen ausgebildet. Diese Bedeutung als gottgeboten zu rechtfertigen kann man als das Programm dieser Vita bezeichnen. Man findet es vielleicht am deutlichsten in der Rede Ottos an seinen Bruder Bruno ausgedrückt: "[...] cum video per Dei omnipotentis gratiam nostro imperio regale sacerdotium accessisse." (Brunonis, Kap. 20, S. 206). Das Reich soll gleichermaßen in den Händen des Königs und des "königlichen Priestertums" seines Bruders, des Erzbischofs, liegen. Beide zusammen haben die Aufgabe, für Frieden im Reich zu sorgen.[63] Daß Bruno diesen hohen Anforderungen gerecht geworden ist, zeigt die Schilderung seines weiteren Lebens: Er übernahm, auf "Drängen des Königs" (S. 212), "die Führung der Reichsgeschäfte in Lothringen" und erreichte eine Befriedung dieser unruhigen Region (Kap. 39, S. 240). Auch sonst sind Ulrich, Bruno und Bernward keine stereotypen Heiligen gewesen: Sie treten nicht nur durch ihre besondere zeitgeschichtliche Bedeutung, sondern auch durch charakteristische Eigenarten als individuelle Persönlichkeiten hervor: So fällt bei Bischof Ulrich auf, daß er einiges von der Baukunst versteht und beim Kirchenbau zuweilen selbst Hand anlegt,[64] bei Erzbischof Brun sticht seine Vorliebe für Bildung und Studium ins Auge[65] und Bischof Bernward von Hildesheim tritt durch seine Kunstsinnigkeit und -tätigkeit hervor.[66] Vergleicht man diese mittelalterlichen Bischofsviten mit dem "Agricola" des Tacitus, so finden sich wichtige Ähnlichkeiten: Sie beruhen zunächst darauf, daß die Helden eine vergleichbar historisch-politische Bedeutung haben (wobei der politische Spielraum und die Bedeu-

---

[61] Zu Lebenslauf und Tätigkeitsbereichen der Reichsbischöfe vgl. die übersichtliche Einleitung von BUCHNER, in: Lebensbeschreibungen einiger Bischöfe, S. 1-32, bes. S. 4-11.

[62] "Hora vero belli episcopus super caballum suum sedens, stola indutus, non clipeo aut lorica aut galea munitus [...]" (Oudalrici, Kap. 12, S. 104).

[63] Diese herausgehobene Bedeutung Brunos für das Reich ist zum einen sicherlich in seinem engen Verwandschaftsverhältnis zum König und zum anderen in seinen herausragenden Fähigkeiten begründet. In seiner Person spiegelt sich jedoch auch allgemein die Bedeutung des Reichsepiskopats in ottonischer Zeit. Daß Bruno in seinem politischen und militärischen Wirken für das Reich keine Ausnahmegestalt innerhalb des Reichsepiskopats seiner Zeit gewesen ist, geht z.B. aus folgender Textstelle hervor: "hoc [gemeint sind die Erzbischöfe von Mainz und Trier, O. H.] cum ipso simul non solum in lectione, consilio et disputatione, sed etiam in acie vidimus [...]" (Kap. 37): Sie haben nicht nur zusammen Rat gehalten, sondern auch in Schlachten zusammen gekämpft. Zur Bedeutung der Reichsbischöfe vgl. Gerd ALTHOFF/Hagen KELLER: Heinrich I. und Otto der Große. Neubeginn auf karolingischem Erbe, 2 Bde., Göttingen ²1994, S. 216-222.

[64] Vita Oudalrici: Kap. 1, S. 58.

[65] Vita Brunonis: Kap. 8, S. 190; Kap. 29, S. 220.

tung der Reichsbischöfe relativ zum Herrschaftssystem doch um einiges größer gewesen sein dürfte als derjenige eines römischen Feldherrn und Statthalters). Es sind alles Figuren aus der Reihe hinter dem Herrscher; auch sie sind gestaltende Kräfte ihrer Zeit, insofern sind ihre Biographien auch syntagmatisch relevant, mehr aber noch spiegeln sich in ihren Biographien paradigmatisch die geistig-politischen Verhältnisse ihrer Epoche.

γ. Die genannten Beispiele entstammen alle dem Früh- und Hochmittelalter. Wie sieht es mit der Biographik des Spätmittelalters aus? Die biographiehistorische Literatur gibt zumeist nur die spärliche Auskunft, daß die Biographie in dieser Zeit keine "wesentlichen neuen Züge" mehr angenommen habe.[66] Die allmähliche Verlagerung des politischen Schwergewichts vom Reich auf die Territorien bewirkt auch Veränderungen der Geschichtsschreibung: Sie wird "vielfältiger, teils schulmäßiger, teils provinzieller und lokaler".[68] Es bleibt anzudeuten, was die kulturellen Kraftzentren des Spätmittelalters, die universitäre Scholastik, die Fürstenhöfe und schließlich die bürgerlich-städtische Kultur zur Geschichte der historischen Biographie beigetragen haben. Aus dem ersten Bereich stammen die Geschichtskompendien der Bettelmönchsorden, chronikartige Weltgeschichten anhand von Kaiser- und Papstreihen. Dynastisches und landesgeschichtliches Interesse bestimmt die entstehende Hofhistoriographie an den Fürstenhöfen. Hier bereitet sich eine an der Fürstenbiographie orientierte Geschichtsschreibung vor, deren absolutistische Ausprägung im nächsten Abschnitt noch betrachtet werden soll. Die bürgerlichen Stadtchronisten sind vor allem an der Geschichte ihres Geschlechts und ihrer Stadt interessiert, so z.B. Ulman Stromer in seinem "Büchel von meim geslechet und von abentewr".[69] In der Augsburger Chronik des Burkard Zink findet sich neben dessen Autobiographie auch Biographisches, nämlich die Geschichte "Von Peter von Argun, der vor Peter Egen hieß"[70]. Sie erzählt den "Aufstieg und Fall eines ehrgeizigen Stadtbürgers".[71] Hier deuten sich erste "Säkularisationserscheinungen

---

[66] Vita Bernwardis: Kap. 6, S. 282; Kap. 8, S. 287.

[67] BRUNHÖLZL u.a.: Biographie, Sp. 203. IJSEWIJN weist darauf hin, daß die biographische Literatur des Spätmittelalters die am wenigsten erforschte sei (Die humanistische Biographie, S. 9).

[68] Herbert GRUNDMANN: Geschichtsschreibung im späteren Mittelalter, in: Jürgen SCHESCHKEWITZ (Hg.): Geschichtsschreibung. Epochen, Methoden, Gestalten, Düsseldorf 1968, S. 86-93, hier: S. 86.

[69] Die Chroniken der deutschen Städte vom 14. bis im 16. Jahrhundert, 1. Bd., hg. v. Karl HEGEL, Leipzig 1862, ND Stuttgart 1961. Vgl. auch folgende Anthologie adeliger und stadtbürgerlicher Autobiographien: WENZEL (Hg.): Die Autobiographie des späten Mittelalters und der frühen Neuzeit.

[70] Die Autobiographie des Burkard ZINK stellt das dritte Buch der Chronik dar; die Geschichte von Peter Egen ist eine Episode des vierten Buches, die Zink als Augenzeuge und Beteiligter erlebt hat. (Die Chroniken der deutschen Städte vom 14. bis ins 16. Jahrhundert, 5. Bd., hg. v. Karl HEGEL, Leipzig 1866, ND Stuttgart 1965, S. 122-143; S. 196-207).

[71] So der Titel einer modernen historischen Biographie des Peter Egen von Hartmut BOOCKMANN, der auf der Grundlage der Zinkschen Darstellung paradigmatisch die städtischen Verhältnisse beleuchtet,

in der Biographie"[72] an und die typisch bürgerliche Lust scheint auf, über sich und seine Vorfahren Rechenschaft abzulegen (eine altbürgerliche Tradition, die noch bis ins 19. Jahrhundert hineinreicht - man denke an die "Familienmappe" des Konsuls in Thomas Manns "Buddenbrocks"). Diese "Geschichten" sind aber hauptsächlich privat gehalten und verfolgen deshalb kaum historische Zwecke. Eine Historisierung der bürgerlichen Biographik findet erst im späten 18. Jahrhundert durch Herder und Goethe statt.

3. Frühe Neuzeit

In diesem dritten Abschnitt soll die Vorgeschichte bis an den Beginn des eigentlichen Untersuchungszeitraums herangeführt werden. Es ist zunächst die Biographik (α.) in Renaissance und Humanismus zu betrachten, dann (β.) diejenige des konfessionellen Zeitalters und schließlich (γ.) die biographischen Elemente der reichspublizistischen Geschichtsschreibung.

α. Traditionell schätzt man die Renaissance als Geburtszeit eines modernen Menschen- und Weltbildes ein. Auch in der biographiegeschichtlichen Forschung wird der Renaissance dieser Stellenwert zugewiesen.[73] Sie gilt als die Zeit eines quantitativen und qualitativen Entwicklungsschubes. Die internationale Humanismusforschung hat sich in den letzten Jahren verstärkt der humanistischen Geschichtsschreibung und Biographik zugewandt. Eine große zusammenfassende Darstellung der Entwicklung der humanistischen Biographie steht aber nach wie vor aus.[74] Und was schließlich das besondere Problem der historischen Biographie angeht, so ist auch hier keine entsprechende Spezialdarstellung vorhanden.

Als Gründe, die für das Aufleben der Biographie in dieser Zeit verantwortlich sind, kann man unterscheiden: Es herrschen erstens günstige gesellschaftlich-kulturelle Voraussetzungen: "Die Renaissance mit ihren vielen Fürsten, Humanisten und Künstlern war natürlich eine besonders geeignete Zeit für den Aufschwung biographischer

---

die sich in dieser Geschichte widerspiegeln (Fürsten, Bürger, Edelleute. Lebensbilder aus dem späten Mittelalter, S. 57-80).

[72] SCHEUER: Biographie, in: UEDING (Hg.): Historisches Wörterbuch der Rhetorik, S. 39.

[73] Vgl. ROMEIN: Biographie, S. 28-34; HÖLZLE: Biographie, S. 54; MISCH: Geschichte der Autobiographie, Bd. 4, 2. Hälfte, S. 657; MAURER: Die Biographie des Bürgers, S. 72-75.

[74] Als Überblick über die humanistische Geschichtsschreibung ist immer noch wichtig: JOACHIMSEN: Geschichtsauffassung und Geschichtsschreibung in Deutschland unter dem Einfluß des Humanismus und FUETER: Geschichte der neueren Historiographie, S. 1-334. Für den Bereich der Geschichtstheorie und Geschichtsanschauung stehen folgende Überblicke zu Verfügung: BUCK: Das Geschichtsdenken der Renaissance; KESSLER: Theoretiker humanistischer Geschichtsschreibung (Einleitung); KOSELLECK u.a.: Geschichte, S. 625-647; MUHLACK: Geschichtswissenschaft im Humanismus und in der Aufklärung; ZEDELMAIER: "Im Griff der Geschichte". Zur Historiographie und Biographie sind eine Reihe von Sammelbänden erschienen: BUCK (Hg.): Biographie und Autobiographie in der Renaissance; ders. (Hg.): Humanismus und Historiographie; BERSCHIN (Hg.): Biographie zwischen Renaissance und Barock. Zwölf Studien.

Schriftstellerei in Italien und bald auch anderswo."[75] Das Interesse am einzelnen, der "Sinn für das Individuelle" (Jacob Burckhardt)[76] führt zweitens zu einem verstärkten und inhaltlich neuen Interesse an der Biographie. Renaissance und Humanismus treten durch eine starke Betonung des personalen Moments hervor, das historische Moment, wie man es im Mittelalter beobachten kann, tritt demgegenüber zurück.[77] Dies geht drittens mit einer grundlegenden Änderung der Geschichtsanschauung einher. Das Mittelalter kannte eine christlich-universalgeschichtliche Auffassung. Geschichtlich zu denken bedeutete, den Standpunkt seiner eigenen Zeit in dieser Welt- und Gottesgeschichte zu bestimmen, die durch die Fixpunkte der biblischen Urgeschichte und dem prophezeiten Weltende definiert war.[78] In dem Rückbezug der Renaissance auf die Antike hingegen wird Geschichte zum erstenmal zur *Vergangenheit*, das heißt zu etwas Abgeschlossenem, von dem man sich durch eine dunkle Zwischenperiode, das Mittelalter, getrennt betrachtet.[79] Ihr Gegenwartsbezug ist nicht mehr die universalgeschichtliche Kontinuität, sondern ihr *exemplarischer Charakter*. Die Enttheologisierung der Geschichte geht einher mit ihrer Moralisierung.[80] Geschichtsforschung und -schreibung erhalten einen praktischen Zweck: Ein Theoretiker des 16. Jahrhunderts bestimmt die Geschichte als "eine unverfälschte und lichtvolle Erzählung der menschlichen Handlungen mit dem Ziel, den Umgang mit den Dingen zu lehren."[81] Die Vergangenheit bietet ein Erfahrungstableau an, das, ähnlich der Moralphilosophie, *prudentia*, Lebensklugheit, zu vermitteln vermag - *historia magistra vitae*.[82] Die Biographie erweist sich für diesen Zweck als eine naheliegende Gattung, denn der Mikroskopblick des Biographen eignet sich besser für das Auffinden und Darstellen exemplarischer Handlungen als der

---

[75] IJSEWIJN: Die humanistische Biographie, S. 8; anders dagegen FUETER: Geschichte der neueren Historiographie, S. 94.

[76] Die Kultur der Renaissance in Italien, S. 223.

[77] Bei BURCKHARDT führt dies zur Abwertung der mittelalterlichen Biographik: "Vieles, was sich dann bis zum Ende des Mittelalters als Biographie gibt, ist eigentlich nur Zeitgeschichte und ohne Sinn für das Individuelle des zu preisenden Menschen geschrieben." (ebd.) Gerade das "nur Zeitgeschichtliche" ist aus der Perspektive dieser Untersuchung allerdings der Grund, das Mittelalter als eine Blütezeit der historischen Biographie zu schätzen.

[78] Vgl. dazu Odiolo ENGELS über die mittelalterliche Geschichtsanschauung, in: KOSELLECK u.a.: Geschichte, S. 623f. und den Sammelband: Walther LAMMERS (Hg.): Geschichtsdenken und Geschichtsbild im Mittelalter. Ausgewählte Aufsätze und Arbeiten aus den Jahren 1933 bis 1959 (= WdF, Bd. 21), Darmstadt 1965.

[79] Vgl. BUCK: Das Geschichtsdenken der Renaissance, S. 8f. und Wolfgang WEBER: Zur Bedeutung des Antiquarianismus für die Entwicklung der modernen Geschichtswissenschaft, in: KÜTTLER/ RÜSEN/SCHULIN, Bd. 2, S. 120-135, bes. S. 120-125.

[80] Vgl. KOSELLECK u.a.: Geschichte, S. 627; JOACHIMSEN: Geschichtsauffassung und Geschichtsschreibung, S. 15; relativierend zur "Enttheologisierung": ZEDELMAIER: "Im Griff der Geschichte", S. 437-442.

[81] KESSLER: Theoretiker humanistischer Geschichtsschreibung, S. 19.

[82] Vgl. KESSLER: Theoretiker humanistischer Geschichtsschreibung, S. 43.

"Fernrohrblick"[83] eines Universalgeschichte schreibenden Historikers. Schließlich kommt die antike Tradition der Biographie, Sueton und vor allem Plutarch, der in dieser Zeit *seine* Renaissance erfährt, dieser Interessenverlagerung entgegen.[84]

Diese Verhältnisse spiegeln sich in den zehn Dialogen über die Geschichte ("Della Historia Diece Dialoghi") wieder, die der Venezianer Francesco Patrizi 1560 veröffentlicht hat.[85] Der achte Dialog beschäftigt sich mit der Biographie ("Il Valerio overo dell' Historia della vita altrui"). In den beiden vorhergehenden Dialogen hat Patrizi die Universalgeschichte ("Historia universale") und die Partikulargeschichte ("Historia minore") unterschieden. Gegenstand der Partikulargeschichte sind "die öffentlichen Aktionen der Stadt oder gegen die Stadt" (S. 98). Die Biographie ("Vita") soll sich vor allem mit solchen Personen beschäftigen, die als Handelnde zum "allgemeinen Glück" (S. 100) des (Stadt-)Staates beigetragen haben, also mit "Kriegshelden und Politikern" (ebd.). Das Schreiben von Philosophen- oder Dichterviten hingegen gehöre nicht zur Aufgabe des Historikers, weil diese weniger für das Glück der Gemeinschaft leisten würden (ebd.). Dieses Kriterium bestimmt auch die Auswahl der Handlungen: "Von den Handlungen des Helden sind die auszuwählen, die dem Staat nützten oder schadeten." (S. 101). Schließlich solle die Vita als Ganze einen exemplarischen Charakter besitzen, der den Leser zum Nacheifern ermuntert (ebd.). Patrizi betrachtet die Biographie als eine selbstverständliche und wichtige Form der Geschichtsschreibung. Mit Hilfe des Auswahlkriteriums "Beitrag zum allgemeinen Glück" unterscheidet er historisch relevante von irrelevanter Biographik. Trotzdem liegt keine Theorie der historischen Biographie im modernen Sinn vor, denn es geht letztlich nicht um die historische Bedeutung eines Individuums, sondern um seinen politisch-sittlichen Exempelcharakter. Andererseits geht es Patrizi nur um Individuen und Handlungen von allgemeinpolitischer Relevanz. Dies unterscheidet ihn von Plutarch, dem geringfügige, private Vorgänge genauso wichtig sind wie "Schlachten mit Tausenden von Toten" (Alex, 1). Der Unterschied zur modernen historischen Biographie ist aber, daß diese allgemeinpolitische Relevanz einem moralischen und nicht einem historischen Urteil zur Grundlage dient.

Der Rückbezug zur Antike führt nicht nur zu einer Wiederbelebung antiker Formen (vor allem Sueton), sondern auch dazu, daß nun Biographien über Persönlichkeiten

---

[83] Diese Metapher findet sich bei ROMEIN: Biographie, S. 122.

[84] Vgl. dazu FUETER: Geschichte der neueren Historiographie, S. 93.

[85] Ein Nachdruck findet sich in KESSLER: Theoretiker humanistischer Geschichtsschreibung, ohne Paginierung. Ich verweise im folgenden auf die detaillierte deutschsprachige Gliederung des Textes, S. 90-105. Die italienischen Originalzitate sind von dort aus leicht zu ermitteln. Zu Patrizi als Geschichtstheoretiker vgl.: Franz LAMPRECHT: Zur Theorie der humanistischen Geschichtsschreibung. Mensch und Geschichte bei Francesco Patrizi, Diss. Zürich 1950 (Lamprecht beschäftigt sich allerdings nicht mit Patrizis Ausführungen zur Biographie).

geschrieben werden, die einer längst vergangenen Zeit angehören. Damit tritt das Quellenproblem, die Frage nach der Glaubwürdigkeit der Überlieferung, in den Gesichtskreis der Biographik.[86] Statt eine Auflistung der vielfältigen biographischen Produktion des humanistischen Europa zu versuchen,[87] soll die Eigentümlichkeit der humanistischen Biographik an einem bekannten Beispiel demonstriert werden, nämlich an Thomas Mores "History of Richard III.", die der englische Humanist in einer lateinischen und englischen Version vorgelegt hat.[88] Seit More und Shakespeare, dessen Drama sich spürbar an More anlehnt, figuriert dieser König, der nur zwei Jahre regiert hat, im populären englischen Geschichtsbild als Beispiel eines intriganten, usurpatorischen Tyrannen, von dem sich die nachfolgenden Tudors um so positiver abheben lassen. Sein geschwärztes Bild verdichtet sich in der Einkerkerung und Ermordung der "Prinzen im Tower".[89] Mores Werk, das als "Musterbeispiel humanistischer Historiographie"[90] gilt, zeigt neben historiographischen Qualitäten Merkmale des klassischen Dramas und des Fürstenspiegels: So schildert der Verfasser der "Utopia" nicht das ganze Leben Richards, sondern nur die wenigen Monate nach dem Tod von Edward IV., in denen sich sein Bruder in London des Thrones zu bemächtigen sucht. More benutzt dabei nicht nur in humanistischer Manier die Muster antiker Geschichtsschreibung, sondern nähert sich auch der dreifachen Einheit und dem Fünfaktschema des klassischen Dramas an.[91] Die fehlende Jugendbiographie Richards findet ihren Ersatz in der expositorischen Charakterisierung: "He was malicious, wrathfull, enuious, and from afore his birth, euer frowarde."[92] Die böse Natur Richards, die sich auch in einem häßlichen Äußeren spiegelt, motiviert seine nachfolgende "Geschichte". In dieser geht

---

[86] Ein berühmtes und frühes Beispiel ist PETRARCAS "De viri illustribus" (1338-1353), "eine Art römische Geschichte in Biographien" (L. ROSSI: Petrarca, in: LMA, Bd. 6, Zürich/München 1993, Sp. 1945-1949, hier: Sp. 1947). Vgl. dazu Eckhart KESSLER: Petrarca und die Geschichte, München 1978. Zu den historiographisch-biographisch "wiederentdeckten" Individuen des Altertums gehört auch Alexander der Große, vgl.: Hermann BENGTSON: Philipp und Alexander der Große. Die Begründer der hellenistischen Welt, München 1985, S. 230.

[87] Hier verweise ich auf die eingangs des Abschnitts genannten Sammelbände, insbesondere auf den Beitrag von IJESWIJN und den Überblick bei FUETER: Geschichte der neueren Historiographie, S. 92-105.

[88] Die Rekonstruktion der englischen und lateinischen Ausgabe, die eine verwickelte Überlieferungsgeschichte haben, findet sich in: The Complete Works of St. Thomas More, Bd. 2. Eine deutsche Übersetzung bietet die Ausgabe: Thomas MORUS: Die Geschichte König Richards III.

[89] Die Klärung der Hintergründe und der Täterschaft dieses mysteriösen Verbrechens beschäftigt heute noch die Forschung: "Das Schicksal der Söhne Edwards IV. ist das berühmteste Geheimnis in den Annalen der englischen Geschichte und war mehr als zwei Jahrhunderte Anlaß zu erbitterten Auseinandersetzungen." (Paul Murray KENDALL: Richard III. Der letzte Plantagenet auf dem englischen Königsthron, München ²1980, S. 429). Vor wenigen Jahren erschien: A. J. POLLARD: Richard III. and the Princes in the Tower, Stroud 1991.

[90] So der Klappentext der angeführten genannten deutschen Ausgabe.

[91] Vgl. dazu die Einleitung von Hans P. HEINRICH in der deutschen Ausgabe, S. 49-51.

[92] The Complete Worts of St. Thomas More, Bd. 2, S. 7.

es aber nicht um "History" im Sinne einer politischen Geschichte Englands. Es liegt More fern zu zeigen, was Richard als Herrscher für England getan oder unterlassen hat.[93] Die Bedeutung Richards liegt für More vielmehr in seinem exemplarischen Charakter. Er ist der Prototyp eines Königs, wie er *nicht* sein sollte. Seine "History" dient als negativer Fürstenspiegel.[94] Sie ist eine *exemplarische Biographie*, deren lehrstückhafter Charakter durch die dramatische Anlage verstärkt wird.

β. Für die Entwicklung der Geschichtsschreibung in Deutschland bedeutet die Reformation und die anschließende Konfessionalisierung der Gesellschaft einen wichtigen Einschnitt.[95] Die Geschichtsschreibung erhält wieder eine theologische und - durch den Gegensatz der Konfessionen - eine polemische Tendenz. Die vom Humanismus zurückgedrängte universal-heilsgeschichtliche Geschichtsauffassung gewinnt in Gestalt der Kirchengeschichte[96] wieder an Boden. Es liegt auf der Hand, daß sich diese Veränderungen gerade in der Biographik über den Reformator Luther zeigen.[97] Die evangelischen Biographen Luthers (Melanchthon, Malthesius) wollen den Reformator als unanfechtbare Autorität der eigenen Glaubensrichtung etablieren. Dies suchen sie vor allem durch folgende Strategien zu erreichen: Die Wahrheit der Lehre soll erstens aus der Vorbildlichkeit des Lebens bewiesen werden.[98] Luther wird zweitens (heils-)geschichtlich verortet, indem er in eine Reihe mit Jesaja, Johannes dem Täufer, Paulus und Augustin gestellt wird. Die erste Strategie erinnert an die peripatetische Biographik, wo die in der Biographie festgehaltene Lebenspraxis von Philosophen die Richtigkeit seiner Gedanken nachvollziehbar machen sollte. Die zweite Strategie führt wieder in den Bereich historischer Biographik, denn es wird eine historische Verortung Luthers angestrebt. Genau entgegengesetzt zu dieser historischen Überhöhung Luthers als Retter der Christenheit verhält sich die Tendenz der gegenreformatorischen Lutherbiographik

---

[93] Daß diese Fragestellung More wenig interessierte, sieht man schon an der Wahl seines Gegenstandes: Denn allein aufgrund seiner kurzen Regierungszeit ist Richard III. ein für die politische Geschichte relativ unbedeutender König Englands. Wenn man so will, liegt seine historische Bedeutung in seinem legendären Nachleben, für das More selbst einen Teil der Verantwortung trägt.

[94] Als positives Gegenbeispiel ist vielleicht MACHIAVELLIS "Vita di Castruccio Castracani" (1520) zu nennen, die sich "zu einem idealen Herrscherbild, einer Art Fürstenspiegel" im Sinne der politischen Theorie des Florentiners ("Il Principe") formt (August BUCK: Machiavelli [= EdF, Bd. 226], Darmstadt 1985, S. 117).

[95] Bei v. SRBIK findet sich der dramatische Satz: "Die Reformation hat dem deutschen Humanismus das Grab geschaufelt." (Geist und Geschichte vom Deutschen Humanismus bis zur Gegenwart, 1. Bd., S. 66).

[96] Noch in "Zedlers Universallexikon" wird die "Kirchen-Historie" vor der "Politischen Historie" als erstes und damit wichtigstes Teilgebiet der Geschichte genannt (Historie, in: Großes vollständiges Universal-Lexikon aller Wissenschaften und Künste, Bd. 13, Sp. 281-286, hier: Sp. 281). Vgl. einführend in die protestantische Historiographie: Stefan FISCH: Auf dem Weg zur Aufklärungshistorie. Prozesse des Wandels in der protestantischen Historiographie nach 1600, in: GG 23(1997), S. 115-133.

[97] Vgl. dazu IMMENKÖTTER: Von Engeln und Teufeln; WOLGAST: Biographie als Autoritätsstiftung.

[98] WOLGAST: Biographie als Autoritätsstiftung, S. 41.

(Cochlaeus), in welcher der Reformator als der satanische Verführer und Spalter der Christenheit dargestellt wird. Ebenso findet das personale Moment seine Umkehrung, indem Luther als neidisch, unmäßig und eigensüchtig auftritt.[99]

γ. Neben der humanistischen und konfessionellen Geschichtsschreibung stellt die sogenannten "reichspublizistische Geschichtsschreibung" einen dritten für die Geschichte der historischen Biographie relevanten Traditionsstrang der Frühen Neuzeit dar.[100] Die historischen Werke Samuel Pufendorfs (1632-1694), des wichtigsten Vertreters dieser Tradition in Deutschland,[101] stehen im Schnittpunkt der sich seit dem Spätmittelalter entfaltenden Hofhistoriographie einerseits und der seit Ende des Dreißigjährigen Kriegs durch Naturrechtslehre (Grotius) und absolutistischer Herrschaftstheorie (Hobbes) inspirierten Staats- und Geschichtsauffassung andererseits. Der höchste Zweck des Staates, die Gewährleistung von Frieden und Sicherheit, schien angesichts der Kriegserfahrungen nicht mehr durch das Reich, sondern durch die seit dem Westfälischen Frieden weitgehend souveränen Territorialstaaten gewährleistet.[102] Wenn sich Pufendorf in seinen letzten Lebensjahren dem brandenburgischen Kurfürsten als Hofhistoriograph zur Verfügung stellt, so ist darin weniger Opportunismus als die bewußte, staatsphilosophisch motivierte Parteinahme für den souveränen Landesherren zu sehen. Vor diesem Hintergrund sind die Eigenarten seiner Schrift *De Rebus Gestis Fréderici Wilhelmi Magni Electoris Brandenburgici Commentatorium Libri XIX*,[103] die hier als Beispiel herangezogen wird, zu betrachten. Der Titel der deutschen Übersetzung, "Friedrich Wilhelms des grossen Chur-Fürstens zu Brandenburg Leben und Thaten"[104] weckt heute biographische Erwartungen, die das Werk kaum erfüllt. Die Schrift ist zwar völlig auf den Kurfürsten ausgerichtet, von seinem Leben ist auf den mehr als eintausend Seiten[105] aber kaum die Rede. Pufendorf behandelt ausschließlich das (außen-)politische Handeln

---

[99] Vgl. IMMENKÖTTER: Von Engeln und Teufeln, S. 99f.

[100] Vgl. dazu MUHLACK: Geschichtswissenschaft in Humanismus und Aufklärung, S. 109-118; Notker HAMMERSTEIN: Jus und Historie. Ein Beitrag zur Geschichte des historischen Denkens an den deutschen Universitäten im späten 17. und im 18. Jahrhundert, Göttingen 1972; KRAUS: Grundzüge barocker Geschichtsschreibung; FUETER: Geschichte der neueren Historiographie, S. 200-206.

[101] Zu Pufendorf allgemein und als Staatstheoretiker vgl. Thomas BEHME: Samuel von Pufendorf: Naturrecht und Staat. Eine Analyse und Interpretation seiner Theorie, ihrer Grundlagen und Probleme, Göttingen 1995; HAMMERSTEIN: Samuel Pufendorf; Heinrich v. TREITSCHKE: Samuel Pufendorf. - Zu Pufendorf als Historiker: Detlef DÖRING: Pufendorf-Studien. Beiträge zur Biographie Samuel v. Pufendorfs und zu seiner Entwicklung als Historiker und theologischer Schriftsteller (= Historische Forschungen, Bd. 49), Berlin 1992, S. 143-178; Leonard KRIEGER: Samuel Pufendorf, in: WEHLER (Hg.): Deutsche Historiker, Bd. 9, S. 7-22; FUETER: Geschichte der neueren Historiographie, S. 204f.; DROYSEN: Zur Kritik Pufendorfs.

[102] Vgl. HAMMERSTEIN: Samuel Pufendorf, S. 173-175.

[103] Berlin 1695. Zur Entstehung und Charakter des Werkes vgl. DROYSEN: Zur Kritik Pufendorfs.

[104] Berlin/Frankfurt 1710.

[105] Die deutschsprachige Ausgabe umfaßt 1256 Seiten.

des Großen Kurfürsten: "Es [das Werk, O.H.] stellt den Fürsten, nicht realistisch wie er aß, trank, jagte, sich kleidete, sondern in Mitten seiner Geschäfte, Interessen, Aufgaben, so zu sagen als das Ich dieses seines Staates dar, den erst sein rastloses Arbeiten aufbaute."[106] Es ist kein Zufall, daß gerade Johann Gustav Droysen Pufendorf Mitte des 19. Jahrhunderts als Historiker wiederentdeckt. Zwischen beiden Historikern gibt es wichtige Gemeinsamkeiten: Sie schreiben zum einen brandenburgische (beziehungsweise preußische) Geschichte aus einer bewußt einseitigen Perspektive, zum anderen klammern sie rigoros alles Nicht-Politische aus ihrer Darstellung aus. Pufendorf ist deshalb als Vorläufer einer historischen Biographik einzustufen, die das "eigentlich Biographische", das Privatleben, den Menschen als solchen, nicht behandelt. Zugleich repräsentiert er diejenige Form frühneuzeitlicher Historiographie, von der sich die neuen zukunftsweisenden Strömungen der Aufklärungsepoche in der zweiten Hälfte des 18. Jahrhunderts abgrenzen werden: Die bürgerliche (Auto-)biographie wird das Privatleben in den Mittelpunkt stellen, die Geschichtsschreibung der Spätaufklärung wird sich von der höfischen und personenbezogenen Geschichtsbetrachtung emanzipieren.

---

[106] DROYSEN: Zur Kritik Pufendorfs, S. 376; vgl. KRAUS: Grundzüge barocker Geschichtsschreibung, S. 74f.

II. Aufklärung: Trennung von Biographie und Geschichtsschreibung

1. Überblick

Innerhalb des regen wissenschaftsgeschichtlichen Interesses der letzten Jahre hat die Epoche der Aufklärung besondere Beachtung gefunden.[1] Damit verbunden ist eine neue Deutung der Historiographiegeschichte. Traditionell läßt man die Entstehung der modernen Geschichtswissenschaft mit der Einführung der historisch-kritischen Methode beginnen oder bindet sie ideengeschichtlich wie Meinecke an neue, nachaufklärerische Geschichtsanschauungen (Individualitätsprinzip, Entwicklungsprinzip).[2] Dagegen haben neuere Forscher geltend gemacht, daß sich einige Merkmale der modernen Geschichtswissenschaft (Geschichte als eigenständiges Fach an der Universität, Verwissenschaftlichung der Methode) schon in der Spätaufklärung finden, vor allem in der "Göttinger Schule" um Gatterer und Schlözer.[3] In einigen Bereichen schätzt man die spätaufklärerische Geschichtswissenschaft sogar als "moderner" ein als die historistische (Ausbildung einer intensiven theoretischen Diskussion, einer "Historik").[4] Die Neigung der Aufklärung zur Theorie trug auch auf dem Gebiet der historischen Biographie reiche Früchte: In ihrem Umkreis finden sich immerhin zwei selbständige Veröffentlichungen und viele Einzelbeiträge in Aufsätzen und Vorworten zu diesem Thema.

Modernisierungstendenzen sind auch in den für die Untersuchungsperspektive wichtigen Diskursen über das Wesen der Geschichte, des Individuums und dem Verhältnis beider zueinander festzustellen. Diese Modernisierung erfolgt aber zunächst auf eine solche Weise, daß das Verhältnis zwischen Individuum und Geschichte, beziehungsweise Biographie und Geschichtsschreibung problematisch wird. Die Aufklärung hat deshalb innerhalb der Idee-Geschichte der historischen Biographie den Charakter einer Übergangsepoche.

---

[1] Von den vielen Veröffentlichungen seien genannt: KÜTTLER/RÜSEN/SCHULIN, Bd. 2: Anfänge modernen historischen Denkens; MUHLACK: Geschichtswissenschaft im Humanismus und in der Aufklärung; BLANKE: Historiographiegeschichte als Historik, S. 67-188; Hans-Jürgen PANDEL: Historik und Didaktik. Das Problem der Distribution historiographisch erzeugten Wissens in der deutschen Geschichtswissenschaft von der Spätaufklärung zum Frühhistorismus (1765-1830), Stuttgart-Bad Cannstadt 1990; Hans Erich BÖDEKER u.a. (Hgg.): Aufklärung und Geschichte. Studien zur deutschen Geschichtswissenschaft im 18. Jahrhundert, Göttingen 1986; Peter Hanns REILL: The German Enlightenment and the Rise of Historicism, Berkeley/Los Angeles/London 1975.

[2] MEINECKE: Die Entstehung des Historismus.

[3] Die These von der Verwissenschaftlichung der Historie und einem einheitlichen "Aufklärungsparadigma", wie sie vor allem durch Jörn Rüsen und Horst Walter Blanke vertreten wird, ist nicht unumstritten. Jeremy TELMAN kritisiert bsw. die Gleichsetzung der Aufklärungshistorie mit der "Göttinger Schule". ([Rez.: Blanke/Fleischer [Hgg.]: Theoretiker der deutschen Aufklärungshistorie; PANDEL: Historik und Didaktik; Blanke: Historiographiegeschichte als Historik], in: HTh 33(1994), S. 249-265.

[4] JAEGER/RÜSEN: Geschichte des Historismus, S. 15-20.

2. Das Verhältnis von Individuum und Geschichte in der pragmatischen Geschichtsauffassung

Mit "pragmatisch" wird eine Geschichtsbetrachtung bezeichnet, die über das bloße Erzählen von geschichtlichen Begebenheiten hinausgeht, indem sie den diesen zugrundeliegenden Zusammenhang untersucht. Dieser Zusammenhang liegt nicht mehr wie in der christlichen Geschichtsanschauung des Mittelalters (Augustinus, Otto von Freising) in der göttlichen Heilsgeschichte, sondern wird durch innerweltliche Gesichtspunkte bestimmt,[5] derer die pragmatische Historie grundsätzlich zwei kennt, einen praktischen und einen theoretischen.[6]

Der praktische Aspekt repräsentiert die ältere, sich aus dem Humanismus herleitende Variante des Pragmatismus. Er tritt hervor, wenn an historische Begebenheiten moralische Reflexionen anknüpft werden - *historia magistra vitae*. Die Vergangenheit wird anhand aufklärerischer Vernunft- und Moralstandards beurteilt.[7] Getragen wird diese Betrachtungsweise von dem statischen Menschenbild der Aufklärung: Der Mensch ist *von Natur aus* vernünftig und moralisch.[8] Mängel an Vernünftigkeit und Moralität unterliegen deshalb der Kritik des "erleuchteten Jahrhunderts"[9].

In der Entwicklung der aufklärerischen Geschichtswissenschaft tritt der theoretische Gesichtspunkt zunehmend in den Vordergrund. Gemeint ist die Reflexion auf Ursache-Wirkung-Beziehungen in der Geschichte, die in dem Gedanken eines durchgängigen kausalen Zusammenhangs, der Idee des *Nexus rerum universalis* kulminiert.[10] Der Philosoph Johann Gottlieb Fichte hat einmal die Vorstellung der allumfassenden Kausalität folgendermaßen veranschaulicht: "[...] und du kannst in dem Gegenwärtigen keines Sandkornes Lage anders denken, als sie ist, ohne, daß du genötigt würdest, die

---

[5] Vgl. KOSELLECK u.a.: Geschichte, S. 669.

[6] Sie orientiert sich an der Aufteilung der Aufklärungsphilosophie in praktische und theoretische Philosophie. Vgl. dazu JÄGER: Empfindsamkeit und Roman, S. 115f. Jörn RÜSEN erkennt in der Aufklärungshistorie ein Schwanken "zwischen zwei Formen der inneren Kohärenz von Historiographie [...]: Auf der einen Seite steht das kohärenzverbürgende Prinzip einer didaktischen Wirkung auf das Herz des Adressaten [...]. Auf der anderen Seite schimmert aber schon so etwas wie die Vorstellung eines inneren Nexus rerum in allen zeitlichen Veränderungen der menschlichen Welt in der Vergangenheit durch." (Der Teil des Ganzen, S. 301).

[7] Vgl. KOSELLECK u.a.: Geschichte, S. 642f. u. S. 666f.

[8] Im letzten Drittel des 18. Jahrhunderts wandelt sich dieses statische Menschenbild zunehmend in ein dynamisches. Was der Mensch ist, wird von seiner je individuellen Entwicklung abhängig gemacht - "Der Mensch ist von Natur aus nichts, und kann durch Conjuncturen alles werden." (Ludwig SCHLÖZER: Vorstellung der Universal-Historie, Göttingen ²1797, S. 223).

[9] Dieses Wort gebraucht HEGEWISCH in: Versuch einer Geschichte Kayser Karls des Großen, S. 63.

[10] "Der *höchste Grad des Pragmatischen* in der Geschichte wäre die Vorstellung des allgemeinen Zusammenhangs der Dinge in der Welt (*Nexus rerum universalis*). Denn keine Begebenheit in der Welt ist, so zu sagen, *insularisch*. Alles hängt aneinander, wird gezeugt, und veranlaßt und zeugt wieder." (GATTERER: Vom historischen Plan, S. 85).

ganze Vergangenheit ins Unbestimmte hinauf, und die ganze Zukunft ins Unbestimmte herab dir anders zu denken."[11] Wie kann die Geschichtsschreibung dieser diachron wie synchron endlos erscheinenden Kausalverknüpfung Herr werden? Der italienische Kulturphilosoph Benedetto Croce unterscheidet drei Reaktionsweisen des Pragmatismus: Man beläßt es erstens bei der Aufzählung vielfältiger historischer Ursachen, eine Vorgehensweise, "die Gefahr lief, bis ins Unendliche zu gehen."[12] Man wählt zweitens aus der Vielzahl der Ursachen eine als die entscheidende aus. Drittens nimmt man zu "natürlichen" Ursachen Zuflucht, z.B. zum Klima.[13] Hinzuzunehmen ist als vierte Reaktionsweise die Motivation des geschichtlichen Geschehens aus den Neigungen, Interessen und Charaktereigenschaften der beteiligten Personen (psychologische Geschichtsauffassung oder "personalistischer Pragmatismus"[14]).

Die personalistische Spielart des theoretischen Pragmatismus setzt Individuum und Geschichte in eine kausale Beziehung, aber so, daß bloß die Wirkungen individueller Eigenschaften auf das geschichtliche Geschehen bedacht werden. Das Individuum hingegen erscheint von der Geschichte im wesentlichen unberührt. Frank R. Ankersmit hat darauf aufmerksam gemacht, daß dem aufklärerischen Geschichtsdenken die Urteilsstruktur der klassischen Logik zugrundegelegen habe.[15] Diesem Denken zufolge

---

[11] Johann Gottlieb FICHTE: Die Bestimmung des Menschen (zuerst: 1800), hg. v. Theodor BALLAUFF und Ignaz KLEIN, Stuttgart 1961, S. 18. Ein Beispiel für die Anwendung der mechanistischen Denkweise auf ein geschichtliches Ereignis wie eine Revolution gibt der Enzyklopädist Holbach in seinem "Système de la nature" (1770): "Dans les convulsions terribles qui agitent quelquefois les sociétés politiques, et qui produisent souvent le renversement d'un empire, il n'y a pas une seule action, une seule parole, une seule pensée, une seule volonté, une seule passion, dans les agens qui concourent à la révolution, comme destructeurs ou comme victimes, que ne soit nécessaire [...]" (Paul Henri Th. d'HOLBACH: Système de la nature ou des lois du monde physique et du monde moral, nouvelle édition, avec des notes et des corrections, par Diderot, Bd. 1, Paris 1821, ND Hildesheim 1966, S. 61f.).

[12] CROCE: Zur Theorie und Geschichte der Historiographie, S. 85.

[13] Diese Auffassung wird allerdings schon im 18. Jahrhundert kritisiert und relativiert, so durch HERDER: "das Klima zwinget nicht, sondern es neiget" (Ideen zur Philosophie der Geschichte der Menschheit [zuerst: 1784-91], in: ders.: Sämtliche Werke, Bd. 13, S. 273). Vgl. auch HEGELS Polemik gegen die Überbewertung der natürlichen Ursachen: "Die Natur darf nicht zu hoch und nicht zu niedrig angeschlagen werden; der milde ionische Himmel hat sicherlich viel zur Anmut der Homerischen Gedichte beigetragen, doch kann er allein keine Homere erzeugen." (PhilG, S. 106).

[14] MEINECKE: Die Entstehung des Historismus, S. 393. Ein später Vertreter der psychologischen Variante des Pragmatismus ist GERVINUS: "Ferne Motive zu entdecken, geheime Neigungen und Leidenschaften aufzuhüllen, die Labyrinthe des menschlichen Herzens und Kopfs auszuforschen, an den feinsten und subtilsten Fäden eine Handlung bis auf ihre letzte Quelle derselben, die aber immer eine menschliche sein muß, zurückzuleiten [...] dies sind die eigentlichen Kennzeichen des Pragmatikers." (Grundzüge der Historik, S. 71).

[15] ANKERSMIT: Historicsm, S. 146. Ganz ähnlich schreibt MUHLACK von der "äußeren Verursachung der Geschichte" und von der "Trennung von Ursache und Ereignis" in der aufklärerischen Geschichtsanschauung (Geschichtswissenschaft im Humanismus und in der Aufklärung, S. 427).

besteht die geschichtliche Welt aus einem Ensemble unveränderlicher Substanzen[16] (das Subjekt des Urteils), die im Laufe der Geschichte bestimmte Prädikate gewinnen oder verlieren. Eine dieser unveränderlichen Substanzen ist die menschliche Natur mit ihrer Disposition zur Vernunft und Moral ("Natur" ist ja überhaupt der Begriff der Aufklärung für das Überzeitlich-Gültige, siehe z.b. die Naturrechtstheorie). Diese allgemeine Menschennatur wird als Substanz auch der konkreten historischen Individuen gedacht, wodurch gewissermaßen jedes historische Individuum zum potentiellen Beförderer des Fortschritts in der Geschichte im Sinne der Aufklärung wird. Die empirisch festzustellende Verhinderung der Individuen, in diesem Sinne zu wirken (sonst hätte es viel schneller zur Aufklärung kommen müssen, sonst hätte es keine Rückschläge und "dunkle Zeitalter" gegeben), erklärt man sich durch von außen eintretende Ursachen. Die Geschichte steht den Individuen gewissermaßen gegenüber als Konvolut äußerer Umstände und Einflüsse, die den natürlichen Trieb der Individuen, im Sinne des Fortschritts zu wirken, behindern.

3. Theorie der historischen Biographie im 18. Jahrhundert

Wichtig für den theoretischen Diskurs über die Biographie im 18. Jahrhundert ist nicht nur die eigene Gattungstradition, sondern vor allem ihr Zusammenhang mit Geschichtsschreibung, Literatur, Philosophie und Psychologie, die ihrerseits keine streng voneinander geschiedenen Diskurse sind. (Die Dichotomie von Wissenschaft und Kunst und die strenge Binnendifferenzierung der Wissenschaft in einzelne Fachdisziplinen werden erst im 19. Jahrhundert bestimmend). Die Idee der historischen Biographie im 18. Jahrhundert zeigt sich dementsprechend offen, oder negativ formuliert: Wir finden im 18. Jahrhundert keine eindeutige Bestimmung der Biographie als historisch oder nicht-historisch. In den Fällen, wo die Biographie als Form der Geschichtsschreibung verstanden wird, läßt man sie dennoch nicht gänzlich unter historiographische Zwecke aufgehen. Auf der anderen Seite spricht man ihr nicht die gleiche Leistungsfähigkeit wie anderen historiographischen Formen zu: Sie bietet gleichzeitig mehr und weniger als Geschichtsschreibung.

Ein Grund für diese fehlende Eindeutigkeit liegt in der Bedeutung, die historischer Erkenntnis im Zeitalter der Aufklärung zukommt. Diese hat noch nicht wie im Historismus jenen Status, einen eigenständigen Weg zur Erkenntnis der menschlichen Welt darzustellen. Vielmehr wird die Geschichte im 18. Jahrhundert noch vielfach als Mittel

---

[16] Ernst CASSIRER hat allerdings zurecht darauf hingewiesen, daß innerhalb der deutschen Tradition der Aufklärung mit dem dynamischen und individuellen Substanzbegriff von Leibniz ein Konzept zur Überwindung des statischen Substanzbegriffs bereitlag. Der eigentliche Durchbruch erfolgte allerdings erst durch Herder. (Die Philosophie der Aufklärung, S. 305-308).

zu einer solchen Erkenntnis, noch nicht als diese selbst angesehen.[17] Deshalb kann es den Aufklärungstheoretikern auch selbst nicht als Mangel an theoretischer Durchdringung erscheinen, wenn sie die Biographie weder mit Geschichtsschreibung gänzlich gleichsetzen, noch sie eindeutig von ihr unterscheiden. Historische und nichthistorische Zwecke schließen sich hier noch nicht aus, sondern ergänzen sich gewissermaßen als zwei Säulen unter dem einen Dach der allgemeinen Aufklärung des Menschen über sich selbst.

Aus den oben angedeuteten Bezügen wird im folgenden (α.) der Einfluß der modernen bürgerlichen Autobiographie und (β.) die Diskussion über Geschichte und Biographie im Zeichen des Pragmatismus herausgehoben.

α. Die *bürgerliche Autobiographie*, angeregt durch die pietistische Selbstbeobachtung, entdeckt das Individuum im 18. Jahrhundert als ein sich entwickelndes Wesen, das erst nach und nach zu dem geworden ist, was es ist, und spürt den Ursachen für diesen Entwicklungsgang nach.[18] Rousseaus "Confessions" (1764ff.), Jung-Stillings erster Teil seiner "Lebensgeschichte" (1777), Karl Philipp Moritz' autobiographischer Roman "Anton Reiser" (1785ff.) sind die in Deutschland bekanntesten Beispiele dieser Gattung.[19] Es gilt, die "innere Wahrheit" eines Menschenlebens zu entdecken, indem man beherzigt, "daß dies künstlich verflochtne Gewebe eines Menschenlebens aus einer unendlichen Menge von Kleinigkeiten besteht, die alle in dieser Verflechtung äußerst wichtig werden, so unbedeutend sie an sich scheinen."[20] Das Programm des Pragmatismus wird insbesondere bei Moritz intensiviert zu einer minuziösen psychologischen Rekonstruktion eines Menschenlebens. Anders als in der historischen Biographik des 19. Jahrhunderts geht man hier von der Biographiewürdigkeit eines jeden Lebens aus. Dieser neuartige Begriff einer individuellen Entwicklungsgeschichte, der die heutige Vorstellung einer *modernen personalen Biographie* geprägt

---

[17] Dies spiegelt sich darin wieder, daß die Historie im 18. Jahrhundert zumeist noch kein eigenständiges Fach ist, sondern unter dem Dach der Theologie, Jurisprudenz oder Philologie gepflegt wird. Zum Stellenwert der Historie vgl. die Bemerkungen bei: ZEDELMAIER: "Im Griff der Geschichte", S. 446 u. S. 454; SCHOLTZ: Geschichte, Historie, Sp. 352f.

[18] Die Geschichte der Autobiographie im 18. Jahrhundert ist inzwischen durch die literaturwissenschaftliche Forschung gut erschlossen: WUTHENOW: Das erinnerte Ich; MÜLLER: Autobiographie und Roman. Den konsistentesten Versuch einer Gattungsgeschichte und -bestimmung unternimmt NIGGL: Geschichte der deutschen Autobiographie im 18. Jahrhundert. Er liefert umfangreiches Material zu den geistesgeschichtlichen Hintergründen, von denen auch diese Arbeit profitiert hat. - Zur "Entdeckung" des bürgerlichen Individuums vgl.: Siegfried J. SCHMIDT: Die Selbstorganisation des Sozialsystems Literatur im 18. Jahrhundert, Frankfurt a. M. 1989, S. 84-100.

[19] Gleichzeitig entfaltet sich der *Bildungsroman* (Wieland: "Agathon" [1766/67], Goethe: "Wilhelm Meisters Lehrjahre" [1795/96]), der die gleiche Idee der individuellen Entwicklung verfolgt.

[20] Karl Philipp MORITZ: Anton Reiser. Ein psychologischer Roman (zuerst: 1785-1790), Frankfurt a. M. 1979, S. 107 (aus der Vorrede zum zweiten Teil, 1786).

hat,[21] verdrängt zunehmend die bisher geläufigen Konzepte der Biographie als schlichte Erzählung äußerer Lebensumstände (philologische Vita)[22] oder als moralisch oder christlich exemplarischer Lebenslauf (Humanismus und konfessionelles Zeitalter).[23] Er beeinflußt gegen Ende des 18. Jahrhunderts zunehmend auch die Diskussion um die Biographie.

β. Die Forschung zur Biographie im 18. Jahrhundert sucht sich die vielfältige Diskussion über das Verhältnis von Biographie und Geschichte[24] mit Hilfe einer Zwei-Lager-Theorie zu ordnen: Es gebe eine Trennungspartei, die scharf zwischen Biographie und Geschichte scheide, und eine Vereinigungspartei, die das Gemeinsame zwischen beiden hervorhebe.[25] Dieses attraktive Schema läßt wichtige Eigenheiten der Diskussion übersehen: αα. Die Vertreter der Trennungspartei plädieren aus unterschiedlichen Gründen für eine Trennung. ββ. Die Vereinigungspartei sieht nicht nur Gemeinsamkeiten, sondern auch prinzipielle Unterschiede zwischen Biographie und Geschichtsschreibung.

αα. Einer der ersten, der sich in Deutschland zur Frage des Verhältnisses von Biographie und Geschichte zu Wort meldet, ist der populärphilosophische Schriftsteller Thomas Abbt. Er fordert vom Biographen "[...] nichts weiter, als die Zusaetze, die in dem Plan einer grossen Geschichte nicht konnten gebracht werden; keineswegs aber die Erzaehlung grosser Begebenheiten, die er als laengst bekannt[sic!] voraussetzen muß."[26] Biographie und Geschichte hätten zwar den gleichen Gegenstand (die Herrscher, Fürsten etc.), aber die Biographie habe nur das zu behandeln, was die Geschichte nicht interessiere: das Private, rein Persönliche, rein Menschliche. Abbt hat

---

[21] Vgl. SCHEUER: Biographie, in: UEDING (Hg.): Historisches Wörterbuch der Rhetorik, Bd. 2, S. 40.

[22] Dokumentiert findet man die philologische Spielart der Gelehrtenbiographie z.B. in "Zedlers Universallexikon" unter dem Stichwort "Lebens-Beschreibung": "Eine vernünftige Zusammenhaltung nun dieser Umstände ist der beste Schlüssel zu des anderen Reden. Und dies bestimmet den eigentlichen Werth derer Lebens-Beschreibungen. Die Gelehrsamkeit selbst machen sie nicht aus, sind aber, dieselbe zu erlangen, unentbehrlich [...]." (Grosses vollständiges Universallexikon aller Wissenschaften und Künste, Bd. 16, Sp. 1277). Diese Form der Gelehrtenbiographie wird in Deutschland insbesondere in den zahlreichen Gelehrtenlexika gepflegt.

[23] Im 18. Jahrhundert wird diese Form v.a. von der pietistischen Biographik weitergeführt. Vgl. MAURER: Die Biographie des Bürgers, S. 103f.

[24] Die pragmatische Diskussion über Biographie und Geschichte ist v.a. von Literaturwissenschaftlern erforscht worden: Vgl. NIGGL: Geschichte der deutschen Autobiographie im 18. Jahrhundert, S. 41-53, und JÄGER: Empfindsamkeit und Roman, S. 114-126.

[25] Vgl. SCHEUER: Biographie, Stuttgart 1979, S. 18; ENGELBERG/SCHLEIER: Zu Geschichte und Theorie der historischen Biographie, S. 196f.

[26] 161. Brief: Allgemeine Erfordernisse der Schreibart eines Biographen, die Herr P. nie gekannt hat, in: Briefe, die Neueste Litteratur betreffend, Bd. 10, Berlin 1761, S. 211-214, hier: S. 211. Weitere Beispiele für diese Argumentationsweise führt MAURER auf (Die Biographie des Bürgers, S. 82-86).

damit aber keine Abwertung der Biographie gegenüber der "großen Geschichte" im Sinn, im Gegenteil: Der moralische Wert der Geschichtsschreibung, ihre *magistra-vitae*-Funktion, kann besser und publikumsbezogener[27] von einer Biographik verwirklicht werden, die "die Gedanken in die haeußlichen Vertraulichkeiten" hineinführt, "wo die aeusseren Anhaengsel bey Seite gelegt werden, und die Menschen uebereinander nur durch Klugheit und durch Tugend hervorragen."[28] Ist wie bei Abbt das Interesse an der Geschichte in erster Linie pädagogisch, dann kann auch das Interesse an den geschichtlichen Personen nicht historisch sein. Deshalb ist es nur konsequent, das solchermaßen unnütze historische Beiwerk aus Biographien zu verbannen. Ganz ähnlich argumentiert etwa zur gleichen Zeit Rousseau in seinem Erziehungsroman "Emile" (1762).[29] Abbt und Rousseau reden einer Trennung von Biographie und Geschichtsschreibung das Wort, weil sie in einer "privaten" Biographie ihr pädagogisches Anliegen besser verwirklicht sehen.

Aus einem ganz anderen Grund optieren die pragmatischen Historiker für eine solche Trennung. Ihr neuer, bürgerlicher Begriff von Geschichte impliziert die Emanzipation der Geschichtsschreibung vom höfischen Standpunkt.[30] Dies legt gleichzeitig auch ein Loslösen von der alten biographischen Form nahe. Statt die Geschichte in den Regierungsgeschäften der Fürsten aufgehen zu lassen, sucht man überindividuelle Einheiten zur Grundlage der Geschichte zu machen (Voltaire: Kulturgeschichte, Göttinger Schule: Universalgeschichte, Möser: Landesgeschichte, die nicht mehr an Personen gebunden ist). Zugleich weckt die pragmatische Durchdringung der Geschichte auf übergreifende kausale Erklärungen das Bewußtsein des Unterschieds zwischen einer biographischen und allgemeingeschichtlichen Perspektive: Die Geschichte wird nicht nur durch Charaktereigenschaften der Fürsten, sondern durch unterschiedlichste Faktoren, von denen die psychologischen nur ein Teil sind, bestimmt. - "Der Biographe ist, in soferne er ein Biographe ist, kein eigentlicher Geschichtschreiber, sondern er beschäftiget sich mit Dingen, die der Geschichtschreiber

---

[27] ABBT spricht davon, daß das so dargestellte Leben "ein naeheres Muster fuer eine grosse Menge werden kann." (161. Brief, S. 212).

[28] 211. Brief, Nachschrift: Nuetzliche Regeln für Biographen, aus dem Rambler, in: Briefe, die Neueste Litteratur betreffend, Bd. 13, Berlin 1762, S. 51-60, hier: S. 55.

[29] "Ajoutez à toutes ces réflexions que l'histoire montre bien plus les actions que les hommes, parce qu'elle ne saisit ceux-ci que dans certains moments choisis, dans leure vêtements de parade. [...] J'aimerais mieux la lecture des vies particulières pour commencer l'étude du coeur humain." (ROUSSEAU: Émile ou de l'éduciation, S. 285).

[30] Vgl. dazu das Kapitel über die Aufklärung bei GOERTZ: Umgang mit der Geschichte, S. 28-38, bes. S. 28-30; außerdem: Panajotis KONDYLIS: Die Aufklärung im Rahmen des neuzeitlichen Rationalismus, Stuttgart 1981, S. 429f.

nicht verarbeiten kan und darf", heißt es bei Gatterer[31] und für Kant ist "bloß biographische" Geschichte der Gegenbegriff zu einer "allgemeinen Geschichte".[32] Von den großen europäischen Aufklärungshistorikern ist nur Voltaire mit einer biographisch orientierten Geschichtsschreibung hervorgetreten. Unter den Hauptwerken der prominenten Vertreter der Göttinger Schule (Gatterer, Schlözer, Spittler, Heeren) findet sich keine einzige Biographie. Die pragmatischen Historiker optieren also für eine Trennung, weil sich ihr politisches und wissenschaftliches Programm in einer von der herkömmlichen Herrscherbiographie emanzipierten Geschichtsschreibung besser verwirklichen läßt. Die unhistorische Auffassung des Individuums, die in ihm allenfalls eine Ursache historischer Ereignisse aber keinen Ausdruck geschichtlicher Verhältnisse sieht, läßt das Individuum zudem als eine unattraktive Einheit für eine an großen Zusammenhängen orientierte Geschichtsschreibung erscheinen. Das Verhältnis von Biographie und Geschichte ist in der Aufklärung problematisch geworden. Dies scheint nicht zuletzt auch der Grund für die intensive theoretische Auseinandersetzung zu sein.[33]

ββ. Der Historiker Johann Matthias Schroeckh,[34] Verfasser der bislang umfangreichsten protestantischen Kirchengeschichte (35 Bände), präsentiert sich in der Vorre-

---

[31] Vom historischen Plan, S. 32 (= BLANKE/FLEISCHER [Hgg.]: Theoretiker der deutschen Aufklärungshistorie, Bd. 2, S. 630).

[32] Siehe hierzu v.a. die Reflexionen 1420, 1436 und 1437 aus dem handschriftlichen Nachlaß, abgedruckt in: KANT: Schriften zur Geschichtsphilosophie, S. 203f. Es gibt noch weitere Zeugnisse für die Abwertung einer bloß biographischen Auffassung der Geschichte. Unter dem Titel "Die Geschichte in Gestalt einer Epopöe" fordert der Schriftsteller und Historiker Justus MÖSER, daß sich die Reichsgeschichtsschreibung von der biographischen Orientierung an den Herrschern lösen soll: "Eine Periode sollte nicht das Leben einer gewissen königlichen Familie, sondern eine ganze Reichsveränderung enthalten." (Justus Möser's sämmtliche Werke, hg. v. B. R. ABEKEN, Bd. 5, Berlin 1843, S. 76-79, hier: S. 78).

[33] Repräsentativ für die fortschrittliche Geschichtswissenschaft der Spätaufklärung ist deshalb die Abwertung der Biographie zu einer minder leistungsfähigen historiographischen Gattung. Dies wird übersehen, wenn man wie Jander und Engelberg/Schleier nur die selbständigen Publikationen zum Thema Biographie und Geschichte zugrundelegt, die alle der "Vereinigungspartei" zuzurechnen sind. Der Schluß, den Engelberg und Schleier aus dem Vorhandensein dieser Publikationen ziehen, daß nämlich in der Aufklärung die Biographie als selbstverständlicher Teil der Geschichtsschreibung angesehen worden sei, ist deshalb genau umzukehren: Das Verhältnis von Biographie und Geschichte ist in der Aufklärung zum ersten Mal problematisch geworden, deshalb gibt es Publikationen, die Biographie als Geschichtsschreibung zu rechtfertigen suchen. Vgl. ENGELBERG/SCHLEIER: Zu Geschichte und Theorie der historischen Biographie, S. 196. - Hans-Martin KRUCKIS bestätigt die hier vertretene Auffassung mit folgendem Argument: "Einer Geschichtsschreibung, die es unternimmt, mit universalhistorischen Perspektiven zu arbeiten, kann Biographik nur mehr subsidiäre Dienste leisten." ("Ein potenziertes Abbild der Menschheit", S. 33).

[34] Vgl. den Lebensabriß von G. FRANK in ADB 32(1891), S. 498-501, und die biobibliographischen Hinweise in BLANKE/FLEISCHER (Hgg.): Theoretiker der deutschen Aufklärungshistorie, Bd. 2, S. 800f.

de zum zweiten Teil (1769) seiner achtbändigen "Allgemeinen Biographie"[35] als Vertreter der Vereinigungspartei von Biographie und Geschichtsschreibung. Rhetorische Fragen wie, "gebuert es ihnen [den Lebensbeschreibungen, O.H.], von dem haeuslichen, eingezogenen [...] Leben eines großen Mannes zu seinem Leben im Staate nicht nur zuweilen aufzufliegen [...] und eben seinen Antheil an der allgemeinen Geschichte seiner Zeit, als seine Privathandlungen ausführlich zu beschreiben?" (Bd. 2, S. XV), lassen vermuten, daß er die pragmatische Diskussion um die Biographie und vor allem die Position, die von Abbt und Rousseau vertreten wird, kennt. Schroeckh plädiert dafür, daß die Biographie sowohl das Persönlich-Private des Lebens eines bedeutenden Mannes als auch seinen "Anteil an der allgemeinen Geschichte" enthalten solle. Die Einbeziehung des Historischen erfolgt aber nicht aufgrund eines geschichtlichen Interesses, sondern wegen des Interesses an der Person: Wer nur die private Person wahrnehme, kenne sie "nicht von allen Seiten" (Bd. 2, S. XVII). Schroeckh fordert also aus dem Argument eines ganzheitlichen, vollständigen Erfassens der biographierten Person heraus die Einbeziehung des Geschichtlichen. Dies geht auch aus seiner "Bestimmungsregel" der Biographie hervor:

"Das Leben eines Menschen ist der ganze Umfang seiner Thaetigkeit und Geschaeftigkeit [...]. Was er nur *erlebt* hat, gehoert in die Geschichte seines Zeitalters; aber alle betraechtliche Begebenheiten, Versuche und Thaten, die er selbst *belebt* hat, machen seine eigene Geschichte aus." (Bd. 2, S. XVI)

Die Unterscheidung zwischen Erlebtem und Belebtem ist sehr bezeichnend für die eingenommene Stufe in der Entwicklung der historischen Biographie. Die Einbeziehung des Geschichtlichen betrifft mit dem Belebten nur den Aspekt der historischen Wirkung eines Individuums. Der gegenläufige Aspekt der Einwirkung des Geschichtlichen auf das Individuum wird als nur Erlebtes für irrelevant gehalten. Schroeckh steht damit noch diesseits der geistigen Wasserscheide, die Aufklärung und Historismus trennt, nämlich dem Bewußtsein, daß das Individuum ganz als "Sohn seiner Zeit" (Hegel) verstanden werden muß und daß demzufolge die Biographie, "das Individuum in seinen Zeitverhältnissen darzustellen habe" (Goethe).

Auch die beiden folgenden Schriften sind der Vereinigungspartei zuzurechnen, sie kommen jedoch im Laufe ihrer Ausführungen zu dem Ergebnis, daß es auch grundlegende Unterschiede zwischen Biographie und Geschichtsschreibung gibt.

Als erste selbständige Veröffentlichung in Deutschland, die das Verhältnis der Biographie zur pragmatischen Aufklärungshistorie zum Thema hat, kann wohl Johann Georg Wiggers' Schrift "Über die Biographie und über das Studium des Menschen"

---

[35] 8 Bde., Berlin 1767-91.

gelten.[36] Das Verhältnis von Biographie und Geschichtsschreibung ist Thema des dritten Kapitels ("Beziehung der Biographie auf die größere Geschichtsschreibung"). Wiggers skizziert hier ein Verhältnis, das weder durch völlige Identität noch durch Entgegensetzung bestimmt ist. Die Übereinstimmung zwischen Biographie und Geschichtsschreibung ist im gemeinsamen Gegenstand begründet: Beide behandeln historisch bedeutsame Menschen. Auf dieser Ebene scheint sich ein bruchloser Übergang von allgemeiner Geschichte zur Biographie zu ergeben: "Wenn die Geschichtsschreibung aus der Reihe ihrer wichtigsten Menschen Einen herausnimmt, und, um ihn als ein seltenes Individuum zu zeigen, sein Leben zum besonderen Vorwurf ihrer Analyse macht, so wird sie Biographie." (S. 75) Nimmt man an, daß Wiggers hier die absolutistische Fürstengeschichtsschreibung vor Augen hat, so legt diese durchaus einen solchen Übergang nahe, ist sie doch nicht viel mehr als eine Reihe von Fürstenbiographien, die sich demnach leicht in ihre Einzelteile zerlegen ließe. Bei genauerer Betrachtung ergibt sich für Wiggers aber ein wesentlicher Unterschied zwischen Biographie und Geschichte:

"Und so hätten für mich die Biographie und die höhere Geschichtsschreibung ihre Grenzen. Die Letztere spricht von dem Handelnden, um aus ihm seine Handlungen zu erklären. Die Erste erzählt die Handlungen, um von dem Handelnden ein genaues und vollständiges Bild zu geben." (S. 79)

Die Biographie ist demzufolge nicht einfach eine Unterart der "höheren" Geschichtsschreibung, sondern eine eigenständige Gattung. Beide haben eine unterschiedliche Einheit, die ihren Zweck bestimmt: Der größeren Geschichtsschreibung liegt die Geschichte eines Landes, einer Nation oder eines Teilgebietes (z.B. Kirchenhistorie) als Einheit zugrunde: Von den Individuen interessieren sie nur die Handlungen, die etwas zur Entwicklung dieser Einheit beigetragen haben. Sie gibt kein vollständiges Bild des Lebens und des Charakters der Persönlichkeit. Diese ist vielmehr die eigentümliche Einheit und damit zweckbestimmend für die Biographie. Die Handlungen des Individuums betrachtet sie nicht als Beitrag zu einer geschichtlichen Entwicklung, sondern als Ausdruck dieses Individuums. Die "Geschichte" ist hier nicht mehr als ein Betätigungsfeld der Persönlichkeiten, während in der "höheren Geschichtsschreibung"

---

[36] Johann Georg Wiggers, geboren in Goethes Geburtsjahr 1749 zu Bredstedt, war von 1782 bis 1787 außerordentlicher Professor an der Universität Kiel, danach Agent der Hansestädte in Petersburg. Als weitere geschichtstheoretische Schrift veröffentlichte er "Die Moral der Klio. Ein Versuch über den Einfluss der historischen Lektüre in die Besserung des Herzens" (Frankfurt/Leipzig 1781). Außerdem verfaßte er eine biographische Arbeit über den Dänenkönig "Christian IV. Eine panegyrische Skizze" (Kiel 1782). Vgl. HAMBERGER/MEUSEL, Bd. 8, ^{5}1800, S. 522 u. BLANKE/FLEISCHER (Hgg.): Theoretiker der deutschen Aufklärungshistorie, Bd. 2., S. 807. - Zur Interpretation von Wiggers' Biographie-Schrift vgl. JANDER: Untersuchungen, S. 31.

individuelle Handlungen lediglich in ihrer kausalen Bedeutung für das historische Geschehen interessieren.

Ein Vierteljahrhundert später wird die der Spätaufklärung zuzurechnende "Theorie der Lebensbeschreibung" (Berlin 1802) von Daniel Jenisch veröffentlicht.[37] In ihr läßt sich gut das Zusammentreffen des neuen, durch die Autobiographie geprägten Begriffs der personalen Biographie mit dem Pragmatismus beobachten.

Dem Verhältnis von Biographie und Geschichtsschreibung widmet Jenisch das erste Kapitel seiner Schrift. Man findet hier einen ganz ähnlichen Gedankengang wie bei Wiggers vor: Zunächst konstatiert Jenisch eine Gemeinsamkeit zwischen Biographie und Geschichtsschreibung: "Ein nicht kleiner Theil der gegenwärtigen Unvollständigkeit und Unzuverläßigkeit der Geschichte würde verschwinden, so bald die Geschichte aus lauter vollständigen Biographien der auf ihrer Thatenbühne handelnden Menschen zusammengesetzt werden könnte." (S. 3f.) Die Biographie erscheint hier als kleinste Einheit der Geschichte. "Höhere" Geschichte entsteht einfach dadurch, daß man sie aus den kleinsten Einheiten, den Biographien, zusammensetzt - die Historie wird als ein Mosaik aus Lebensbeschreibungen vorgestellt. Wie die Naturforschung sich von der Entdeckung der kleinsten Elemente Aufschluß über die Gesetzlichkeiten der Natur verspricht, erhofft sich Jenisch aus der Kenntnis möglichst vieler Biographieelemente genaueren Aufschluß über die Zusammenhänge der Geschichte.[38] Im weiteren Verlauf des Kapitels kommt Jenisch dann allerdings zu folgender Feststellung: "Denn Einzel-Darstellung des Menschen liegt eben sowohl außer der Sphäre des Geschichtschreibers, als allgemeine Darstellung der Zeit-Begebenheiten außer der Sphäre des Biographen: und beyde bedürfen daher auch einer besondern Rechtfertigung." (S. 7) Hier wird die

---

[37] Daniel Jenisch, geb. 1762 in Heiligenbeil/Ostpreußen, "ersäufte sich am 9. Februar 1804" (HAMBERGER/MEUSEL, Bd. 11, S. 397). Nach seinem Studium der Philosophie in Königsberg (u.a. bei Kant) begann Jenisch seine berufliche Laufbahn als Hofmeister in Braunschweig. Seit 1789 bekleidete er verschiedene Prediger- und Diakonstellen in Berlin. Er gehörte zur Berliner Gelehrtenschicht der nachfriderizianischen Jahre und war ein überaus produktiver Schriftsteller. Von 1780 bis 1804 veröffentlichte er ungefähr 30 selbständige Schriften, daneben zahlreiche Aufsätze und Rezensionen, u.a. in Wielands "Teutschem Merkur". Zahlreiche Hinweise in seiner "Theorie der Lebensbeschreibung" verraten, daß Jenisch die wichtigsten europäischen Aufklärungshistoriker geläufig waren (Voltaire, Gibbon, Robertson, Hume, Schlözer). Wichtige Bezugspunkte sind auch Autobiographien: Rousseaus "Confessions" und Moritz' "Anton Reiser" werden genannt. In der literaturwissenschaftlichen Forschung gilt Daniel Jenisch mittlerweile als "kritischer Kopf und respektabler Erbe der Aufklärung", nachdem man auf ihn durch seine Auseinandersetzung mit Goethe aufmerksam geworden war. Vgl. dazu den Kommentarteil in: GOETHE: SWnEsS, Bd. 4.2, S. 928-937, die Zitate: S. 929. Näheres zu Leben und Schriften Jenischs findet sich in: HAMBERGER/MEUSEL, Bde. 3, 10, 11, 14.

[38] Eckhart Jander faßt den für seine Fragestellung ("Ist die Biographie eine legitime Form der Geschichtsschreibung?") zentralen Punkt des Verhältnisses von Biographie und Geschichte bei Jenisch einseitig auf. Er sieht in dem Berliner Aufklärer nur einen Vertreter der "Mosaikauffassung" der Geschichte. Jander übersieht, daß dieses erste Kapitel bei Jenisch je länger je mehr die Tendenz hat, diese Auffassung durch das Eingeständnis, daß "Biographie und Geschichte an sich verschieden sind", zu verdrängen. Vgl. JANDER: Untersuchungen, S. 37.

oben behauptete Mosaikauffassung eigentlich demontiert: Geschichtsschreiber und Biograph haben - wie schon Wiggers feststellte - ein unterschiedliches Erkenntnisinteresse: Die allgemeine Geschichte kann sich deshalb nicht aus Biographien zusammensetzen, weil Biographien, in diesem Verständnis, nur die besonderen Lebensgeschichten einzelner Individuen bezwecken. Auch wenn die Lebensgeschichte einer historisch bedeutsamen Persönlichkeit behandelt wird, so sorgt doch das individualgeschichtliche Interesse des Biographen dafür, daß viele für die allgemeine Geschichte unbedeutenden Einzelheiten in den Vordergrund gerückt werden.[39]

In den Kapiteln zwei bis vier stellt Jenisch zwei Grundgattungen der Biographie vor, die "schlicht-historische", die es schon immer gegeben habe (S. 13), und die "pragmatische Biographie", die neu sei (ebd.). In dieser Aufteilung spiegelt sich die oben skizzierte Entwicklung der Biographie im 18. Jahrhundert wieder. Die "schlicht-historische" Biographie ist die traditionelle historische Darstellungsform, deren Muster Plutarchs Parallelbiographien berühmter griechischer und römischer Männer sind.[40] Unter der "pragmatischen Biographie" verbirgt sich der neue, an der Autobiographie gebildete Typus der personalen Biographie. Folgende Textstelle bezeichnet deutlich ihr Wesen als individuelle psychologische Entwicklungsgeschichte:

"Denn die pragmatische Biographie erörtert Thatsachen und Charakter-Züge ihres Individuums nach Ursache und Wirkung, das heißt mit andern Worten: sie betrachtet den Menschen als ein sinnlich-vernünftiges, durch die äußerlichen Umgebungen in dem bestimmten Punkte des Raumes und der Zeit seiner Existenz ausbildsames Wesen; sie zeigt den Einfluß der Sinnlichkeit auf die Vernunft, der Vernunft auf die Sinnlichkeit, der äußern Umgebungen auf beyde. Dies ists, was ich die *psychologische Entwicklungs-Geschichte des Menschen* nenne, und worunter ich gewissermaßen alles übrige befasse." (S. 32)

Der Begriff "pragmatische Biographie" lädt nochmals ein zu einem Vergleich mit der aufklärerischen Geschichtsschreibung, die sich ja auch als "pragmatisch" verstand. Beiden gemeinsam ist, daß mit "pragmatisch" jeweils die kausale Verknüpfung von Entitäten gemeint ist. Während es aber in der pragmatischen Geschichte "um den allgemeinen Zusammenhang der Dinge in der Welt" (Gatterer) geht, sucht die pragma-

---

[39] "Gewisse Eigenheiten und besondre Gewohnheiten eines *Julius Cäsar* oder *Augustus* waren für die Leitung der öffentlichen Staatsangelegenheiten Roms [...] ohne Bedeutung: aber der Biograph dieser berühmten Männer, zieht aus der Gewohnheit des Julius Cäsar seine Glätze mit einem Lorbeer zu bedecken, [...] fruchtbare Folgerungen über die Denk- und Empfindungsweise dieser ausgezeichneten Menschen." (S. 6)

[40] Damit gehört auch Jenisch zu denen, für welche die Lebensbeschreibungen Plutarchs das klassische Paradigma einer "historischen Biographie" sind, während er hier als Vertreter der personalen Biographie aufgefaßt wird. Helmut SCHEUER weist zurecht auf die prägende Wirkung Plutarchs hin, der bis ins 19. Jahrhundert den Begriff der Biographie beeinflußt hat (Biographie, in: UEDING [Hg.]: Historisches Wörterbuch der Rhetorik, Bd. 2, S. 32).

tische Biographie nach den psychologischen Gesetzmäßigkeiten innerhalb einer Lebensgeschichte. Der Historiker betrachtet gewissermaßen mit dem Fernrohr "das große weite Feld der allgemeinen Geschichte" (Schiller), während der Biograph mit dem Vergrößerungsglas ein einzelnes Menschenleben untersucht.[41]

4. Praxis der historischen Biographie in der europäischen Aufklärung

Welches quantitative Ausmaß hat die biographische Produktion am Ende der Aufklärungsepoche erreicht? Die Zeitschrift "Der Biograph" führt im Anhang ihrer ersten Ausgabe von 1802 ein Verzeichnis deutschsprachiger Biographien auf, die in jenem Jahre erschienen sind:[42] Die Liste gibt 13 Sammel- und 44 Einzelbiographien, also insgesamt 57 Titel an. Auch wenn man nicht davon ausgehen kann, daß diese Liste vollständig ist, so gewinnt man doch einen Anhaltspunkt, wenn man sie zu der gesamten Bücherproduktion in Beziehung setzt. Im Jahr 1800 erscheinen rund 4000 deutschsprachige Titel.[43] Demnach wäre etwa jedes siebzigste neu erscheinende Buch (oder: 1,4%) um 1800 eine Biographie. Rechnet man die Biographie zu der schöngeistigen Literatur, die 1800 etwa 880 Werke hervorbringt, so ist etwa jedes fünfzehnte (oder: 6,5%) biographischen Inhalts. Biographien sind also um 1800 durchaus gefragt auf dem literarischen Markt: "Alles, was nicht Ritterromane und Hexengeschichten schreiben kann, verliert sich jetzt in Anekdoten, Biographien und Gallerien."[44]

Aus dieser Vielzahl der aufklärerischen Biographik sind drei Beispiele ausgewählt worden, die verschiedene Möglichkeiten biographischer Darstellung innerhalb des Spektrums historische Biographie - biographische Geschichtsschreibung verdeutlichen sollen: α. Voltaire steht mit seiner "Histoire de Charles XII Roi de Suède" für eine Erneuerung der humanistischen exemplarischen Biographie im Geiste der Aufklärung. β. William Robertsons "History of the Reign of the Emperor Charles the Fifth" ist ein Beispiel für jene "höhere Geschichtsschreibung", von der die Aufklärungstheoretiker die Biographie abzugrenzen suchen und γ. Daniel Jenischs "Lebens-Beschreibung Karls des Großen" versucht die neue, an der bürgerlichen Autobiographie entwickelte Auffassung der Biographie als Entwicklungsgeschichte an einem mittelalterlichen Individuum umzusetzen.

---

[41] Die Fernrohr/Vergrößerungsglas-Metapher verwendet auch Jan ROMEIN: "Der Historiker blickt durch ein Fernrohr, der Biograph durch ein Vergrößerungsglas." (Biographie, S. 122).

[42] Der Biograph, Bd. 1, Halle 1802, S. 485-488.

[43] Vgl., auch für die folgenden Zahlen, WEHLER: Deutsche Gesellschaftsgeschichte, Bd. 1, S. 304.

[44] Neue Allgemeine deutsche Bibliothek, Bd. 48, 1799, S. 405, zitiert nach: Johann GOLDFRIEDRICH: Geschichte des Deutschen Buchhandels, Bd. 3: Vom Beginn der klassischen Literaturperiode bis zum Beginn der Fremdherrschaft. (1740-1804), Leipzig 1909, S. 279.

α. Viele der eingangs beschriebenen Merkmale der pragmatischen Geschichtsauffassung gehen auf Voltaire zurück (eigentlich Francois-Marie Arouet, 1694-1778): der Gedanke eines linearen Fortschritts des menschlichen Geistes (statt einer zyklischen Theorie), die Vorstellung einer säkularisierten Universalgeschichte und eine an bürgerlichen Interessen orientierte Geschichtsbetrachtung profilieren ihn zum Anreger der aufklärerischen Historie in ganz Europa.[45] Besonders die deutschen Aufklärer rezipierten ihn als Inaugurator einer nicht mehr an der Fürstenbiographie orientierten Geschichtsschreibung.[46] Man darf aber nicht übersehen, daß Voltaire als Historiker zunächst durchaus auf den traditionellen Bahnen der fürstenkonzentrierten Geschichtsschreibung begonnen hat, wie vor allem an der "Histoire des Charles XII" (1731) deutlich wird. Es ist das Interesse des Dramatikers Voltaire am Schicksal großer exemplarischer Gestalten, mit dem seine Entwicklung als Historiker anhebt. Dieser Vorliebe kommt das außerordentliche, abenteuerliche, dramatisch anmutende Leben dieses unzeitgemäßen Monarchen, der sich Alexander und Cäsar zum Vorbild nahm und an der Eroberung Rußlands schließlich scheiterte, zweifellos entgegen.[47] Eine "histoire particulière" über Karl XII. ist für Voltaire deshalb von Interesse, weil er - und sein Gegenspieler Peter I. von Rußland - "les personnages les plus singuliers qui eussent paru depuis de vingt siècles" seien.[48] In dem vorangestellten "Discours sur l'histoire de Charles XII" erläutert Voltaire dieses exemplarische Interesse: In der

---

[45] "Seine historischen Werke markieren einen epochalen Paradigmenwechsel in der Geschichtswissenschaft." (Otto DANN: Voltaire und die Geschichtsschreibung in Deutschland, in: Peter BROCKMEIER/Roland DESNÉ/Jürgen VOSS [Hgg.]: Voltaire und Deutschland. Quellen und Untersuchungen zur Rezeption der Französischen Aufklärung, Stuttgart 1979, S. 463-468, hier: S. 463). - Zur Bedeutung des Historikers Voltaire vgl. auch J. M. GOULEMOT: Voltaire, in: BURGUIÈRE (Hg.): Dictionnaire des Sciences Historiques; BRUMFITT: Voltaire historian; FUETER: Geschichte der neueren Historiographie, S. 349-363; MUHLACK: Geschichtswissenschaft im Humanismus und in der Aufklärung, S. 118-122, S. 263-268, S. 328-330.

[46] "Die allgemeine Historie der Welt war bis auf ihn Lebensgeschichte der Regenten; er machte sie zuerst zur Geschichte der Menschen. Er setzte an die Stelle eines Monarchen die ganze Nation und nach ihr die ganze gesittete Welt." (Friedrich NICOLAI, in: Allgemeine Deutsche Bibliothek 21[1772], S. 374). Dieses Urteil bezieht sich vor allem auf seine späteren Werke ("Le siècle de Louis XIV" [1751] und "Essai sur l'histoire génerale et sur les moeurs et l'esprit des nations" [1756]).

[47] Im Zeitalter von "Staatsräson und Vernunft", wie Robert Mandrou den Abschnitt der europäischen Geschichte von 1649 bis 1775 bezeichnet, muß der "ebenso unvernünftige wie tapfere" Karl XII. (Ernst H. GOMBRICH: Eine kurze Weltgeschichte für junge Leser, Köln [8]1995, S. 257) wie ein Fremdkörper wirken: Ein Typus aus der "Heroenzeit" versetzt in die aufkommenden "prosaischen Zustände" (Hegel). In Mandrous moderner strukturgeschichtlicher Darstellung ist Karl XII. deshalb auch eine sehr blaß bleibende Randfigur. Vgl. Robert MANDROU: Staatsräson und Vernunft. 1649-1775 (= Propyläen Geschichte Europas, Bd. 3), Frankfurt a. M./Berlin [2]1981. Zur Geschichtsschreibung über Karl XII. vgl.: Jörg-Peter FINDEISEN: Karl XII. von Schweden - gekrönter Soldat oder genialer Feldherr? Zum Bild Karls XII. in der deutschen Historiographie, in: Zeitschrift für Geschichtswissenschaft 42(1994), S. 983-998.

[48] VOLTAIRE: Histoire de Charles XII Roi de Suède, S. 53. Vgl. als deutsche Ausgabe: VOLTAIRE: Geschichte Karls XII., übersetzt v. Theodora von der MÜHLL, Frankfurt a. M. 1978.

kollektiven Erinnerung erhält sich nur das Gedächtnis an solche Fürsten, die sich entweder als Tyrannen, gute Könige oder Eroberer hervorgetan haben.[49] Interessant sind die Fürsten, die einen dieser Typen möglichst vollkommen repräsentieren können - ihre historische Bedeutung für die Geschichte der Nation und der Welt steht bei Voltaire noch hintenan. Von einer historischen Biographie des Schwedenkönigs hätte man eine ausführliche Analyse der europäischen Situation, die Darstellung der politischen und gesellschaftlichen Verhältnisse Schwedens, insbesondere des schwedischen Militärsystems, als Bedingungen und Voraussetzungen der Politik Karls erwartet - dies alles fehlt aber weitgehend in Voltaires "Histoire". So entsteht - wie schon bei dem Humanisten More - eine Biographie, die das Exemplarische einer historischen Gestalt zum Thema hat und dieses durch ästhetische, insbesondere dramatische Mittel zur Geltung zu bringen sucht.[50]

β. Der schottische Aufklärer William Robertson (1721-1793) bekannte sich als Schüler Voltaires. Während dessen "Histoire de Charles XII" den Anfang seiner Historikerlaufbahn bezeichnet, kann Robertsons "History of the Reign of the Emperor Charles V."[51] als Höhepunkt seines historiographischen Schaffens angesehen werden.[52] Die Geschichte Karls V. ist für Robertson - den Dimensionen der kaiserlichen Politik gemäß - zugleich eine europäische, durch die Einbeziehung der Neuen Welt sogar eine über diesen Rahmen hinausgreifende Geschichte der ersten Hälfte des 16. Jahrhunderts. Neben Karl V. treten weitere Personen auf, die die führenden Mächte dieser Zeit verkörpern: Franz I. von Frankreich, Heinrich VIII. von England, der päpstliche Hof und der türkische Sultan Suleiman II. Hinzu kommen, als wichtige Nebenfiguren, die Protagonisten von Reformation und Gegenreformation: Luther, Zwingli, der hessische Landgraf Philipp, Ignatius v. Loyola und Moritz von Sachsen. Leitmotiv der Darstellung ist die Auseinandersetzung zwischen Karl V. und Franz I.: Die Bücher zwei, vier, sechs, sieben und neun (von zwölf) setzen jeweils mit einer neuen Stufe dieses Kon-

---

[49] VOLTAIRE: Histoire de Charles XII, S. 53f.

[50] Die dramatische Anlage wird von MUHLACK hervorgehoben (Geschichtswissenschaft im Humanismus und in der Aufklärung, S. 242f.). BRUMFITT weist zurecht darauf hin, daß dieses Werk in der humanistischen Tradition stehe und das idealtypische Beispiel einer "dramatic history" sei, einer Geschichtsprosa, die ähnlichen Formprinzipien und Wirkungsabsichten folge wie die Tragödie (Voltaire historian, S. 10-12). Die Bedeutung dieses Werks liegt deshalb darin, daß es dem Typus "des großen historischen *Kunstwerks*", wie es der Renaissancehumanismus hervorgebracht hat, wieder zu Ansehen verhilft. (CASSIRER: Die Philosophie der Aufklärung, S. 297).

[51] 3 Bde., London 1769. Ich lege folgende Ausgabe zugrunde: William ROBERTSON: The History of the reign of the Emperor Charles the Fifth. With an account of the Emperor's life after his abdication by William H. PRESCOTT..

[52] Weitere Werke: The history of Scotland (1759), History of America (1777). Zu Robertson vgl.: HL, S. 257f.; Manfred SCHLENKE: Anfänge einer wissenschaftlichen Geschichtsschreibung in Großbritannien im 18. Jahrhundert, in: Karl HAMMER/Jürgen VOSS (Hgg.): Historische Forschung im 18. Jahrhundert, Bochum 1976, S. 314-333.

fliktes ein. Bezüglich der historiographischen Gestalt ergeben sich, verglichen mit Voltaire, umgekehrte Verhältnisse: Während bei dem Franzosen das personale Moment in Gestalt des Dramatisch-Exemplarischen dominierte, tritt es bei Robertson merklich zurück: Karl V. ist nur eine Figur neben vielen, nur ein Knotenpunkt in dem Netzwerk der europäischen Politik. Der Fokus ist auf die Entwicklung der Ereignisse und nicht auf eine einzelne Person gerichtet. Robertsons "History" ist damit ein Beispiel für jene "höhere Geschichtsschreibung", die Johann Georg Wiggers und Daniel Jenisch der Biographie gegenübergestellt haben. Wie im betreffenden Abschnitt gezeigt wurde, liegt die entscheidende Differenz für beide Theoretiker nicht auf der Gegenstandsebene (das heißt Karl V. könnte sowohl Gegenstand biographischer als auch historiographischer Darstellung sein),[53] sondern in der "Behandlungsart". Robertson beschäftigt sich vornehmlich mit den "Zeit-Begebenheiten", die nicht zur Entwicklungsgeschichte Karls V. gehören. Die nicht-biographische Perspektive tritt besonders in der Schlußbetrachtung hervor (Bd. 3, S. 189-218). Diese gilt nämlich nicht der Person Karls V., sondern dem "state of Europe during the reign of Charles V." (S. 190). Robertson skizziert hier die an Ranke erinnernde Vorstellung, daß die europäischen Mächte seit dieser Zeit ein Staatensystem ("one great political system", S. 191) bilden würden, das sich in einem dynamischen Gleichgewicht befände, in dem aufgrund einer relativen Kräftegleichheit keine der Mächte ein erdrückendes Übergewicht gewinnen könne.

γ. Die im Anschluß an seine "Theorie der Lebensbeschreibung" abgedruckte "Lebens-Beschreibung Karls des Großen", die Daniel Jenisch bereits 1796, also "sechs Jahre vor der Theorie geschrieben" (S. 189), und als Preisschrift der "vortrefflichen Gelehrten-Gesellschaft zu Mannheim" (S. 190) überreicht hat, läßt die Eigenarten aufklärerischer Biographik besonders deutlich hervortreten.

Das Bild, das Jenisch von Karl dem Großen zeichnet, zeigt die Verwurzelung des Autors in der Aufklärung. Jenisch beklagt, daß man Karl "nur auf dem Schlachtfeld, oder auf dem Wege zu demselben" (S. 209) erblicke.[54] Der Wunsch-Monarch der

---

[53] Zum Vergleich läßt sich eine kleine Schrift Friedrich Schillers über Karls Sohn Philipp II. anführen. Sie beschäftigt sich ausschließlich mit dem Charakter des spanischen Königs und seiner moralischen Beurteilung. Die dazugehörige Form der "höheren Geschichtsschreibung" ist Schillers berühmte "Geschichte des Abfalls der Vereinigten Niederlande von der Spanischen Regierung", in der Philipp (wie Karl V. bei Robertson) nur eine Figur unter vielen ist. (SCHILLER: Philipp der Zweite, König von Spanien, in: ders.: Sämtliche Werke. Säkularausgabe, hg. v. Eduard HELLEN, Bd. 14, Stuttgart/Berlin 1904f., S. 393-414).

[54] Auffällig ist, daß Jenisch den Rechts- und Kulturpolitiker Karl kaum zur Kenntnis nimmt, obwohl dies gut in sein aufklärerisches Monarchenideal gepaßt hätte. Die wichtigsten Quellen lagen den Aufklärungshistorikern, wenn auch nicht in historisch-kritischen Editionen, vor (vgl. dazu: Wolfram von den STEINEN: Mittelalter und Goethezeit, in: HZ 183[1957], S. 249-302, hier: S. 255-257). Jenisch scheint im wesentlichen Einhard zu folgen, der ebenfalls vergleichsweise wenig von der Reichspolitik Karls berichtet. Andererseits ist es dann erstaunlich, wie Jenisch trotz Einhards eindeutigem Hinweis

liberalen Aufklärer ist eher der Innenpolitiker, der sich um Verwaltung und Rechtspflege bemüht, damit die Untertanen in Ruhe und Sicherheit ihren Geschäften nachgehen können (das Ideal des "Nachtwächterstaates").[55] Jenisch steht vor dem Problem, Karls Monarchengröße trotz des militärischen Charakters seiner Regierung zu rechtfertigen.[56] Dies gelingt, indem Jenisch davon ausgeht, daß Karl nicht aus eigenem Antrieb, sondern "durch den Drang der Umstände gezwungen [wurde], Krieger und Eroberer" zu sein (S. 210). Auffällig ist auch der pränationalistische Standpunkt des Verfassers. Karl der Große wird von Jenisch nicht als "guter Deutscher" (Ranke) vereinnahmt, sondern historisch richtiger als "Fränkischer Monarch" (S. 190) bezeichnet. Es wird deutlich, daß Jenisch seine Biographie noch vor der nationalisierenden Epoche Napoleons und der Freiheitskriege geschrieben hat.

Die Wahl einer mittelalterlichen Persönlichkeit wird von Jenisch explizit begründet. Er beginnt mit einer Reflexion über die Besonderheit der Epoche Karls des Großen, die von Rousseaus Kulturkritik im "Discours sur l'inégalité" (1754) inspiriert scheint: Diese Zeit sei "[...] ungebunden durch die Fesseln einer überfeinerten Cultur, und unverstellt durch die alles-verzerrende Hand des Zwanges" gewesen und "jede Art der Bildung [habe] gleichsam eine *freyere Form*" gehabt (S. 195). Darauf aufbauend kommt Jenisch zu folgender bemerkenswerten Behauptung: "Jeder Charakter, der für eine ächt-pragmatische Biographie *besonders* geeignet seyn soll, muß daher entweder einer solchen Epoche unmittelbar angehören, oder [...] sich derselben nähern." (S. 196) In der modernen Mediävistik wird dagegen zumeist die Ansicht vertreten, daß es unmöglich sei, "eine wahre Biographie auch nur eines einzigen Menschen in jenem großen Zeitraum [Früh- und Hochmittelalter, O.H.] zu schreiben".[57] Hinter der ungewöhnlichen *conclusio* verbirgt sich bei Jenisch, die Prämisse hat es angedeutet,

---

auf Vielweiberei aus dem Frankenherrscher einen im bürgerlichen Maßstab vorbildlichen Ehemann machen kann.

[55] Vgl. WEHLER: Deutsche Gesellschaftsgeschichte, Bd. 1, S. 233-240, bes.: S. 236ff.

[56] Die gleichen Probleme mit dem kriegerischen Charakter der frühmittelalterlichen Königsherrschaft hat übrigens auch Johann Matthias SCHROECKH in seiner Lebensdarstellung Ottos des Großen: "Sollten wir also aufhoeren, unsern Otto den Großen zu nennen, weil er fast nur im Kriege gewesen ist?" (Allgemeine Biographie, erster Theil, S. 196f.) Dies wird verneint, denn die Deutschen lernen in Ottos Kämpfertum ihre nationalen Tugenden kennen: "Muth und Tapferkeit, Treue, Standhaftigkeit, arbeitsame Geduld, und vor allem eine offene Redlichkeit." (S. 199f.).

[57] Gerd TELLENBACH: Zur Bedeutung der Personenforschung für die Erkenntnis des früheren Mittelalters (= Freiburger Universitätsreden NF, Heft 25), Freiburg i. Br. 1957, S. 6. Auch speziell für Karl den Großen wird die Möglichkeit einer modernen Biographie verneint: Z.B. Donald BULLOUGH: "Eine Biographie im modernen Sinne, in der Beweggründe, Einflüsse und die Beziehungen zwischen Idee und Handeln anvisiert werden, wird jedoch nie möglich sein." (Karl der Große und seine Zeit, Wiesbaden 1966, S. 12); ebenso Joseph FLECKENSTEIN: "Was wir davon noch zu erkennen vermögen, verdichtet sich freilich nicht zur Biographie im modernen Sinne. Wir können nicht die Persönlichkeit des mittelalterlichen Kaisers in ihrer inneren Entwicklung nachzeichnen und ihre Handlungen daraus zu verstehen suchen." (Karl der Große, Göttingen/Zürich 1962, S. 9). Vgl.: SCHNEIDER: Das Frankenreich, S. 105.

ein Rousseauscher Gedanke. Im Erziehungsroman "Emile" (1762) hat Rousseau vorgeführt, daß ein Kind sich dann zu einem selbstbestimmten, lebenstüchtigen Menschen entwickelt, wenn die kindlichen Anlagen sich frei, das heißt "natürlich", ohne die schlechten Einflüsse der Gesellschaft, entfalten können.[58] Dieses Rousseausche Modell einer freien Entwicklung verbindet Jenisch mit der ebenfalls durch Rousseau inspirierten Vorstellung, daß es ein "natürliches" Zeitalter gegeben habe, in welchem eine freiere Entwicklung der Persönlichkeit möglich gewesen sei. Offensichtlich beinhaltet für Jenisch die Idee einer "ächt-pragmatischen" Biographie nicht nur das theoretische Programm der kausalpsychologischen Erforschung eines Lebenslaufes, sondern auch eine normative Komponente, in dem Sinne, daß der Lebenslauf eines Menschen aus einem "natürlichen" Zeitalter dem Leser ein besseres Vorbild gibt. Das Interesse an der Biographie ist bei Jenisch noch nicht rein wissenschaftlich, sondern das praktische, pädagogische Moment spielt eine große Rolle - auch darin erweist sich Jenisch als typischer Vertreter der Aufklärung.

Findet Jenischs Projekt einer "ächt-pragmatischen" Biographie in seiner Lebensbeschreibung Karls des Großen also seine Probe aufs Exempel? Die Antwort ist schnell gefunden: Jenisch gelingt keine in seinem Sinne pragmatische, sondern er legt eine "schlicht-historische" Biographie vor,[59] in welcher die Ereignisse der Regierungsgeschichte erzählt und "pragmatische Reflexionen"[60] eingeschoben werden. Er geht zwar, vor allem im Schlußteil, auf den Charakter Karls des Großen ein, aber er stellt nicht dar, wie und aus welchen Gründen sich dieser entwickelt hat.

Anhand einer "pragmatischen Reflexion" über die Sachsenkriege kann man deutlich machen, daß und wie Jenisch das Verhältnis von Individuum und Geschichte in der Weise der Aufklärung auffaßt. Der Autor hat angesichts des "Blutbades von Verden" Schwierigkeiten, diese Tat mit dem ihm sonst edel erscheinenden Charakter des Frankenherrschers zu vereinbaren. Jenisch nimmt zu einer Schuldzuweisung an Dritte Zuflucht: Die rücksichtslose Christianisierung und Unterwerfung des Sachsenlandes sei "von einer nicht weniger abergläubischen, als ehrgeizigen und eigennützigen

---

[58] Vgl. das Eingangskapitel in: Emile ou de l'éducation, dt. Ausgabe: Emil oder über die Erziehung,, S. 9-16.

[59] So werden z.B. in "schlicht-historischer" Form erzählt: die verschiedenen Kriege, die Karl geführt hat (Aquitanischer Krieg, S. 212ff., Sachsenkriege, S. 219ff., Karls Auseinandersetzung mit den Langobarden, S. 228ff.), und Vorgeschichte und Geschichte der Kaiserkrönung, S. 273ff.

[60] Auf Beispiele pragmatischer Reflexion trifft man hauptsächlich anläßlich der Sachsenkriege (siehe unten), der Kaiserkrönung ("War *Karl* dabey blos leidend, und *Leo allein handelnd*, oder - umgekehrt?", S. 286) und in den Schlußüberlegungen über Karls Charakter als Mensch und Monarch.

Klerisey ohne Zweifel schlau genährt" worden (S. 220f.).[61] Daran schließt sich folgende bezeichnende Reflexion an: Es sei ein besonderer Fall eines allgemeinen Gesetzes,

> "wenn wir einen Mann, wie *Karl der Große*, mit einem nicht ganz unerleuchteten Geist von nicht gemeiner Stärke, mit einem Herzen voll angeborner Gutmüthigkeit und Wohlwollens, den verderblichen Religionsvorurtheilen seines Jahrhunderts erliegen, und ihn sich in die Nacht der Barbarey verirren sehen, wo es *uns* bey dem hellen Tage der Aufklärung *kaum möglich* scheint, daß irgend ein vernünftiger Mensch sich je verirren könne." (S. 221f.)[62]

Jenisch behandelt das Individuum als außerhalb der Geschichte stehend. Die Zeitverhältnisse in Gestalt der "verderblichen Religionsvorurteile" treten Karl dem Großen gewissermaßen als fremde Macht gegenüber und bringen ihn von seinem rechten Weg ab, der ihm von seinem gutmütigen und wohlwollenden Herzen vorgezeichnet ist. Dieses Beispiel bietet sich an, um die unterschiedlichen Urteilskriterien des aufklärerischen und historistischen Standpunktes deutlich zu machen. Bei Jenisch wird das Verhältnis Karls des Großen zum Sachsenkrieg in erster Linie moralisch, nicht historisch interpretiert. Der idealistische Historismus versteht dagegen die Eingliederung Sachsens als einen Beitrag zur Verwirklichung der "leitenden Ideen" der Epoche: "Vereinigung von Kirche und Staat", "Verbindung des gesamten Europa", "Gründung der Kultur auf dieser Unterlage" (Ranke).[63] Auch der Historismus rechtfertigt die Grausamkeiten solcher Politik, aber nicht indem Dritten (der "Klerisey") dafür die Schuld zuschiebt, sondern indem er diese Taten als "geschichtlich notwendig" begreift: Die Geschichte ist ihm nach Hegels Worten "die Schlachtbank, auf der das Glück der

---

[61] Die Schuldzuweisung an die "Klerisey" scheint unter (protestantischen) Aufklärern beliebt gewesen zu sein. So sucht SCHROECKH die Deutschen von der Verantwortung für die kulturelle Rückständigkeit ihres Landes zur Zeit Ottos des Großen zu entlasten, indem er behauptet: "die Geistlichen müssen deswegen am meisten angeklagt werden [...] Sie hatten die Religion auf Zwang und Furcht gegruendet [...] und das Herz mit abergläubischer Furcht erfuellt." (Allgemeine Biographie, erster Theil, Berlin 1767, S. 202). Dazu Georg v. BELOW: Die aufklärerische Geschichtsanschauung neige dazu, "alles, was in der Geschichte von den Normen des Aufklärungszeitalters abweicht, aus Bosheit und Schlauheit, Tyrannei und Priesterbetrug, Dummheit oder Unwissenheit zu erklären." (Die Deutsche Geschichtsschreibung von den Befreiungskriegen bis zu unseren Tagen, S. 2).

[62] Ganz ähnliche Worte findet HEGEWISCH in seinem "Versuch einer Geschichte Kayser Karls des Großen" (1777) zu Karls Verhalten im Sachsenkrieg: "Wem fällt es, in unserem erleuchteten Jahrhunderte schwer, zu zeigen, wie falsch und ungegründet Karls Triumph war?" (S. 63) Und etwas später: "Man mueßte allen menschlichen Gefuehls beraubt seyn [...], wenn man die Grausamkeit dieser Handlung auf irgend eine Weise zu entschuldigen suchte. [...] Es ist schwer, nach diesem barbarischen Auftritte, sich mit Karln wider auszusöhnen." (S. 81). Das Urteil, das Hegewisch über Karl ausspricht, bleibt wie bei Jenisch ganz auf der moralischen Ebene. Die Aussöhnung mit "Karln" gelingt dem Autor übrigens, die Ausgangsfrage, "ob Karl des Beynamens [...] wuerdig sey" (S. II), wird schließlich bejaht.

[63] RANKE: Über die Epochen der neueren Geschichte, S. 51.

Individuen", in diesem Fall der Sachsen, geopfert wird.[64] Kommt dem idealistischen Historismus tendenziell das moralische Urteil abhanden, so fehlt bei Daniel Jenisch noch fast völlig das historische Urteil. In der Schlußbetrachtung, die in der modernen historischen Biographie meistens der Ort für ein Resümee der historischen Bedeutung der biographierten Persönlichkeit ist, erörtert Jenisch die Übereinstimmung Karls mit dem aufklärerischen Menschen- und Monarchenideal. Es geht ihm nicht um Karls Beitrag zur Geschichte, sondern um seinen Vorbildcharakter für Monarchen (S. 363). Das exemplarische Interesse rangiert wie bei Voltaire noch vor dem historischen Interesse. - Es ist nicht *die* Geschichte, die dem Leser in Jenischs Biographie Karls des Großen entgegentritt, sondern es wird letztlich nur *eine* Geschichte in belehrender Absicht erzählt.

Die biographische Praxis bestätigt insgesamt die These, daß Biographie und Historie in der europäischen Aufklärung eher getrennte Wege gehen. Voltaire und Jenisch schreiben in der Tradition der exemplarischen Biographik des Humanismus, die in erster Linie auf eine moralische Beurteilung der Individuen abzielt. Die historischen Bezüge und die historische Bedeutung bleiben noch im Hintergrund. Der letzte Grund für diese fehlende Historizität ist - wie insbesondere bei Jenisch deutlich wurde - die unhistorische Auffassung des Individuums, das zwar als wirkend auf die Geschichte, aber noch nicht als historisch geworden begriffen wird. Robertsons "History" hingegen verkörpert die sich in der Aufklärungsepoche zu großen Leistungen entwickelnde "höhere Geschichtsschreibung", die nach umfassender kausaler Analyse von Ereigniszusammenhängen und historischen Prozessen strebt. Für dieses Projekt erscheint die biographische Perspektive zu eng. Eine Tendenz zum Zusammengehen von Biographie und Geschichte ist dagegen in dem um 1800 aufblühenden Genre der Sammelbiographie zu beobachten.

---

[64] Sehr drastisch wird von Hegel der Unterschied zwischen der moralischen und der historischen Perspektive gezogen: Als moralisches Schauspiel lasse sich die Geschichte "zum furchtbarsten Gemälde erheben", in welchem man wieder das Gute und Wertvolle der Zerstörung preisgegeben sehe. Die historische Perspektive begreife dagegen auch diese Zerstörungen als notwendige Stufen in der Entwicklung der Geschichte und bringe deshalb die Härte auf, die Geschichte "als diese Schlachtbank zu betrachten, auf welcher das Glück der Völker, die Weisheit der Staaten und die Tugend der Individuen zum Opfer gebracht worden." (PhilG, S. 35). Die Gefährlichkeit einer solchen absoluten Rechtfertigung des Opferns von Menschen für den "geschichtlichen Fortschritt" ist dem europäischen Denken erst nach den Erfahrungen des Nationalsozialismus richtig bewußt geworden. Eine großartige dichterische Gestaltung hat dieses Problem aber bereits bei dem russischen Romancier Fjodor M. Dostojewski gefunden. In dem Roman "Schuld und Sühne" (1866) (bzw. neuerdings richtiger übersetzt als "Verbrechen und Strafe") rechtfertigt der Student Raskolnikoff seinen Mord an einer Pfandleiherin eben damit, daß "große Menschen" ein Recht auf Mord hätten, insofern durch diese Tat eine für die Menschheit wichtige Idee verwirklicht werden könne. Vgl. dazu auch die philosophische Reflexion über Genese und Konsequenzen dieses Gedankens bei Albert CAMUS: L'Homme révolté, Paris 1951 (dt.: Der Mensch in der Revolte, Reinbeck bei Hamburg 1953, bes. S. 87-204).

5. Biographische Sammelwerke um 1800

Neben der Einzelbiographie spielt die Sammelbiographie im 18. Jahrhundert eine bedeutende Rolle. Die große Individualbiographie tritt erst in der zweiten Hälfte des 19. Jahrhunderts in den Vordergrund.[65] Für die deutsche Tradition[66] sind - wie in der Aufklärungshistorie allgemein - englische und französische Vorbilder wichtig. Frankreich hat im 17. und 18. Jahrhundert eine bedeutende Reihe historischer Lexika hervorgebracht, deren Höhepunkt das "Dictionnaire historique et critique" (1669-97) von Pierre Bayle ist.[67] Dieses Lexikon, das bald ins Deutsche übersetzt worden ist, war vor allem aufgrund seiner biographischen Artikel populär:

"Da sein Wörterbuch eine Welt von Lebensbeschreibungen berühmter Personen, in diesen unerwartete Schätze nützlicher Wahrheiten, Data sonderbarer Schicksale, mitunter auch Poßierlichkeiten und die Lockspeise gewißer Stände und Lebensalter, Zoten, in sich enthielt, konnte es ihm an Lesern fehlen?"[68]

Aus dieser kritischen Würdigung Herders geht hervor, daß die Leser solcher biographischer Sammelwerke weniger auf historische Belehrung als auf Unterhaltung aus sind. Anhand von vier deutschen Beispielen läßt sich zeigen, daß ein allgemeinhistorisches Interesse sich erst nach und nach in Sammelbiographien geltend macht. Und zwar wird, wie bei der Individualbiographie, eine syntagmatisch und eine paradigmatisch relevante Form der Sammelbiographie zum Vorschein kommen. Es läßt sich eine Entwicklung aufzeigen, in denen die heute gebräuchlichen Typen dieser Gattung vorgebildet werden.

Als erstes Beispiel wird die bereits erwähnte "Allgemeine Biographie" (1767-91) des Kirchenhistorikers Johann Matthias Schroeckh herausgegriffen. "Meine Biographie heißt allgemein", schreibt der Autor in der Vorrede, "weil sie keinen Zeitraum der Geschichte, kein Volk, keine Classe beruehmter Personen, selbst die großen Seelen des weiblichen Geschlechts nicht uebergehen soll." (S. IIf.) Die Frage ist, ob dieses Programm einer allgemeinen Sammelbiographie auch eine historisch relevante Absicht enthält. Aus dem obigen Zitat erhellt, daß mit "allgemein" nicht der allgemeine Zusammenhang der Geschichte (also die syntagmatische Darstellungsperspektive) gemeint ist: Seine Sammlung bietet Biographien geschichtlich wichtiger Persönlichkeiten aus

---

[65] Vgl. SCHEUER: Biographie, in: UEDING (Hg.): Historisches Wörterbuch der Rhetorik, Bd. 2, S. 34.

[66] Zur reichhaltigen Tradition der biographischen Sammelwerke in Deutschland vgl. MAURER: Die Biographie des Bürgers, S. 115-118.

[67] Vgl. dazu GRAND: Biographie, S. 891. Für England wäre die "Biographia Britannica" (1747) zu nennen, vgl. dazu: Edmund GOSSE: Biography, in: The Encyclopaedia Britannica, Bd. 3, New York [11]1910/11, S. 952-954, hier: S. 953.

[68] HERDER: Adrastea, in: ders.: Sämtliche Werke, Bd. 23, S. 86.

allen Epochen (der erste Band z.B. Herrscherpersönlichkeiten aus der Antike und dem Mittelalter), ihre Zusammenstellung ist aber nicht chronologisch oder thematisch geordnet. Hinter "allgemein" verbirgt sich auch nicht die paradigmatische Absicht, anhand von Biographien verschiedene Zeiten oder gesellschaftliche Gruppen zu charakterisieren. Trotzdem läßt sich schon bei Schroeckh eine allgemeinhistorische Absicht entdecken. Er ist nämlich bestrebt, aus der Geschichte "große Männer herauszusuchen" (Bd. 1, S. V), "um an ihnen zu zeigen, wie viel ein einzelner Mensch thun koenne" (Bd. 2, S. XVII). Es geht ihm bei seinen Biographien um die Darstellung des Faktors Mensch und Persönlichkeit in der Geschichte.

Einen Schritt weiter in Richtung syntagmatischer Relevanz geht das periodisch erscheinende Sammelwerk "Der Biograph. Darstellungen merkwürdiger Menschen der drey letzten Jahrhunderte".[69] Das Vorwort, "An die Leser des Biographen", definiert den Zweck der Zeitschrift im Sinne der *prodesse et delectare*-Poetik der Aufklärung: Sie soll "belehren", das heißt "historisches Wissen befördern und berichtigen", aber "auch unterhalten." (Bd. 1, S. V) Der Zweck der Unterhaltung scheint für den Herausgeber "alle ängstliche Ordnung, alles chronologische oder synchronistische auszuschließen." (ebd.) Der anschließend abgedruckte Aufsatz "Ueberblick der drey letzten Jahrhunderte aus dem Gesichtspunkt der Biographik. Eine vorbereitende Abhandlung." (Bd. 1, S. 3-46) zeigt, daß man doch die Notwendigkeit empfindet, dem Leser eine historische Ordnung der Biographien zu bieten. Er enthält einen Abriß der europäischen Geschichte vom 16. bis zum 18. Jahrhundert. Es geht in diesem Aufsatz allerdings nicht um das *Vermitteln* dieser Personen mit der geschichtlichen Entwicklung, sondern es geht dem Autor nur darum, eine Nomenklatur biographiewürdiger Individuen zu *ermitteln*.

Endpunkt dieser Entwicklung ist die "Weltgeschichte in Biographieen", wie sie Karl Wilhelm Böttiger vorgelegt hat.[70] Hier liegt das gewaltig anmutende Unternehmen eines einzelnen Autors vor, die Weltgeschichte von den ersten Menschen an (die erste Biographie gilt tatsächlich Adam und Eva) bis zum 19. Jahrhundert anhand von Einzelbiographien zu schildern.[71] Es geht Böttiger um eine populäre allgemeine Weltgeschichte: Es lasse sich eine "Weise der Geschichtserzählung denken, wo nicht der Entwicklungsgang der Menschheit in den Gesammtheiten der Völker und Staaten,

---

[69] Der erste Band erschien Halle 1802. Insgesamt erschienen bis 1809 acht Bände.

[70] 8 Bde., Berlin 1839-44. Böttiger (1790-1862) habilitierte sich 1817 in Leipzig, seit 1821 bekleidete er die Stelle eines ordentlichen Professors der Geschichte und Bibliothekars in Erlangen. Er veröffentlichte u.a. eine Biographie Heinrichs des Löwen (1819) und eine Biographie seines Vaters (1837). Vgl. FLATHE: Böttiger, in: ADB 3(1876), S. 207.

[71] Die ersten beiden Bände widmen sich dem Altertum bis zur Völkerwanderung, die folgenden zwei dem Mittelalter, die übrigen der Neuzeit.

sondern in seinem Hervorgehen und Getragenwerden durch Einzelne sich offenbare."
(S. VIII) Böttiger gibt auch einen didaktischen Grund für seine Vorgehensweise an:

"Es schwebte mir also die Hoffnung vor, auf diesem Wege der Geschichte ihre schönere Wohnung nicht in den leicht zerstörbaren Speichern des Gedächtnisses [...], sondern in der Brust des fühlenden Menschen zu retten, weil es mir dünkte, daß das wahrhaft Beseelende der Geschichte nicht bloße Aufhäufung der Namen und Jahreszahlen [...], sondern die Entwickelung des dem Menschen näher liegenden individuell Menschlichen sein müsse." (S. VIIf.)

Dieses Vorhaben beinhalte aber die Schwierigkeit, die größte Dimension des historischen Lebens, die Weltgeschichte, durch ihre kleinste, das Einzelleben, darzustellen. Dies sei nur möglich, wenn in der Reihe der Biographien zugleich "der Zusammenhang mit dem Vorhergegangenen und Nachfolgenden sowie mit dem Ganzen" (S. IX) dargelegt werde. In den einzelnen Artikeln plaziert Böttiger deshalb neben der Schilderung des Lebensgangs einen Hinweis auf die weltgeschichtliche Bedeutung dieser Personen.[72] Eine zweite Vermittlungsmöglichkeit findet Böttiger in dem Einfügen allgemeiner Kommentare und Überleitungen, die die einzelnen Biographien weltgeschichtlichen Perioden und Völkern zuordnen sollen.[73]

Unter den neorankeanischen Historikern lebt die Idee einer "Weltgeschichte in Biographieen" wieder auf, etwa in dem von Erich Marcks und Karl Alexander von Müller herausgegebenen Werk "Meister der Politik. Eine weltgeschichtliche Reihe von Bildnissen".[74] Hier ist allerdings das Vorhaben aufgegeben, eine chronologisch lückenlose Reihe von Biographien vorzulegen, sondern man konzentriert sich auf die "großen Individuen", die in Krisen- und Revolutionszeiten der Geschichte eine neue Wendung gegeben haben. Näher an der ursprünglichen Idee von Böttiger liegt das von Imanuel Geiss erstellte Handbuch "Geschichte griffbereit", dessen zweiter Band die "biographische Dimension der Weltgeschichte" umfaßt.[75] Geiss hebt ebenfalls die *didaktischen*

---

[72] Im Falle Adams beispielsweise liegt diese für Böttiger nicht nur in der Tatsache, daß er der erste Mensch, also der Anfang der Weltgeschichte sei, sondern in dem Sündenfall, der den "Gebrauch des freien Willens begründet" (Bd. 1, S. 8).

[73] Eine erste Überleitung findet sich an der Stelle, wo Böttiger von der biblischen Urgeschichte zu den Urgeschichten anderer Kulturregionen übergeht (S. 11). Böttiger ist sich des mythischen Charakters der zugrundegelegten Überlieferungen durchaus bewußt, hält ihre Verwendung aber für gerechtfertigt, weil sie den kulturellen Charakter des jeweiligen Volkes veranschaulichen: "Und gerade in jenen fernen Zeiten knüpfen sich oft die Geschichten und Culturzustände ganzer Völker an solche Einzelnahmen [...]" (S. 7). Im übrigen ist es bezeichnend für Böttigers Stellung im kritischen aber noch prädarwinistischen Zeitalter, daß er die biblische Urgeschichte als historisches Dokument, die Urgeschichten anderer Kulturen aber als "mythisch" auffaßt.

[74] 3 Bde., Stuttgart 1922/23. Vgl. auch: H. v. ARMIN (Hg.): Kämpfer. Großes Menschentum aller Zeiten, 4 Bde., Berlin u.a. 1923.

[75] Geschichte griffbereit, Bd. 2: Personen. Die biographische Dimension der Weltgeschichte.

Vorzüge einer möglichst vollständigen (ca. 1500 Kurzbiographien) weltgeschichtlichen Sammelbiographie hervor.[76] Wie bei Böttiger sind die Biographien chronologisch angeordnet. Die Verknüpfung der einzelnen biographischen Artikel wird allerdings nicht durch Überleitungen vorgenommen, sondern soll durch die übrigen Bände von "Geschichte griffbereit" geleistet werden.

Als historisch fruchtbarste Form der Sammelbiographie ist aber wahrscheinlich jene zu bezeichnen, die sich die paradigmatische Relevanz der Biographie zunutze macht. Denn wenn schon die Biographie eines einzelnen Individuums zum Spiegel einer Epoche werden kann, wieviel mehr und besser kann ein Ensemble von Biographien die differenzierte Wirklichkeit einer Epoche einfangen? Auch dieser Weg ist schon in der Spätphase der Aufklärung beschritten worden, und zwar von Johann Gottfried Herder in seiner Zeitschrift "Adrastea" (Leipzig 1801-1803).[77] Bei ihrem Erscheinen ist sie sehr umstritten gewesen. Die Weimarer Klassiker und die Romantiker haben sie als "unendlich trivial, schwach und hohl" (Schiller) abgelehnt,[78] die Spätaufklärer als "großen und kühnen Gedanken" (Wieland) gewürdigt.[79] Stärker gewirkt hat aber ohne Zweifel das Verdikt der Klassiker und so fand dieses Werk in der literar- und biographiehistorischen Forschung kaum und wenn dann hauptsächlich negative Beachtung.[80]

---

[76] Dazu Imanuel Geiss in seiner Einführung zu diesem Band: "Der Biographie-Band soll [...] helfen, das im Datenband von "Geschichte griffbereit" zusammengestellte Elementarwissen zu befestigen, zu vertiefen und zu erweitern, eben durch Mobilisierung der biographischen Dimension." (Geschichte griffbereit, Bd. 2, S. 5).

[77] Abgedruck in HERDER: Sämmtliche Werke, Bde. 23 und 24. Aus dieser Ausgabe wird im folgenden zitiert. - Damit wird zeitlich zurückgesprungen, denn diese Zeitschrift erschien früher als die "Weltgeschichte in Biographieen" und auch als der "Biograph". Zugleich wird damit aber auch vorgegriffen, denn Herder, und zwar der frühe Herder, wird im anschließenden Kapitel über die literarischen Bewegungen zwischen Aufklärung und Historismus behandelt. Dieser Vorgriff ist zum einen dadurch gerechtfertigt, daß der späte Herder wieder stärker auf die Bahnen der Aufklärung einschwenkt, zum anderen hat es den sachlogischen Grund, die Entwicklung der Sammelbiographien im Zusammenhang zu verfolgen. - Von dieser Zeitschrift sind sechs Bände zu je zwei Stücken, halbjährlich ein Band, erschienen. Der sechste Band ist nach Herders Tod (18. Dezember 1803) von seinem Sohn Wilhelm Gottfried aus dem Nachlaß herausgegeben worden. Die Beiträge sind überwiegend von Herder selbst geschrieben, einige wenige stammen von Carl Ludwig von Knebel. - Vgl. dazu Paul HOCKS/Peter SCHMIDT: Literarische und politische Zeitschriften 1789-1805. Von der politischen Revolution zur Literaturrevolution, Stuttgart 1975, S. 28-30.

[78] Schiller an Goethe, Jena, 20. März 1801, abgedruckt in: Emil STAIGER (Hg.): Der Briefwechsel zwischen Schiller und Goethe, Frankfurt a. M. 1966, S. 905f., hier: S. 905.

[79] Über Herder's Adrastea, erstes bis viertes Stück, S. 616. - Für diesen Hinweis danke ich Günter Niggl.

[80] Insbesondere Rudolf HAYM hat die negative Bewertung in der literargeschichtlichen Literatur befördert: "Produkt pathologischer Zustände", "flüchtige Geschichtsbehandlung" sind nur einige der Negativurteile in seiner großen Herder-Biographie (Herder. Nach seinem Leben und seinen Werken, 2 Bde., Halle 1877/1885, ND Berlin(-Ost) 1958, hier: Bd. 2, S. 810-827, bes. S. 810f.). Eine Revision dieser kanonisierten Nicht- oder Negativbeachtung ging zuerst von der marxistischen Literaturforschung aus: Vgl. ARNOLD: Geschichte und Geschichtsphilosophie in Herders "Adrastea"; neuerdings: Michael

Die Bedeutung der "Adrastea" für die Untersuchungsperspektive geht aus der Rezension Wielands hervor:

"Es war ein großer und kühner Gedanke, am Anfang dieses Jahrhunderts eine *Adrastea* erscheinen zu lassen, welche *die denkwürdigsten Menschen* des *letztverflossenen* mit ihren Thaten und Werken mäße, wöge und würdigte; [...] und alles Bleibende, was sie, mit oder ohne Vorsatz, gut oder übel gethan, und wie *ihre Zeit* und die *Vorwelt* auf *sie*, wie *sie* hinwieder auf *ihre Zeit* und die *Nachwelt* gewirkt, [...] darstellte und solchergestalt ein großes [...] *überschauliches* Gemählde des achtzehnten Jahrhunderts aufzustellen;"[81]

Dieses Werk ist allerdings mehr als eine Sammlung von Biographien, es sind vielmehr "philosophisch-historisch-biographische Betrachtungen",[82] in denen auf die biographische Skizze die philosophische Reflexion folgt, um dann wieder einem allgemeinhistorischen Essay Platz zu machen - so daß "gleichsam eine Enzyklopädie des frühen 18. Jahrhunderts" entsteht.[83] Unter dem Titel "Begebenheiten und Charaktere des vergangenen Jahrhunderts" (1., 2. und 5. Stück) versammelt Herder Beiträge zur Politik- und Kulturgeschichte.[84] Hier spielen biographische Skizzen eine größere Rolle.

Die zentrale Gestalt des ersten Stücks ist Ludwig XIV. An die biographische Skizze des "Sonnenkönigs" gliedern sich wie Baumringe thematische Erweiterungen zu Fenelon, zur Academie Française und zu den vertriebenen Hugenotten an, so daß die Biographie nur eine Darstellungsform unter anderen, aber deren integrierender Mittelpunkt ist. Insgesamt ergibt sich dadurch - durchaus gewollt - ein spätaufklärerisches, kritisches Gegenstück zu Voltaires "Siècle de Louis XIV" (1751).[85] Das Portrait des Königs selber (Bd. 23, S. 38-43) erweist sich als ein kleines biographisches Kabinettstück.[86] Herder deutet Ludwigs Biographie als eine Tragödie und gliedert sie dement-

---

MAURER: Nemesis-Adrastea oder Was ist und wozu dient Geschichte?, in: Herder Today. Contributions from the International Herder Conference, Berlin/New York 1990, S. 46-63.

[81] WIELAND: Über Herder's Adrastea, S. 616.

[82] So der Herausgeber des "Biograph", 1. Bd., S. V.

[83] ARNOLD: Geschichte und Geschichtsphilosophie in Herders "Adrastea", S. 229. Genau genommen ist es eine Enzyklopädie der hundert Jahre nach dem Dreißigjährigen Krieg.

[84] Weitere Themen sind: Die "Früchte aus den sogenannt-goldnen Zeiten des achtzehnten Jahrhunderts" (3. und 4. Stück) beinhalten literaturgeschichtliche Skizzen, geordnet nach den Gattungen; die Rubrik "Wißenschaften, Ereignisse und Charaktere des vergangenen Jahrhunderts (6. Stück) widmet sich den Naturwissenschaften; die "Unternehmungen des vergangenen Jahrhunderts zur Beförderung des geistlichen Reiches" (7. und 8. Stück) thematisieren die Religionsgeschichte.

[85] Herder kritisiert dieses berühmte Werk interessanterweise gerade darin, daß ihm der individuelle Mittelpunkt, Ludwig XIV., verloren gegangen sei: "Da er indeßen den großen Plan gewählt hatte, Ludwigs *Jahrhundert* zu schreiben, konnte es nicht fehlen, daß er unter einem Zahllosen Angehänge von allen Seiten seinen Ludwig nicht darstellte, sondern begrub [...]." (Bd. 23, S. 38f.).

[86] Folgende biographische Skizzen verdienen ebenfalls hervorgehoben zu werden: Im 5. Stück die Portraits von Karl XII. von Schweden (Bd. 23, S. 415-423) und Peter dem Großen von Rußland (Bd. 23, S. 436-442) und die Parallelbiographie von Newton und Keppler im 6. Stück (Bd. 23, S. 539-549).

sprechend in fünf Akte. Der Prolog gilt der Jugend des Königs. In den "Fronden" sieht Herder das lebensbestimmende Jugenderlebnis Ludwigs. Hier wurzele seine absolutistische Maxime des "l'état c'est moi", also "alle Macht des Staates, ja den Staat selbst *in Sich* zu vereinen [...]." (Bd. 23, S. 39). Die ersten beide Akte sehen Ludwig dann in der Phase seines Aufstiegs, geprägt durch das glänzende Hofleben (1. Akt) und Erfolge im Krieg (2. Akt). Im dritten Akt erfolgt die Peripetie: Europa widersetzt sich dem Sonnenkönig, Kriege und Hofpracht erschöpfen zusehends das Land. Zu dem Unglück im Krieg (4. Akt) gesellt sich schließlich Ludwigs privates Unglück (5. Akt): "Ruhig starb er; nur sein Land war traurig verarmt, geistlicher Streitigkeiten voll, und entvölkert." (Bd. 23, S. 42). In dem Prinzip der "Ehre d. i. der Eitelkeit" (ebd.) sieht Herder das Charakteristikum von Ludwigs Absolutismus, in dem sowohl die Leistungen als auch die stärker wiegenden Mängel seiner Regierung lägen. Das Beste, was Ludwig - gegen seinen Willen - für Europa bewirkt habe, sei die Verbreitung der französischen Kultur durch die hugenottischen Glaubensflüchtlinge.[87]

Worauf beruht also die paradigmatische Relevanz dieser über eine Sammelbiographie hinausgehenden Enzyklopädie des 18. Jahrhunderts? Gegenstand der einzelnen biographischen Skizzen sind durchaus die "großen Individuen" von Politik, Kunst und Wissenschaft. Sie dienen aber nicht einer syntagmatischen Verkettung historischer "Begebenheiten" dieses Jahrhunderts, sondern fungieren als biographische Integrationspunkte, von denen ausgehend politische und kulturelle Eigenheiten, Leistungen und Defizite des Zeitalters erschlossen werden. Sie sind Teil eines differenzierten Quer- nicht eines Längsschnitts einer Epoche. Die Idee der paradigmatischen Sammelbiographie - allerdings konzentriert auf biographische Skizzen, ohne den Formenreichtum der "Adrastea" - erlebt insbesondere in unserer Zeit eine Renaissance. Für das Mittelalter kann man beispielsweise die Bücher von Arno Borst,[88] Werner Goez,[89] oder Hartmut Boockmann[90] anführen. Eine besondere Art der paradigmatischen Sammelbiographie hat Lothar Gall vorgelegt. Anhand einer typischen (?) bürgerlichen Familie zeichnet er die Geschichte des deutschen Bürgertums vom Dreißigjährigen Krieg bis zum Ersten Weltkrieg nach.[91] Die zur "Familiengeschichte in allgemeiner Absicht"[92] versammelten Biographien geben keinen Epochenquerschnitt, sondern einen epochenübergreifenden Längsschnitt des durch die Bassermanns repräsentierten Gesellschaftsausschnitts.

---

[87] "Fügt man zu diesem Allem die *Gewerb- und Kunst-Industrie* hinzu, die Ludwig durch den Widerruf des Edicts von Nantes in so viele Länder verbreitete, hat er [...] zwar keine *allgemeine Monarchie*, aber einen *Gemeinstaat in Sprache und Künsten* gestiftet [...]" (Bd. 23, S. 81).

[88] BORST: Mönche am Bodensee, 610-1525, Sigmaringen ⁴1997.

[89] Goez: Gestalten des Hochmittelalters.

[90] BOOCKMANN: Fürsten, Bürger, Edelleute.

[91] GALL: Bürgertum in Deutschland.

[92] GALL: Bürgertum, S. 20.

III. Zwischen Aufklärung und Historismus: Die geistesgeschichtlichen Voraussetzungen der historischen Biographie im 19. Jahrhundert

1. Überblick

Mit dieser Umschreibung ist eine Epoche der deutschen Geistesgeschichte bezeichnet, für die der Dilthey-Schüler Hermann Nohl den Begriff der "Deutschen Bewegung" geprägt hat.[1] Hier sollen damit die literarischen und philosophischen Bestrebungen gemeint sein, die sich im wesentlichen in der Revolutionsepoche von 1789 bis 1815 in Deutschland entfaltet haben. Innerhalb der Idee-Geschichte der modernen historischen Biographie kommt dieser Periode eine Schlüsselstellung zu. Sie stellt das ideelle Scharnier zwischen den Modernisierungsbestrebungen der Aufklärung und der Theorie und Praxis der biographischen Historie des Historismus dar.[2]

Als Resultat der Aufklärungsepoche hat sich ergeben, daß das Verhältnis von Biographie und "großer Geschichtsschreibung" problematisch geworden ist. Blickt man aber nach vorne, so hat man im 19. und frühen 20. Jahrhundert eine durch Quantität und Qualität beeindruckende Masse historischer Biographien vor sich, die mit dem Anspruch geschichtswissenschaftlicher Darstellung auftreten. In diesem Kapitel ist also danach zu fragen, was zwischen Aufklärung und Historismus geistesgeschichtlich vorgeht, um die Trennung von Biographie und Geschichtsschreibung aufzuheben und den Anspruch der Biographie, eine Form geschichtswissenschaftlicher Darstellung zu sein, zu begründen. Bezeichnend für die skizzierte Ausgangssituation ist eine Rezension Goethes zur Autobiographie Johannes Müllers.[3] Der Dichter wirft darin dem Historiker vor, daß er sich "nach unserer Überzeugung, viel zu isoliert dargestellt" habe.[4] Goethe möchte demge-

---

[1] Der Wert dieser Betrachtungsweise liegt nach wie vor in dem Versuch begründet, das verbindende Element zwischen der klassischen deutschen Dichtung und der deutschen Philosophie von Kant bis Hegel herauszuarbeiten. Ihr spezifischer Mangel ist ihre geistesgeschichtliche Immanenz. Der archimedische Punkt der deutschen Geistesgeschichte dieser Zeit, die Französische Revolution, bleibt weitgehend unberücksichtigt (Hermann NOHL: Die Deutsche Bewegung. Vorlesungen und Aufsätze zur Geistesgeschichte von 1770-1830, hg. v. Otto Friedrich BOLLNOW und Frithjof RODI, Göttingen 1970).

[2] Zum Einfluß der deutschen Literatur und der idealistischen Philosophie um 1800 auf die Entwicklung der Geschichtsschreibung im 19. Jahrhundert vgl. Ernst SCHULIN: Die Epochenschwelle zwischen Aufklärung und Historismus, in: KÜTTLER/RÜSEN/SCHULIN, Bd. 3, S. 17-26.

[3] Johannes MÜLLER (1752-1809), Schweizer Historiker, wichtigstes Werk: Geschichten schweizerischer Eidgenossenschaft, 5 Bde., Leipzig 1786-1808. - "Seinen Zeitgenossen galt Müller damit als der größte deutsche Historiker." (HL, S. 219).

[4] GOETHE: [Rez.: Bildnisse jetzt lebender Berliner Gelehrten], S. 623f. - Zeitbezüge sind in Müllers Autobiographie wohl vorhanden, aber ihr Horizont ist eng auf den Lebensweg Müllers begrenzt. Welche großen geschichtlichen und geistesgeschichtlichen Bewegungen sein Leben geprägt haben, kommt kaum zur Darstellung. - Vgl. Matthias PAPE: Johannes von Müller. Seine geistige und politische Umwelt in Wien und Berlin 1793-1806, Bern/Stuttgart 1989, S. 221-225.

genüber das Individuum in seine "Zeitverhältnisse" gestellt sehen. Die in der Aufklärung konzipierte Idee der (Auto-)Biographie als psychologische Entwicklungsgeschichte wird von Goethe zu dem Konzept einer historischen Bildungsgeschichte weitergeführt. Neben diesem literarischen Diskurs kommt als zweite Linie die idealistische Geschichtsphilosophie Hegels hinzu. Sie fokussiert das historische Interesse auf die "welthistorischen Individuen", die in Krisenzeiten eine neue Stufe der geschichtlichen Entwicklung herbeiführen. Damit ist die gedankliche Voraussetzung dafür geschaffen, daß eine Biographie auch große Geschichtsschreibung im syntagmatischen Sinne sein kann, indem sie nämlich die Geschichte eines solchen "welthistorischen Individuums" erzählt. Die entscheidenden geistesgeschichtlichen Impulse zur Weiterentwicklung der Biographie geben, zumindest in Deutschland, nicht die Historiker, sondern Dichter und Philosophen.

2. Goethe: Biographie als historische Bildungsgeschichte

a) Herder: Die historisch verstandene Individualität

Johann Gottfried Herder ist eine Schlüsselfigur nicht nur der deutschen Literaturgeschichte des späten 18. Jahrhunderts, sondern auch für die Ausbildung der historistischen Geschichtsanschauung.[5] Ernst Cassirer gilt er als der "Kopernikus der Geschichte", der auf diesem Gebiet das gleiche geleistet habe, wie Kant auf dem Gebiet der Philosophie.[6] Zwei Gedanken Herders sind für die Entwicklung der historischen Biographie von besonderer Relevanz gewesen: α. der Entwicklungs- und der Individualitätsgedanke, die bei Herder in ihrer Verbindung zum ersten Mal deutlich hervortreten,[7] β. das "Verstehen" als primäre geisteswissenschaftliche Methode. Der Abschnitt schließt mit einem kurzen Blick auf Herders biographische Praxis.

α. "Individualität" und "Entwicklung" sind für Herder diejenigen Kategorien, mit denen das menschliche Individuum zu begreifen ist. Man wird dem Individuum nicht gerecht, wenn man es - wie die Aufklärung in der Nachfolge der Wolffschen Psychologie - statisch als ein Ensemble von Charaktereigenschaften auffaßt. Das Einzigartige jedes Individuums ist vielmehr das Interessante, worauf sich die Erkenntnis richten muß

---

[5] Dazu immer noch grundlegend: MEINECKE: Die Entstehung des Historismus, S. 355-444. Herder wird aus folgender Ausgabe zitiert: HERDER: Sämtliche Werke, 33 Bde., hg. v. Bernd SUPHAN.

[6] Ernst CASSIRER: Das Erkenntnisproblem in der Philosophie und Wissenschaft der neueren Zeit, 4. Bd.: Von Hegels Tod bis zur Gegenwart (1832-1932) (zuerst: 1950), Darmstadt 1973, S. 226; vgl. ders.: Die Philosophie der Aufklärung, S. 308-312.

[7] Vgl. HERDER: Auch eine Philosophie der Geschichte zur Bildung der Menschheit. Beytrag zu vielen Beyträgen des Jahrhunderts (zuerst: 1774), in: ders.: Sämtliche Werke, Bd. 5, S. 475-594.

und nicht auf das, worin es allen anderen gleicht.[8] Diese Einzigartigkeit ist geschichtlich in dem Doppelsinn, daß jedes Individuum seine *eigene* Geschichte hat, die wiederum von *der* Geschichte, seiner geschichtlichen Umgebung, mitbestimmt wird: "Was ich bin, bin ich geworden. Wie ein Baum bin ich gewachsen: der Keim war da; aber Luft, Erde und alle Elemente, die ich nicht um mich satzte, musten beitragen, den Keim, die Frucht, den Baum zu bilden."[9] Herder vollzieht damit die entscheidenden Gedankenschritte zur Historisierung des Individuums und schafft so in der Tiefenstruktur des historischen Denkens überhaupt erst die Voraussetzung dafür, mit der Darstellung der Lebensgeschichte eines Individuums historische Erkenntnisinteressen zu verfolgen.[10] Bei Herder selbst findet man allerdings den Gedanken der Historisierung des Individuums kaum fruchtbar gemacht. In seinen geschichtsphilosophischen Werken beschäftigt er sich hauptsächlich mit den als Individualitäten verstandenen übergreifenden Einheiten von Volk, Nation und Epoche. Sein "Blick eilte", wie Meinecke schreibt, "über die 'Männer, die Geschichte machen', über die großen Repräsentanten und Wegbahner der allgemeinen Entwicklung flüchtig hinweg."[11]

β. Der zweite Gedanke, der ebenfalls zu einem Grundelement der historistischen Historik wird, betrifft die Erkenntnisweise des Historikers. Wenn es darauf ankommt, einzigartige Phänomene zu begreifen, die ein Ganzes sind, dann muß die pragmatische Methode des Analysierens von einzelnen Elementen, die Aufspaltung der Phänomene in Ursachen und Wirkungen ungeeignet sein, um zu wahrer historischer Erkenntnis zu gelangen. Die angemessene historische Erkenntnismethode ist vielmehr das Verstehen, das Sich-Hineinversetzen. Dieses Einfühlen in den Geist eines historischen Phänomens beruht für Herder auf dem Verstehen seiner selbst: "Im Grad der Tiefe unseres Selbstgefühls liegt auch der Grad des Mitgefühls mit anderen: denn nur uns selbst können wir

---

[8] "Eine Menschenseele ist ein Individuum im Reiche der Geister: sie empfindet nach einzelner Bildung, und denkt nach der Stärke ihrer geistigen Organen [...]." Und einen Abschnitt später heißt es: "Immer ist unsere Psychologie noch nicht weit über die Kindheit hinaus, wenn sie bloß nach dem Bekanntesten, das alle Menschlichen Seelen gemein haben, ihren Weg durch Schlüsse und Errathungen fortsetzt [...]." (Ueber Thomas Abbts Schriften. Der Torso von einem Denkmaal, an seinem Grabe errichtet. Erstes Stück [zuerst: 1768], in: ders.: Sämtliche Werke, Bd. 2, S. 249-294, hier: S. 257). Zu den unterschiedlichen Psychologie-Konzeptionen vgl. Hans-Jürgen ENGFER: Konzeption des Psychischen und der Psychologie zwischen Leibniz und Wolff und Fritz WEFELMEIER: Herders Kulturanthropologie und die Frage nach der Geschichtlichkeit des Seelischen, beide in: Gerd JÜTTEMANN (Hg.): Wegbereiter der Historischen Psychologie, München/Weinheim 1988, S. 23-27 u. S. 28-40. – Zur Geschichtsphilosophie Herders vgl. den neuen Sammelband: Martin BOLLACHER (Hg.): Johann Gottfried Herder: Geschichte und Kultur, Würzburg 1994.

[9] Vom Erkennen und Empfinden der menschlichen Seele, S. 198.

[10] Dieser Gedanke Herders präludiert gewissermaßen die schon im letzten Kapitel behandelte moderne bürgerliche Autobiographik in den 1780er Jahren, in der sich jene Idee verwirklicht - allerdings mit weitgehender Beschränkung auf die innere Geschichte der eigenen Individualität, ohne den Bezug zur allgemeinen Geschichte zu suchen und zu nutzen.

[11] MEINECKE: Entstehung des Historismus, S. 401.

in andere gleichsam hineinfühlen."¹² *Die Natur erklären wir, den Geist verstehen wir.*¹³ Dieses Grundprinzip der geisteswissenschaftlichen Hermeneutik wird nicht erst Dilthey erfinden, sondern es wird von ihm nur erneuert, als das naturwissenschaftliche Denkmodell in der zweiten Hälfte des 19. Jahrhunderts zunehmend Allgemeingültigkeit beansprucht. Der Verstehensbegriff wird auch zum Inbegriff der biographischen Methode. Ausformuliert und im Zusammenhang mit der historischen Methodik findet er sich in Droysens "Historik" dargestellt: Um die Biographie eines anderen Menschen schreiben zu können, muß der Biograph sich mittels der vorhandenen Zeugnisse in jenen hineinversetzen, muß sich dessen Wesen aus seinen Äußerungen und Taten entschlüsseln, um aus dem so enthüllten Wesenskern wiederum die innere Notwendigkeit jenes Lebens erkennen zu können.¹⁴

Herders biographische Praxis beschreitet allerdings die in solchen Gedanken eröffneten Möglichkeiten einer historischen Biographik nur teilweise. Er hat hauptsächlich als Anreger einer bürgerlichen Biographik gewirkt.¹⁵ Seine beiden wichtigsten biographischen Schriften, "Denkmahl Johann Winkelmanns [sic!]" (1778) und "Denkmahl Ulrichs von Hutten" (1793), erneuern eher das aus dem Humanismus bekannte Paradigma einer *exemplarischen* Biographik. Der Inhalt dieses Exemplarischen, also das wofür die biographierten Menschen beispielhaft und vorbildlich sein sollen, ist allerdings neu und zukunftsweisend - auch für die Geschichte der historischen Biographie. Herders Helden sind als Verkörperungen bürgerlichen und nationalen Geistes gedacht. Damit steht Herder auf seiten der durch Voltaire verkörperten kulturgeschichtlichen Opposition gegen die klassische politische Geschichte als Geschichte der Fürsten: "Sollen wir *Karls des grossen* und seiner unglücklichen Nachfolger Geschichte *unsre* Geschichte nennen? [...] Bei dem allen aber wo ist die *Geschichte der Deutschen*? Nicht Deutscher Kaiser, nicht Deutscher Fürsten und Fürstenhäuser, sondern der Deutschen Nation [...]?"¹⁶ Einem selbstbewußt werdenden Bürgertum sollen nicht mehr Dynasten als Helden und Vorbilder, sondern bedeutende Figuren aus den eigenen Reihen vorgestellt werden - und das sind, zumal in Deutschland, die "Helden des Geistes". Karl Rosenkranz hat dies Mitte des 19. Jahrhunderts einmal so ausgedrückt:

---

¹² HERDER: Vom Erkennen und Empfinden der menschlichen Seele, S. 200.
¹³ Zur neueren Debatte über "Verstehen" und "Erklären" vgl. HAUSSMANN: Erklären und Verstehen (verneint vom Standpunkt der analytischen Geschichtsphilosophie aus einen prinzipiellen Unterschied zwischen den beiden Erkenntnisformen).
¹⁴ Vgl. Historik, S. 242.
¹⁵ Vgl. dazu MAURER: Die Biographie des Bürgers, S. 79.
¹⁶ Herder: [Warum wir noch keine Geschichte der Deutschen haben?], in: ders.: Sämtliche Werke, Bd. 18, S. 380-384, hier: S. 381f. Zur kulturgeschichtlichen Opposition gegen die politische Geschichte vgl. NIPPERDEY: Die anthropologische Dimension der Geschichtswissenschaft, S. 234.

"Wir haben keine fürstliche Dynastiien, welche uns die Geschichte der Deutschen Nation überhaupt reflectieren. An ihre Stelle treten bei uns die Helden der Intelligenz. Wir orientieren uns an einem Luther, Hutten, Kepler, Herder, Schiller, Pestalozzi, Fichte usw."[17]

Herder liefert mit seiner biographischen Essayistik erste Beispiele für eine solche Geschichte der deutschen Nationalkultur als bürgerlich-liberale Alternative zur herkömmlichen Fürstengeschichte: Er stellt Hutten als "Deutschlands Demosthenes"[18] vor und sein Winckelmann-Denkmal beginnt mit der Betonung von dessen Deutschtum.[19] Herder führt damit einen Grundzug nationaler (und nationalistischer) Geschichtsdeutung in die Biographik ein, der sich im national denkenden 19. Jahrhundert noch verstärken wird: Man sucht in den biographierten Helden die Inkarnation dessen, was man für typisch deutsch hält.[20] Dies scheint ein Grundbedürfnis nationaler Geschichtsdeutung zu sein, denn die nationale Überhöhung etwa eines Luther begegnet einem nicht erst im späten 19. Jahrhundert, als sich der Nationalismus von einer "liberalen Emanzipationsideologie" zu einem "konservativen Reichsnationalismus" (Hans-Ulrich Wehler)[21] gewandelt haben wird, sondern auch schon im Vormärz bei einem kritischen Mann wie Heinrich Heine, für den Luther "nicht bloß der größte, sondern auch der deutscheste Mann unserer Geschichte ist."[22]

---

[17] Karl ROSENKRANZ: Göthe und seine Werke, Königsberg 1847, S. 2.

[18] HERDER: Denkmahl Ulrichs von Hutten (zuerst: 1793), in: ders.: Sämtliche Werke, Bd. 16, S. 273-294, hier: S. 284.

[19] HERDER: Denkmahl Johann Winkelmanns (zuerst: 1778), in: ders.: Sämtliche Werke, Bd. 8, S. 437-483, hier: S. 439. - Einen Schritt weiter auf dem Weg von einer bürgerlich exemplarischen zu einer historischen Biographik geht der Spätaufklärer Georg FORSTER (1754-1794) in seiner Schrift "Cook der Entdecker". Diese Schrift ist das bemerkenswerte Beispiel einer exemplarischen Biographie in der Nachfolge Herders, die aus ihrem Bestreben, die Vorbildlichkeit und Größe ihres bürgerlichen Helden plausibel zu machen, zu einer Historisierung ihres Gegenstandes in Gestalt von Vorgeschichte und Wirkungsgeschichte von Cooks Entdeckungen kommt (Cook der Entdecker, S. 103-224).

[20] Vgl. zu Bismarck PFARR: "Zwei Seelen wohnen, ach! in meiner Brust!".

[21] Hans-Ulrich WEHLER: Der deutsche Nationalismus bis 1871, in: ders. (Hg.): Scheidewege der deutschen Geschichte. S. 116-130, hier: S. 122 u. 129. Vgl. auch: ders.: Nationalismus, in: ders.: Die Gegenwart als Geschichte, München 1995, S. 127-185 und die einschlägigen Abschnitte in den drei bisher erschienenen Bänden der "Deutschen Gesellschaftsgeschichte".

[22] Heinrich HEINE: Zur Geschichte der Religion und Philosophie in Deutschland, in: ders.: Historisch-kritische Gesamtausgabe der Werke, hg. v. Manfred WINDFUHR, Bd. 8/1, Hamburg 1979, S. 9-120, hier: S. 33. Sieht man allerdings von der Übertreibung ab, die auch durch die feuilletonistische Form der Heineschen Abhandlung bedingt ist, hat der Gedanke durchaus etwas für sich. Luther erscheint den Nachgeborenen deshalb als "deutsch", weil er selbst stark an dem Zustandekommen dessen beteiligt war, was nachher das "Deutsche" ausmachte. Sein "Deutschtum" ist gewissermaßen eine Rückspiegelung seiner prägenden Wirkung.

b) Goethe: Die Biographie als historische Bildungsgeschichte und die paradigmatische Qualität der "geistigen Flügelmänner"

"Denn dieses scheint die Hauptaufgabe der Biographie zu sein, den Menschen in seinen Zeitverhältnissen darzustellen [...]"[23] Mit dieser "klassischen", noch heute gern zitierten Quintessenz aus dem Vorwort von "Dichtung und Wahrheit" schlägt Johann Wolfgang Goethe ein neues Kapitel in der Idee-Geschichte der historischen Biographie auf.[24] Die Autobiographie des Frankfurter Bürgersohns und späteren Weimarer Hofrats ist eines der ersten Beispiele einer *bewußt paradigmatischen* historischen Biographie.[25]

Ein Ausdruck aus dem Terminus "bewußt paradigmatische Biographie" muß noch erklärt werden: Was bedeutet "bewußt"? In der "Vorgeschichte" sind bereits einige Beispiele paradigmatisch relevanter Biographien behandelt worden, so zum Beispiel Tacitus' "Agricola" oder die Bischofsviten aus ottonischer Zeit. In diesen Biographien wird die geschichtliche Einbettung zwar angestrebt, aber nicht als Endzweck der Darstellung (das heißt nicht um der historischen Erkenntnis willen), sondern als Mittel, um die politisch-sittliche Leistung (Tacitus) oder die christliche Vorbildlichkeit (Bischöfe) herauszustellen. Bei Goethe ist hingegen die Vermittlung historischer Erkenntnis ein Endzweck der Biographie. Es existieren damit mehrere Stufen, in denen sich paradig-

---

[23] GOETHE: Aus meinen Leben. Dichtung und Wahrheit (zuerst: 1811/14), in: ders.: SWnEsS, Bd. 16, S. 11. Aus den zahlreichen verfügbaren Gesamtausgaben Goethes benutze ich im folgenden diese neue, chronologisch geordnete Edition, die über den Vorzug vorzüglicher Einführungen, Literaturhinweise und Kommentierungen verfügt.

[24] Aus dem schon längst nicht mehr zu übersehenden "weiten Feld" der Goethe-Literatur seien hier nur einige thematisch einschlägige Arbeiten genannt. Als tiefsinnige Auseinandersetzung mit Goethes Geschichtsdenken ist immer noch lesenswert: MEINECKE: Die Entstehung des Historismus, S. 445-584. Als neueren Aufsatz zum gleichen Thema vgl. Heinz-Dieter WEBER: Goethe und der Historismus, in: Saeculum 48(1997), S. 72-94. Zum Zusammenhang Biographie - Autobiographie - Geschichte bei Goethe: WERTHEIM: Zu Problemen von Biographie und Autobiographie in Goethes Ästhetik; SCHULER: Das Exemplarische bei Goethe.

[25] Im frühen 19. Jahrhundert gibt es noch weitere Zeugnisse für die aufkommende Idee einer paradigmatisch relevanten Biographik: Julius August REMER untermauert die Herdersche Forderung nach einer exemplarisch-biographischen Nationalgeschichte mit dem Hinweis auf die paradigmatische Relevanz solcher Biographien: "Diese innern Ursachen [für die Begebenheiten in einer Nation, O.H.] findet man entweder in dem Geiste, dem Charakter [...] der *ganzen Nation*, oder in dem Geiste, dem Character, den Plänen, Zwecken und der ganzen Handlungsart *einzelner Personen* aus derselben [...]. Diese Männer sind nicht nur die Urheber wichtiger Begebenheiten in ihrer Nation, sondern sie tragen auch wesentlich dazu bey, den Charakter derselben zu bilden." (Überblick der drey letzten Jahrhunderte aus dem Gesichtspunkt der Biographik, S. 4). Vgl. auch folgende Bemerkung von Friedrich SCHLICHTEGROLL: "Wie in den politischen Verfassungen und in den Wissenschaften viele Zustände an ihre Zeit gebunden sind, und gerade so in aller Zukunft nicht wieder vorkommen, so auch mit einzelnen Charakteren vorzüglicher Menschen. Manche scharfumzeichnete darunter sind durch Erziehung, Unterricht und Wirkungskreis von ihrem Zeitalter so eigenthümlich ausgeprägt worden, daß ihresgleichen nicht wiederkehrt." (Gotthilf Friedemann Löber, Herz. Sachsen-Gothaischer geh. Consistor. Rath und Generalsuperint. des Fürstenth. Altenburg, in: Friedrich SCHLICHTEGROLL (Hg.): Nekrolog auf das Jahr 1799, Jg. 10, Bd. 2, Gotha 1806, S. 257-270, hier: S. 257).

matische Relevanz niederschlagen kann. (Das gleiche gilt auch für syntagmatische Relevanz, deshalb kann auch allgemein von historischer Relevanz gesprochen werden). 1. Die historische Relevanz wird vom Leser in der Biographie "gesucht", das heißt, sie wird *als Quelle* gelesen. Diese Art historischer Relevanz kann jeder Biographie zugesprochen werden, unabhängig davon, ob der Verfasser historische Zwecke verfolgt oder nicht.[26] 2. Die historische Relevanz liegt *im* Zweck der Darstellung, das heißt, die historische Einbettung des Helden ist *ein Mittel,* um einen übergeordneten Darstellungszweck zu erreichen. Hier ist die Grenze zu setzen, ob von *historischer* Biographie zu sprechen ist oder nicht. 3. Historische Erkenntnis ist ein *Endzweck* der Darstellung, der gleichberechtigt neben andere Zwecke tritt. Dies ist bei Goethe der Fall. 4. Schließlich läßt sich noch eine weitere Stufe anfügen: Historische Erkenntnis kann der einzige oder völlig dominierende Zweck einer Biographie sein. Dies ist beispielsweise in der Biographik des idealistischen Historismus (vor allem bei Droysen) der Fall. Hier kann man von einer *rein historischen Biographie* sprechen.

Goethe hat keine zusammenhängende Theorie der historischen Biographie hinterlassen. Er entwickelt allgemeine Gedanken zu diesem Thema immer an einem konkreten Anlaß oder einem bestimmten Beispiel. Sie finden sich über viele Jahre - verstreut in Briefen, Rezensionen und seinen biographischen Arbeiten. Goethes Konzeption läßt sich besser zeigen, wenn man seine Äußerungen in eine systematische Ordnung bringt - die dann allerdings, dies muß man im Auge behalten, eine Konstruktion des Verfassers ist. Der Ordnungsvorschlag sieht folgenden Gedankengang vor: α. Das Einzelne wird als Zugang zum Allgemeinen aufgefaßt. β. Dies betrifft auf dem Gebiet der Geschichte unter anderem das Verhältnis des Individuums zu seiner Epoche. γ. Auf der Ebene der Historiographie ist damit das Verhältnis von Biographie und Geschichtsschreibung angesprochen.

α. Daß das Einzelne der Zugang zum Allgemeinen ist, weil das Allgemeine im Einzelnen erscheint, ist keine auf Goethe beschränkte Erkenntnis, sondern gehört gewissermaßen zu den Grundgedanken des "Zeitgeistes" um 1800 und seiner Abgrenzung gegen das Aufklärungsdenken. Hegel spricht in seiner "Wissenschaft der Logik" von der "Einzelheit" als dem konkreten Allgemeinen, dem gegenüber das "abstrakt Allgemeine" (das von der Einzelheit abgesonderte Allgemeine) eine "leb- und geistlose, farb- und gehaltlose" Gedankenkonstruktion sei.[27] Daraus folgert Wilhelm v. Humboldt für

---

[26] Die bisher wohl umfangreichste Untersuchung der Biographie (mit rund 1200 ausgewerteten Werken) als *Quelle* für die Sozial- und Mentalitätsgeschichte des Bürgertums hat Michael MAURER vorgelegt (Die Biographie des Bürgers). Vgl. seine methodischen Überlegungen zum Quellenwert der Biographie (S. 16 u. S. 121-158).

[27] Georg Wilhelm Friedrich HEGEL: Wissenschaft der Logik, 3. Teil: Die Lehre vom Begriff (zuerst: 1816), in: ders.: Werke, Bd. 6, S. 243-573, hier: S. 297.

die Methode geschichtlicher Erkenntnis: "Da aber das Ganze nur am Einzelnen erkennbar ist, so muß man Nationen und Individuen studieren."[28] In diesem Zusammenhang ist folgende Äußerung Goethes in seinem Vorwort zu der Autobiographie eines Soldaten der napoleonischen Kriege zu interpretieren:

"Wie sehr wir uns auch von vergangenen Dingen zu unterrichten bestrebt sind, und uns mit Geschichte von Jugend auf im allgemeinsten und allgemeinen beschäftigen, so finden wir doch zuletzt, daß das Einzelne, Besondere Individuelle uns über Menschen und Begebenheiten den besten Aufschluß gibt, [...]"[29]

β. Das Verstehen von "Menschen und Begebenheiten" durch das einzelne Beispiel, das dann eben doch auch Verstehen allgemeiner Zusammenhänge ist, wird von Goethe hier schon auf die nächste Ebene bezogen, indem mit dem "Einzelnen" vor allem an den einzelnen Menschen gedacht ist, der in einem Lebenszusammenhang in einer bestimmten Epoche steht. Das Schicksal jenes Feldjägers, um den es in diesem von Goethe besprochenen Buche geht, "kann als Symbol für Tausende gelten".[30] Der in dieser Autobiographie anschaulich werdende Lebenszusammenhang ist ein Zugang zum Verständnis der napoleonischen Epoche überhaupt. Goethe spricht diesem biographischen Erlebnisbericht jene paradigmatische Relevanz zu, die alle Zeugnisse dieser Art *als Quelle* haben. Der Symbolwert bestimmter Individuen für ihre Epoche ist allerdings unterschiedlich. Ein Individuum wie der oben angesprochene einfache Feldjäger ist auf einen bestimmten Lebenszusammenhang beschränkt. Dies begrenzt auch seinen Symbolwert: Die Wirklichkeit als Ganzes, das heißt alle Lebensbezüge der Epoche, ist zwar auch in seinem Lebenslauf berührt, aber deutlich konturiert treten doch nur die Zusammenhänge hervor, die das erlebte Lebensumfeld betreffen.[31] Dann gibt es aber auch Individuen, die durch ihre künstlerische Produktivität einen subjektiven Ausdruck der ganzen Epoche hervorbringen: "Solche Naturen können als *geistige Flügelmänner* [Hervorhebung O. H.] angesehen werden, die uns mit heftigen Äußerungen dasjenige andeuten, was durchaus, obgleich oft nur mit schwachen unkenntlichen Zügen, in jeden

---

[28] Wilhelm von HUMBOLDT: Betrachtungen über die Weltgeschichte (zuerst: 1814), in: ders.: Gesammelte Schriften, hg. v. der Königlich Preussischen Akademie der Wissenschaften, Bd. 3: 1799-1818, Berlin 1904, ND Berlin 1968, S. 350-359, hier: S. 357.
[29] GOETHE: [Vorwort zu "Der junge Feldjäger"], S. 485.
[30] Ebd.
[31] Hier wäre es Sache des modernen Historikers in einer "Sozialbiographie" des Feldjägers auch die Lebensbezüge zu beleuchten, die im Erlebnisbericht selbst nicht bewußt werden. - Die paradigmatische Relevanz einer historischen Biographie beruht somit zu einem guten Teil auf der Fähigkeit des Historikers, auch diese versteckten Bezüge herauszuarbeiten. Der Vorzug autobiographischen Schrifttums *als Quelle* ist seine Authentizität, der Vorzug einer historischen Biographie *als historiographische Gattung* ist das Inbeziehungsetzen des Individuums mit allgemeinen historischen Strukturen über dessen Bewußtsein hinaus.

menschlichen Busen eingeschrieben ist."[32] Es liegt auf der Hand, daß solche "geistige Flügelmänner"[33] besonders geeignete Kandidaten einer paradigmatisch relevanten Biographik sind.

γ. Ein Letztes, was für den Goetheschen Biographiebegriff besonders wichtig ist: Die Erkenntnisrichtung zwischen Individuum und Epoche kann wechseln. Das Individuum ist nicht nur ein Zugang zu seiner Epoche, sondern die Epoche ist auch Zugang zum Individuum.[34] Zwischen Individuum und Geschichte besteht eine umkehrbare Zweck-Mittel-Relation. Für das Verhältnis von Biographie und Geschichtsschreibung bedeutet dies: Die Erkenntnis geschichtlicher Zusammenhänge durch ein Individuum ist ein Zweck der Biographie - unter diesem Blickwinkel ist sie historische Biographie. Es kann aber auch um das Verstehen des Individuums selbst gehen. Die geschichtlichen Bezüge sind dann "nur" ein wichtiges Mittel für dieses Erkennen - unter diesem Blickwinkel ist sie personale Biographie. Beide Erkenntnisrichtungen, beide Zwecke vereinigen sich im Goetheschen Verständnis von Biographie. Biographik ist deshalb für Goethe immer Geschichtsschreibung, aber zugleich auch "Werk der Lebenskunstlehre" (Friedrich Schlegel).[35] Welche Erkenntnisrichtung überwiegt, hängt somit nicht zuletzt von der Rezeptionshaltung des Lesers ab. Die klassische Goethesche Biographiedefinition aus dem Vorwort von "Dichtung und Wahrheit" betont die personale Erkenntnisrichtung:

"Denn dieses scheint die Hauptaufgabe der Biographie zu sein, den Menschen in seinen Zeitverhältnissen darzustellen, und zu zeigen, in wiefern ihm das Ganze widerstrebt, in wiefern es ihn begünstigt, wie er sich eine Welt- und Menschenansicht daraus gebildet, und wie er sie, wenn er Künstler, Dichter, Schriftsteller ist, wieder nach außen wieder abgespiegelt."[36]

Grundlage dieser Bestimmung ist die moderne Idee der personalen Biographie als Entwicklungsgeschichte des Individuums, nun allerdings mit starker Betonung der

---

[32] GOETHE: Anhang zur Lebensbeschreibung des Benvenuto Cellini, S. 489.

[33] Reinhard SCHULER erläutert die Herkunft der Metapher vom "geistigen Flügelmann" folgendermaßen: "Das anschauungsgesättigte Bild stammt aus der militärischen Fachsprache und meint den meist auffallend groß gewachsenen Vormann einer Reihe, der die von dem ganzen Glied auszuführenden Bewegungen energisch und mit übertriebener Deutlichkeit vormacht." (Das Exemplarische bei Goethe, S. 16f.).

[34] "Wenn man sich nur halbwege den Begriff von einem Menschen machen will, so muß man vor allen Dingen sein Zeitalter studieren, wobei man ihn ganz ignorieren könnte, sodann aber, zu ihm zurückkehrend, in seiner Unterhaltung die beste Zufriedenheit fände." (An Karl Friedrich Zelter, 9. Aug. 1828, in: Johann Wolfgang GOETHE: Gedenkausgabe der Werke, Briefe und Gespräche, hg. v. Ernst BEUTLER, Bd. 21: Briefe der Jahre 1814-1832, Zürich/Stuttgart ²1965, S. 811).

[35] Friedrich SCHLEGEL: Athenäums-Fragmente (zuerst: 1798-1800), in: ders.: Schriften zur Literatur, hg. v. Wolfdietrich RASCH, München 1972, S. 25-83, hier: S. 48.

[36] SWnEsS, Bd. 16, S. 11.

"Zeitverhältnisse". Goethe verbindet damit die Hersche Einsicht in die Historizität des Individuums mit dem spätaufklärerischen Konzept der Biographie als Entwicklungsgeschichte. Das Neue, das sich aus dieser Verbindung ergibt, kann man als *historische Bildungsgeschichte* bezeichnen. Die konstitutive Bedeutung des historischen Bezugs tritt im nächsten Satz noch stärker hervor:

> "Hiezu wird aber ein kaum Erreichbares gefordert, daß nämlich das Individuum sich und sein Jahrhundert kenne, sich, in wiefern es unter allen Umständen dasselbe geblieben, das Jahrhundert, als welches sowohl den willigen als unwilligen mit sich fortreißt, bestimmt und bildet, dergestalt daß man wohl sagen kann, ein Jeder, nur zehn Jahre früher oder später geboren, dürfte, was seine eigene Bildung und die Wirkung nach außen außen betrifft, ein ganz anderer geworden sein."[37]

Gerade dieses klare Bewußtsein über den Einfluß der historischen Umstände auf die Lebensgeschichte des Individuums - eine Frucht jener beschleunigten Umbruchszeit von 1789 bis 1815[38] - macht jene Umkehrung des Erkenntnisinteresses möglich, die oben beschrieben worden ist: Das historisch verstandene Individuum wird zum Schlüssel für das Verstehen der Historie. Goethe sieht in der Biographie im Gegensatz zur "großen Geschichtsschreibung" eine besondere geschichtsaufschließende Kraft. Sie läßt Geschichte *lebendig* werden: "Die Biographie sollte", heißt es in einem Vorredenentwurf zu dem dritten Teil von "Dichtung und Wahrheit", "sich einen großen Vorrang vor der Geschichte erwerben, indem sie das Individuum lebendig darstellt und zugleich das Jahrhundert wie auch dieses lebendig auf jenes einwirkt. [...] Die Geschichte, selbst die beste, hat immer etwas Leichenhaftes, den Geruch der Totengruft."[39] Die Geschichtsschreibung, welche die großen Ereigniszusammenhänge verfolgt, abstrahiert von der vergangenen lebendigen Wirklichkeit die Resultate, das heißt das, was bei Kriegen, Revolutionen, Regierungszeiten etcetera herausgekommen ist, "aber darüber geht die einzelne Tat so wie der einzelne Mensch verloren."[40] Die große Geschichtsschreibung zeigt hauptsächlich das "abstrakt Allgemeine" der Geschichte, während in der Biographie das "konkret Allgemeine" zum Vorschein kommen kann.

---

[37] Ebd.
[38] Über den Einfluß der Revolutionsepoche auf das (deutsche) Geschichtsdenken vgl. KOSELLECK u.a.: Geschichte, S. 646-717, bes. S. 702-706. Zum Einfluß der Französischen Revolution auf das Denken und Selbstbewußtsein Goethes vgl. Stephan KORANYI: Autobiographik und Wissenschaft im Denken Goethes (= Abhandlungen zur Kunst-, Musik- und Literaturwissenschaft, Bd. 352), Bonn 1984, S. 159-162.
[39] GOETHE: [Paralipomenon 40 zu "Dichtung und Wahrheit"], S. 861.
[40] Ebd.

c) "Dichtung und Wahrheit" als historische Biographie

Diese historische Auffassung der Biographie liegt Goethes Praxis von Anfang an zugrunde. Sein erster biographischer Versuch, "Anhang zur Lebensbeschreibung des Benvenuto Cellini",[41] der bloß "skizzenhaft, aphoristisch und fragmentarisch" (S. 455f.) bleibt, soll den Leser der Autobiographie des Florentiner Renaissancekünstlers Cellini "zu einem lebhafteren Anschauen der Zeitumstände führen, welche die Ausbildung einer so merkwürdigen und sonderbaren Person bewirken konnten." (S. 455) Cellini ist für Goethe ein "geistiger Flügelmann" (S. 489) seiner Epoche, seine Autobiographie erschließt uns die Zeit der Renaissance. Goethes Anhang leistet dem Leser dazu historische (und sachliche) Hilfestellung, indem er zum Beispiel die Künstler nennt, die auf Cellini gewirkt haben ("Gleichzeitige Künstler"), oder indem er den Leser in die Geschichte von Florenz einführt ("Flüchtige Schilderung florentinischer Zustände"). Die historisch-paradigmatische Relevanz schwebt der Herausgabe der Cellinischen Autobiographie und dem Goetheschen Kommentar als Konzept vor, ist aber noch nicht ausgeführt. Goethe überläßt es dem Leser, sich Cellini als paradigmatische Figur der italienischen Renaissance zu "vergegenwärtigen und erklären" (S. 487).

Vom "Cellini" führt der Weg über weitere biographische Versuche ("Winckelmann und sein Jahrhundert")[42] und Skizzen (etwa im geschichtlichen Teil der "Farbenlehre")[43] zu "Dichtung und Wahrheit". Weil dieses Werk auch in seinen historischen Bezügen

---

[41] (zuerst: 1796ff.), in: SWnEsS, Bd. 7, S. 454-516. Die komplizierte Druck- und Wirkungsgeschichte des "Cellini" erläutert der Kommentarteil in SWnEsS, Bd. 7, S. 736-786. Die erste vollständige Ausgabe erschien 1803. Würdigungen des "Cellini" als historische Biographie finden sich bei WERTHEIM (Zu Problemen von Biographie und Autobiographie in Goethes Ästhetik, bes. S. 103), NIGGL (Geschichte der deutschen Autobiographie, S. 109-111) und bei SCHULER (Das Exemplarische bei Goethe, S. 11-60).

[42] (zuerst: 1805), in: SWnEsS, Bd. 6/2, S. 195-401. Der eigentlich biographische Teil hat den Titel "Skizzen zu einer Schilderung Winkelmanns", S. 348-381. Auffallend an diesem Werk ist die systematische Strukturierung. Statt chronologisch die Lebensgeschichte Winckelmanns zu erzählen (wie Herder in seiner Winckelmann-Biographie), ordnet Goethe seine biographischen Betrachtungen unter Rubriken wie "Eintritt", "Antikes", "Heidnisches", "Schönheit" etc. Die Lebensgeschichte Winckelmanns wird so anhand thematischer Kristallationszentren rekonstruiert. Helmut SCHEUER kritisiert, daß Goethe damit das alte, auf Sueton zurückgehende systematische Einteilungsprinzip vorgezogen habe und somit "in der Biographik hinter einmal errungene Positionen [d.h. die Hedersche Position, O.H.] zurückgeht." (Biographie, S. 48). Scheuer übersieht dabei, daß Goethe keineswegs die überkommenen Kategorien von Suetons "Caesares" übernimmt, sondern diese Kategorien aus dem Leben, der Lebensleistung und den Zeitumständen Winckelmanns individuell entwickelt. Es ist handelt sich bei dieser Biographie deshalb um "ein einzigartiges Gebilde, das in der Tradition der Gattungsgeschichte keine unmittelbaren Vorläufer besitzt." (SCHULER: Das Exemplarische bei Goethe, S. 158).

[43] Besonders hervorzuheben ist die biographische Skizze zu Roger Bacon ([zuerst: 1810], in: SWnEsS, Bd. 10, S. 578-588), "einem seiner großartigsten historischen Bilder" (MEINECKE: Entstehung des Historismus, S. 550). Goethe schildert zunächst in groben Zügen die Kulturgeschichte Englands von der Römerherrschaft bis ins 13. Jahrhundert, um dann die durch die Magna Charta von 1215 geförderte "bürgerliche Freiheit" als soziale Voraussetzung für die wissenschaftliche Bewegung des späteren Mittelalters zu begreifen. Vgl. dazu auch: SCHULER: Das Exemplarische bei Goethe, S. 244-249.

alle zuvor genannten übertrifft, ist von der Unterscheidung zwischen Biographie und Autobiographie abzusehen[44] und "Dichtung und Wahrheit" als epochemachendes Werk in der Entwicklung der historischen Biographie zu würdigen.[45] Das psychologisch-moralische Interesse am Individuum, das die Autobiographie des späten 18. Jahrhunderts geprägt hatte (Rousseau, Moritz), ist hier abgelöst durch ein historisches Interesse am Individuum. Georg Misch spricht deshalb von "Biographie als Geschichtswissenschaft" oder von der "geschichtswissenschaftlichen Idee", die diesem Werk zugrundeliege.[46]

Um der im Vorwort gestellten Forderung, "sich und sein Jahrhundert zu kennen", zu genügen, hat Goethe vor der Niederschrift eine umfangreiche persönliche Quellen- und allgemeinhistorische Informationssammlung angelegt.[47] Unter den Vorarbeiten findet sich ein biographisches Schema,[48] in dem Goethe persönliche mit historischen Daten korreliert. Tatsächlich haben auf die spätere Einteilung des Werks in zwanzig Bücher, die zu vier Teilen geordnet sind, nicht nur Einschnitte des persönlichen Lebenslaufs, sondern auch historische Daten Einfluß, insofern sie für Goethes Leben mitbestimmend waren. So setzt zum Beispiel das zweite Buch mit dem Ausbruch des

---

[44] Für Goethe ist diese Gattungsdifferenz so noch nicht gegeben - im Vorwort zu "Dichtung und Wahrheit" spricht er ausdrücklich von der "Hauptaufgabe der *Biographie* [Hervorhebung, O. H.]". Vielmehr kann man im Sinne Goethes davon ausgehen, daß die Autobiographie dem Inbegriff der voll ausgebildeten Biographie mit ihrer zweifachen Erkenntnisrichtung auf Individuum und Zeitepoche am besten entspricht, weil es dem Autobiographen am ehesten möglich ist, die Doppelforderung, daß "das Individuum sich und sein Jahrhundert kenne" (SWnEsS, Bd. 16, S. 11), zu erfüllen. Dies führt in der Nachfolge Goethes dazu, die Selbstbiographie zur einzig wahren Form der Biographie zu erklären: "Es kann also eine wahre Biographie nur Selbstbiographie seyn. Jede von einem Fremden verfaßte ist Lebenslauf, oder Charakterschilderung." (Simon ERHARDT: Das Leben und seine Beschreibung, Nürnberg 1816, S. 15). Zum Verhältnis von Biographie und Autobiographie im späten 18. Jahrhundert vgl.: MAURER: Die Biographie des Bürgers, S. 106-110.

[45] Der Plan zu der Autobiographie geht auf das Jahr 1807 zurück. Den entscheidende Anstoß gab wohl der Tod Schillers im Mai 1805. Die Niederschrift der ersten drei Teile erfolgte von 1809 bis 1814, veröffentlicht wurden sie 1811,1812 und 1814. Die Arbeiten am vierten Teil beschäftigten Goethe bis zu seinem Lebensende. Er ist erstmals 1833 durch Eckermann, Riemer und v. Müller in einer redaktionell bearbeiteten Fassung veröffentlicht worden. Die benutzte Textausgabe legt für den vierten Teil die Goethesche Handschrift zugrunde (zu editorischen Einzelheiten vgl. SWnEsS, Bd. 16, S. 917-920). - Vorzügliche Würdigungen der historischen Aspekte von "Dichtung und Wahrheit" finden sich bei MISCH (Geschichte der Autobiographie, 4. Bd., 2. Hälfte, S. 917-955, bes. S. 917-927), NIGGL (Geschichte der deutschen Autobiographie, S. 155-167), Peter SPRENGEL (Einführung, in: SWnEsS, Bd. 16, S. 881-920) und, aus der Sicht des Historikers, bei SCHIEDER: Der junge Goethe im alten Reich.

[46] MISCH: Geschichte der Autobiographie, 4. Bd., 2. Hälfte, S. 922 und 923. Ähnlich lobt SCHIEDER das Werk: "Dichtung und Wahrheit" komme "nicht nur der Rang eines literarischen Kunstwerks [zu], sondern auch großer Geschichtsschreibung" (Der junge Goethe im alten Reich, S. 54).

[47] Dazu GOETHE: "Dieses Geschäft, insofern ich durch geschichtliche Studien und sonstige Lokal- und Personenvergegenwärtigung viel Zeit aufzuwenden hatte, beschäftigte mich, ich ging und stand, zu Hause wie auswärts dergestalt, daß mein wirklicher Zustand den Charakter einer Nebensache annahm." (Annalen, 1811, zitiert nach MISCH: Geschichte der Autobiographie, 4. Bd., 2. Hälfte, S. 923).

[48] SWnEsS, Bd. 16, S. 835-859.

Siebenjährigen Krieges ein.[49] Gemäß der in der Rezension der Müllerschen Autobiographie erhobenen Forderung, "nicht zu verschweigen, was von außen, sei es nun in Person oder Begebenheit, auf sie gewirkt",[50] haben diese Ereignisse nicht nur die Funktion historisch-chronologischer Orientierungsmarken, sondern werden auch hinsichtlich ihrer Wirkung auf das nähere Umfeld Goethes (seine Familie und die Stadt Frankfurt) und die Entwicklung des Individuums selber reflektiert. Exemplarisch dafür ist die Schilderung des Erdbebens in Lissabon im ersten Buch: Zunächst erfolgt eine anschauliche Vergegenwärtigung des Erdbebens ("Die Erde bebt und schwankt, das Meer braust auf, die Schiffe schlagen zusammen, [...]" [S. 32]), dann schildert Goethe die allgemeine "Wirkung der Nachrichten" (S. 33), um schließlich darzulegen, welchen Eindruck das Erdbeben auf den sechsjährigen Knaben Goethe gemacht hat, nämlich die erste Erschütterung eines naiv-vertrauensvollen Gottesbildes (ebd.).

Neben den ereignishaften Einflüssen finden die geistigen Anregungen, in Gestalt von Personen und Werken, eine ausführliche Würdigung (die wichtigste Person in diesem Sinne ist ohne Zweifel Herder, der im Mittelpunkt des zehnten Buches steht). Auch soziale Einflüsse werden durch Personen vermittelt. In Kurzporträts charakterisiert Goethe sowohl ihre Persönlichkeit als auch den Lebenskreis, den sie stellvertretend repräsentieren. So schließt Goethe zum Beispiel an die Schilderung seines Straßburger Freundes Jung(-Stilling) eine Reflexion über die pietistische Gesinnung im Allgemeinen an (S. 400-402).[51] Der paradigmatische Flügelmann-Charakter des Helden liegt in dieser Lebensphase vor allem darin begründet, daß schon der junge Goethe das Glück hat, mit besonders vielen Lebenskreisen des 18. Jahrhunderts zusammenzutreffen.[52] Goethe historisiert also seine Lebensgeschichte als werdender "Flügelmann" der Sturm und Drang-Epoche, indem er die Einwirkung von historischen Ereignissen, geistesge-

---

[49] "Aber kaum hatte ich am 28. August 1756 mein siebentes Jahr zurückgelegt, als gleich darauf jener weltbekannte Krieg ausbrach, welcher auf die nächsten sieben Jahre meines Lebens auch großen Einfluß haben sollte." (S. 52) Weitere wichtige in die Biographie verflochtene historische Ereignisse sind: das Erdbeben in Lissabon 1755 (S. 32f.), der Hubertusburger Friede 1763 (S. 176) und die Amerikanische Revolution 1776 (S. 750).

[50] GOETHE: [Rez.: Bildnisse jetzt lebender Berliner Gelehrten], S. 625.

[51] Weitere Beispiele: Goethes Großvater Textor repräsentiert als Stadtschultheiß von Frankfurt das alte Reichsstadtbürgertum, Gretchen und ihr Bekanntenkreis den "niederen Stand"; Graf Thorane die französische Kulturnation und das Militär des Ancien régime. Treffend faßt NIGGL zusammen: "Über die Brücke der Fremdporträts wird das Jahrhundert in seinen konkreten gesellschaftlichen, politischen, kulturellen Zuständen, Vorgängen und Stimmungen [...] individuell facettiert und kann dadurch viel unmittelbarer denn zuvor als eine das Ich 'bestimmende und bildende' Macht erscheinen." (Geschichte der deutschen Autobiographie, S. 158).

[52] Diese umfassen u.a.: altes Reichsstadtbürgertum (Frankfurt), modernes Handelsstadtbürgertum (Leipzig, Offenbach), verschiedene Handwerkerkreise (Frankfurt, Dresden), Soldaten (Franzosen in Frankfurt während des Siebenjährigen Krieges), ländliche Bevölkerung (Sesenheim), Adel (Weimarer Hof).

schichtlich bedeutenden Persönlichkeiten und verschiedenen sozialen Milieus (wiederum repräsentiert durch einzelne Personen) in die Darstellung seiner Lebensgeschichte integriert.

Ein zweiter wichtiger Aspekt des Historischen in dieser Biographie ist die Selbstdarstellung Goethes als Exponent der Literaturepoche des Sturm und Drang. Bekannt ist der Anfang des siebten Buches mit der Schilderung des "Zustandes der deutschen Literatur jener Zeit" (S. 282-305), von manchen als Anfang der modernen deutschen Literaturgeschichtsschreibung eingeschätzt.[53] In späteren Abschnitten folgen Betrachtungen über die soziale und finanzielle Situation der Dichter in Deutschland (S. 429-433, S. 551-554) und eine bemerkenswerte Reflexion über die mentalitätsgeschichtlichen Bedingungen der enthusiastischen "Werther"-Rezeption (S. 616). Goethe ist damit nicht nur ein Vorreiter der modernen sozialgeschichtlich orientierten Literaturgeschichtsschreibung, sondern auch der sozialgeschichtlich arbeitenden historischen Biographie. Denn diese Schilderungen haben ja die biographische Funktion, Lebenssituation und Zukunftsmöglichkeiten des jungen Goethe als Dichter im damaligen literarischen Leben Deutschlands zu erörtern. In dieser literatur- und geistesgeschichtlichen Hinsicht weist Goethes Autobiographie *syntagmatische* Relevanz auf, denn es geht hier um die Einordnung des autobiographischen Helden in die deutsche Literaturgeschichte, wobei sowohl Vorgeschichte ("Zustand der deutschen Literatur") als auch Wirkung (zum Beispiel Rezeption des Werther) ihre Würdigung finden.

Noch ein dritter Aspekt läßt "Dichtung und Wahrheit" für die Idee-Geschichte der historischen Biographie interessant werden. Hier liegt nämlich die (Selbst-)Biographie derjenigen Person vor, die dieses neue Konzept der historischen Biographie entwickelt hat. Goethe beschreibt in seiner Autobiographie auch *seine historische Bewußtseinsbildung und diejenige seiner Epoche*. Es geht in diesem Werk letztlich auch um die Genese dieses neuen Konzepts der historischen Biographie. Goethes historisches Bewußtsein beginnt mit der "Neigung zum Altertümlichen", die dem Knaben zum Beispiel beim Betrachten der mittelalterlichen Stadtbefestigung in Frankfurt oder dem Durchblättern alter Chroniken aufgeht. Sie setzt sich fort mit dem intensiven Erlebnis der Zeremonien zur Königswahl und -krönung Josephs II., die "das durch so viele Pergamente, Papiere und Bücher beinah verschüttete deutsche Reich wieder für einen Augenblick lebendig darstellten;" (S. 201). Es folgt der Lebensbeschluß des Studenten Goethe, sich nicht auf das juristische Brotstudium, sondern auf "die Sprachen, die Altertümer, die Geschichte und allem was daraus hervorquillt" (S. 264) zu konzentrieren. Einen vorläufigen Abschluß findet diese Entwicklung in dem Literaturprogramm der Stürmer und Dränger mit ihrer Besinnung auf nationale Eigenart (S. 515) und nationale Literaturstoffe, vor

---

[53] Vgl. SPRENGEL: Einführung, in: SWnEsS, Bd. 16, S. 884.

allem aus dem 16. Jahrhundert (S. 753).[54] Wie sich allerdings aus dieser historischen Weltsicht die oben dargestellte Präferenz Goethes für die historische Biographie als die der großen Historie überlegene Darstellungsform entwickelt, wird nicht direkt beantwortet.[55]

Es ist oben darauf hingewiesen worden, daß Goethe in dem Historischen nicht den einzigen Zweck einer Biographie sieht, das gilt gerade auch für seine Autobiographie. Es geht Goethe zunächst um die Geschichte des Individuums, er erzählt "Aus meinem Leben" (wie der Obertitel zu "Dichtung und Wahrheit" lautet). Werden Geschichte und Individuum aber auf eine so intensive Weise aufeinander bezogen, so ist die strenge Unterscheidung zwischen Mittel und Zweck letztlich müßig. Lebendig wird nicht nur das Individuum, sondern auch seine Epoche, die auf es ein- und auf die es zurückwirkt. Epochemachend ist "Dichtung und Wahrheit" innerhalb der Idee-Geschichte der historischen Biographie in dreierlei Hinsicht: Goethe zeigt erstens einen Weg auf, wie die in der Aufklärung entstandene Trennung von Biographie und Historiographie durch ein neues Biographiekonzept zu überwinden ist. Zweitens formuliert er mit dem Konzept der historischen Bildungsgeschichte ein wichtiges Strukturmoment der nachfolgenden biographischen Historie im 19. und frühen 20. Jahrhundert. Drittens verwirklicht er in "Dichtung und Wahrheit" die erste bewußt paradigmatisch relevante Biographie, die die paradigmatische Qualität von "geistigen Flügelmännern" für die Epochendarstellung zu nutzen versteht.

3. Hegel: Das neue Verhältnis von Individuum und Geschichte in der idealistischen Geschichtsphilosophie

a) Die Theorie der welthistorischen Individuen

Eine zweite Quelle für die Herausbildung der modernen historischen Biographie liegt in dem philosophischen Zweig der "Deutschen Bewegung". Georg Wilhelm Friedrich Hegel wird die ideellen Grundlagen für eine Biographik legen, die, indem sie das Handeln "großer Individuen" schildert, zugleich "große Geschichtsschreibung" ist. Der in der Aufklärung aufgebrochene Gegensatz zwischen privater Biographie und überindi-

---

[54] Wichtigstes Zeugnis dieser nationalgeschichtlichen Bestrebungen der Stürmer-und-Dränger ist die in "Dichtung und Wahrheit" mehrfach angesprochene, von HERDER herausgegebene programmatische Aufsatzsammlung "Von deutscher Art und Kunst" (1773). Sie enthält u.a. einen Aufsatz GOETHES über die "Deutsche Baukunst" - "würkend aus starker, rauher, deutscher Seele, auf dem eingeschränkten düstern Pfaffenschauplatz des medii aevi." (Von deutscher Art und Kunst. Einige fliegende Blätter, hg. v. Hans Dietrich IRMSCHER, Stuttgart 1988, S. 103) und die Einleitung von Justus MÖSER in dessen "Osnabrückische Geschichte".

[55] Goethe hätte seine Autobiographie über den Zeitpunkt der Abreise nach Weimar (1775) bis in die 1790er Jahre weiterführen müssen, um über die Einflüsse der Französischen Revolution auf sein Welt- und Geschichtsbild reflektieren zu können.

vidueller Geschichtsschreibung wird hier durch ein neues Geschichtskonzept überwunden.[56]

Hegel betrachtet die Weltgeschichte als Philosoph, was für ihn bedeutet, der Geschichte ist zu unterstellen, "daß es vernünftig in ihr zugegangen sei."[57] Das Subjekt der Geschichte ist der "Geist". Der Geschichtsphilosoph sucht hinter dem "Schauspiel der Tätigkeiten und Leidenschaften" der Menschen (S. 34) die Zwecke und Tätigkeiten des (Welt-)Geistes. Dessen Endzweck ist, sich in und durch die Geschichte zum Bewußtsein seiner selbst zu bringen, das heißt, sich als das Freie zu begreifen, das er "an sich ist". Weltgeschichte ist deshalb "Fortschritt im Bewußtsein der Freiheit" (S. 32).

Hegel unterscheidet zwei Formen, wie die Menschen im Sinne des Weltgeistes fungieren können.[58] Die ganz große Mehrheit hat in einer unbewußten und beschränkten Weise Anteil an der Sache des Geistes. Sie befriedigen in ihrem relativ beschränkten Umfeld ihre Bedürfnisse. Mit diesen egoistisch bestimmten Interessen betreiben sie aber nicht nur belanglose Privatgeschäfte, sondern haben auch Anteil an allgemeinen Institutionen wie Wirtschaft, Religion und vor allem dem Staat, das heißt, sie sind tätig für die geschichtlich bedeutsame "Sache", wie Hegel es nennt (S. 36). Dann gibt es aber auch noch die ganz wenigen, die Geschichte - buchstäblich - gemacht haben, die *welthi-*

---

[56] Dieses neue Geschichtskonzept ist nicht allein das Werk Hegels. Wichtige Anregungen hat Hegel vor allem aus der Geschichtsphilosophie Kants und - was bisher in der Forschung wenig beachtet worden ist - aus derjenigen Fichtes erhalten. Insbesondere die Grundgedanken über die Geschichte als "Fortschritt im Bewußtsein der Freiheit" und über die Rolle der "welthistorischen Individuen" finden sich bei letzterem vorgeprägt. Vgl. dazu jetzt Klaus-M. KODALLE: Der Stellenwert der Historiographie im Kontext des Fichteschen Geschichtsdenkens, in: Fichte-Studien 11(1997), S. 259-285. Allgemein zum idealistischen Geschichtsdenken: SCHOLTZ: Geschichte, Historie, Sp. 361-366.

[57] "Der einzige Gedanke, den die Philosophie mitbringt, ist aber der einfache Gedanke der *Vernunft*, daß die Vernunft die Welt beherrsche, daß es also auch in der Weltgeschichte vernünftig zugegangen sei." (PhilG, S. 20). - Vgl. allgemein zur Interpretation der Geschichtsphilosophie: Wolfgang BIALAS: Das Geschichtsdenken der klassischen deutschen Philosophie: Hegels Geschichtsphilosophie zwischen historischem Erfahrungsraum und utopischem Erwartungshorizont, in: KÜTTLER/RÜSEN/SCHULIN, Bd. 3, S. 29-44; Horst MÖLLER: Erkenntnis und Geschichte in Hegels "Phänomenologie des Geistes", in: Franz-Lothar KROLL (Hg.): Neue Wege der Ideengeschichte. FS Kurt KLUXEN, Paderborn u.a. 1996, S. 102-124; Rüdiger BUBNER: Geschichtswissenschaft und Geschichtsphilosophie, in: Saeculum 43(1992), S. 54-65; Franz HESPE: "Die Geschichte ist der Fortschritt im Bewußtsein der Freiheit". Zur Entwicklung von Hegels Philosophie der Geschichte, in: Hegel-Jahrbuch 26(1991), S. 177-192; NIPPERDEY: Georg Wilhelm Friedrich Hegel; Werner BERTHOLD: Zur Stellung Hegels in der Geschichte der Geschichtswissenschaft, in: Wissenschaftliche Zeitschrift der Karl-Marx-Universität Leipzig. Gesellschafts- und Sprachwissenschaftliche Reihe 31(1982), S. 509-512; RIEDEL: Fortschritt und Dialektik in Hegels Geschichtsphilosophie. - Zur Theorie der weltgeschichtlichen Individuen: Georg BIEDERMANN: Zum Begriff der Persönlichkeit in der Philosophie Hegels, in: Erhard LANGE (Hg.): Philosophie und Geschichte. Beiträge zur Geschichtsphilosophie der deutschen Klassik (= Collegium philosophicum Jenense, Heft 4), Weimar 1983, S. 153-163; Herta NAGL-DOCEKAL: "Für einen Kammerdiener gibt es keinen Helden." - Hegels Kritik an der moralischen Beurteilung "Welthistorischer Individuen", in: KLINGENSTEIN/LUTZ/STOURZH (Hgg.): Biographie und Geschichtswissenschaft, S. 68-81.

[58] Vgl. NIPPERDEY: Georg Wilhelm Friedrich Hegel, S. 129-131.

*storischen Individuen.*⁵⁹ Diese zeichnen sich durch zwei Eigenschaften aus: durch Leidenschaft, "ohne die nichts Großes in der Welt [...] vollbracht worden ist" (S. 38), und durch die "Einsicht" in das, "was not und was an der Zeit ist." (S. 46) Zum Tragen kommen diese Eigenschaften aber nur in einer *historischen Umbruchsituation*, nicht in einer Periode des allgemeinen Glücks und der Zufriedenheit.⁶⁰ Die weltgeschichtlichen Individuen sind Kinder großer allgemeiner Krisen.⁶¹

Die historischen Individuen treten nur dann auf, wenn die Zeit reif für eine große Veränderung ist. Hier schlägt sich Hegels Wahrnehmung der Französischen Revolution und ihres "Vollstreckers" Napoleon nieder. Erstere hat gezeigt, "was an der Zeit ist", nämlich eine vernünftige Staatsform, in der sich die Freiheit verwirklicht. Napoleon, "der Weltgeist zu Pferde", befestigt diese Grundsätze durch militärische Macht und verbreitet sie in Europa.⁶² Dieses Modell wird auf vergangene Epochen übertragen: Cäsar trat auf, als die Zeit reif war, die alte, überlebte republikanische Staatsform abzustreifen (vgl. S. 45), Luther erschien, als die Zeit für eine allgemeine Reformation der Kirche gekommen war (vgl. S. 492ff.). Die welthistorischen Individuen haben ein deutliches Bewußtsein des Mangels des alten Zustandes und wissen zugleich, wie die Welt besser einzurichten ist. Das heißt aber nicht, daß sie auch Einsicht in die weltgeschichtliche Bedeutung ihres Tuns haben und damit sozusagen die Erkenntnisse des Geschichtsphilosophen vorwegnehmen. Ihre Einsicht bezieht sich vielmehr auf die praktische Seite der Veränderung, auf das, "was not ist". Ihr Schicksal ist es, sich mit der ganzen Leidenschaft ihres Wollens in die Auseinandersetzung des überlebten, aber nichts destoweniger von zahlreichen konservativen Kräften getragenen Alten und des Neuen zu stellen, für dieses Neue zu kämpfen und dabei oft persönlich zu scheitern - "Zum ruhigen Genusse kamen sie nicht, ihr ganzes Leben war Arbeit und Mühe [...]. Ist der Zweck erreicht, so fallen sie, die leeren Hülsen des Kernes, ab. Sie sterben früh

---

⁵⁹ In den "Vorlesungen über die Ästhetik" unterscheidet Hegel zwischen großen, kleinen und schlechten Individuen: "Diese sind groß und hervorragend, wenn sie sich mit ihrer Individualität dem gemeinsamen Zwecke, der im inneren Begriff der vorhandenen Zustände liegt, gemäß erweisen; klein, wenn sie der Durchführung nicht gewachsen sind; schlecht, wenn sie, statt die Sache der Zeit zu verfechten, nur ihre davon abgetrennte und somit zufällige Individualität walten lassen." (Werke, Bd. 15, S. 259).

⁶⁰ "Die Weltgeschichte ist nicht der Boden des Glücks. Die Perioden des Glücks sind leere Blätter in ihr;" (PhilG, S. 42).

⁶¹ Dies ist ein Gedanke, der sich später auch bei Jacob BURCKHARDT findet und von ihm weitergeführt worden ist. Vgl. ders.: Über das Studium der Geschichte, S. 217f. u. 392f.

⁶² In dem berühmten Brief an seinen Freund Niethammer schreibt er unter der Überschrift "Jena. Montags, den 13. Octbr. 1806, am Tage, da Jena von den Franzosen besetzt wurde, und der Kaiser Napoleon in seinen Mauern eintraf" über sein Erlebnis: "den Kaiser - diese Weltseele - sah ich durch die Stadt zum Rekognoszieren hinausreiten; - es ist in der Tat eine wunderbare Empfindung, ein solches Individuum zu sehen, das hier auf einen Punkt konzentriert, auf einem Pferde sitzend, über die Welt übergreift und sie beherrscht." (G. W. Fr. HEGEL: Weltgeist zwischen Jena und Berlin. Briefe, hg. und ausgewählt von Hartmut ZINSER, Frankfurt a. M./Berlin/Wien 1982, S. 57f.).

wie Alexander, sie werden wie Cäsar ermordet, wie Napoleon nach St. Helena transportiert." (S. 47) Aber nicht dieses persönliche Scheitern ist historisch interessant, sondern ihre Teilnahme an den großen Auseinandersetzungen zwischen dem Alten und dem Neuen. Wenn sie in diesem Sinne aufgefaßt werden, führen sie den Historiker zu den "Gelenkstellen der Weltgeschichte" (Hayden White).[63]

Ein Gedanke ist nun noch hervorzuheben: Die welthistorischen Individuen sind zwar schöpferische Menschen, indem sie den neuen, entscheidenden Gedanken denken und in die Tat umsetzen. Sie schöpfen diesen aber letztlich nicht aus sich selbst heraus - Hegel formuliert keine "Genie"-Theorie der Geschichte - sondern "aus einer Quelle, deren Inhalt verborgen [...] ist, aus dem innern Geiste, der noch unterirdisch ist, der an die Außenwelt wie an die Schale pocht und sie sprengt, weil er ein anderer Kern als der Kern dieser Schale ist." (S. 46) Die neue Weltepoche und ihr neues Prinzip bereitet sich in der alt gewordenen Epoche vor. Die Menschen sind unzufrieden mit dem hergebrachten Zustand, sie nehmen einzelne Unzulänglichkeiten wahr, sie spüren, daß etwas Neues kommen muß, und unternehmen einzelne Verbesserungsaktionen. Dann schlägt die Stunde des welthistorischen Individuums. Dieses spricht nun aus und vollbringt, was den anderen nur unbestimmt am Herzen liegt. Weil es aber ein unbewußtes Bedürfnis vieler Menschen ist, "folgen die anderen diesen Seelenführern, denn sie fühlen die unwiderstehliche Gewalt ihres eigenen inneren Geistes, der ihnen entgegentritt." (S. 46) Die Theorie der welthistorischen Individuen bedeutet also keine Hypostasierung des einzelnen und seiner Geschichtsmächtigkeit, wie manchmal behauptet worden ist,[64] sie proklamiert allerdings auch nicht die völlige Ohnmacht des einzelnen, wie Ranke und Fueter Hegel unterstellen.[65] Vielmehr gilt: Die Hegelsche Geschichtstheorie ist indivi-

---

[63] WHITE: Metahistory, S. 148.

[64] Ein Beispiel für die individualistische Interpretation Hegels bietet: Heinrich v. TREITSCHKE: Deutsche Geschichte im neunzehnten Jahrhundert, Bd. 3, Leipzig 1885, S. 715ff.

[65] So wirft RANKE Hegel vor, daß er "die Menschen zu willenlosen Werkzeugen stempelt." (Über die Epochen der neueren Geschichte, S. 5). Eduard FUETER spricht davon, daß das Individuum sich bei Hegel "ganz im Weltgeist auflöst" (Geschichte der neueren Historiographie, S. 432). Auch Lothar GALL betont in seiner Auseinandersetzung mit Hegel im Eingangskapitel seiner Bismarck-Biographie sehr stark die Unterordnung des Individuums unter die geschichtliche Bewegung: "Darin lag, mochten auch spätere Generationen es ganz anders deuten, eine radikale Absage an den Gedanken, daß ein großer Einzelner den Gang der Geschichte entscheidend verändern [...] könne. [...] Eine so entschiedene Unterordnung des Einzelnen, auch des scheinbar größten und mächtigsten, unter überindividuelle geschichtliche Ordnungs- und Entwicklungskräfte [...]." (Bismarck, S. 17). Diese Interpretation ist insofern richtig, als sie hervorhebt, daß die großen Individuen nach Hegel die Geschichte nicht beliebig verändern, d.h. in eine völlig neue Richtung lenken können. Sie ist aber insofern irreführend, als sie mit dem Wort "Unterordnung" suggeriert, daß die großen Individuen in dem geschichtlichen Prozeß keine entscheidende Rolle mehr spielen. Wenn man bei Hegel von "Unterordnung" sprechen will, dann in einem paradoxen Sinn. Gerade indem sich die Individuen dank ihrer individuellen Leidenschaft und Einsicht völlig dem Allgemein-Geschichtlichen unterordnen, wird das Verhältnis der Unterordnung aufgehoben. Sie werden

dualistisch, indem sie welthistorischen Individuen die entscheidende Rolle in historischen Umbruchsituationen zuweist. Sie ist aber zugleich kollektivistisch, indem sie die Bedingtheit dieser Individuen durch das, was an der Zeit ist, voraussetzt. Mit dieser philosophischen Perspektive auf die geschichtlichen Individuen setzt sich Hegel in scharfen Gegensatz zu der in der Aufklärung üblichen moralischen beziehungsweise psychologischen Betrachtung. (Auf diese - aus heutiger Sicht durchaus problematische - Abkehr vom moralischen Urteil ist schon bei der Besprechung der Karls-Biographie von Daniel Jenisch hingewiesen worden). - "Nach diesen allgemeinen Momenten also, welche das Interesse und damit die Leidenschaften der Individuen ausmachen, sind diese geschichtlichen Menschen zu betrachten. [...] Diese Betrachtungsweise schließt auch die sogenannte psychologische Betrachtung aus [...]." (S. 47) Hierher gehört auch das berühmte Wort vom Kammerdiener: "Für einen Kammerdiener gibt es keinen Helden, [...], nicht aber darum, weil dieser kein Held, sondern weil jener der Kammerdiener ist." (S. 48)[66] Eine kleinliche psychologische, ins Privatleben der großen Individuen schauende Geschichtsschreibung, die zu allen Zeiten ihr Publikum gefunden habe, weil sie "dem Neide am besten [dient]" (S. 47), werde ihrer geschichtlichen Bedeutung nicht gerecht.[67] Indem sie psychologisch realistisch ist, verkleinert sie historisch unrealistisch das Große, was die Individuen gewollt haben.

b) Hegels Geschichtsphilosophie und die Theorie der historischen Biographie

Faßt man das Konzept der welthistorischen Individuen in der oben geschilderten Weise auf, so scheint es kaum brauchbar für eine geschichtstheoretische Grundlegung der historischen Biographie zu sein. Zumindest müßte man sich dann mit einem Kandidatenkreis begnügen, der sich fast an zwei Händen abzählen läßt. Das Konzept hat allerdings einen für die empirische Geschichtsforschung brauchbaren Kern, der über die idealistische Phase des Historismus hinaus anregend auf die deutsche Geschichtswissenschaft gewirkt hat. Begnügt man sich mit einer Theorie des "historischen Individuums" (indem

---

vielmehr selbst zu den "Ordnungs- und Entwicklungskräften". Vgl. NIPPERDEY: Georg Wilhelm Friedrich Hegel, S. 130.

[66] Der Kammerdiener-Aphorismus ist von HEGEL in der "Phänomenologie des Geistes" (zuerst: 1807), in: ders.: Werke, Bd. 3, Frankfurt a. M. 1970, S. 489, geprägt worden. GOETHE hat ihn in seinen "Maximen und Reflexionen" in folgender Gestalt wieder aufgegriffen: "Es gibt, sagt man, für den Kammerdiener keinen Helden. Das kommt aber bloß daher, weil der Held nur vom Helden anerkannt werden kann. Der Kammerdiener wird aber wahrscheinlich seines Gleichen zu schätzen wissen." (Maximen und Reflexionen, Text der Ausgabe von 1907, Frankfurt a.M. 1976, S. 28).

[67] Die Ablehnung der Kammerdienerperspektive findet sich auch in der historistischen Geschichtsschreibung, z.B. bei DROYSEN: "[...] sofort finden sich Unzählige, die da meinen, nun habe man den Goethe erst ganz, wenn man allen seinen Klatsch wisse, nun verstehe man erst den Napoleon, wenn man erfahre, wie er jeden Tag ein Frauenzimmer gebraucht habe." (Historik, S. 370f.).

mit dem Begriff "Welt" zugleich die philosophischen Ansprüche fallen gelassen werden, die Hegel als Geschichtsphilosoph an die Individuen stellt), so kristallisieren sich folgende heuristisch fruchtbaren Bestimmungen heraus: 1. Die historische Betrachtung von Individuen lohnt besonders in geschichtlichen Krisen- und Konfliktsituationen. 2. Das Handeln dieser Individuen ist bedingt und getragen von dem, "was an der Zeit ist". 3. Die beiden Eigenschaften, die das Individuum zu seiner historischen Tätigkeit befähigen, lassen sich formal als "Einsicht" und "Leidenschaft" unterscheiden. 4. Das historische Interesse hat sich nicht auf das persönliche Schicksal des Individuums zu richten, als vielmehr auf seine historische Tätigkeit. Dieses letzte Prinzip ist für die Konzeption der historischen Biographie das folgenreichste. Denn aus ihm folgt, daß die Verhältnisse, auf die sich die bürgerliche (Auto-)Biographie des 18. Jahrhunderts konzentriert hat, das Privatleben, die subjektive "Welt- und Menschenansicht", in den Hintergrund gedrängt werden.

Der scharfe Gegensatz zwischen dem personalen Interesse des in der Spätaufklärung entwickelten Biographiekonzepts und dem rein historischen Interesse, wie es Hegel an die Individuen heranträgt, bestimmt zunächst die Rezeptionsgeschichte des Hegelschen Konzepts im 19. Jahrhundert. Die Tradition der bürgerlichen (Auto-)Biographie und vor allem Goethe mit seinem Gedanken einer historischen Bildungsgeschichte, in der sich paradigmatisch die Zeit des Individuums spiegelt, haben die Vorstellung vom Wesen der Biographie zunächst stärker geprägt. Selbst Hegels eigene Überlegungen zur Biographie als Geschichtsschreibung sind von der Goetheschen Tradition bestimmt, wenn er in der "Enzyklopädie" schreibt: "Das Interesse der *Biographie*, [...], scheint direkt einem allgemeinen Zwecke gegenüberzustehen, aber sie selbst hat die historische Welt zum Hintergrunde, mit welchem das Individuum verwickelt ist;"[68] Hegel faßt hier zwar den Begriff der Biographie im modernen historischen Sinne auf, aber im Hinblick auf die durch Goethe in den Vordergrund gestellten "Zeitverhältnisse", in denen das Individuum steht. Seine eigene Theorie der welthistorischen Individuen bringt Hegel nicht mit der biographischen Darstellungsform in Verbindung. Vielmehr wird der Gedanke des welthistorischen Individuums zunächst dazu benutzt, um die Biographie erneut von großer Geschichtsschreibung abzugrenzen. Ein Beispiel dafür gibt der Althegelianer Eduard Gans in einer Besprechung der "Biographischen Denkmale" Varnhagen von Enses. Dank seiner "Denkmale", die unter anderem Lebensbeschreibungen von Fürst Leopold von Anhalt-Dessau, Fürst Blücher von Wahlstadt und Graf Ludwig von Zinsendorf enthalten, galt Varnhagen als führender Biograph in der ersten Hälfte des 19. Jahrhunderts. Sein literarisch geschulter, szenischer, zuweilen anekdotischer Erzählstil

---

[68] Enzyklopädie der philosophischen Wissenschaften (zuerst: 1817/1830), 3. Teil: Die Philosophie des Geistes, in: ders.: Werke, Bd. 10, Frankfurt a. M. 1970, S. 351.

machte ihn zu einem vielgelesenen Autor. Die Qualität des Historischen haben diese Biographien aber nur in einem sehr beschränkten Maß. Die Fürsten, Militärs und Dichter werden weder in einen syntagmatischen Zusammenhang gestellt, noch als paradigmatische Kristallationskerne von Epochenverhältnissen genutzt.[69] Im Hinblick auf diese Werke urteilt Gans, daß die Biographie nicht die richtige Form sei, um über welthistorische Individuen zu schreiben, denn ihr sei "das Individuum die letzte ausschließende Wichtigkeit".[70] Diese sollten vielmehr innerhalb der Geschichte des Weltgeistes behandelt werden, so wie Hegel es in seiner Geschichtsphilosophie selbst getan habe. Die Berechtigung zur biographischen Behandlung, "aber auch die Verdammung dazu, ist den Helden zweiten Ranges zu überlassen [...]",[71] beispielsweise Cato und Aristides. Man kann in diesen Ausführungen auch ein Votum für eine Arbeitsteilung zwischen Geschichtswissenschaftlern, bzw. Geschichtsphilosophen und Literaten erkennen. Die wirklich wichtigen Persönlichkeiten bleiben ersteren vorbehalten, denn nur diese können deren historische Bedeutung innerhalb des "geschichtlichen Fortschreitens" angemessen zur Geltung bringen, die weniger wichtigen hingegen sollten Schriftstellern überlassen bleiben, denn jene haben die Möglichkeit, durch literarische Gestaltung aus einem historisch sekundären Stoff immerhin ein schönes, lesbares Stück Literatur zu verfertigen. Gans argumentiert also auf der Grundlage der ihm mit Varnhagen vorliegenden Praxis der Biographie und dem durch Hegel erhobenen Anspruch einer angemessenen Betrachtung welthistorischer Individuen und setzt plausibel auseinander, daß das eine zu dem anderen nicht passen will.

Soll beides zueinander kommen, muß sich erst die Vorstellung von Biographie als Geschichtsschreibung verändern, muß überhaupt erst die Möglichkeit biographischer Historie im Rahmen des sich neu konstituierenden historistischen Wissenschaftsparadigmas erkundet werden. Erst ein Konzept, das auch für die Biographie jene geschichtswissenschaftlichen Interessen, Ansprüche und Methoden reklamiert, die für wissenschaftliche Historie überhaupt gelten, kann in der Hegelschen Theorie eine brauchbare Grundlage finden. Diesen nächsten entscheidenden Schritt in der Idee-Geschichte der historischen Biographie vollzieht ebenfalls ein Hegelschüler, der aber zugleich ein Historiker

---

[69] VARNHAGEN von Ense: Biographische Denkmale, 5 Bde., Berlin ¹1824-30; 2. vermehrte und verbesserte Auflage Berlin 1845f. - Zur Einschätzung der "Biographischen Denkmale" vgl.: Konrad FEILCHENFELDT: Varnhagen von Ense als Historiker, Amsterdam 1970, S. 228-246; Friedrich SENGLE: Biedermeierzeit. Deutsche Literatur im Spannungsfeld zwischen Restauration und Revolution 1815-1848, Bd. 2: Die Formenwelt, Stuttgart 1972, S. 311-314; Werner GREILING: Varnhagen von Ense - Lebensweg eines Liberalen. Politisches Wirken zwischen Diplomatie und Revolution, Köln/Weimar/Wien 1993, S. 69-71.

[70] Eduard GANS: [Rez.: Biographische Denkmale von K. A. Varnhagen v. Ense, Berlin 1824], S. 227. Weitere Nachweise erfolgen im Text. SENGLE hat als erster auf diesen ideengeschichtlich aufschlußreichen Beitrag von Gans hingewiesen. (Biedermeierzeit, Bd. 2, S. 307.).

[71] GANS: [Rez.: Biographische Denkmale], S. 230.

ist: Johann Gustav Droysen. Hier ist der Punkt erreicht, wo die Unterscheidung zwischen personaler und historischer Biographie, welche dieser Untersuchung zugrunde gelegt worden ist, zum ersten Mal theoretisch bewußt (in der "Historik") und praktisch in der "Geschichte Alexanders des Großen" relevant wird.

D. Ausbildung und Etablierung der historischen Biographie im Historismus

I. Idealistischer Historismus

1. Der Historismus und die Geschichte der historischen Biographie

Drei Phänomene haben das Bild des deutschen Historismus[1] besonders geprägt: Die Gestalt Rankes, sein Renommee als "objektiver" und anschaulicher Geschichtsschreiber, die borussische Schule mit ihrem Konzept einer politischen Geschichtsschreibung und einer dezidiert nationalgeschichtlichen Perspektive und der Tatsachenpositivismus des späten 19. Jahrhunderts, die von Nietzsche als lebensfeindlich kritisierte Faktenhuberei, die heute oft noch die empirische Grundlage für zahlreiche Forschungszweige bietet. Die umfangreiche Forschung zum Historismus hat sich bisher nicht auf eine allgemein anerkannte Periodisierung des vielgestaltigen und langlebigen Paradigmas[2] einigen können.[3] Hier soll deshalb eine Untergliederung vorgeschlagen werden, die auf die

---

[1] Der Ausdruck "Historismus" ist ein sehr schillernder und vieldeutiger Begriff. In seiner um 1900 aufkommenden ursprünglichen Bedeutung diente er dazu, den Werterelativismus der historischen Wissenschaften zu kritisieren. Friedrich Meinecke hat mit seinem Buch "Die Entstehung des Historismus" wesentlich dazu beigetragen, ihn in eine zunächst positiv konnotierte Bezeichnung für die weltanschaulichen und methodologischen Besonderheiten der deutschen Geschichtswissenschaft seit 1800 umzudeuten. In dieser Tradition wird er heute zumeist als Bezeichnung für eine historiographiegeschichtliche Epoche verwendet. Zu Bedeutungen und dem Bedeutungswandel des Begriffs vgl. SCHNÄDELBACH: Geschichtsphilosophie nach Hegel, S. 19-30; MUHLACK: Geschichtswissenschaft im Humanismus und in der Aufklärung, S. 15-23; Otto Gerhard OEXLE: Die Geschichtswissenschaft im Zeichen des Historismus. Bemerkungen zum Standort der Geschichtsforschung, in: HZ 238(1984), S. 17-55; Annette WITTKAU: Historismus. Zur Geschichte des Begriffs und des Problems, Göttingen 1992; Hans-Peter JAECK: "Historismus" und kein Ende?, in: Rechtshistorisches Journal 12(1993), S. 195-201; Wolfgang BIALAS/Gérard RAULET (Hgg.): Die Historismusdebatte in der Weimarer Republik (= Schriften zur politischen Kultur der Weimarer Republik, hg. v. Wolfgang BIALAS und Gérard RAULET, Bd. 2), Frankfurt a. M. 1996; Ernst SCHULIN: Neue Diskussionen über Historismus, in: StdZ 30(1998), S. 109-117. Die in den letzten Jahren wieder sehr intensiv und kontrovers geführten Debatten über den Historismus werden auch als Streit um die "richtige" Bedeutung des Begriffs "Historismus" ausgetragen. Vgl. dazu die Beiträge in Otto Gerhard OEXLE/Jörn RÜSEN (Hgg.): Historismus in den Kulturwissenschaften. Geschichtskonzepte, historische Einschätzungen, Grundlagenprobleme (= Beiträge zur Geschichtskultur, hg. v. Jörn RÜSEN), Köln u.a. 1996.

[2] Die Vielgestaltigkeit sollte nicht zugunsten der Langlebigkeit übersehen werden. Horst Walter BLANKE (Historiographiegeschichte als Historik) neigt dazu, im Zuge seines dreistufigen Entwicklungsmodells der deutschen Geschichtswissenschaft (Aufklärung - Historismus - Historische Sozialwissenschaft), die Einheitlichkeit des Historismus auf Kosten seiner Vielgestaltigkeit zu betonen: 60 Jahren Aufklärungshistorie und 20 Jahren "Historischer Sozialwissenschaft" steht ein Block von fast anderthalb Jahrhunderten "Historismus" gegenüber. Vgl. dazu die überzeugende Kritik von Otto Gerhard OEXLE: Einmal Göttingen - Bielefeld einfach: auch eine Geschichte der deutschen Geschichtswissenschaft, in: Rechtshistorisches Journal 11(1992), S. 54-66, hier: S. 55.

[3] FUETER (Geschichte der neueren Historiographie) nennt einzelne "Schulen" der Geschichtsschreibung im 19. Jahrhundert, für die er allerdings noch nicht den Oberbegriff "Historismus" benutzt. JAEGER/RÜSEN (Geschichte des Historismus) orientieren sich ebenfalls an Schulen und prägenden

Zwecke dieser Untersuchung zugeschnitten ist. Der methodische Ausgangspunkt ist dabei, daß Gestalt und Stellenwert der Biographie als historiographischer Darstellungsform wesentlich von der Art und Weise bestimmt werden, wie Geschichte gedacht und geschrieben wird. Es gilt also, innerhalb der Geschichte des Historismus herrschende Tendenzen und Charakteristika auszumachen, von denen eine solche Prägekraft für die historische Biographik ausgegangen sein könnte. Es soll dabei ein Kompromiß gefunden werden, der sowohl die Logik der Chronologie als auch die sachthematischen Zusammenhänge berücksichtigt. Den einzelnen Phasen entspricht keine strikte chronologische Aufeinanderfolge, sondern es sind zeitliche Überschneidungen festzustellen. Die jeweils angegebenen Charakteristika haben keinen Ausschließlichkeitsanspruch für die einzelnen Perioden, sondern kennzeichnen den Historismus insgesamt. In den betreffenden Phasen treten sie jedoch besonders hervor.

1. Die methodische und weltanschauliche Formierungsphase des Historismus kann für die Jahrzehnte von der Revolutionsära 1789/1815 bis zur Revolution 1848/49 angesetzt werden. Es gehörte lange Zeit zum Selbstverständnis der deutschen Geschichtswissenschaft, in der Abgrenzung von der idealistischen Geschichtsphilosophie Hegels ein wesentliches Element dieses Konstituierungsprozesses zu sehen. Aus heutiger Sicht muß man aber das idealistische Erbe im Geschichtsdenken Rankes und Droysens, zwei der zentralen Figuren dieser frühen Phase, weit stärker betonen.[4] Deshalb wird hier diese erste Phase als *idealistischer Historismus* bezeichnet. Es ist zu erwarten, daß der idealistische Historismus sich als die ideengeschichtliche Nahtstelle erweist, über welche Theoreme der idealistischen Geschichtsphilosophie in die Geschichte der historischen Biographie einfließen.

2. In den Jahren zwischen der Revolution 1848/49 und der deutschen Reichsgründung 1871 tritt mit der borussischen Historikerschule eine Geschichtsschreibung

---

Figuren ("Die Epoche Rankes und Niebuhrs"; "Die Preußisch-Kleindeutsche Schule"; "Die Ranke-Renaissance"). Hans SCHLEIER (Epochen der deutschen Geschichtsschreibung seit der Mitte des 18. Jahrhunderts, in: KÜTTLER/RÜSEN/SCHULIN, Bd. 1, S. 133-156) schlägt eine chronologische Periodisierung vor, ohne die einzelnen Phasen durch Schlagworte zu charakterisieren (1750 bis 1815; 1815 bis 1890; 1890 bis 1960). SIMON (Historiographie) nennt verschiedene Gesichtspunkte, unter denen eine Geschichte des Historismus geschrieben werden könnte (u.a. Institutionengeschichte, Disziplinengeschichte, "Intellectual History"), konzentriert sich dann aber doch auf einzelne Historiker. KÜTTLER/RÜSEN/SCHULIN (Bd. 3, S. 11-13) schlagen vor, statt von "Historismus" von "Historisierung" zu reden, und veranschlagen für diese Epoche etwa die Jahrzehnte von 1800 bis 1880. Rüdiger vom BRUCH (Schlußbemerkungen, in: KÜTTLER/RÜSEN/SCHULIN, Bd. 4, S. 399-405, hier: S. 400) spricht deshalb vom einem "kurzen" 19. Jahrhundert in historiographiegeschichtlicher Perspektive.

[4] Zu der Frage des Verhältnisses von Hegel und Historismus vgl. SCHNÄDELBACH: Geschichtsphilosophie nach Hegel (betont von seiner Fragestellung her mehr die Differenzen); JÄGER/RÜSEN: Geschichte des Historismus, S. 30-34; HARDTWIG: Geschichtsreligion, S. 14. Insbesondere Droysen ist durch Hegel geprägt. Vgl. dazu MACLEAN: Johann Gustav Droysen and the Development of Historical Hermeneutics, S. 363-365.

in den Vordergrund, die durch ihre politische Wirkungsabsicht im Sinne von "Preußens deutschem Beruf" hervorsticht. Wichtigster Exponent dieses sich auch auf dem Gebiet der Biographik niederschlagenden *politischen Historismus* ist neben den jüngeren Sybel und Treitschke wiederum Droysen.[5] Die inhaltliche Konzentration auf die Rolle des preußischen Staates in der deutschen Nationalgeschichte führt nicht nur dazu, daß sich eine oppositionelle großdeutsch-katholische Historie formiert, sondern läßt auch vermuten, daß wesentliche Elemente der geschichtlichen Wirklichkeit keine Beachtung mehr finden.[6] Wichtige alternative Ansätze historischer Biographik sind deshalb abseits der universitären Geschichtswissenschaft zu suchen.

3. Die Jahre nach der Reichsgründung bis zum Ende des Ersten Weltkriegs sind durch einen beträchtlichen institutionellen Ausbau der Geschichtswissenschaft und durch Erneuerungs- und Restaurationsversuche des disziplinären Selbstverständnisses geprägt. Wenn diese dritte Phase hier in Anlehnung an eine Formulierung Thomas Nipperdeys als *wissenschaftlicher Historismus* bezeichnet wird,[7] so soll damit sowohl der Ausbau des Wissenschafts*betriebs* als auch die Kontroversen um das Wissenschafts*verständnis* angesprochen werden. Von *beiden* Aspekten des wissenschaftlichen Historismus sind immense Auswirkungen auf Inhalt und Form der Historiographie, mithin auch der Biographie, zu erwarten.

Als weichenstellende Anfangsphase gilt dem idealistischen Historismus traditionell die besondere Aufmerksamkeit der Historiographiegeschichte. Seine Bedeutung liegt nicht nur in der Konstituierung des "Methodenfaktors historischen Denkens" (das heißt der Etablierung der historisch-kritischen Methode), wie Jörn Rüsen es in seinem ideal-

---

[5] Die Lebensläufe der Historiker überschneiden sich natürlich mit der hier vorgenommenen Untergliederung des Historismus. Es erscheint sinnvoll, Ranke ganz dem idealistischen Historismus zuzuordnen, da auch seine späteren Werke (darunter die "Geschichte Wallensteins") die Prägung der idealistischen Phase tragen; vgl. dazu: WHITE: Metahistory, S. 215. Anders ist es im Falle Droysens: Wohl ist zeitlebens das hegelisch-idealistische Erbe in seinem Denken lebendig geblieben, aber diese Grundüberzeugung entwickelt sich in den 1840er Jahren zu einem "nationalen Idealismus" (Theodor SCHIEDER: Johann Gustav Droysen, in: NDB 4[1959], S. 136) weiter, der auf politische Wirkung im Sinne der kleindeutsch-preußischen Lösung der deutschen Frage drängt. Da Droysen in beiden Phasen mit biographischen Werken (dem "Alexander" in der idealistischen und dem "York" in der politischen) hervortritt, wird er zweimal Gegenstand der Darstellung sein.

[6] Vgl. dazu SIMON: Historiographie, S. 121-127; Robert DEUTSCH/Wolfgang WEBER: Marginalisierungsprozesse in der deutschen Geschichtswissenschaft im Zeitalter des Historismus, in: Schweizerische Zeitschrift für Geschichte 35(1985), S. 174-197.

[7] "Die Wissenschaft wird wissenschaftlicher." NIPPERDEY versteht darunter vor allem die Spezialisierung, die Beschränkung des wissenschaftlichen Interesses auf das, was sich durch die Methoden exakt erarbeiten läßt, die Fakten, weiterhin die Organisierung und Institutionalisierung der Forschung und die Durchsetzung anspruchsvoller methodischer Standarts (Deutsche Geschichte 1866-1918, Bd. 1: Arbeitswelt und Bürgergeist, München 1990, S. 634).

typischen Modell des Paradigmenwechsels nahelegt.[8] Wesentlich ist ebenso eine neue Geschichtsanschauung, die bereits im Aufklärungskapitel idealtypisch umrissen worden ist. Benedetto Croce bezeichnet sie als "idealistische Geschichtsauffassung" im Gegensatz zur "pragmatischen" der Aufklärung.[9] Neu ist der Gedanke, daß hinter dem endlosen mechanischen Wechsel von Ursache und Wirkung, hinter dem verwirrenden Mit- und Gegeneinander der Individuen, hinter dem scheinbar zufälligen Zusammenspiel natürlicher, sozialer und individueller Faktoren der Geschichte eine geistige Triebkraft zugrunde liegt: der Geist (Hegel), die Idee (Humboldt), der Gedanke (Droysen): "Der Geist sucht eine Einheit, die höher liegt als der Kausalnexus selbst [...]. Diese Einheit allein kann eine historische heißen [...] oder die Einheit einer Idee."[10] Die Idee gibt der Geschichte Einheit und Richtung und damit innere Notwendigkeit. Die Geschichte erscheint als Entfaltung von Ideen, als Entwicklung.[11] Die Idee vermittelt auch das Ganze der Geschichte mit der Vielheit ihrer Erscheinungen in Individuen, Völkern und Institutionen, indem die Idee das Allgemeine ist, das in diesen Individualitäten erscheint.[12] Auf die Ideen richtet die Geschichtswissenschaft ihr Erkenntnisinteresse: Wesentlich, das heißt von allgemein-geschichtlichem Interesse ist, was sich als Erscheinungsform einer Idee begreifen läßt.

2. Droysen: Die Biographie als geschichtswissenschaftliche Darstellungsform

a) Droysens "Historik" und die Theorie der historischen Biographie

In der Reihe geschichtswissenschaftlicher Einführungen, Propädeutiken, Historiken und ähnlichen Werken markiert Droysens "Historik"[13] einen wichtigen Einschnitt: Nach der

---

[8] RÜSEN: Grundlagenreflexion und Paradigmenwechsel, S. 56. - Vgl. zur Kritik an der Fixierung auf die Quellenkritik als Markenzeichen des Historismus: DANIEL: "Ein einziges grosses Gemählde", S. 6.

[9] CROCE: Zur Theorie und Geschichte der Historiographie, S. 84-89. Eine übersichtliche Zusammenstellung der wichtigsten Unterschiede zwischen Aufklärung und Historismus in Geschichtsanschauung und Erkenntnistheorie der Geschichte findet sich bei MUHLACK: Geschichtswissenschaft im Humanismus und in der Aufklärung, S. 428-435. Vgl. auch die das Wesentliche sehr schön hervorhebende Darstellung von Thomas NIPPERDEY: Deutsche Geschichte 1800 - 1866. Bürgerwelt und starker Staat, München ⁵1991, S. 498-508.

[10] Georg Friedrich CREUZER: Die historische Kunst der Griechen in ihrer Entstehung und Fortbildung, Leipzig 1803, S. 230. Die Bedeutung dieses Konzepts hat jüngst ANKERSMIT (Historicism, S. 154) hervorgehoben: Es sei "the most fruitful concept that has ever been developed in the history of historical theory."

[11] Zweifellos verbirgt sich hinter dieser an die idealistische Geschichtsphilosophie gemahnende Vergeistigung der Geschichte eine "Geschichtsmetaphysik", die religiöse Züge aufweist. Ob man deshalb den Historismus als ganzen unter den Titel "Geschichtsreligion" verbuchen kann, wie dies Hardtwig vorschlägt, erscheint mir jedoch fraglich. Vgl.: HARDTWIG: Geschichtsreligion.

[12] Vgl. dazu RÜSEN: Der Teil des Ganzen, S. 301f.

[13] Von der "Historik", über die Droysen unter wechselnden Titeln von 1857 bis 1882/83 Vorlesungen gehalten hat, liegen inzwischen mehrere Ausgaben vor. Droysen selbst hat die Vorlesungen nicht

bis ins frühe 19. Jahrhundert hineinreichenden Tradition der noch von der Aufklärung beeinflußten Werke[14] entwickelt er, auf Humboldt aufbauend, den ersten und in Umfang und systematischer Konsistenz bedeutendsten Versuch, die Geschichte im Sinne des Historismus als Wissenschaft vom "forschenden Verstehen" zu fundamentieren.[15]

Die "Historik" gliedert sich in zwei große Teile: in die "Methodik" und die "Systematik". Die "Methodik" ist eine epistemologische Theorie der Geschichtswissenschaft (Welches sind die Prinzipien der historischen Erkenntnis?), die "Systematik" ist eine Theorie der Geschichte (Was ist Geschichte und wie kommt sie zustande?).[16] Die Darstellung der historischen Methode umfaßt vier Stufen: Heuristik, Kritik, Interpreta-

---

publiziert, sondern nur einen sehr gekürzten "Grundriß" (erstmals als Manuskript: Jena 1858). Eine relativ vollständige Ausgabe, die allerdings auf (nicht kenntlich gemachter) Kompilation verschiedener Versionen beruhte, bot 1937 erstmals die Edition von Rudolf Hübner (Johann Gustav DROYSEN: Historik. Vorlesungen über Enzyklopädie und Methodologie der Geschichte, hg. v. Rudolf HÜBNER, München 1937), die vielfach wieder aufgelegt worden ist. Diese Ausgabe kann seit dem Erscheinen des ersten Bandes der "historisch-kritischen" Ausgabe als überholt gelten: Johann Gustav DROYSEN: Historik. Historisch-kritische Ausgabe, hg. v. Peter LEYH, Bd. 1: Rekonstruktion der ersten vollständigen Fassung der Vorlesungen (1857), Grundriß der Historik in der ersten handschriftlichen (1857/1858) und in der letzten gedruckten Fassung (1882), Stuttgart-Bad Cannstadt 1977. Wir greifen im folgenden auf diese Ausgabe zurück. Seitenzahlen ohne Kürzel beziehen sich dann immer auf die "Rekonstruktion der ersten vollständigen Fassung", Seitenzahlen mit dem Hinweis "Grundriß" beziehen sich immer auf die "Letzte gedruckte Fassung des Grundrisses". Zu Details der Editionsgeschichte vgl. Peter LEYH: Vorwort des Herausgebers, in: DROYSEN: Historik. Historisch-kritische Ausgabe, S. IX-XXIX.

[14] Vgl. folgende Werke (falls Seitenzahlen angeben werden, bezeichnen sie Stellen, in denen sich der Autor zur Biographie äußert): D. J. HEYNIG: Versuch einer Propädeutik der Geschichte, Halle 1805; Friedrich Wilhelm TITTMANN: Ueber Erkenntniß und Kunst in der Geschichte, Dresden 1817; Wilhelm WACHSMUTH: Entwurf einer Theorie der Geschichte, Halle 1820, ND, hg. und eingel. v. Hans SCHLEIER und Dirk FLEISCHER, Waltrop 1992 (S. 27f.); GERVINUS: Grundzüge der Historik (S. 74f.).

[15] Hinzugezogene Literatur zum *Geschichtstheoretiker* Droysen und zur *"Historik"*: Joachim WACH: Das Verstehen. Grundzüge einer Geschichte der hermeneutischen Theorie im 19. Jahrhundert, Bd. 3: Das Verstehen in der Historik von Ranke bis zum Positivismus, Tübingen 1933, ND Hildesheim/Zürich/New York 1984, S. 134-188; Hildegard ASTHOLZ: Das Problem "Geschichte" untersucht bei Johann Gustav Droysen, Berlin 1933, ND Vaduz 1956; Bruno OTTNAD: Mensch und Geschichte bei Johann Gustav Droysen, Diss. Karlsruhe 1952; Peter HÜNERMANN: Der Durchbruch geschichtlichen Denkens im 19. Jahrhundert. Johann Gustav Droysen, Wilhelm Dilthey und Graf Paul York von Wartenburg, Ihr Weg und ihre Weisung für die Theologie, Freiburg i. B. 1967; Jörn RÜSEN: Begriffene Geschichte. Genesis und Begründung der Geschichtstheorie J. G. Droysens, Paderborn 1969; ders.: Johann Gustav Droysen, in: WEHLER (Hg.): Deutsche Historiker, Bd. 2, S. 7-23, erweitert wiederabgedruckt in: RÜSEN: Konfigurationen des Historismus, S. 226-275; Karl-Heinz SPIELER: Untersuchungen zu Johann Gustav Droysens "Historik", Berlin 1970; Werner OBERMANN: Der junge Johann Gustav Droysen. Ein Beitrag zur Entstehungsgeschichte des Historismus, Diss. Bonn 1977; Irene KOHLSTRUNK: Logik und Historie in Droysens Geschichtstheorie. Eine Analyse von Genese und Konstitutionsprinzipien seiner "Historik", Wiesbaden 1980; MACLEAN: Johann Gustav Droysen and the Development of Historical Hermeneutics; WHITE: Die Bedeutung der Form, S. 108-131. - Zu Droysens *Lehre von den Darstellungsformen*: Jörn RÜSEN: Bemerkungen zu Droysens Typologie der Geschichtsschreibung, in: KOSELLECK/LUTZ/RÜSEN (Hgg.): Formen der Geschichtsschreibung, S. 192-200; umfassend vom Standpunkt der literaturwissenschaftlichen Diskussion um "Narrativität" aus: SCHIFFER: Theorien der Geschichtsschreibung, S. 87-112.

[16] Vgl. Historik: S. 57-63.

tion und Apodeixis.[17] Letztere beinhaltet die Theorie der historischen Darstellungsformen, mithin auch die Theorie der historischen Biographie. Die systematische Einbeziehung der Historiographie in die geschichtswissenschaftliche Methodik ist das Wesentliche bei Droysen: Die Theorie der historiographischen Darstellungsformen ist nicht mehr, wie noch bei Gervinus, eine "Poetik der Geschichtsschreibung"[18] und damit abgesondert von der historischen Erkenntnistheorie, sondern "aus dem Wesen und Begriff unserer Wissenschaft und ihrer Methode"[19] selbst hergeleitet. Der Mittelpunkt der Methode ist das historische Verstehen, die Interpretation des historischen Stoffes. Ihr ist die Heuristik des Materials und die Kritik der Quellen vorgelagert. (Kritik allein - argumentiert Droysen gegen die Rankeschule - mache nicht den wissenschaftlichen Charakter der Geschichtsforschung aus). Die eigentliche Synthesis der quellenkritisch untermauerten Interpretationsergebnisse liefert aber erst die historische Darstellung: Sie leiste die "Rekonstruktion des Zusammenhangs, in dem die erforschte Sache sich als verständlich und verstanden aufweist" (S. 57) und ist deshalb neben Heuristik, Kritik und Interpretation der unentbehrliche vierte Teil der historischen Methodik. Droysen faßt die vier Elemente der Methodik folgendermaßen zusammen: "Das Objekt für unser Tun ist ein gegebenes; heuristisch bestimmen wir es, durch Kritik machen wir es fertig zum Verständnis, durch die Interpretation bemächtigen wir uns seines Inhalts, um es apodeiktisch in seine wahre Stelle einzuordnen." (S. 65).

Damit ist die theoretische Reflexion über die historische Biographie auf ein grundsätzlich neues Fundament gestellt: Das Problem der Gegensätzlichkeit von Biographie und Geschichtsschreibung, das in der Diskussion der Aufklärung eine große Rolle spielte, stellt sich gar nicht mehr, wenn die Biographie als eine sich aus der Natur der geschichtswissenschaftlichen Methode ergebende historische Darstellungsform begriffen wird. Von einer Theorie der Biographie als biographische Historie kann man - streng genommen - erst bei Droysen sprechen.

Die Analyse der einschlägigen Passagen zur Biographie macht allerdings Einschränkungen nötig: Die in der Aufklärungshistorie und in der idealistischen Diskussion (Eduard Gans) artikulierten Vorbehalte gegenüber der Biographie spielen auch bei Droysen eine große Rolle. Seine Ausführungen sind nicht frei von Unklarheiten bezie-

---

[17] In den späteren Fassungen des Grundrisses ist die "Apodeixis" aus der "Methodik" ausgegliedert und als eigenständiger Teil ("Topik") der "Methodik" und der "Systematik" angehängt. Diese Gliederung hat auch Hübner seiner Fassung zugrundegelegt. Jörn RÜSEN sich demnach nicht auf die ursprüngliche Fassung der "Historik" berufen, wenn er behauptet, daß Droysen "die historische Interpretation als eigentlich historische Erkenntnisoperation von der Geschichtsschreibung abgekoppelt hat." Die Theorie der Darstellungsformen ("Apodeixis") ist ursprünglich *ein Teil* der "Methodik" (Geschichtsschreibung als Theorieproblem der Geschichtswissenschaft, S. 142).

[18] RÜSEN: Geschichtsschreibung als Theorieproblem der Geschichtswissenschaft, S. 139.

[19] Historik, S. 217.

hungsweise Widersprüchlichkeiten. Man muß deshalb unterscheiden zwischen dem, was Droysen vom Ansatz her leistet und dem, was er faktisch zur Biographie aussagt. Wie wichtig eine solche Unterscheidung ist, merkt man, wenn man die Frage stellt, inwiefern Droysens erste große historiographische Leistung, die "Geschichte Alexanders des Großen", eine Biographie im Sinne der "Historik" ist. Gemessen an seinen konkreten Ausführungen zur historischen Biographie ist sie nämlich keine, gemessen an seinem systematischen Ansatz ist sie ein Paradebeispiel biographischer Historie und gilt heute zurecht als Klassiker dieses Genres. Es erscheint daher angebracht, sich der Droysenschen Theorie der historischen Biographie auf zwei Wegen zu nähern: In dem ersten Abschnitt soll gezeigt werden, welche Theorie der historischen Biographie vom Ansatz her *möglich* ist. Vor diesem Hintergrund sind dann im zweiten Abschnitt seine konkreten Ausführungen zu interpretieren und zu problematisieren.

b) Das historische Interesse an den Individuen und die Idee einer rein historischen Biographie

Droysens systematische Begründung der historischen Biographie im Rahmen des historistischen Paradigmas kann man in folgende Gedankenschritte gliedern: Zunächst ist (α.) das historische Interesse zu umreißen, das Droysen den Historiker an die Individuen herantragen läßt. Wird die Biographie ganz nach diesem Interesse ausgerichtet, so ist sie (β.) als geschichtswissenschaftliche Darstellungsform, als biographische Historie, projektiert, die bei Droysen (γ.) die Gestalt der rein historischen Biographie annimmt.

α. Eine allgemeine Bestimmung des historischen Interesses bietet das Kapitel "Was ist geschichtlich?" (S. 366-371) im zweiten Teil der "Systematik". Hier macht Droysen die wichtige Unterscheidung zwischen *der* Geschichte und *den* Geschichten (S. 370), beziehungsweise zwischen der allgemeinen Geschichte und den "Spezialgeschichten" (S. 367).[20] Dieser Unterscheidung liegt die Überlegung zugrunde, daß alles Menschliche seine Geschichte hat, aber nicht jede Spezialgeschichte von allgemein-geschichtlichem Interesse ist. Dieses richtet sich im idealistischen Historismus vor allem auf das Verändernde, Vorwärtstreibende in der Geschichte, auf das "Fortschreiten des menschlichen Geistes" in den Worten Droysens (S. 368). Droysen geht wie Hegel davon aus, daß

---

[20] Die Unterscheidung zwischen "Geschichten" und "Geschichte" ist an die Herausbildung des Kollektivsingulars "die Geschichte" Ende des 18. Jahrhunderts gebunden. Bis dahin sprach man gemeinhin nur von "Geschichten" im Plural oder von "Geschichte" als Summe der "Geschichten". Vgl. KOSELLECK u.a.: Geschichte, S. 647-653, und ders.: Historia Magistra Vitae, S. 38-66.

durch die Tätigkeit der Individuen *die* Geschichte "gemacht" wird.[21] Andererseits besteht zwischen der Summe der Lebensgeschichten und der Geschichte offensichtlich keine einfache Identität (wie in der Mosaikauffassung der Geschichte angenommen wird). In jeder Lebensgeschichte gibt es Umstände, die nur von persönlichem, aber nicht von allgemein-geschichtlichem Interesse sind.

Das historische Interesse unterscheidet deshalb nicht nur geschichtlich bedeutende von unbedeutenden Individuen. Es unterscheidet auch noch bei den bedeutendsten Umstände von nur persönlichem Interesse von solchen, die (auch) geschichtliche Bedeutung haben:

"Es waltet noch etwas ganz anderes in ihm als die Mannigfaltigkeit seiner persönlichen psychologischen Motive, und nur dies andere faßt die Historie ins Auge, *nur um dieses anderen willen hat auch das Biographische dieses Mannes einen Reiz, weil es das Organ zeigt, durch das jenes andere sich verwirklichte,* [...] [Hervorhebung, O.H.]." (S. 194)

Jenes "andere", um dessen willen der Historiker Lebensgeschichten untersucht und Biographien verfaßt, sind "Ideen" oder "historische Gedanken". Sie bilden das eigentliche Erkenntnisziel der historischen Interpretation, auch wenn es sich um Individuen handelt.[22] Über die inhaltliche Bestimmung der Ideen läßt sich Droysen im ersten Teil der "Systematik" (S. 290-363) aus: Die Ideen sind konkretisiert in den "sittlichen Mächten", und darunter ist die Reihe der "praktischen Gemeinsamkeiten" mit Wirtschaft und Gesellschaft ("Idee des Wohls"), "Recht" und "Staat" die historisch wichtigste. Historische Bedeutung hat eine Persönlichkeit dann, wenn sie zur Entwicklung einer dieser Ideenbereiche Entscheidendes beigetragen hat. Da die Bereiche sich nicht isoliert voneinander entwickeln, sondern in vollständiger Interdependenz stehen, zieht die Veränderung einer dieser Kreise Veränderungen aller anderen mit sich: So blieb die Reformation nicht nur eine Revolution des Glaubens und die Französische Revolution nicht nur eine Revolution der politischen Herrschaft. Luther ist deshalb nicht nur von religions-, sondern von allgemeingeschichtlichem Interesse. Analoges gilt für Napoleon.[23] Erst im Kontext dieser allgemeinen, das heißt weltgeschichtlichen Perspektive klärt sich die historische Bedeutung einer Persönlichkeit. *Die Biographie eines solchen*

---

[21] DROYSEN spricht von den "Arbeitern" und den "Werkmeistern der Geschichte" (vgl. Historik, S. 388). Den "Werkmeistern" werden dabei im wesentlichen die gleichen Eigenschaften zugesprochen wie Hegels "welthistorischen Individuen".

[22] "Und unser Interesse an ihnen, auch an ihrem persönlichen Wesen, ist dann, daß sie sichtlich Träger der Ideen sind und daß wir in dem Tatbestand deutlich erkennen, wie diese Ideen sich durch sie vollziehen." (S. 208).

[23] "Die Größe Luthers, Kants, Napoleons usw. ist dann, daß sie in der einen Idee, als deren Inkarnation sie erscheinen, alles andere ergriffen, daß in ihnen die Totalität der sittlichen Welt sich zusammenfaßte [...]." (S. 209).

Individuums ist dadurch potentiell "Weltgeschichte", die Weltgeschichte ist als Deutungshintergrund gegenwärtig.

β. Hiermit sind die wesentlichen Umrisse aufgezeigt, aus denen sich eine Theorie der historischen Biographie im Sinne der Droysenschen "Historik" ableiten läßt. Wesentlich ist, daß das "historische Interesse" das leitende Prinzip ist, von dem ausgehend die Wesensbestimmgen der historiographischen Gattungen, auch der Biographie, zu gewinnen sind. Diese Vorgehensweise hat durchaus die Bedeutung einer kopernikanischen Wende in der Geschichte der Gattungstheorie. Denn durch dieses Prinzip sind die eigenständigen, zum Teil abseits der Historie beheimateten Gattungstraditionen der Biographie zunächst außer Kraft gesetzt. Aufklärungstheoretiker wie Daniel Jenisch hatten immer das Problem, die Gegensätze zwischen einem auf überindividuelle Entwicklungen konzentrierten historischen Interesse und einem Biographiekonzept, das die private Welt eines Individuums in den Mittelpunkt stellt, zu vermitteln. Durch den konsequenten Rekurs auf das historische Interesse hat sich Droysen dieser Vermittlungsschwierigkeiten entledigt. Zum ersten Mal in der Geschichte der Gattungstheorie eröffnet sich die Möglichkeit, *historische* Biographik prinzipiell von anderen Formen der Biographik abzugrenzen. Eine Biographie ist nun nicht mehr deshalb "historisch", weil sie das Leben eines Fürsten oder Staatsmanns behandelt, sondern weil sie ein Darstellungsmedium ist, in dem das historische Interesse mit historischen Methoden eine historische Frage zu klären und zu veranschaulichen sucht. Es ändert sich damit auch die übergeordnete Bezugsgröße: Die historische Biographie ist nun weniger als besondere Unterart der Biographie, sondern als Unterart der Geschichtsschreibung (als biographische Historie) zu begreifen. Nicht die Besonderheiten gegenüber anderen Biographieformen, sondern ihre spezifischen geschichtsdarstellenden Leistungen im Kontext der anderen historiographischen Darstellungsformen werden gattungsbestimmend: Die Biographie ist bei Droysen, wie wir sehen werden, eine der erzählenden Darstellungsformen und ihre Definition wird aus der Abgrenzung zur monographischen und katastrophischen Form der Erzählung gewonnen. Die Entwicklung der Idee-Geschichte der historischen Biographie erreicht somit in Droysen den Standpunkt, der im Eingangskapitel des Hauptteils als Grundlage dieser Untersuchung umrissen worden ist.

γ. Darüber hinaus hat das historische Interesse bei Droysen besondere Konfigurationen, die der biographischen Historie eine bestimmte Gestalt geben. In der "Geschichte Alexanders des Großen" findet sich folgende Reflexion:

"Das tiefinnerste Geheimnis der Seele zu finden, damit den sittlichen Wert, das will sagen, den ganzen Wert der Person richtend zu bestimmen, hat sie [die historische Forschung, O.H.] keine Methoden und keine Kompetenz. Genug, daß sie für die Lücken, die ihr so bleiben, eine Art von Ersatz hat; indem sie die Persönlichkeiten in einem anderen Zusammenhang als dem, worin ihr sittlicher Wert liegt, in dem ihres Verhältnisses zu den großen geschichtlichen Entwicklungen, [...], auffaßt und sie da nach ihrer Bedeutung einreiht, [...]."[24]

Diesen Absatz kann man als Programm einer historischen Biographik lesen, die sich konsequent an die Erkenntnismöglichkeiten historischer Forschung anlehnt. Die Gegenüberstellung von psychologischer und historischer Deutung begründet ein Auseinandertreten von personaler und historischer Biographik. Die Entdeckung des "tiefinnersten Geheimnisses der Seele" ist genau als dasjenige zu identifizieren, was sich die moderne personale Biographie in Anlehnung an die bürgerliche Autobiographie des 18. Jahrhunderts auf die Fahnen geschrieben hat. Von diesem Programm verabschiedet sich Droysen radikal. Als "Ersatz" bietet sich die historische Interpretation der Persönlichkeit als Faktor im geschichtlichen Zusammenhang an. Das personale Moment, die Frage nach dem Charakter, der inneren Geschichte der Persönlichkeit beschränkt Droysen auf den Hinweis auf ihre "Begabung", deren "Warum man nicht weiter erklären kann."[25]

Von dieser Reduktion des personalen Moments sind große gestalterische Konsequenzen zu erwarten. Die von der bürgerlichen Autobiographie als entscheidende Lebensperiode aufgewertete Jugend- und Adoleszenzzeit tritt völlig in den Hintergrund. Das Interesse liegt hingegen ganz auf der Phase der historischen Tätigkeit. Droysens berühmteste biographische Arbeit, der "Alexander", räumt der Jugend des Makedonenkönigs ganze zwei Seiten im zweiten Kapitel ein. In den drei Bänden über Friedrich den Großen (als fünfter und letzter Teil der "Geschichte der preußischen Politik"), die rund 1800 Seiten umfassen, handeln ganze elf Seiten von der durch Anekdoten sehr populären und quellenmäßig reich erschlossenen Jugend- und Kronprinzenzeit des preußischen Monarchen. Droysen begründet damit theoretisch und praktisch eine Tradition historischer Biographik, die, oft mit dem Titel "Geschichte" versehen ("Geschichte Alexanders des Großen", "Geschichte Wallensteins", "Geschichte Bismarcks"), den darstellerischen Schwerpunkt auf die politische Tätigkeitsgeschichte des Helden legt. Sie wird

---

[24] DROYSEN: Geschichte Alexanders des Großen (zuerst: Berlin 1833), hg. v. Erich BAYER (= Geschichte des Hellenismus, Teil 1), Tübingen 1952, S. 207. - Ähnliche Überlegungen finden sich in der "Historik" in dem Abschnitt über die "psychologische Interpretation" (S. 187-200) wieder. Droysen hebt dort hervor, daß die psychologische Interpretation, wenn sie durch den Historiker angewendet wird, enge Grenzen habe. Zum einen sind die psychologischen Erkenntnis*möglichkeiten* begrenzt, denn es sind wahrscheinlich nicht alle für die persönliche Entwicklung wichtigen Handlungen und Umstände dokumentiert. Zum anderen weise das Erkenntnis*interesse* des Historikers über die psychologische Interpretation hinaus: Auch wenn man das Innere einer historisch wichtigen Persönlichkeit relativ vollständig rekonstruieren könnte, so gelte, daß die persönliche Wahrheit in Bezug zur historischen Wahrheit nur relative Geltung habe.

[25] DROYSEN: Historik. Vorlesungen über Enzyklopädie und Methodologie der Geschichte, hg. v. Rudolf HÜBNER, München [6]1971, S. 294f.

deshalb oft auch *politische Biographie* genannt. Hier soll sie, im Hinblick auf ihre konsequente Ableitung aus dem historischen Erkenntnisinteresse, als *rein historische Biographie* bezeichnet werden.

c) Die Bestimmung der historischen Biographie als "Ausprägung des Gedankens" und die Kandidatentheorie

Das Modell der "rein historischen Biographie" wurde aus dem Gedankenzusammenhang der "Historik" rekonstruiert, ohne die einschlägigen Äußerungen zur Biographie zu benutzen. Der jetzt zu interpretierende Abschnitt gliedert sich in zwei Teile: Im ersten (α.) wird die Biographie in Abgrenzung zu den anderen erzählenden Darstellungsformen als "Ausprägung des Gedankens" definiert. Im zweiten (β.) unternimmt Droysen einen alternativen Definitionsversuch, indem er in einer "Kandidatentheorie" die Biographie von ihren geeigneten Gegenständen her bestimmt. Diese Äußerungen werfen Interpretationsprobleme auf: Teilweise lassen sie sich an die oben vorgetragene Ableitung der historischen Biographie aus dem historischen Interesse anschließen, teilweise widersprechen sie ihr.

α. In dem vierten Teil der "Methodik", der "Apodeixis", unterscheidet Droysen vier Darstellungsformen: die untersuchende Darstellung, die erzählende Darstellung, die didaktische Darstellung und die diskussive Darstellung. Das Wesen der erzählenden Darstellung ist, daß sie eine "Mimesis des Werdens" bieten soll, und zwar nicht des äußerlichen Geschehens, sondern des sich darin äußernden Gedankens (S. 232). Die erzählende Darstellung gliedert sich in drei Arten auf, nämlich in die Biographie, die Monographie und in die katastrophische Erzählung. Systematischer Ausgangspunkt für diese Einteilung ist die Beziehung dieser Formen zu dem "historischen Gedanken": Die Biographie stellt dar, "wie der Gedanke sich in seinen Erscheinungsformen völlig ausprägt [...]" (S. 239), die Monographie zeigt, "wie der Gedanke selbst wird" (ebd.), und in der katastrophischen Erzählung gestaltet der Historiker "eine Mannigfaltigkeit von Gedanken, die miteinander ringend sich selber kritisieren, verwandeln und zerstören [...]" (ebd.). Es liegen also folgende drei Kerndefinitionen vor: Biographie = Ausprägung des Gedankens, Monographie = Entwicklung des Gedankens und katastrophische Erzählung = Kampf verschiedener Gedanken.

In dieser Einteilung liegt, jedenfalls was die Definition der Biographie betrifft, eine weitere theoretische Pointe bei Droysen: *Die Biographie stellt nicht die Entwicklungsgeschichte eines Individuums dar, sondern die Ausprägungsgeschichte eines historischen Gedankens durch ein Individuum.* Die bereits im letzten Abschnitt konstatierte Ausgrenzung der persönlichen Entwicklungsgeschichte findet also zunächst ihre Bestätigung. Überspitzt könnte man sagen: Die Biographie ist bei Droysen gerade die am wenigsten biographische Form![26]

Der Begriff "Ausprägung des Gedankens" ist indes noch interpretationsbedürftig und läßt verschiedene Lesarten zu: Er kann zum einen auf die Theorie der welthistorischen Individuen bezogen werden: "Ausprägung des Gedankens" ließe sich dann mit der Hegelschen Rede von den "Geschäftsführern des Weltgeistes" parallelisieren und bedeutete dann so viel wie, daß die historische Biographie ein Individuum in seiner Funktion als Verwirklicher historischer Ideen oder Gedanken darstellt: "Ausprägung" würde dann prädikativ ausgelegt, indem das Individuum als dasjenige aufgefaßt wird, das die Gedanken in der historischen Wirklichkeit ausprägt. Die "Geschichte Alexanders des Großen" wäre dann die Praxis dieses Programms. Diese Lesart widerspricht allerdings der anschließend vorgetragenen Kandidatentheorie, nach der gerade die bedeutendsten Individuen "über das nur biographische Maß hinausreichen" (S. 243). Eine zweite mögliche Lesart besteht darin, daß das Individuum als mehr oder weniger passives Objekt der Ausprägung eines historischen Gedankens gemeint ist. Nicht die großen Weltveränderer wären damit angesprochen, sondern Individuen, in deren Charakter und Handeln sich zeittypische Tendenzen und Kräfte niederschlagen. So aufgefaßt wäre die Darstellungsaufgabe der historischen Biographie sehr begrenzt und hätte einen statischen Charakter: Es ginge um einen Gedanken, der sich in allen Handlungen des Individuums als Willensgrundlage zeigte. Das eigentlich historisch Interessante, das Werden des Gedankens und sein Durchsetzen in der Wirklichkeit wäre nicht Gegenstand der so verstandenen Biographie. Pointiert formuliert: Die Biographie erzählte nicht Geschichte, sie würde nur einzelne Aspekte verdeutlichen. Diese Lesart findet in Droysens zweitem großen biographischen Werk, dem "Leben des Feldmarschalls Grafen York von Wartenburg" (1851/52), ihre Probe aufs Exempel. Der preußische General wird dort als Verkörperung der moralischen Kräfte geschildert, die "Preußens deutschen Beruf" begründen. Die Geschichte seiner Zeit, die preußischen Reformen und die Freiheitskriege, ist lediglich als Bühne für den Auftritt dieses Charakters vorhanden. Der geringe zeitliche Abstand zwischen der Veröffentlichung des "York" und den Historik-Vorlesungen (1857) legt nahe, daß Droysen bei der Formel von der "Ausprägung des Gedankens" an dieses Werk gedacht haben könnte. - Beide Lesarten lassen sich mit der Ableitung der historischen Biographie aus dem historischen

---

[26] Die Verneinung des Entwicklungsgedankens für die Biographie ergibt sich aus der Bestimmung der Monographie: Diese sei "eigentlich die einfache Umkehrung" der Biographie (S. 244) und in dieser Umkehrung ist sie "recht eigentlich Entwicklungsgeschichte" (ebd.). Diese wichtige Eigenheit der Droysenschen Biographietheorie ist m.W. bisher übersehen worden. Vgl. JANDER: Untersuchungen, S. 49-51; SCHLEIER/ENGELBERG: Zu Geschichte und Theorie der historischen Biographie, S. 198f.; RIESENBERGER: Biographie als historiographisches Problem, S. 34. Alle genannten Untersuchungen konzentrieren sich auf die in der Tat merkwürdige "Kandidatentheorie" Droysens.

Erkenntnisinteresse vereinbaren. Das "eigentlich Biographische", die individuelle, psychologisch zu ergründende Entwicklungsgeschichte, wird in beiden Versionen nicht angesprochen. Der Stellenwert der historischen Biographie als historiographische Darstellungsform ist aber jeweils ein völlig anderer: Im ersten Fall machte sie weltgeschichtliche Schlüsselstellen zu ihrem Thema und wäre damit eine Form "großer Geschichtsschreibung", im zweiten Fall wäre sie nicht viel mehr als eine publikumswirksame Marginalie.

β. Nun ist noch auf den populärsten Teil der Droysenschen Biographietheorie einzugehen, auf die Eingrenzung der geeigneten Kandidaten: "Ich möchte nicht sagen, daß die biographische Darstellungsweise nur für die Biographie bedeutender *Menschen* ist, so wie andererseits die bedeutendsten unter diesen über das nur biographische Maß hinausreichen." (S. 243) Bekannt sind auch seine Beispiele: "es wäre geradezu töricht, eine Biographie Friedrich des Großen oder Caesars schreiben zu wollen. Denn daß Friedrich auf der Flöte blies oder Caesar einige grammatische Schriften verfaßt hat, ist zwar sehr interessant, aber für die große geschichtliche Tätigkeit beider äußerst gleichgültig." (ebd.). So geistreich dieses Diktum Droysens klingt, im Zusammenhang mit seinen übrigen Äußerungen interpretiert, bringt es große Schwierigkeiten mit sich. Was kann mit dem "nur biographischen Maß" gemeint sein? Zunächst wohl doch nicht mehr als seine Definition der Biographie als "Ausprägung des Gedankens". Akzeptiert man die oben skizzierte zweite Lesart, so kann man argumentieren, daß Cäsar oder Friedrich der Große deshalb über das biographische Maß hinausragen, weil ihre historische Bedeutung sich nicht darin erschöpft, eine passive Erscheinungsform historischer Gedanken zu sein. Die Erläuterungen, die Droysen aber für diese Ausgrenzung gibt (die Ausschließung alles nur Privaten, das nicht zur geschichtlichen Tätigkeit gehört), zeigt aber, daß er mit dem nur biographischen Maß weniger seine eigene Definition als die Praxis einer personalen Biographik meint, die sich für den Charakter, das Innere der Person und damit auch für das Private interessiert. Man kann diese Äußerung deshalb als *Polemik* begreifen, in dem Sinne, daß man mit einer Biographie im herkömmlichen Sinne, die sich hauptsächlich um das Persönliche kümmert, den weltgeschichtlichen Individuen nicht gerecht werden könne. Als geeignete Kandidaten schlägt Droysen folgende Personen vor:

"Aber Alkibiades, Cesare Borgia, Mirabeau, das sind durch und durch biographische Figuren. Die geniale Willkür, die ihre geschichtliche Tätigkeit bezeichnet und die kometenhaft die geregelten Bahnen und Sphären störend ihr persönlichstes Wesen zu beachten zwingt, macht ihre Biographie zum einzigen Schlüssel für die Bedeutung, die sie in ihrer Zeit hatten." (ebd.)

Diese Individuen sind wichtig für die allgemeine Geschichte, aber sie gehen nicht in ihr auf. Sie haben gewissermaßen die Bedeutung von "Störfaktoren", denen man sich gesondert widmen muß, um sie und ihre Rolle zu verstehen. Auch diese Bestimmung ist nicht leicht in Kongruenz zu Droysens sonstigen Äußerungen zu bringen. Zum einen kollidiert sie mit seiner Basisdefinition der Biographie als "Ausprägung des Gedankens". Denn mit den "Gedanken" ist gerade die Ebene des geschichtlichen Prozesses angesprochen, auf der sich dem Historiker eine geordnete, wenn man so will, gesetzmäßige Ansicht der Geschichte eröffnet.[27] Die Basisdefinition weist der Biographie also eher die "geregelten Bahnen und Sphären" als die kometenhaften Störungen als Gegenstand zu. Zum anderen hat Droysen ja sehr dezidiert die Überzeugung geäußert, daß der Historiker "keine Methoden und keine Kompetenz" habe,[28] das "persönlichste Wesen" der Individuen zu ermitteln. Bei strenger Auslegung der methodischen Prinzipien der "Historik" sind deshalb die oben angesprochenen Individuen überhaupt kein geeigneter Gegenstand historiographischer Bemühungen, auch nicht der Biographie. Schließlich kann man noch hinzufügen, daß sich Droysen in seiner biographischen Praxis in keiner Weise an diese Kandidatentheorie gehalten hat.

d) "Geschichte Alexanders des Großen"

"Der Name Alexander bezeichnet das Ende einer Weltepoche, den Anfang einer neuen."[29] Mit diesem programmatischen Satz beginnt die zweite Auflage (1877) des buchstäblich epochemachenden Werks von Johann Gustav Droysen, gibt er mit ihm doch dem Zeitraum zwischen dem Untergang der griechischen Poliswelt und der römischen Geschichte erstmals (1. Auflage 1833) eine positive Deutung und eine Bezeichnung: Hellenismus.[30] Die "Geschichte Alexanders des Großen" ist in vier Bücher eingeteilt.

---

[27] Vgl. folgende Äußerung zur "Dialektik der Geschichte": "Diese Dialektik der historischen Gedanken, das sieht man wohl, hat ihre Ordnung, wenn ich so sagen darf, ihre Logik. Der neue Gedanke tritt nicht willkürlich, nicht zufällig ein, es wird sich erkennen und nachweisen lassen, daß auf solche Gelegenheiten, auf solche Ereignisse dieser Gedanke, und nur dieser folgen *konnte*." (S. 383).

[28] Geschichte Alexanders des Großen, S. 207.

[29] Die erste Auflage der "Geschichte Alexanders des Großen" erschien Berlin 1833. Die zweite Auflage, in einigen Stücken verändert, erschien Berlin 1877 als erster Band der dreibändigen "Geschichte des Hellenismus" (Neuausgabe, hg. v. Erich BAYER, Tübingen 1952). Im folgenden wird aus der Ausgabe von Bayer zitiert.

[30] Über die Bedeutung Droysens als Althistoriker informieren: WAGNER: Die Entwicklung Johann Gustav Droysens als Althistoriker; Karl CHRIST: Johann Gustav Droysen, in: ders.: Von Gibbon zu Rostovtzeff, S. 50-67; MEINECKE: Johann Gustav Droysen, S. 135-143. - Zur Einordnung des Droysenschen Werks in die Alexander-Geschichtsschreibung vgl. GEHRKE: Geschichte des Hellenismus, S. 132-134; Franz HAMPL: Alexander der Große (= Persönlichkeit und Geschichte, Bd. 9), Göttingen/Zürich ³1992, S. 77-90; Hermann BENGTSON: Philipp und Alexander der Große. Die Begründer der hellenistischen Welt, München 1985, S. 230-236; DEMANDT: Politische Aspekte im Alexanderbild der Neuzeit, S. 328-336.

Das erste Buch erzählt die *Vorgeschichte* des Alexanderzuges: die bisherige Entwicklung Griechenlands, Persiens und Makedoniens und Alexanders Griechenlandpolitik. Das zweite Buch schildert den Sieg Alexanders über die persische Macht bis zum Tod des Dareios, das dritte Buch die Inbesitznahme der östlichen Provinzen, das vierte Buch schließlich berichtet die Rückkehr nach Persien und endet mit Alexanders Tod. Hier interessiert das Werk als Verkörperung des Idealtypus der *rein historischen Biographie* in der Phase des idealistischen Historismus.[31] Folgende Punkte sollen erörtert werden: α. Alexander als welthistorisches Individuum, β. das Verhältnis der "Geschichte Alexanders des Großen" zu der Biographietheorie der "Historik".

α. In der Geschichte der Altertumsforschung gilt Droysen als derjenige, der die Abwertung der nachklassischen Epoche als Zeit des "Verfalls" überwunden und ihr mit dem Hellenismuskonzept eine positive Deutung gegeben hat.[32] Diese Einschätzung übersieht leicht, daß Alexander für Droysen nicht nur den "Anfang einer neuen Weltepoche" darstellt, sondern auch "das Ende einer alten". Das von Alexander neu Geschaffene fußt auf der *Zerstörung* des Bisherigen (vgl. S. 198). Droysens Konstruktion beruht gerade darauf, in der griechischen wie der persischen Welt überall Zeichen des Untergangs und des Verfalls (s. S. 22 u. S. 50) zu sehen. Alexander vollzieht mit der Unterwerfung des "freien Griechenlandes" und der Eroberung Persiens die "geschichtliche Kritik völlig verrotteter, gedankenlos, unwahr gewordener Zustände" (S. 434; vgl. auch S. 198). Gerade der unglaubliche Erfolg Alexanders ist für Droysen der Beweis dafür, daß die "Zeit reif gewesen ist" für den Untergang der griechischen Poliswelt und den des persischen Reiches: "Stets ist das stolze Recht des Sieges der Sieg eines höheren Rechts, des Rechts, das die höhere Spannkraft, die überlegene Entwicklung, die treibende Kraft eines neuen zukunftsreichen Gedankens gibt." (S. 198) Die Geschichte vollzieht sich für Droysen in der Weise der Hegelschen Dialektik. Alexander hat dabei die doppelte Funktion, sowohl die Kraft der Negation als auch der Negation der Negation, das heißt der neuen Synthese zu sein. Diese Synthese ist der Gedanke des Hellenismus: Die bisherigen Gegensätze von Griechen- und Persertum (S. 3) werden zu beiderseitigem Nutzen im Hellenismus aufgehoben. Die unruhigen Griechen haben in dem neuen, großen Reich endlich eine politische Einheit und ein weites Feld für ihren Tätigkeitsdrang. Den asiatischen Völkern werden durch den griechischen Geist ihrerseits Möglichkeiten zu Weiterentwicklung gegeben (S. 35, S. 309).[33] Schließlich bereitet

---

[31] Vgl. hierzu die Interpretationen von HARTH: Biographie als Weltgeschichte, S. 61-76; JANDER: Untersuchungen, S. 89-97; WAGNER: Die Entwicklung Johann Gustav Droysens als Althistoriker, S. 44-83; FULDA: Wissenschaft aus Kunst, S. 447-454 (hauptsächlich zu ästhetischen Aspekten).

[32] Vgl. CHRIST: Johann Gustav Droysen, S. 52.

[33] Vgl. HEGEL: PhilG, S. 332.

sich im Hellenismus die nächste Revolution der "Bildungsgeschichte der Menschheit" vor: das Christentum.[34]

Bleibt noch zu zeigen, *wie* Alexander als "Werkmeister" die Arbeit der Geschichte vollbringt. Aus Hegels Theorie der welthistorischen Individuen geht hervor, daß diese zum einen "Einsicht haben in das, was an der Zeit ist" und zum anderen "die leidenschaftliche Kraft, dieses zu verwirklichen." In Droysens Alexander gewinnt diese Definition nun Fleisch und Blut. Die leidenschaftliche Kraft vermittelt sich dem Leser unmittelbar in der "erzählten *action*",[35] die ihn Alexanders rastloses Entscheiden, Marschieren und Kämpfen miterleben läßt. Droysen geht nicht davon aus, daß Alexander von Anfang an die weitgesteckten Ziele der Hellenisierung und Weltherrschaft hatte, die in der zweiten Hälfte seines Zuges erkennbar werden. Die Eigenschaft der Einsichtigkeit konkretisiert sich deshalb zu der Vorstellung, daß Alexander vor einer ganzen Reihe von Entscheidungssituationen gestanden hat und dann *jedesmal* wußte, was an der Zeit war:

"Es war nicht Willkür, nicht auf Grund falscher Prämissen noch in einer Kette von Trugschlüssen, daß er so verfuhr. Aus dem ersten Impuls, der sich ihm aus der Geschichte des hellenischen Lebens wie von selbst ergeben hatte, folgte in vollkommen richtigen Syllogismen alles Weitere, was er tat; und daß ihm jede nächste Folgerung gelang wie die früheren, schien Beweis genug, daß er richtig folgerte." (S. 409)

Dies ist das Auffallendste an Droysens Alexander: Er tut ausnahmslos in jeder Situation das *Notwendige*, das gleichzeitig das Richtige im Sinne des geschichtlichen Fortschritts ist. Sein Alexander *gehorcht* der Notwendigkeit, er ist ein Getriebener - aber nicht von fremden Mächten (wie sein Gegenspieler Dareios), sondern von seiner eigenen Tat: "Das begonnene Werk selbst führte und zwang ihn weiter; auch wenn er gewollt, er hätte den gewaltigen Strom nicht mehr aufhalten noch rückwärts drängen können." (S. 410) Der Unterbau des "weltgeschichtlichen Logikers" Alexander ist der realistische

---

[34] Mit diesem Aspekt der Droysenschen Hellenismus-Deutung hat sich insbesondere MEINECKE (Johann Gustav Droysen, S. 131-140) auseinandergesetzt.

[35] DANIEL: "Ein einziges grosses Gemählde", S. 16. Der Inbegriff "erzählter action", so fügt Daniel hinzu, "war damals [...] für die Geschichtsschreibung die Schlacht." (S. 17) Droysens "Alexander" zeigt, daß nicht nur Walter Scott, Johannes von Müller und Ranke (auf die Daniel sich in ihrem Aufsatz bezieht) in diesem Sinne Schlachten schildern konnten. Zu den erzählerisch eindrucksvollsten Szenen gehören denn auch ohne Zweifel die großen Schlacht- und Belagerungsschilderungen (Granikos, S. 124ff.; Issos, S. 165ff.; Tyros, S. 181ff.; Gaugamela, S. 215ff.; die Schlacht gegen Poros, S. 337ff.). Eindrucksvoll ist auch folgende Eroberungsszene, bei der Droysen vom Präteritum ins historische Präsens wechselt: "Da ergriff der König eine Leiter; in der Linken den Schild, in der Rechten sein Schwert, stieg er empor, [...]. Schon ist der König bis an die Zinne; den Schild vor sich aufgestützt, zugleich kämpfend und sich wehrend, stürzt er die einen rücklings von der Mauer hinab, stößt die andern mit seinem Schwert nieder; [...]." (S. 368). Vgl. die Analyse dieser Szene bei: Klaus OETTINGER: Identifikation oder Distanz. Typische Erzählformen der Historiographie, in: Der Deutschunterricht, Jg. 26, Heft 6, 1974, S. 27-36, hier: S. 28f.

Heerführer, der ein eminentes Gespür für die erfolgversprechende taktische und strategische Maßnahme hat. Droysen gibt sich große Mühe nachzuweisen, daß Alexanders militärische Entscheidungen jeweils richtig gewesen sind. Dem kühlen Bild vom "Pragmatiker" Alexander, das Hans-Joachim Gehrke in seiner Darstellung zeichnet,[36] würde Droysen zunächst durchaus zustimmen: Der Pragmatismus Alexanders ist eine Bedingung seines Erfolges, nur ist es - und dies wird wohl von Droysen stärker als von allen späteren Forschern hervorgehoben - ein Pragmatismus, der ohne Abstriche dem großen Ziel dient: "Er stürmte weiter, er sah nur sein Ziel, in diesem sah er seine Rechtfertigung." (S. 268) Droysen nimmt in seinem Werk uneingeschränkt Partei für Alexander, weil er in ihm die Kraft des geschichtlichen Fortschritts sieht.[37] Er bezieht damit das Extrem der historisch-idealistischen Position, die von allen moralisch-psychologischen Beurteilungskriterien absieht und nur die (welt-)geschichtliche Rolle des Individuums zur Bewertungsgrundlage macht.[38]

β. Das bekannte Wort von Plutarch in seiner Alexander-Biographie, "ich schreibe nicht Geschichte, sondern zeichne Lebensbilder", ist für Droysen genau umzukehren. Alles bloß Private, was Plutarch als charakteristisch interessiert (wie oft Alexander badet, wieviel er zu trinken pflegt und ähnliches), läßt Droysen beiseite. Er entwirft mit diesem Werk den Gegentypus zu der herkömmlichen personalen Biographie: keine Entwicklungsgeschichte, sondern Tätigkeitsgeschichte, keine Charakterpsychologie, sondern historischer Pragmatismus, kein Erfassen des moralischen Werts, sondern der

---

[36] Vgl. GEHRKE: Geschichte des Hellenismus, S. 20.

[37] Diese Option des idealistischen Historismus für die progressiven, verändernden Kräfte in der Geschichte ist bei Droysen sehr stark ausgeprägt. In einem frühen Brief hat er diese Haltung einmal so ausgedrückt: "Sie wissen schon, daß ich Verehrer der Bewegung und des Vorwärts bin; Cäsar, nicht Cato, Alexander und nicht Demosthenes ist meine Passion. Alle Tugend und Moralität und Privattrefflichkeit gebe ich gern den Männern der Hemmung hin, die Gedanken der Zeit aber sind nicht bei ihnen. Weder Cato noch Demosthenes begreifen mehr die Zeit, die Entwicklung, den unaufhaltsamen Fortschritt, und der Historiker, meine ich, hat die Pflicht, diese Gedanken einer Zeit als den Gesichtspunkt zu wählen, um von dort aus das andere alles, denn es gipfelt sich dorthin, zu überschauen." (An Friedrich Gottlieb Welcker, 1. 9. 1834, in: DROYSEN: BW, Bd. 1, S. 66f.).

[38] Vgl. dazu: DEMANDT: Politische Aspekte im Alexanderbild der Neuzeit, S. 329.- In der weiteren Alexanderforschung haben sich dazu zwei, in ihrer Art ebenso extreme, Gegenpositionen gebildet: Zum einen diejenige der "Minimalisten", die bewußt davon absehen, "Alexander weittragende Ideen und Pläne zuzuschreiben" und die nur das gelten lassen, "was sich nach strenger Kritik positiv in den Quellen finden ließ." (GEHRKE: Geschichte des Hellenismus, S. 133). Zum anderen eine *Debunking*-Deutung (dieser Ausdruck hat sich als Bezeichnung für eine desillusionierende Biographik eingebürgert, die in England von Lytton Strachey populär gemacht worden ist), wie die von Wolfgang WILL (Alexander der Große. Geschichte Makedoniens, Bd. 2, Stuttgart u.a. 1986), die ausschließlich die negativen Folgen von Alexanders Taten herausstellt und zur Grundlage ihrer Interpretation macht. (Es ist gewissermaßen der Droysensche Alexander, gekappt um die Elemente der Erneuerung, des Aufbauens und des Weiterführerns, so daß der zerstörende Alexander allein übrig bleibt.) In der vernünftigen Mitte halten sich maßvolle Gesamtdeutungen, die distanziert (Gehrke) bis wohlwollend (Bengtson) die großen Ziele Alexanders

geschichtlichen Bedeutung. Der "Alexander" ist eine *rein historische Biographie*. Das Verhältnis des "Alexander" zur Definition der Biographie als "Ausprägung des Gedankens" ist schon erörtert worden. Es sprechen einige Gründe dafür, daß Alexander nicht nur das herkömmliche biographische Maß, sondern auch das durch diese Definition bestimmte Maß überschreitet: Die "Geschichte Alexanders" umfaßt nicht nur dessen kurze Lebensspanne, sondern auch die griechisch-persisch-makedonische Vorgeschichte. Diese Vorgeschichte gehört nach der Droysenschen Einteilung der erzählenden Darstellungsformen zur Monographie, die darstellt, wie eine Idee, ein Gedanke sich entwickelt (hier ist es der Gedanke, daß eine Überwindung der alten Zustände not tut). Andererseits zeigt Droysen sehr eindrucksvoll, daß der eigentliche Durchbruch des Gedankens erst durch und während der Taten Alexanders geschieht: Werden (Monographie) und Ausprägung (Biographie) des Gedankens sind im Leben Alexanders untrennbar miteinander verschmolzen.

3. Ranke: Die Idee der integrativen historischen Biographie

a) Individuum und Geschichte bei Ranke und die Idee der integrativen Biographie

Ranke hat nicht wie Droysen seine Ansichten über Geschichte und Geschichtswissenschaft in eine systematische Form gebracht, dennoch gilt er als einer der wichtigsten Theoretiker des Historismus.[39] Seine für dieses Thema einschlägigen Bemerkungen

---

anerkennen, ohne den geschichtsphilosophischen Rigorismus Hegels und Droysens mit ihrem uneingeschränkten "Ja" zum "welthistorischen Individuum" Alexander zu teilen.

[39] Vgl. SCHNÄDELBACH: Geschichtsphilosophie nach Hegel, S. 34. - Mit Ranke als Geschichtstheoretiker beschäftigen sich u.a. folgende neuere Monographien: METZ: Grundformen historiographischen Denkens; BACKS: Dialektisches Denken in Rankes Geschichtsschreibung bis 1854; Michael-Joachim ZEMLIN: Geschichte zwischen Theorie und Theoria. Untersuchungen zur Geschichtsphilosophie Rankes, Würzburg 1988; HARTH: Biographie als Weltgeschichte. - Zum Verhältnis von Individuum und Allgemeinem vgl. das Kapitel "Rankes Individualitätsgedanke und das Problem der überpersönlichen Mächte" bei Rudolf VIERHAUS: Ranke und die soziale Welt, Münster 1957, S. 53-57, und den Abschnitt "Die Einzelperson" im Ranke-Kapitel bei Moritz RITTER: Die Entwicklung der Geschichtswissenschaft an den führenden Werken betrachtet, München/Berlin 1919, S. 391-395. - Zu Ranke allgemein: Wolfgang J. MOMMSEN (Hg.): Leopold von Ranke und die moderne Geschichtswissenschaft, Stuttgart 1988; Hans-Ulrich WEHLER: Was bedeutet Leopold von Ranke heute?, in: ders.: Aus der Geschichte lernen?, S. 98-100 (Kritik am "Über-Ich der deutschen Historiker"); Helmut BERDING: Leopold von Ranke, in: WEHLER (Hg.): Deutsche Historiker, Bd. 1, S. 7-24 (ebenfalls kritisch vom Standpunkt der "Bielefelder Schule" aus); Ulrich MUHLACK: Leopold von Ranke, in: HAMMERSTEIN (Hg.): Deutsche Geschichtswissenschaft um 1900, S. 11-37 (Verteidigung Rankes gegen seine neueren Kritiker); Jörn RÜSEN: Rhetorik und Ästhetik der Geschichtsschreibung: Leopold von Ranke, in: EGGERT/PROFITLICH/SCHERPE (Hg.): Geschichte als Literatur, S. 1-11; Wolfgang HARDTWIG: Historismus als ästhetische Geschichtsschreibung: Leopold von Ranke, in: GG 23(1997), S. 99-114.

finden sich verstreut in kleineren Schriften, Tagebüchern, Vorlesungseinleitungen und historiographischen Werken.[40]

Geschichte vollzieht sich für Ranke in einem Wechselspiel von individuellen und überindividuellen Faktoren. Seine Überlegungen bewegen sich dabei in den Bahnen des Hegelschen Konzeptes der "welthistorischen Individuen": In "großen, bewegten, bewegenden Zeitaltern [...] pflegt es zu geschehen, daß ein universeller Kopf auftritt, der sich gleichsam an die Stelle jener leitenden Ideen stellt, dessen originelle Kraft alle gleichmäßig unter sich zu bannen versteht und den Kampfplatz behält."[41] Folgende bekannte Elemente sind zu erkennen: Das Individuum tritt in einer Zeit der Umwälzung auf, und es erweist sich als Vollstrecker der "leitenden Ideen". Bei näherem Hinsehen ergeben sich allerdings wichtige Nuancierungen gegenüber Hegel und Droysen: Zum einen setzt Ranke das Individuum nicht mit den Ideen identisch, sondern markiert durch das Wort "gleichsam", daß es nur so scheint, daß das Individuum "Vollstrecker" sei, das heißt bloßer Funktionsträger. Denn er spricht zum anderen von der "originellen Kraft" des Individuums. Die stärkere Betonung der individuell-originellen Leistung geht damit einher, daß Ranke bestrebt ist, sein Augenmerk intensiver auf das einzelne Individuum zu richten.[42] Diese Perspektive schließt auch ausdrücklich das Interesse an psychologischer Entwicklung einer Persönlichkeit ein: "Das Gewebe der einzelnen Handlungen erklärt sich nur aus den Gemütern der einzelnen [...]; und darum ist die psychologische Entwickelung der Charaktere der Geschichte so notwendig [...]."[43] Hierin spiegelt sich sein methodisches Bestreben vom Einzelnen auszugehen und konkreten Geschichtsabläufen keine apriorische Konstruktionen zu unterstellen. Stärker als Droysen betont er die "psychologische Interpretation" und blockt die Frage nach dem Charakter nicht durch den Hinweis auf "eine Begabung, deren Warum man nicht weiter erklären kann" ab.

In der Vorrede zur "Geschichte Wallensteins" (1869), der bekanntesten biographischen Arbeit Rankes, wird das Verhältnis zwischen Individuum und Geschichte auf den Begriff der *Wechselwirkung* gebracht:

"Indem eine lebendige Persönlichkeit dargestellt werden soll, darf man die Bedingungen nicht vergessen, unter denen sie auftritt und wirksam ist. Indem man den großen Gang

---

[40] Folgende Texte und Ausgaben werden zugrundegelegt: RANKE: Über die Epochen der neueren Geschichte; ders.: Vorlesungseinleitungen; ders.: Tagebücher; ders.: [Fragment aus den dreißiger Jahren]; ders.: Geschichte Wallensteins, hg. und eingeleitet von Hellmut DIWALD.

[41] RANKE: [Das Verhältnis des Allgemeinen und des Individuellen beim Geschichtsschreiber, 1816/17], in: ders.: Tagebücher, S. 234f., hier: S. 235.

[42] "Es ist klar, daß eben in solcher Zeit es nicht nur lehrreich und interessant, sondern auch notwendig ist, die einzelnen genau zu erforschen." (RANKE: Tagebücher, S. 235).

[43] RANKE: Tagebücher, S. 235.

der welthistorischen Begebenheiten schildert, wird man immer auch der Persönlichkeiten eingedenk sein müssen, von denen sie ihren Impuls empfangen."[44]

Individuum und Geschichte werden hier als selbständige Größen gedacht. Keine läßt sich wegkürzen, keine läßt sich unter die andere subsumieren. Der Einzelne ist nicht nur "Geschäftsführer des Weltgeistes" (Hegel) oder "Ausprägung eines historischen Gedankens" (Droysen), sondern eine eigenständige Potenz. Und das geschichtlich Neue entsteht gerade durch das Zusammentreffen eines geschichtlichen Prozesses, "den Möglichkeiten [...], welche die allgemeinen Zustände darbieten",[45] und der originalen Kraft eines einzelnen Menschen. Die geschichtliche Bewegung resultiert aus der Wechselwirkung zwischen beiden Größen: "Die Begebenheiten entwickeln sich in dem Zusammentreffen der individuellen Kraft mit dem objektivem Weltverhältnis".[46] Als Konsequenz ergibt sich, daß der Historiker zugleich das allgemeine geschichtliche Verhältnis und das Individuum zu beachten hat. Das eine kann nur durch das andere begriffen werden.[47]

Dieses Verhältnis der Selbständigkeit und des gegenseitigen Bedingtseins von Individuum und Geschichte wird von Ranke auf die historiographische Ebene übertragen: "Die Mannigfaltigkeit der Geschichte beruht in dem Hereinziehen der biographischen Momente; aber auch die Biographie kann sich dann und wann zur Geschichte erweitern."[48] Die Wechselwirkung zwischen Individuum und Geschichte äußert sich historiographisch also in zwei Tendenzen: 1. Die allgemeine Geschichte tendiert zur Integration der "biographischen Momente". 2. Die historische Biographie neigt ihrerseits zur Ausweitung auf die "allgemeine Geschichte". Die Bezeichnung "integrative Biographik"[49] hat deshalb zunächst diesen doppelten Sinn: Sie meint sowohl die Integration der Biographie in die allgemeine Geschichte als auch die Integration der allgemeinen Geschichte in die Biographie. Diese beiden Integrationsmöglichkeiten äußern sich in zwei historiographischen Formen: zum einen in der historischen (syntagmatischen) Biographie, die sich "zur Geschichte erweitert", zum anderen in größeren monographischen Darstellungsformen wie der Epochenmonographie oder der nationalgeschichtlichen Monographie, die biographische "Digressionen" enthalten. Das Beispiel für die erste Form ist die "Geschichte Wallensteins", die zweite ist in Rankes "Deutscher

---

[44] RANKE: Geschichte Wallensteins, S. 31.
[45] Ebd.
[46] RANKE: Geschichte Wallensteins, S. 34.
[47] Vgl. RANKE: Geschichte Wallensteins, S. 33.
[48] RANKE: Geschichte Wallensteins, S. 34.
[49] Ich gebrauche diesen Begriff in Anlehnung an METZ: Grundformen historiographischen Denkens, S. 133.

Geschichte im Zeitalter der Reformation" (1839-47) repräsentiert, in deren erstem Band unter anderem die Jugendgeschichte Luthers integriert ist. Darüber hinaus legt der Gedanke der selbständigen, orginalen Kraft des Individuums aber auch nahe, dem personalen Moment in der Geschichte, der individuellen Entwicklungsgeschichte, ein stärkeres Gewicht einzuräumen als dies bei Droysen der Fall war. Das historische Interesse bleibt dadurch gewahrt, daß nicht irgendeine, sondern die Biographie eines historisch bedeutenden Individuums erzählt wird. Das Persönliche wird wichtig, aber als ein Moment der Geschichte. Setzt man diese Gedanken in einen "Bauplan" für die historische Biographie um, so erhält man folgende Darstellungsstruktur: Sie hat zwei Vorgeschichten zu erzählen, nämlich die Entwicklung des Individuums, im weiteren *biographische Vorgeschichte* genannt, und die Entwicklung der allgemeinen geschichtlichen Verhältnisse (*monographische Vorgeschichte*). Beide Geschichten konvergieren auf den Punkt, "wo die individuelle Kraft mit dem objektiven Weltverhältnis" zusammentrifft und das Individuum zum ersten Mal eine historisch bedeutsame Handlung vollzieht (*Integrationspunkt*).[50] Hier wachsen die beiden eigenständigen Größen gewissermaßen zusammen und die Biographie erweitert sich zur Geschichte (*bio-monographische Tätigkeitsgeschichte*), indem mit den historisch eminenten Handlungen des Individuums zugleich individuelle und allgemeine Geschichte erzählt wird. Die biographietheoretischen Überlegungen Rankes lassen auf diese Weise zum ersten Mal den Idealtypus der *integrativen historischen Biographie* aufscheinen, in welcher im Unterschied zur rein historischen Biographie die biographische Vorgeschichte und überhaupt das personale Moment eine größere Rolle spielen. Gemeinsam ist beiden Formen, daß sie die Individuen vornehmlich in eine syntagmatische Darstellungsperspektive stellen. Es geht um die geschichtlich handelnden Persönlichkeiten und ihr Handeln ist dasjenige, was im Zentrum des Interesses steht. Es muß allerdings festgestellt werden, daß dieses Konzept mehr ein erster, theoretisch angedachter Ansatz ist als ein ausgereiftes Programm. Rankes biographische Praxis zeigt, daß die Integration des "eigentlich Biographischen" auch bei ihm enge Grenzen hat und er näher an der Linie Droysens liegt, als diese Überlegungen vermuten lassen. Ranke ist hier als *Vordenker* einer historischen Biographik anzusehen, die erst in der Generation der Neorankeaner zur verbreiteten Praxis biographischer Historiographie wird.

b) "Geschichte Wallensteins"

Die oben anhand verstreuter Äußerungen rekonstruierte Idee einer "integrativen Biographik" gilt es nun an seine historiographischen Werke heranzutragen. Blickt man auf das immense Oeuvre dieses "ungekrönten Königs der deutschen Historiker" (Hellmut

---

[50] Vgl. METZ: Grundformen historiographischen Denkens, S. 133.

Diwald),[51] so fällt zunächst auf, wie begrenzt sich Ranke der biographischen Form bedient hat. Neben dem frühen Luther-Fragment aus dem Jahr 1817[52] und der "Geschichte Wallensteins"[53] ist allenfalls sein Beitrag zur "Allgemeinen Deutschen Biographie" über Friedrich Wilhelm IV. zu nennen.[54] In der Blütezeit der historistischen Biographik im Zeichen der Rankerenaissance hinterläßt der Biograph Ranke einen eher enttäuschenden Eindruck: "Auch da, wo Ranke Gestalten in den biographischen Rahmen spannte [...] hat er versagt."[55] Den Grund für das biographische Versagen des Vorbildes sieht man in der Dominanz des allgemeingeschichtlichen Interesses Rankes und in seiner Skepsis gegenüber der Erkennbarkeit der inneren Persönlichkeit.[56] - Folgende Probleme sollen in diesem Abschnitt behandelt werden: α. Biographie als Geschichte - Rankes "Geschichte Wallensteins" als biographischer Zugang zur neueren deutschen und europäischen Geschichte, β. der "Wallenstein" und der Idealtypus der integrativen Biographie.

α. Biographie als Geschichte aufgefaßt, dies bedeutet bei Ranke nicht, daß das Geschichtliche im Biographischen aufgeht. Ranke neigt nicht zu einer individualistischen Geschichtsauffassung.[57] Er leitet Geschichte nicht aus den Willen der Individuen ab, sondern hebt die Begrenztheit des Einzelwillens durch Umstände und Gegenmächte hervor. Die "Geschichte Wallensteins" ist deshalb weniger eine "Lebensgeschichte" als vielmehr eine Erzählung der Geschichte, an der Wallenstein beteiligt war (also eine Geschichte der ersten Hälfte des Dreißigjährigen Krieges). Ranke widmet der Schilderung "der großen Kombinationen"[58] und der an ihnen beteiligten Mächte (Kaiserhof, katholische Liga, protestantische Fürsten, Schweden, Frankreich, Spanien) einen solch breiten Raum, daß man lieber von einer "Geschichte mit Wallenstein" als einer "Geschichte Wallensteins" sprechen möchte.[59]

---

[51] DIWALD: Einleitung, in: RANKE: Geschichte Wallensteins, S. 7-30, hier: S. 22.

[52] Abgedruckt in RANKE: Frühe Schriften, hg. v. Walter Peter FUCHS, München/Wien 1973, S. 329-466. Vgl. dazu BACKS: Dialektisches Denken in Rankes Geschichtsschreibung, S. 62-77.

[53] Leopold von RANKE: Geschichte Wallensteins, Leipzig 1869. Zitiert wird aus der ersten Auflage. - Zu Rankes "Wallenstein" vgl. HARTH: Biographie als Weltgeschichte, JANDER: Untersuchungen, S. 123-133, GOTTSCHALL: Die Biographie der Neuzeit, S. 672f. Vgl. auch die zeitgenössischen Rezensionen: K. G. HELBIG, in: HZ 22(1869), S. 195-202; Bernhard KUGLER, in: PrJb 24(1869), S. 462-474.

[54] ADB 7(1877), S. 729-776.

[55] LENZ: Rankes biographische Kunst und die Aufgaben des Biographen, S. 6. Vgl. auch DOVE: Ranke's Verhältnis zur Biographie.

[56] LENZ: Rankes biographische Kunst, S. 9; DOVE: Ranke's Verhältnis zur Biographie, S. 4.

[57] Vgl. MUHLACK: Leopold von Ranke, S. 35.

[58] DIWALD: Einleitung, S. 27.

[59] Zurückhaltender drückt das sein Rezensent HELBIG aus: "Aber nicht bloß als eine Lebensbeschreibung Wallensteins, sondern auch als im großen Stil entworfenes Bild der ersten 16 Jahre des 30jährigen Kriegs ist Rankes Buch zu betrachten." (S. 201).

Die Geschichte des Dreißigjährigen Kriegs ergibt sich für Ranke aus dem Zusammenspiel der zahlreichen beteiligten Mächte und ihrer Vertreter. Rankes "Wallenstein" ist ein eindrucksvolles Beispiel einer *intentionalen Geschichtsschreibung*, die in der Erkenntnis der sich gegenseitig durchkreuzenden Zwecke der Individuen und Mächte den erklärenden Zugang zur Geschichte sieht. Nun ist jüngst behauptet worden, daß der Dreißigjährige Krieg nicht "auf der Ebene der Personen" zu begreifen sei, sondern nach den "übergreifenden Strukturen und Prozessen" zu fragen sei.[60] Insbesondere die Person Wallensteins verbiete sich als Zugangsmöglichkeit, "weil er den Krieg, in dem er der große Macher war, selbst nicht verstanden hat."[61] Träfe diese Sichtweise zu, so wären in diesem Fall die Personen und ihre Intentionen mit dem zugrundeliegenden Geschichtsverlauf, den "Strukturen" und "Prozessen", kaum noch vermittelbar. Daß eine solche Vermittlung möglich, ja nötig ist, ist aber eine der wesentlichen Voraussetzungen, die der syntagmatischen historischen Biographie zugrunde liegen. Ob sie sich als Zugangsmöglichkeit für eine bestimmte historische Periode eignet, hängt wesentlich davon ab, ob der Historiker in den Intentionen und Handlungen der Individuen ein wesentliches und unverzichtbares Element dieser Zeit sieht.

Ranke zumindest sucht und findet das Allgemeine, um das es ihm geht, die Lösung der staatlichen und religiösen Krise in Deutschland und Europa, durchaus in den Intentionen der beteiligten Individuen und insbesondere in denjenigen Wallensteins: "Wenn jemals ein Anderer, so lebte Wallenstein fortwährend in der Anschauung und dem Mitgefühl der großen politischen Gegensätze und ihres Kampfes." (S. 225)[62] Dieses Interesse Rankes an dem Punkt, wo das Individuum in seinem Planen und Handeln ein allgemeines geschichtliches Interesse, eine "Idee", zur Geltung bringt, bestimmt die Darstellungsstruktur der "Geschichte Wallensteins": Die Kapitel 7 bis 15, mehr als die Hälfte des Textes, beschäftigen sich mit den Jahren 1631 bis 1634, dem zweiten Generalat Wallensteins.[63] Immer wieder kommt Ranke auf den Plan Wallensteins zu spre-

---

[60] Johannes BURKHARDT: Der Dreißigjährige Krieg, in: WEHLER (Hg.): Scheidewege der deutschen Geschichte, S. 52-64, hier: S. 53f. - Relativierend zu diesem Ansatz Georg SCHMIDT: Der Dreißigjährige Krieg, München 1995, bes. S. 7-11 u. S. 105.

[61] BURKHARDT: Der Dreißigjährige Krieg, S. 53f.

[62] Vgl. auch Rankes Resümee der Gegenüberstellung von Gustav Adolf und Wallenstein: "So umfaßte der Widerstreit der beiden Heerführer die Welt und das Reich der Ideen, die politische und religiöse Zukunft von Deutschland." (S. 268).

[63] Ein Vergleich mit drei neueren Wallenstein-Biographien macht die Besonderheit der Gewichtung deutlich: Bei Golo MANN nimmt die Darstellung des zweiten Generalats 5 von 27 Kapiteln, ca. 340 von knapp 1200 Seiten in Anspruch, d.h. ein gutes Viertel des Textes (Wallenstein. Sein Leben). Noch größer ist der Unterschied zu DIWALD: Hier sind es lediglich 2 von 21 Kapiteln, ca. 70 von ca. 560 Seiten, d.h. ein Achtel des Textes (Wallenstein. Eine Biographie, Frankfurt a. M./Berlin/Wien 1975 [1. Auflage München/Esslingen 1969]). Ähnlich ist die Gewichtung in der neuesten Wallenstein-Biographie, nämlich 36 von 258 Seiten, d.h. ein Siebtel des Textes, sind dem zweiten Generalat gewidmet (Josef

chen, sich mit den beiden Führungsmächten der protestantischen Partei in Deutschland, den Kurfürsten von Sachsen und Brandenburg, zu verständigen, um ein Ende des Krieges herbeizuführen, der die "Integrität des Reiches" erhalten und zu einem Ausgleich zwischen beiden Konfessionen führen soll.[64] Dieser Plan erst macht Wallensteins nationale Bedeutung aus und sichert ihm allgemein-historisches Interesse.[65] Wallenstein ist bekanntlich gescheitert. Während Alexander wirklich "den Anfang einer Epoche bezeichnet", tobt der Dreißigjährige Krieg nach Wallensteins Ermordung in Eger noch 14 Jahre weiter. Die allgemeingeschichtliche Bedeutung, die Ranke Wallenstein gibt, beruht letztlich auf kontrafaktischem Geschichtsdenken,[66] das heißt auf der Vorstellung, wie die deutsche und europäische Geschichte verlaufen wäre, wenn sein Plan geglückt wäre. In dem letzten Kapitel, "Katastrophe Wallensteins", folgt nach der Schilderung der Ermordungsszenen ein Ausblick auf die weitere Geschichte des Dreißigjährigen Krieges.[67] Effektvoll gibt Ranke der "Katastrophe Wallensteins" die Bedeutung einer *Katastrophe Deutschlands*: Der Krieg setzt sich fort, indem nun Frankreich eingreift. Erst jetzt komme es zu der "allgemeinen Verwüstung" Deutschlands und schließlich bahne sich die Auflösung des Reiches an (S. 455). Die schreckliche Folgegeschichte des Dreißigjährigen Kriegs offenbart die historische Bedeutung von Wallensteins Scheitern.

β. Integrative Biographik meint bei Ranke sowohl die Integration der Biographie in die Geschichte als auch die Integration des personalen Moments in eine historische Biographie. Über die erste Form der Integration ist das Wichtigste bereits gesagt: Die Darstellung der historischen Situation, die Schilderung der europäischen Zusammenhänge tritt bei Ranke zuweilen so in den Vordergrund, daß der biographische Bezugspunkt

---

POLIŠENSKÝ/Josef KOLLMANN: Wallenstein. Feldherr des Dreißigjährigen Krieges, Köln/Weimar/Wien 1997 [org.: Prag 1995]).

[64] Siehe besonders das Kapitel "Friedensentwürfe in der ersten Hälfte des Jahres 1633".

[65] Die neuere Forschung ist bei der Bewertung der politischen Ziele Wallensteins unterschiedlicher Ansicht. Heinrich von SRBIK setzt die Rankesche Linie fort und stellt Wallenstein als möglichen Friedensbringer für das Reich dar (Wallensteins Ende, Wien ²1950). Josef PEKAŘ sieht dagegen Wallensteins Handeln v.a. durch Rachegelüste gegenüber dem Kaiser und dem Kurfürsten von Bayern bestimmt (Wallenstein 1630-1634. Die Tragödie einer Verschwörung, 2 Bde., Berlin 1937). Die meisten Historiker teilen heute wohl die zurückhaltende Position von Ernst Walter ZEEDEN: "Doch wohin es ihn letztlich getrieben hätte, ist nicht auszumachen." (Hegemonialkriege und Glaubenskämpfe, 1556-1648 [= Propyläen Geschichte Europas, Bd. 2], Frankfurt a.M./Berlin ²1980, S. 283). Dementsprechend relativiert sich auch die historische Bedeutung, die Wallenstein beigemessen wird, auf das, was er *tatsächlich* geleistet hat: auf seine Rolle als bedeutender kaiserlicher Heerführer, als wichtigster Gegenspieler Gustav Adolfs, als erfolgreicher Territorialfürst und als letzter großer Vertreter des Condottieretypus der Frühen Neuzeit. Vgl. den Forschungsüberblick bei POLIŠENSKÝ/KOLLMANN: Wallenstein, S. 2-15.

[66] Vgl. dazu Peter BORG: Kontrafaktische Urteile in der Geschichtswissenschaft. Formen und Inhalte, in: AKG 79(1997), S. 211-228.

[67] Ranke führt die Wiedereroberung Regensburgs durch die katholische Partei, deren Sieg über Schweden und Protestanten bei Nördlingen und den ungünstigen Frieden mit Sachsen an.

aus den Augen verloren wird. Daß letztlich die biographische gegenüber der monographischen Darstellungsperpektive doch noch die Oberhand behält, liegt in der Interpretation des Friedländers als (gescheitertes) historisches Individuum in der zweiten Hälfte des Werkes begründet. All die historischen Fäden, die in der ersten Hälfte Rankes Blick von Wallenstein weggeführt haben, lassen sich in den Vermutungen über Wallensteins politische Pläne wieder mit ihm verknüpfen: Durch die Konzentration der geschichtlichen Möglichkeiten in den Intentionen eines Individuums kann sich auch das historische Interesse ganz auf das Individuum konzentrieren.

Bescheiden fällt aber die *Integration des personalen Moments* aus. Dies liegt zunächst an dem auch heute noch sehr spärlichen Quellenmaterial zu Wallensteins Persönlichkeit, insbesondere zu seinen frühen Jahren.[68] Wallenstein ist somit kein besonders geeigneter Gegenstand, um den Unterschied des integrativen zum rein historischen Biographiekonzept erkennbar werden zu lassen. Ranke macht allerdings kaum Anstalten, den Leser zumindest mit begründeten Vermutungen mit dem jüngeren Wallenstein in nähere Bekanntschaft zu setzen, wie dies beispielsweise Golo Mann in seiner Wallenstein-Biographie versucht.[69] Charakteristisch sind die "Regieanweisungen", mit denen Ranke die Lesererwartungen von der Person auf die "Zeitverhältnisse" zu lenken sucht. So heißt es beispielsweise im ersten Kapitel: "Wenden wir nun den Blick nach den Antrieben, die ein junger Mann an seiner Stelle, aus der realen Welt empfangen konnte und mußte." (S. 3) Die Jugendgeschichte Wallensteins besteht im folgenden vor allem aus einem Überblick über Reformation und Rekatholisierung in dessen böhmischer Heimat. Die Genese des Charakters, die Entwicklungsgeschichte der Persönlichkeit bleiben weitgehend im Dunkeln.[70] In der Praxis, zumindest in diesem Fall, zeigt Ranke die gleiche Zurückhaltung gegenüber der Erforschung der individuellen Motive und ihrer Genese wie Droysen.

---

[68] Vgl. dazu den Überblick über die Quellen zur Jugendgeschichte Wallensteins bei MANN: Wallenstein, S. 20-23.

[69] Vgl. dazu das erste Kapitel "Kindheit: Ein Mosaik, in dem viele Steine fehlen" (MANN: Wallenstein, S. 7-38).

[70] Einleitend referiert Ranke das Keplersche Horoskop. Im zwölften Kapitel gibt er eine summarisch-situative Charakterisierung Wallensteins im Stile Suetons: Man erfährt, daß Wallenstein Freude an Gelagen hatte, daß er Pracht und höfische Sitte liebte, daß er furchtbar zornig werden konnte und daß sich bei ihm rationalistisches Denken mit dem Glauben an Astrologie verband (S. 346-351).

c) "Deutsche Geschichte im Zeitalter der Reformation"

In dieser Epochenmonographie[71] läßt sich die zweite Rankesche Variante integrativer Biographik beobachten. Nachdem mit der "Geschichte Wallensteins" eine Biographie vorlag, die sich zur Geschichte erweitert, wird nun eine Geschichte betrachtet, die sich einem bestimmten Punkt zur Biographie verdichtet. In der einleitenden theoretischen Darstellung von Rankes "integrativer Biographik" erschienen diese beiden Varianten als universell anwendbare historiographische Darstellungs*möglichkeiten*. Kurt-Victor Selge weist in einem Aufsatz über neuere Luther-Biographien und Reformationsgeschichten aber darauf hin, daß die Integration der Luther-Biographie in die Reformationsgeschichte das allgemein übliche Darstellungsmodell für diese Epoche ist.[72] Biographische Integration scheint also in diesem Falle von der Sache her geboten. Bevor wir diese in Rankes "Deutscher Geschichte" näher untersuchen (β.), soll kurz darüber reflektiert werden, weshalb (α.) die Einbeziehung der Lutherbiographie in die Reformationsgeschichte notwendig erscheint.

α. Die heutige Reformationsgeschichtsschreibung des "postkonfessionellen und postnationalstaatlichen Zeitalters"[73] erblickt in Luther nicht mehr den Retter oder Verderber der Christenheit wie die konfessionelle Geschichtsschreibung des 16. und 17. Jahrhun-

---

[71] RANKE: Deutsche Geschichte im Zeitalter der Reformation, 6 Bde., Berlin 1839-47. Zitiert wird aus der 7. Auflage (Leipzig 1894), in der jeweils zwei Bände in einem Band, unter Beibehaltung der mit jedem Band der ersten Auflagen neu einsetzenden Seitenzählung, vereinigt sind.

[72] SELGE: Die Darstellung Luthers, S. 267. Selge behandelt darin folgende Werke: Heinrich BOEHMER: Der junge Luther, Gotha 1929; Lucien FEBVRE: Un destin: Martin Luther, Paris 1928; RITTER: Die Neugestaltung Europas im 16. Jahrhundert und Bernd MOELLER: Deutschland im Zeitalter der Reformation (= Deutsche Geschichte, hg. v. Joachim LEUSCHNER, Bd. 4), Göttingen 1977. Insbesondere das Rittersche Werk läßt deutliche Gestaltungsparallelen zu der Rankeschen Darstellung erkennen: Ebenso wie Ranke widmet sich Ritter zunächst den Bemühungen um die Reichsreform im 15. Jahrhundert ("Ursprung und Frühformen des modernen Staates"), so daß das Staatliche auch hier "den Rahmen" der Geschichte abgibt (vgl. SELGE: Die Darstellung Luthers, S. 275). Auch inhaltlich ist die biographische Integration Luthers ähnlich angelegt: Der Rechtfertigungsgedanke wird als innerer Ausgangspunkt der Reformation betrachtet. Der Luther der Jahre 1517 bis 1521 wird als Integrations- und Führungsfigur der frühen Reformation begriffen. Erst Bernd Moellers Darstellung weicht nach Selge von diesem Schema ab: Der "dramatische Seelenkampf" erscheine nicht mehr von höchster Bedeutung an sich selbst. Das historisch Relevante wird in der Erklärung gesehen, auf welchem historischen Hintergrund Luther seine Wirkung entfalten konnte (vgl. SELGE: Die Darstellung Luthers, S. 269 u. S. 285-288). Wie sehr das Rankesche Darstellungsmodell bis in die zweite Hälfte des 20. Jahrhunderts hinein gewirkt hat machen auch die Forschungsüberblicke von Heinrich BORNKAMM (Luther im Spiegel der deutschen Geistesgeschichte. Mit ausgewählten Texten von Lessing bis zur Gegenwart, Göttingen ²1970, S. 132-137) und Martin BRECHT (Gesamtdarstellungen des Zeitalters der Reformation und des Konfessionalismus, in: Verkündigung und Forschung 28[1980], S. 74-119) deutlich.

[73] Heinz SCHILLING: Die Reformation in Deutschland, in: WEHLER (Hg.): Scheidewege der deutschen Geschichte, S. 15-27, hier: S. 27.

derts, auch nicht mehr den "Held in der Geschichte der Freiheit",[74] wie die säkularisierte (protestantische) Geschichtsschreibung der Aufklärung, des Idealismus und des Liberalismus, sondern untersucht nüchterner seine historische Rolle im Prozeß der Reformation. Je nach Sichtweise dieses Prozesses erscheint diese stark relativiert.[75] Die historische Rolle Luthers im Reformationsgeschehen beruht dabei auf zwei unterscheidbaren Komponenten: Zum einen entwickelt Luther mit seiner Rechtfertigungslehre den theologischen Grundgedanken der Reformation, er vollzieht "den im Spätmittelalter angebahnten Paradigmenwechsel im Verständnis von Glauben und Kirche".[76] Zum anderen ist Luther die führende, die vielfältigen Oppositionsbewegungen gegen die alte Kirche integrierende Persönlichkeit in der Frühphase der Reformation. In der zweiten Hinsicht ist Luther vergleichbar mit anderen historischen Individuen, er erscheint als historisch Handelnder in einer bestimmten geschichtlichen Situation, dem andere Individuen, Mächte und Interessen zur Seite oder entgegenstehen. In der ersten Hinsicht sticht Luther aber dadurch hervor, daß eine "ganz persönlich-subjektive Erkenntnis"[77] zum Ausgangspunkt eines weltgeschichtlichen Geschehens wird. Die Geschichte der deutschen Reformation ist dadurch bestimmt, daß ein (theologisch-religiöser) Gedanke wesentlichen Anteil an der historischen Bewegung hat. Sie ist zweitens dadurch geprägt, daß dieser Gedanke in Luther einen eindeutig individuellen Ursprung hat.[78] Aufgrund dieses besonderen Verhältnisses ist die Biographie Luthers, die Suche nach dem lebens-

---

[74] Thomas NIPPERDEY: Luther und die moderne Welt, in: ders.: Nachdenken über die deutsche Geschichte, S. 31f. Man vergleiche etwa HEGELS Darstellung der Reformation (PhilG, S. 492-497, bes. S. 496).

[75] Insbesondere westeuropäische Historiker rücken von der deutschen Sichtweise der Reformation als revolutionärer Beginn der Neuzeit ab und integrieren die reformatorischen Ereignisse des 16. Jahrhunderts in eine vom Spätmittelalter bis zum 17. Jahrhundert reichende Bewegung geistiger und sozialer Reformbemühungen. Dementsprechend verringert sich die Luther zugesprochene historische Bedeutung. Vgl. dazu SCHILLING: Die Reformation in Deutschland, S. 16f.

[76] SCHILLING: Die Reformation in Deutschland, S. 17. Vgl. dazu, die neueren Forschungen zusammenfassend, das Kapitel "Die innere Wende - die reformatorische Entdeckung" bei BRECHT: Martin Luther, S. 215-230.

[77] SCHILLING: Die Reformation in Deutschland, ebd. Diese besondere Bedeutung der persönlichen Biographie scheint ein konstitutives Merkmal der Geschichte von religiösen Führungspersönlichkeiten zu sein. Dies stimmt mit der Beobachtung des Biographietheoretikers Eduard PLATZHOFF-LEJEUNE überein, der die Besonderheit des Typus "Reformator" für die Biographik darin sieht, daß hier das "Motiv der Gesinnung", also das Innere der Person, eine eminente Rolle spiele (Werk und Persönlichkeit in einer Theorie der Biographie, Minden 1903, S. 87). Vgl. auch Jacob BURCKHARDT: Über das Studium der Geschichte, S. 391.

[78] In den Worten Gerhard RITTERS: "Es gehört zu den historisch bedeutsamsten Wesensmerkmalen der deutschen Reformation, daß ihr Ursprung nicht in irgendwelchen öffentlichen Ärgernissen, sondern in der weltfremden Abgeschlossenheit der Klosterzelle, in den höchstpersönlichen Gewissensnöten einer einsam mit ihrem Gott ringenden Menschenseele zu suchen ist." (Die Neugestaltung Europas im 16. Jahrhundert, S. 74). Vgl. die ähnlichen Formulierungen bei: Heinz SCHILLING: Aufbruch und Krise: Deutschland 1517-1648, Berlin 1988, S. 88 u. S. 90.

geschichtlichen Ursprung seines theologischen Grundgedankens, von zentraler Bedeutung für die Geschichte der Reformation. Seine Biographie wird nicht erst mit den Hammerschlägen an die Wittenberger Schloßkirche[79] historisch wichtig, also ab dem Integrationspunkt, wo individuelle und allgemeine Geschichte zusammenlaufen und das Individuum beginnt, als ein die Ereignisse mitbestimmender Akteur aufzutreten. Seine Jugend und Adoleszenz ist nicht nur als biographische *Vor*geschichte bedeutsam, sondern diese Lebensperiode interessiert als Geschichte einer persönlich-subjektiven Erkenntnis, die weltgeschichtliche Bedeutung hat.

β. Dieser Besonderheit Luthers trägt Ranke im ersten Buch seiner "Deutschen Geschichte im Zeitalter der Reformation" Rechnung. Es beginnt mit der universalen Perspektive auf den Zustand der Weltreligionen, geht über in eine Geschichte des Papsttums, schildert dann die verschiedenen Richtungen der Opposition gegen das Papsttum, konzentriert sich anschließend auf die theologische Opposition, fokussiert schließlich die neugestiftete Universität Wittenberg, um endlich das Augenmerk auf einen einzelnen Mann zu lenken: "Im Jahr 1508 führte ihr Staupitz den jungen Luther zu." (Bd. 1, S. 195) Ute Daniel hebt diese Darstellungsweise als innovative "literarische Ausschnitt- und Zoomtechnik" hervor und charakterisiert sie mit Metaphern aus dem Bereich des Films: Von einer globalen "Totalen" ausgehend "zoome" der Erzähler immer näher an das Geschehen heran, um schließlich einen einzelnen Mann, Luther, im "Objektiv" zu haben.[80]

Diese Darstellungsweise ist allerdings nicht nur als eine geschickt gewählte literarische Technik zu werten, durch die Ranke in Konkurrenz zu den romantischen historischen Romanen Walter Scotts treten konnte. Sie ist sachlich motiviert, denn sie dient der biographischen Integration der Person Luthers in die Epoche der Reformation. Der Allgemeinheit der Ausgangsperspektive entspricht die weltgeschichtliche Bedeutung der reformatorischen Tat Luthers. Die zunehmende Verengung der Perspektive auf eine Person ist der Versuch, diese Allgemeinheit schrittweise mit dem Wirken einer Person zu einem bestimmten Zeitpunkt an einem bestimmten Ort zu *vermitteln*, nämlich: Luther, Wittenberg, 1508. Dies wird von Ranke nicht nur als eine Bewegung vom Allgemeinen zum Einzelnen begriffen, sondern auch als eine Bewegung vom Äußeren zum Inneren.[81] Die Verengung der Perspektive auf eine einzelne Person bedeutet zugleich auch die Besinnung auf den inneren Kern der geschichtlichen Bewegung.

---

[79] Die neuere Forschung befindet sich immer noch in Auseinandersetzung darüber, ob der berühmte Thesenanschlag eine nachträgliche Erfindung Melanchthons gewesen ist. Vgl. dazu BRECHT: Martin Luther, S. 196.

[80] DANIEL: "Ein einziges grosses Gemählde", S. 18f.

Dieser innere Kern liegt für Ranke in der Seele des jungen Luther. Der oben zitierte Satz markiert den *Integrationspunkt* seiner Biographie in die Geschichte der Reformation. Ranke unterbricht hier seine Schilderung der theologischen Opposition, er macht einen "Schnitt", wie Daniel schreibt,[82] und fügt eine vierseitige, anschauliche Biographie des jungen Luther ein, die in der "reformatorischen Entdeckung" Luthers im Kloster gipfelt:[83] "der Gerechte lebet seines Glaubens [...]. Er war wie ein Mensch, der nach langem Irren endlich den rechten Pfad gefunden hat und bei jedem Schritte sich mehr davon überzeugt: getrost schreitet er weiter." (Bd. 1, S. 199) Dann erfolgt wieder ein "Schnitt" und fast mit den gleichen Worten führt Ranke den Leser wieder zum Integrationspunkt: "So stand es mit Luther, als er von seinem Provinzial im Jahre 1508 nach Wittenberg gezogen ward." (ebd.) Damit ist die biographische Integration der Jugendgeschichte Luthers abgeschlossen. Der Form nach ist es eine biographische "Rückblende", die an einem genau bestimmten Punkt der Erzählung stattfindet. Im Unterschied zur "Geschichte Wallensteins" wird die Jugend Luthers durchaus "bloß biographisch", ohne Hinweise auf geschichtliche Einflüsse, sondern sich allein auf die Darstellung seines Lebensganges und seiner Persönlichkeitsentwicklung konzentrierend, erzählt. Die Darstellung beschränkt sich ganz auf das *personale Moment*, weil die persönliche Entwicklung im Falle Luthers mit der reformatorischen Entdeckung eine eminent historische Bedeutung hat.[84]

Die biographische Integration Luthers als führende Persönlichkeit in der Frühgeschichte der Reformation vollzieht sich auf eine andere, dem Leser aus der "Geschichte Wallensteins" vertraute Weise. Nach der Verengung der Perspektive auf Wittenberg und Luther weitet Ranke sie wieder auf die eingangs angeschlagenen Themen der Papstopposition und der politischen Entwicklung in Deutschland aus, diesmal im Sinne einer Integration der verschiedenen Bewegungen, die durch Luthers Opposition gegen den Ablaßhandel ausgelöst wurden.[85] Luther bildet allerdings in der folgenden

---

[81] "Nicht von außen her pflegen den Mächten der Welt, den vorherrschenden Meinungen ihre gefährlichsten Gegensätze zu kommen: in ihrem Innern brechen in der Regel die Feindseligkeiten aus, durch welche sie zersprengt werden." (Bd. 1, S. 190).

[82] DANIEL: "Ein einziges grosses Gemählde", S. 18.

[83] Die neuere Forschung datiert die "reformatorische Entdeckung" Luthers später als dies Rankes Chronologie nahelegt. Demnach soll Luther erst "zwischen Frühjahr und Herbst 1518 seine entscheidende Entdeckung über die Gerechtigkeit Gottes" gemacht haben (BRECHT: Martin Luther, S. 220).

[84] Peter GAY übersieht diesen genau bestimmbaren inhaltlichen Grund für den biographischen Exkurs zu Luthers Jugend, wenn er schreibt, daß Ranke aufgrund des außerordentlichen Charakters Luthers sich ausführlich mit Luthers Jugendgeschichte beschäftige: "Luther is so important, his character expands to such vast dimensions, that Ranke feels compelled to devote scores of pages to Luther's early years." (Style in history, London/New York 1974, S. 63).

[85] "Es war aber dies Unternehmen wie ein gewaltiger Schlag, der Deutschland aufweckte. [...] Die lebendigsten Interessen knüpften sich daran: das der tieferen Frömmigkeit gegen die äußerste aller Sündenvergebungen; das der Literatur gegen die Ketzermeister, zu denen auch Tetzel gehörte; [...] der

Darstellung der Ereignisse bis zum Wormser Reichstag 1521 nur einen der personalen Mittelpunkte der Darstellung. Hinzu treten der neu gewählte Kaiser Karl V., der päpstliche Hof, schließlich die theologisch-kirchlichen Gegner (Cajetan, Eck) und Mitstreiter (Melanchthon). Wie Wallenstein erscheint Luther nun als historisches Individuum, das unter bestimmten geschichtlichen Umständen handelt, dem widerstreitende und fördernde Parteien und Interessen zur Seite gestellt werden müssen. Die Perspektive kann nicht mehr "bloß biographisch" sein wie bei der Jugendgeschichte Luthers.

Höhepunkt der Frühgeschichte der Reformation ist der Wormser Reichstag. Hier laufen alle von Ranke seit Beginn gesponnenen Fäden der Erzählung - das Bemühen um eine Verbesserung der Reichsverfassung, die sich in den Reichsständen artikulierende Opposition gegen die Papstkirche und schließlich die "Luthersache" - zusammen. Der Wormser Reichstag ist auch bei Ranke "die große dramatische Szene, die das Ganze konzentriert enthält."[86] Danach wendet sich das Interesse Rankes von Luther ab. Noch einmal steht er im Mittelpunkt, als er im Oktober 1521 die Wartburg verläßt, um die radikalen Konsequenzen, die Andreas Karlstadt aus seiner Lehre gezogen hat, zu bekämpfen. In dem restlichen, quantitativ weit überwiegenden Teil des Werkes, den Büchern drei bis elf, taucht Luther nur noch sporadisch auf, so anläßlich des Marburger Religionsgesprächs (3. Bd., 5. Buch, S. 121-126). Sein Tod 1546 wird im 8. Buch über den "Schmalkaldischen Krieg" wie nebenbei eingeflochten (4. Bd., 8. Buch, S. 292f.).

Der Zweck der Epochenmonographie bedingt, daß der Historiker die einzelnen Personen nur in dem Maße einbezieht, wie, wo und wann sie gestaltende Kräfte der Epoche waren. Luthers Leben steht zwar auch nach 1521 noch im Zusammenhang der "großen Tendenzen" seiner Zeit, aber die Impulse gehen nicht mehr im gleichen Maße von ihm aus wie in der Frühphase der Reformation. Dies macht den Unterschied zwischen einer Biographie, die sich zur Geschichte erweitert, und einer allgemeinen Geschichte, die sich zur Biographie verdichtet, aus: Während erstere in dem Individuum ihre Einheit und ihren ständig wiederkehrenden Bezugspunkt findet, haben für die letztere die individuelle Einheit und der individuelle Bezugspunkt keinen selbständigen Wert.

---

weltlichen Gewalt gegen die geistliche, deren Uebergriffe sie zu beschränken suchte; endlich der Nation gegen die römischen Geldforderungen." (Bd. 1, S. 212).

[86] SELGE: Die Darstellung Luthers, S. 288.

II. Politischer Historismus

1. Die Etablierung der historischen Biographie als geschichtswissenschaftliche Darstellungsform in der zweiten Hälfte des 19. Jahrhunderts

Anhand einer Quelle für das Jahr 1802 ist gezeigt worden, daß die biographische Produktion in Deutschland schon um die Jahrhundertwende einen beachtlichen Umfang erreicht hatte. Ohne für die Biographieproduktion des 19. Jahrhunderts exakte Zahlen erheben zu können,[1] kann man davon ausgehen, daß sie seitdem, im Zuge eines sich weiter ausdehnenden literarischen Marktes, noch zugenommen hat.[2] Selbst Fachleute wie der Literaturwissenschaftler Rudolf Gottschall (1874) verlieren bei der Produktionsmasse den Überblick:

"Seitdem die Specialität überwucherte und die Meßkataloge überfrachtete, wurde die Lebensbeschreibung eine so alltägliche Kunst wie die Photographie; [...] Dadurch wuchs die Anarchie der biographischen Produktion, die gegenwärtig ein vollkommen verwirrendes Bild bietet und deren buchhändlerische Statistik allein einen ansehnlichen Band füllen würde."[3]

Der Biographieboom hat auch Anteil an besonders expansiven Segmenten der Buchproduktion, wie zum Beispiel den großen Enzyklopädien und Konversationslexika.[4] Denn zum einen machen die biographischen Artikel einen bedeutenden Anteil an den Konversationslexika aus (Gottschall führt das "Brockhaus Conversations-Lexikon" als Muster an),[5] zum anderen werden eigenständige biographische Enzyklopädien mit zum Teil gewaltigen Dimensionen veröffentlicht.[6]

---

[1] Spezielle bibliographische Hilfsmittel, die die Biographieproduktion eines bestimmten Zeitraums nachweisen, existieren nach Wissen des Verfassers nicht. Mittels allgemeiner bibliographischer Hilfsmittel, wie dem "Allgemeinen Bücher-Lexikon [...]" (120 Bde., Leipzig 1854ff.) von Wilhelm HEINSIUS, sind Biographien nur unzureichend zu identifizieren, geschweige denn vollständig zu erfassen.

[2] Der Anstieg der Buchproduktion verläuft allerdings nicht gradlinig. In den ersten beiden Jahrzehnten des 19. Jahrhunderts sinkt die Produktion von über 4000 (1805) auf rund 2200 Titel (1813) ab. Im Vormärz steigert sie sich rasant auf über 13.000 Titel (1843). Nach der Revolution kommt es wiederum zu einem Einbruch, erst im Kaiserreich (1879) erreicht man wieder die alten Produktionszahlen. Bis 1913 wird sie sich nochmals auf 34871 Titel vergrößern. Im internationalen Vergleich erlangt Deutschland genau zu diesem Zeitpunkt (1911/1913) erstmals das quantitative Übergewicht über Frankreich und wird führend in der Buchproduktion Europas, während es vorher immer den zweiten Platz innegehabt hat. Vgl.: Rolf ENGELSING: Analphabetentum und Lektüre. Zur Sozialgeschichte des Lesens in Deutschland zwischen feudaler und industrieller Gesellschaft, Stuttgart 1973, S. 90-95, S. 117-121; WEHLER: Deutsche Gesellschaftsgeschichte, Bd. 2, S. 520-547; Bd. 3, S. 429-445; CHARLE: Vordenker der Moderne, S. 109.

[3] GOTTSCHALL: Die Biographie der Neuzeit, hier: S. 581.

[4] Vgl. WEHLER: Deutsche Gesellschaftsgeschichte, Bd. 2, S. 525.

[5] GOTTSCHALL: Die Biographie der Neuzeit, S. 582.

[6] Vgl.: Biographie universelle ancienne et moderne, hg. v. L. G. MICHAUD, 45 Bde., Paris ¹1843-65, ²1854-65; C. v. WURZBACH: Biographisches Lexikon des Kaisertums Österreich, 60 Bde., Wien 1856-

Schaut man aber lediglich auf die Produktion als solche, wird ein wichtiger säkularer Trend verdeckt, der für die Geschichte der historischen Biographie von weit größerer Bedeutung ist: *Die große historische Einzelbiographie wird in der zweiten Hälfte des 19. Jahrhunderts zu einer Domäne der universitären Historiker.* Die große Masse der Produktion wird nämlich zunächst nicht durch professionelle Geschichtsschreiber, sondern durch Literaten, berufene Freunde[7] und "Liebhaber-Historiker"[8] getragen: Deren Rührigkeit in den heimatlichen Archiven und privaten Nachlässen ist als die eigentliche Quelle jener Anarchie anzusehen, die Gottschall beklagt.[9] Aus dieser Masse ragen bis 1850 nur wenige Produkte universitärer Historiker heraus.[10]

Daß dies nun anders wird, liegt an zwei Gründen: Zum einen ist in Deutschland erst um die Jahrhundertmitte eine erste Phase der Zuwendung der Historiker zur biographischen Form zu beobachten, zum anderen sorgt die zunehmende Institutionalisierung der Geschichtswissenschaft für eine wesentlich verbreiterte Produktionsbasis. Ein Zeuge für den ersten Vorgang ist Heinrich von Sybel. Er konstatiert 1856 eine neue politische, gegenwartsorientierte Einstellung unter den Historikern, die mit einer Hinwendung zur biographischen Form einhergehe:

"Für diese Gesinnung mußte vor Allem das Studium der neueren Zeit und der jüngsten Vergangenheit ein lebhaftes Interesse gewähren; [...] es erklärt sich daraus das rasche und glänzende Aufblühn eines bei uns fast leblosen Zweiges der Geschichtsschreibung,

---

1891; Allgemeine Deutsche Biographie, hg. durch die historische Commission bei der Königl. Akademie der Wissenschaften, 56 Bde., Leipzig 1875-1912; Dictionary of national biography, hg. v. L. STEPHEN, 63 Bde. und 9 Supplement-Bände, London/New York 1885-1900.

[7] Die Verhältnisse, die Jan ROMEIN für die viktorianische Biographik zeichnet, dürften in etwa auch für das bürgerliche Deutschland in der zweiten Hälfte des 19. Jahrhunderts gelten: "Diese Forderung [persönliche Bekanntschaft als beste Voraussetzung für das Schreiben von Biographien, O.H.] mit postulierter Wissenschaftlichkeit verbindend, kamen in England die bemittelten Familien, welche den Gatten, Vater oder Bruder in der 'geschriebenen Westminster Abbey' beisetzen wollten, dazu, das Verfassen von Biographien nach dem Typus 'Life and Letters' oder 'Life and Time' wenn irgendmöglich geschulten Verwandten oder sonst gelehrten Freunden des Verstorbenen in Auftrag zu geben; man versah sie dann mit dem 'notwendigen' Material. [...] So entstanden jene Lebensbeschreibungen in zwei oder auch mehr wuchtigen Bänden, die zwar literarisch nicht oder kaum bearbeitet, hingegen mit Dokumenten überladen waren." (Die Biographie, S. 44).

[8] Vgl. dazu KLUETING: Rückwärtigkeit des Örtlichen, bes. S. 64f. Auch die erste Generation dokumentarischer Biographik über wichtige historische Persönlichkeiten ist oft von historischen Dilletanten verfaßt worden. Vgl. die Hinweise bei EGELHAAF: [Rez.: Brandenburg: Moritz von Sachsen], S. 88f.

[9] "Es ist unglaublich, welche große Zahl umfangreicher Lebensbeschreibungen von Bischöfen, Pfarrern, Schulmännern, Bürgermeistern und andern sehr tüchtigen und braven Männern, denen aber jede weiter reichende Wirksamkeit fehlt, alljährlich im deutschen Buchhandel erscheint." (GOTTSCHALL: Die Biographie der Neuzeit, S. 585).

[10] Neben DROYSENS "Geschichte Alexanders des Großen" sind für den deutschen Sprachraum u.a. zu nennen: PREUß: Friedrich der Große; HURTER: Geschichte Papst Innocenz des Dritten und seiner Zeitgenossen; August Friedrich GFÖRER: Gustav Adolph, König von Schweden und seine Zeit, Stuttgart ^{1}1837.

der Memoirenliteratur, der Biographie der älteren Zeitgenossen. In kurzer Frist hat er eine Reihe der wertvollsten Früchte und unendliche Wirkung hervorgebracht."[11]

Der Vorgang des institutionellen Ausbaus der universitären Geschichtswissenschaft läßt sich am besten durch Zahlen illustrieren: Die Anzahl der Ordinarien wächst von einem im Jahr 1804 über 30 im Jahr 1850, 74 im Jahr 1880 auf hundert im Jahr 1907 an.[12] Wieviele der universitären Historiker wenden sich der Biographie zu? Wolfgang Weber führt in seinem "Biographischen Lexikon zur deutschen Geschichtswissenschaft" insgesamt 710 Lehrstuhlinhaber auf, die von 1800 bis 1970 einen Lehrstuhl für Geschichte in den deutschsprachigen Ländern innehatten. Um die Untersuchungsgruppe überschaubar zu halten und zugleich die einflußreichsten Fachvertreter heranzuziehen, sind 58 Vertreter der von Weber in seinem Werk "Priester der Klio" untersuchten "fachstrategischen Elite" (bis zum Geburtsjahrgang 1880) ausgewählt worden.[13] Von diesen 58 Historikern haben 14 eine oder mehrere Biographien[14] verfaßt.[15] Die zehn Historiker

---

[11] SYBEL: Über den Stand der neueren deutschen Geschichtsschreibung, S. 355f.

[12] Die Zahlen werden angeführt bei WEBER: Priester der Klio, S. 55. - Dieser institutionelle Ausbau wird auch schon von SYBEL angeschnitten: "Wie das Interesse der Aufnehmenden, so ist gleichzeitig [...] die Zahl und Kraft der Schaffenden gewachsen." (Über den Stand der neueren deutschen Geschichtsschreibung, S. 356).

[13] Unter "strategischer Elite" versteht Wolfgang Weber diejenigen Historiker, die als Schüler von Ranke, Droysen und Mommsen die Durchsetzung des historistischen Wissenschaftskonzepts an den deutschen Universitäten getragen haben. Die damit verbundene, durchaus nicht unproblematische wissenschaftssoziologische Erklärung der universitären Etablierung des Historismus ist hier weniger von Interesse. Es genügt, wenn zugegeben wird, daß das Webersche Auswahlkriterium (Zahl der Schüler eines Lehrstuhlinhabers, die ebenfalls wieder Lehrstuhlinhaber geworden sind) geeignet ist, um die einflußreichen Historiker von den weniger einflußreichen abzuheben. Aus dieser Auswahl (von den 710 in seinem "Biographischen Lexikon" aufgeführten Historikern rechnet Weber 412 zu dieser Elite) sind jeweils die einflußreichsten jeder Schülergeneration (bis zum Geburtsjahrgang 1880) ausgewählt worden. Diese hier einzeln aufzuzählen erübrigt sich, denn sie werden im Inhaltsverzeichnis von "Priester der Klio" namentlich genannt. Es ist jedoch ausdrücklich darauf hinzuweisen, daß diese strategische Elite nicht (geschweige denn die nochmalige Auswahl) deckungsgleich ist mit den Wissenschaftlern, die im 19. Jahrhundert historische Biographien verfassen: 1. Es gibt Geschichtsprofessoren als Biographen, die nicht zu dieser Auswahl gehören (z.B. Felix Rachfahl). 2. Es gibt historische Biographen, die nicht Professor der Geschichte, sondern eines anderen Faches sind (z.B. Wilhelm Dilthey). 3. Es gibt biographisch tätige Historiker, die keine ordentliche Professur innehaben (z.B. Gustav Mayer, Franz Mehring, Georg Heinrich Pertz und Joseph Hansen). Die hier quantitativ untersuchte Gruppe ist also nicht identisch mit den Verfassern der Biographien, die in diesem und den nächsten Kapiteln behandelt werden. Vgl. WEBER: Priester der Klio.

[14] Unter Biographie wird eine Einzelbiographie mit einem Umfang von mehr als 70 Seiten verstanden. Damit wird die Gruppe der biographisch orientierten Vorträge und Gedenkreden, die insbesondere um 1900 sehr beliebt waren, nicht berücksichtigt.

[15] Weber führt in seinem "Biographischen Lexikon" leider nicht die Werke auf, die die Historiker verfaßt haben. Da es weiter kein zentrales bio-bibliographisches Hilfsmittel gibt, das die Werke aller ausgewählten Historiker aufführt, fußt der Befund, ob ein Historiker mindestens eine Biographie verfaßt hat, auf bibliographischer Recherche des Verfassers. Das gleiche gilt für die weiter unten berücksichtigten Forschungsschwerpunkte, deren Ermittlung sich jeweils an der Thematik der veröffentlichten Schriften orientiert.

der Geburtsjahrgänge bis 1819 sind mit zwei Biographen vertreten (Ranke und Droysen), die 21 Historiker der Jahrgänge 1820 bis 1849 mit sechs und die 27 Historiker, die zwischen 1850 und 1880 geboren wurden, haben ebenfalls sechs Biographen hervorgebracht. Dieses Ergebnis belegt kaum das von Sybel bemerkte Aufblühen der Biographie: Unter der fachstrategischen Elite der deutschen Historiker sind die biographisch tätigen Historiker mit rund 24% deutlich in der Minderheit. Der Anstieg des Anteils der Biographen von der ersten zur zweiten Gruppe von 20% auf 29% deutet zwar einen Steigerung des biographischen Interesses nach der Jahrhundertmitte an, erscheint aber nicht so nachhaltig, zumal der Anteil in der dritten Gruppe wieder auf 22% abfällt. Das Bild ändert sich erst, wenn man bei der quantitativen Analyse den Sybelschen Befund berücksichtigt, daß es das Studium der neueren und jüngsten Zeit gewesen sei, welches dem Aufblühen der Biographie zugrundeliege. Teilt man die Untersuchungsgruppe nach den Forschungsschwerpunkten Alte Geschichte, Mittelalterliche Geschichte, Frühneuzeitliche Geschichte, Neueste Geschichte (für das 19. Jahrhundert kann man diese bei der Französischen Revolution beginnen lassen) und Wirtschafts-, Sozial- und Kulturgeschichte ein, so erhält man folgendes Ergebnis: Unter den zehn Althistorikern und den 18 Mediävisten befindet sich kein einziger Biograph![16] Von den zwölf Historikern, die sich in erster Linie der Frühen Neuzeit zuwenden, sind dagegen fünf auch biographisch tätig, unter den sieben Historikern mit Schwerpunkt auf der Wirtschafts-, Sozial- und Kulturgeschichte immerhin zwei. Die Historiker der Neuesten Geschichte sind dagegen die einzige Gruppe, in denen sich die Biographen deutlich in der Mehrheit befinden: sieben von elf betreiben biographische Historie.

Das Aufblühen der Biographie infolge des Interesses an der jüngsten Vergangenheit kann als Trend bezeichnet werden, der für den gesamten Zeitraum von 1850 bis 1918 dem Verhältnis der deutschen Geschichtswissenschaft zur biographischen Form zugrundeliegt: Biographische Geschichtsschreibung ist in erster Linie mit der Erforschung der neueren und neusten Geschichte verbunden. Während bei den Mediävisten und den Althistorikern das Schwergewicht auf der quellenkritischen Aufarbeitung der Überlieferung liegt (wieviel Arbeitskraft binden allein die großen Editionsprojekte "Monumenta

---

[16] Dieser Befund bedeutet keinesfalls, daß sich unter den deutschen Mediävisten und Althistorikern dieser Geburtsjahrgänge keine biographisch arbeitenden Historiker befunden hätten. Bei den Althistorikern ist das negative Ergebnis wesentlich dadurch bestimmt, daß sich in den ersten beiden Generationen der Mommsen-Schüler hauptsächlich solche Historiker befinden, die sich in den Dienst der durch Mommsen begründeten und angeleiteten Editionsprojekte gestellt haben. Wichtige Biographen der römischen Geschichte wie DRUMANN (Geschichte Roms in seinem Übergange von der republikanischen zur monarchischen Verfassung oder Pompeius, Caesar, Cicero und ihre Zeitgenossen nach Geschlechtern und mit genealogischen Tabellen, 6 Bde., 1834-44) oder GARDTHAUSEN (Augustus und seine Zeit, 3 Bde., 1891-1904) gehören nicht zur Mommsen-Schule. Vgl. dazu Karl CHRIST: Römische Geschichte und deutsche Geschichtswissenschaft, München 1982, S. 43-83.

Germaniae historica"[17] oder "Corpus Inscriptionum Latinarum"), sind es in erster Linie die Neuzeithistoriker, die nach 1848 von der "borussischen Schule" um Droysen, Sybel und Treitschke dominiert werden, welche mit publikumswirksamen Synthesen die bürgerliche Öffentlichkeit in ihren Bann ziehen wollen. Neben die nationalgeschichtliche Monographie als maßgebende Großgattung tritt die politische Biographie über führende Gestalten der Nationalgeschichte als populäre Form, von der Sybel und seine Kollegen sich "unendliche Wirkung" erhoffen. Auch diese Tendenz wird durch Veränderungen auf der institutionellen Ebene unterstützt. Förderte der universitäre Ausbau überhaupt die Aufteilung der Geschichtswissenschaft in die einzelnen Teildisziplinen der Alten, Mittleren und Neueren Geschichte, so ist es die Neuere, die in der zweiten Hälfte des 19. Jahrhunderts am stärksten expandiert.[18] Die maßgebenden Neuzeithistoriker, die zumeist auch biographisch tätig werden, konzentrieren sich im übrigen in frappierender Weise an der Berliner Universität: Johann Gustav Droysen, Heinrich v. Treitschke, Max Lenz, Hans Delbrück, Friedrich Meinecke, Erich Marcks, Hermann Oncken (in dieser Reihe fehlt eigentlich nur Heinrich v. Sybel) - sie alle haben auf dem Höhepunkt ihrer Laufbahn den Berliner Lehrstuhl inne.[19] - Zeitgenossen sprechen deshalb von einer "Berliner Schule".[20]

Mit diesen Vorgängen gehen Veränderungen in Form und Inhalt biographischer Historie einher. Die Historiker prägen in der zweiten Hälfte des 19. Jahrhunderts die Großform der Individualbiographie vor allem durch den Anspruch einer durch die historisch-kritische Methode abgesicherten Wissenschaftlichkeit.[21] Umfangreichstes Quellenstudium wird damit zur wesentlichen Voraussetzung. Diese Tendenz schlägt sich zunächst in einer dokumentarischen Monumentalbiographik nieder, die mehr den Charakter einer Quellensammlung als von Geschichtsschreibung besitzt. Droysen ist es dann, der mit dem "Leben des Feldmarschalls York v. Wartenburg" archivalische Forschung und publikumswirksame Darstellung in dem zeittypischen Modell einer politischen Biographie vereint.[22] Der Zugang zu den Quellen wird damit entscheidend

---

[17] Vgl. dazu FUHRMANN: "Sind eben alles Menschen gewesen".

[18] Dieser Trend wirkt sich allerdings erst 1910 dahingehend aus, daß die Zahl der Neuzeithistoriker diejenige der Mediävisten übersteigt. Vgl. WEBER: Priester der Klio, S. 55.

[19] Vgl. dazu HERTZ-EICHENRODE: Die "Neuere Geschichte" an der Berliner Universität.

[20] So z.B. der österreichische Bundestagsgesandte Graf Rechberg im Jahr 1858 (zitiert nach WEHLER: Deutsche Gesellschaftsgeschichte, Bd. 3, S. 247). Vgl. dazu auch BRECHENMACHER: Großdeutsche Geschichtsschreibung, S. 460-475.

[21] In Biographiegeschichten wird diese Phase deshalb auch die der "historisch-kritischen Biographie" genannt. Vgl. HÖLZLE: Biographie, S. 54.

[22] Die politische Geschichtsschreibung von Droysen, Häusser, Sybel und Treitschke wird von zeitgenössischen Literaturwissenschaftlern wie Rudolf Gottschall, die politisch ähnlich gesinnt sind und deren Literaturvorstellung sich an dem bürgerlichen Realismus orientiert, als "moderne historische Schule" gelobt, die die historisch-kritische Methode Niebuhrs und Rankes zuerst wieder mit "Volkstümlichkeit"

für das Verfassen von Biographien. In kaum einem der Werke über die Protagonisten der preußischen Reformzeit fehlt eingangs das Dankeswort an die Familie des Biographierten, die dem Historiker den Zugang zu dem Nachlaß gewährt hat. Hier, unter den Briefen und nicht veröffentlichten Schriften, findet der biographisch tätige Historiker des 19. Jahrhunderts seine Hauptquellen. Sie werden ergänzt durch das Material, das sich in den großen Staats- und Institutionsarchiven von den offiziellen "Geschäften" der Persönlichkeit finden läßt. So manches Vorwort läßt den monate-, ja jahrelangen "Archivmarathon" erahnen, dem sich die Historiker unterzogen haben, um ihrer Biographie eine quellenkritische Grundlage zu verschaffen.[23] Gehorchte die essayistische Biographik des späten 18. Jahrhunderts eher dem schnellen Rhythmus der periodischen Publizistik,[24] so nehmen die mehrbändigen historisch-kritischen Großbiographien des 19. Jahrhunderts die Arbeitskraft der Historiker für mehrere Jahre in Anspruch. Hermann Baumgarten beispielsweise veröffentlicht die drei Bände seiner Karlsbiographie in einem Zeitraum von sieben Jahren. Der immense Arbeitsaufwand, der in erster Linie in der Archivarbeit steckt, scheint auch der wesentliche Grund dafür zu sein, daß viele Biographien dieses Zeitraumes nicht zu Ende geführt werden: Neben Baumgartens "Karl V." kann man Georg Heinrich Pertz' "Gneisenau", die Bismarck- und Coligny-Biographien von Erich Marcks, die Moritz von Sachsen-Biographie von Erich Brandenburg und die Oranien-Biographie Felix Rachfahls als weitere Beispiele in die Galerie der unvollendeten Werke stellen. Mit dem Anwachsen des quellenkritischen Unterbaus geht der enorme Umfang einher, den die Biographien in diesem Zeitraum annehmen. Von den Dimensionen der "Monstrebiographien"[25] eines Pertz mit sechs Bänden und über 4000 Seiten ("Stein") nimmt man zwar schnell wieder Abstand, aber zwei bis drei Bände mit insgesamt über 1000 Seiten bilden das beträchtliche durchschnittliche Maß der großen Individualbiographie in der zweiten Hälfte des 19. Jahrhunderts.

---

verbunden habe: "Sie sucht eine ernste Forschung, welcher die Analogien der Gegenwart neue Gesichtspunkte an die Hand geben, mit einer künstlerischen Darstellung zu vereinigen, welche uns nicht den ganzen Apparat der Studien mit in den Kauf giebt, sondern nur ihre Resultate in einer geläuterten und allgemein zugänglichen Form." Darstellungskunst, Publikumsbezogenheit und nationales Engagement läßt ihre Werke in den Augen Gottschalls Bestandteil der deutschen "Nationallitteratur" werden, ähnlich wie die Geschichtsschreibung eines Michelet oder Thiers in Frankreich oder eines Macaulay in England. (GOTTSCHALL: Die deutsche Nationallitteratur des neunzehnten Jahrhunderts, S. 356f.)

[23] So schreibt Hermann BAUMGARTEN resigniert im Vorwort zum ersten Band seiner unvollendeten Karl V.-Biographie: "Wenn ich die europäischen und deutschen Archive in dem an sich wünschenswerten Umfange für die Geschichte Kaiser Karls V. hätte benützen wollen, so würde ich bei dem kolosalen Umfange der auf diesen Kaiser bezüglichen Akten genötigt gewesen sein, auf meine Lehrtätigkeit ziemlich lange zu verzichten." (Geschichte Karls V., 1. Bd., S. IV).

[24] Einen bedeutenden Anteil an der biographischen Produktion haben in den Jahrzehnten um 1800 Sammelbiographien und biographische Zeitschriften. Vgl. dazu MAURER: Die Biographie des Bürgers, S. 115-118.

[25] GOTTSCHALL: Die Biographie der Neuzeit, S. 585.

Daß die Historiker sich damit jener Publikumswirksamkeit beschneiden, die sie sich gerade von der Biographie erhofft haben,[26] führt sie bald dazu, neben diesen Großproduktionen kürzere, auf das allgemeine Publikum zugeschnittene Fassungen zu schreiben. Mit diesen populären Auszügen haben die Historiker dann auch publizistisch die größeren Erfolge. Ein gutes Beispiel für diese Marktanpassung sind die beiden Bismarck-Biographien von Erich Marcks. Seine historisch-kritische Biographie "Bismarcks Jugend 1815-1848" mit rund 500 Seiten ist mit 21 Auflagen zwischen 1909 und 1951 wohl die erfolgreichste Großbiographie eines Historikers dieser Zeit. Ihr Erfolg wird aber noch übertroffen durch sein populäres Werk "Otto von Bismarck. Ein Lebensbild" (rund 250 Seiten), das von 1915 bis 1943 immerhin 26 Auflagen erreicht.[27] Damit ist eine zweigleisige Produktionsweise vorgezeichnet, die bis heute die biographische Tätigkeit der Historiker prägt: Einige Großbiographien wie Golo Manns "Wallenstein", Lothar Galls "Bismarck"[28] oder Christian Meiers "Caesar"[29] ragen als besonders erfolgreich unter Produktionen dieser Größenordnung heraus. In der Breite sind die Historiker aber als Verfasser von Biographien mit einem Umfang von ein- bis zweihundert Seiten publizistisch erfolgreicher, die in biographischen Taschenbuchreihen veröffentlicht werden.[30]

Die Etablierung der historischen Biographie in das System der geschichtswissenschaftlichen Darstellungsformen, die auf theoretischer Ebene schon an Droysens "Historik" verfolgt worden ist, ist mit bestimmten thematischen und formalen Änderungen der wissenschaftlichen Geschichtsschreibung im allgemeinen verbunden. Die inhaltliche

---

[26] Dieses Problem thematisiert Karl Alexander von MÜLLER in seiner 1932 verfaßten Gedächtnisschrift zu Reinhold Koser: "Biographien sind heute wieder einmal zeitgemäß. Aber sie dürfen nicht zu lang sein, sie müssen sich lesen wie ein Roman, sie müssen schöne Bildbeilagen haben, [...]. Eine Lebensbeschreibung wie die Friedrichs des Großen von Reinhold Koser - in der ersten Auflage zwei ungeschlachte Bände mit über 1300 Seiten, nicht einem einzigen Bilde darin, in den einzelnen Teilen mit sechzehn Jahren Abstand erschienen -, würde sie heute noch viele Leser finden?" (Der Geschichtsschreiber Friedrich des Großen: Reinhold Koser, in: MÜLLER: Zwölf Historikerprofile, Stuttgart/Berlin 1935, S. 28-33, hier: S. 28).

[27] Vgl. mit der Auflagenhöhe des wohl verbreitetsten deutschen historischen Romans des 19. Jahrhundert, Joseph Viktor von SCHEFFELS "Ekkehard. Eine Geschichte aus dem 10. Jahrhundert" (Frankfurt a. M. 1855), der bis 1904 sage und schreibe 199 Neuauflagen erfährt, ist der Erfolg des Marckschen Büchleins gleichwohl bescheiden. Vgl. EGGERT: Studien zur Wirkungsgeschichte des deutschen historischen Romans 1850-1875, S. 212.

[28] Übrigens gibt es auch von Lothar GALL eine kürzere Fassung seiner großen Bismarck-Biographie, die wie die Marckssche "Lebensbild" betitelt ist: Bismarck. Ein Lebensbild, Bergisch Gladbach 1991.

[29] Christian MEIER gibt an, daß von seiner Caesar-Biographie in 12 Jahren (also von 1982 bis 1994) "in deutscher Sprache mehr als 60.000 Exemplare abgesetzt worden" sind (Geschichte schreiben, S. 29).

[30] Einige biographische Taschenbuchreihen: Rowohlts Bildmonographien, bisher 429 Bände (Stand: Sept. 1997), allerdings mit einem relativ großen Anteil an Übersetzungen; die Reihe "Persönlichkeit und Geschichte" des Muster-Schmidt-Verlages, bisher rund 150 Bände, vornehmlich durch Fachhistoriker verfaßt; die Reihe "Preußische Köpfe" des Stapp-Verlages (31 Bände, 1997). Unter den fachwissenschaftlichen Zeitschriften kann man auf "Geschichte im Westen" verweisen, die regelmäßig "Portraits" von Persönlichkeiten der nordrheinwestfälischen Geschichte veröffentlicht.

Breite der Aufklärungshistorie eines Voltaire oder Justus Möser, die insbesondere die materiellen Bereiche des geschichtlichen Lebens miteinschloß, weicht einer Konzentration auf Politikgeschichte. Im Gegensatz zu anderen an kleinen Einheiten orientierten Darstellungsformen (wie Orts-, Lokal- und Regionalgeschichte) wird die Biographie zu einem allgemein anerkannten Medium der Nationalgeschichte.[31] Dies hat zur Folge, daß die thematische Verengung der wissenschaftlichen Geschichtsschreibung sich auch auf die historische Biographie auswirkt: Sie wird zu einer Form der Politikgeschichte, was auch bedeutet, daß von ihren Darstellungsperspektiven in erster Linie das syntagmatische Verhältnis genutzt wird. Darüber hinaus sind auch formale Veränderungen zu beobachten. Um 1800 verband sich mit der Biographie eine Vielzahl von Darstellungsweisen: Reflektierende Passagen standen neben erzählenden; ein Leben mußte nicht streng chronologisch von Geburt bis Tod erzählt werden; Einschübe, die sich nicht auf das Leben unmittelbar bezogen, waren möglich.[32] Das Biographische konnte sich überhaupt mit anderen Darstellungsformen verbinden.[33] Diese Vielfalt und Offenheit weicht im 19. Jahrhundert dem Modell der strikt chronologisch-linearen Lebenserzählung. Dies gilt ebenso für die Monumentalbiographik eines Georg Heinrich Pertz wie auch für die Biographien Droysens. Erst gegen Ende des 19. Jahrhunderts brechen thematische Schwerpunkte (beispielsweise die systematisch geordnete Darstellung der Preußischen Reformen in Lehmanns Stein-Biographie) oder Längsschnitte (beispielsweise die Darstellung des Verhältnisses Bismarck-Lassalle in Onckens Lassalle-Biographie) die chronologische Linearität der Lebenserzählung wieder auf.

2. Die politische Biographik der Jahrhundertmitte

a) Dokumentarische Monumentalbiographik

Weshalb sich hier mit einer Biographik auseinandersetzen, die "in der Hauptsache nur ein Beispiel dafür gewesen [ist], wie man es nicht machen müsse?"[34] Die Antwort gibt uns die bereits zitierte Rede Heinrich von Sybels: "ein Buch wie das Leben Stein's, weitläufig und formlos wie es ist, war nicht bloß ein literarisches, sondern im vollen Sinne des Wortes ein geschichtliches Ereignis."[35] Das angesprochene Werk, "Das Leben des Ministers Freiherrn vom Stein" des MGH-Leiters Georg Heinrich Pertz,[36] wird

---

[31] Vgl. dazu: KLUETING: Rückwärtigkeit des Örtlichen, S. 62f.

[32] Beispiele: Georg Forsters "Cook der Entdecker", Goethes "Dichtung und Wahrheit".

[33] Vgl. insbesondere HERDERS "Adrastea".

[34] So faßt Otto HINTZE Droysens Ansicht über Pertz' Stein-Biographie zusammen (Johann Gustav Droysen, S. 479.).

[35] SYBEL: Über den Stand der neueren deutschen Geschichtsschreibung, S. 356.

[36] 6 Bde., Berlin 1849-55. Vgl. zu Pertz: HL, S. 233f.; W. WATTENBACH: Georg Heinrich Pertz, in: ADB 25(1887), S. 406-410.

schon bald der Inbegriff eines Typus, den Rudolf Gottschall treffend als "Urkunden- und Monstrebiograhie" bezeichnet.[37] Ihm lassen sich weitere Werke gleicher Art zuordnen: Zunächst Pertz' zweite große Biographie, "Das Leben des Feldmarschalls Grafen Neithardt von Gneisenau",[38] "Das Leben des Generals von Scharnhorst" von Georg Heinrich Klippel[39] oder, als frühes Beispiel, "Friedrich der Große. Eine Lebensgeschichte" von Johann D. Preuß.[40] Gemeinsam haben diese Werke zunächst folgende zwei äußere Merkmale: Sie besitzen zum einen eine überdimensionale Größe[41] - deshalb von Gottschall als "Monstrebiographien" bezeichnet[42] - zum anderen haben sie einen überwiegend dokumentarischen Charakter - deshalb "Urkundenbiographie". Bevor (β.) dieser Typus anhand der Analyse einzelner Elemente aus den genannten Biographien genauer vergegenwärtigt wird, soll zunächst (α.) über die Bedeutung dieser Biographik für die Geschichte der Biographie reflektiert werden.

α. Sybel weist auf den merkwürdigen Umstand hin, daß die Stein-Biographie von Pertz trotz ihrer Formlosigkeit ein geschichtliches Ereignis gewesen sei. Damit ist zweierlei gemeint: Zunächst steht diese Biographie für "das rasche und glänzende Aufblühen eines bei uns fast leblosen Zweigs der Geschichtsschreibung [...] der Biographie".[43] Pertz markiert damit den Beginn des säkularen Vorgangs, daß sich die Historiker verstärkt der Biographie als geschichtswissenschaftlicher Darstellungsform zuwenden. Sein Werk ist aber auch thematisch wegweisend: Aus der Rückschau erweisen sich die genannten Stein-, Gneisenau- und Scharnhorst-Biographien als die erste Welle von Werken der deutschen Historiker über einen ihrer Lieblingsgegenstände, nämlich die Epoche der preußischen Reformen und der Freiheitskriege.[44] Darüber hinaus wird diese Biographie zu einem geschichtlichen Ereignis, weil sie ein politisches Bedürfnis des bürgerlichen Publikums bedient. Nach der als gescheitert empfundenen Revolution

---

[37] GOTTSCHALL: Die Biographie der Neuzeit, S. 585.
[38] 3 Bde., Berlin 1864-69, Bde. 4-5, hg. von Hans DELBRÜCK, Berlin 1880.
[39] 3 Bde., Leipzig 1869-71.
[40] 5 Bde., Berlin 1832-34.
[41] Die Spanne reicht von drei bis sechs Bänden und 1500 bis über 4000 Seiten (Pertz, "Stein").
[42] Diese Großbiographik ist eine internationale Erscheinung im 19. Jahrhundert. In England hat sie mit dem Typus der Life-and-Letters- oder Life-and-Time-Biographien eine viel größere und über das ganze viktorianische Zeitalter andauernde Tradition (vgl. dazu ROMEIN: Die Biographie, S. 44). Auch die romantisierende Biographik eines Walter SCOTT (The life of Napoleon Buonaparte, emperor of the French, 9 Bde.) und die heroisierende eines Thomas CARLYLE (History of Friedrich II, Called Frederick the Great, 6 Bde.) erreicht oder übertrifft diese Größendimensionen. Für Frankreich ist z.B. an die Napoleon-Biographik zu erinnern, die im frühen 20. Jahrhundert ihre geniale Fortsetzung im monumentalen, auf mehrere Teile geplanten Historienfilm ("Napoleon", 1923-27) von Abel GANCE findet.
[43] SYBEL: Über den Stand der neueren Geschichtsschreibung, S. 356.
[44] Die erste "Welle" ist allerdings in der heutigen Forschung weitgehend vergessen. Bsw. wird Pertz bei dem Forschungsüberblick von FEHRENBACH völlig übergangen und Lehmanns Stein-Biographie als Beginn der Steinforschung angegeben (Vom Ancien Régime zum Wiener Kongreß, S. 194).

1848/49 sucht man nach Leitfiguren aus der jüngeren Vergangenheit, die den Weg zur weiterhin erhofften nationalstaatlichen Einheit weisen. Diese Leitfiguren können, gemäß der borussischen Ideologie von Preußens deutschem Beruf, die Sybel vertritt, nur Protagonisten der preußischen Geschichte sein. Widmet man sich aber mit dieser Erwartungshaltung der Lektüre von Pertz' Stein-Biographie, wird man enttäuscht: Wohl werden die Stein, Gneisenau und Scharnhorst als große Helden und nationale Vorbilder geschildert,[45] aber explizite borussische Geschichtsinterpretation sucht man vergebens (nicht zuletzt deshalb, weil man in der Masse der Briefe, Urkunden und Dokumente überhaupt vergebens nach Interpretation Ausschau hält). Diese Paradoxie läßt sich folgendermaßen lösen: Jene Biographie ist nicht deshalb ein politisches ("historisches") Ereignis gewesen, weil sich in ihr selber ein politisches Gegenwartsinteresse geltend macht - wie in der nachfolgenden borussischen Geschichtsschreibung - sondern weil sie auf ein starkes politisches Gegenwartsinteresse des Publikums trifft. Hinzu kommt, daß man in der Mitte des 19. Jahrhunderts aus der preußischen Reformzeit so gut wie keine Dokumente von preußisch-deutscher Seite besitzt[46] - die offiziellen preußischen Archive sind noch nicht zugänglich - so daß diese dokumentarische Biographik auch ein dokumentarisches Bedürfnis bedient. Den Wert als Quellensammlung wissen auch scharfe Kritiker des Pertzschen Werkes wie Droysen zu schätzen.[47]

β. In diesen Werken sind alle äußeren Voraussetzungen für eine historische Biographie versammelt: ein geschichtlich bedeutendes Individuum, ein reicher Quellenfundus und ein Historiker. Trotzdem sind keine historischen Biographien im eigentlichen Sinne entstanden. Über den Freiherrn vom Stein werden dem Leser sechs Bände mit über 4000 Seiten geboten. Schon Gottschall bemerkt dazu, "daß der Umfang dieser Biographien doch über jedes statthafte Maß hinausgeht. Weder Stein noch Gneisenau [...]

---

[45] In der Vorrede zum "Gneisenau" stellt Pertz die Reihe dieser Helden vor: "In dem Kreise der Helden, an deren Spitze König Friedrich Wilhelm III. die Rettung seines Landes aus tiefster Noth, die Veredelung und Erhebung seines todesmuthigen Volkes zu höchster Anstrengung, zu Preußens, Deutschlands, Europas Befreiung aus schmählicher Knechtschaft vollführt hat, erheben sich in gleicher Linie mit ihrem Vorkämpfer, dem Minister vom Stein, die großen Gestalten des Generals Scharnhorst, des Fürsten Blücher und des Feldmarschalls Grafen Gneisenau." (Bd. 1, S. III).

[46] Wie schmerzlich dies, zumal unter den Neuzeithistorikern empfunden wurde, kann man folgender Klage Droysens entnehmen: "Aber auch Preußen läßt seine Archive schweigen [...]. Aus deutschen Quellen, nach deutsch gesinnten Zeugnissen vermögen wir die Geschichte, die uns unsere Gegenwart gegründet hat, nicht zu erforschen. Aus Berichten der Fremden müssen wir sie zusammenlesen, gleich als sollte unsere Erinnerung unter der Fremdherrschaft bleiben [...]." (DROYSEN: Vorlesungen über die Freiheitskriege, Vorwort, nicht paginiert).

[47] Droysen an Theodor v. Schön, 29.12.1851: "Der vierte Teil der Steinschen Biographie [...] bringt wieder unvergleichliches Material für die Geschichte Preußens." (DROYSEN: BW, Bd. 2, S. 35). - Pertz' Biograph Wattenbach führt denn auch die Wirkung des "Stein" hauptsächlich auf diesen Umstand zurück: "Die Wirkung derselben [der sechs Bände der Stein-Biographie, O.H.] war sehr groß, weil damals noch wenig authentische Nachrichten über diesen hochwichtigen Zeitraum ans Licht gedrungen waren [...]." (WATTENBACH: Pertz, S. 409).

haben jene welthistorische Bedeutung eines Friedrich des Großen oder Napoleon, welche ihre Biographie zur Darstellung einer ganzen Epoche erweitert."[48] Das Ökonomieprinzip der historischen Biographie, das besagt, daß der Umfang einer historischen Biographie der historischen Bedeutung und dem gesellschaftlichen Interesse an dieser Person entsprechen sollte, ist eklatant verletzt. Während man aus Sybels Äußerungen schließen kann, daß zu dem Zeitpunkt der Publikation des "Stein" das große Interesse diesen Umfang noch erträglich machte, muß die Biographie schon ein Menschenalter später (Gottschall) einen unlesbaren Eindruck hinterlassen haben.

Der Grund für die immense Größe liegt in dem dokumentarischen Charakter: Eckhart Jander stellt in seiner Analyse von Pertz' Gneisenau-Biographie fest, daß die Jugendzeit, wo die Dokumente noch spärlich fließen, als geschlossene, sogar "annähernd romanhafte" Erzählung dargeboten werde.[49] Aber ab dem Zeitpunkt, wo die Stein, Gneisenau oder Scharnhorst ins öffentliche, das heißt breit dokumentierte Leben treten, beschränken sich die Autoren zunehmend darauf, die vorliegenden Dokumente in einer minutiösen Chronologie nacheinander zu präsentieren - mit einigen verbindenden Kommentaren. Die Länge der Darstellung wird ganz durch die Anzahl der Dokumente bestimmt, die für einen bestimmten Zeitraum vorliegen. So kommt es beispielsweise, daß sich die Schilderung des Lebensweges Gneisenaus während der Freiheitskriege immer mehr, sozusagen bis zur Zeitlupe, verlangsamt: Während Pertz im ersten Band immerhin fünfzig Jahre (1760 bis 1810) bewältigt, schafft er im dritten Band nur noch sieben Monate - wobei die Bände ungefähr die gleiche Zahl an Seiten, etwa siebenhundert, enthalten. Mehrfach ist auf das Weise das wenig erquickliche Schauspiel zu beobachten, wie der Stoff Herr über den Historiker wird. Aus den in den Archiven sorgfältig ausgegrabenen "Geschäften" wird keine Geschichte mehr gemacht.

Bezüglich des personalen Moments sind diese Biographien idealisierend und stereotyp: "Er verband mit einem scharfen tief eindringenden Verstande und einem festen, energischen Willen das reinste, zartfühlendste Herz", heißt es bei Klippel über Scharnhorst (Bd. 1, S. 3), "sein kühner, selbstvergessener Muth und nie ermüdende Tätigkeit, seine feste, erfolgreiche Leitung, [...] seine Gerechtigkeit und Milde [...]" schreibt Pertz über Gneisenau (Bd. 1, S. 265f.). Sie erscheinen als "Helden von der Stange", gegeneinander austauschbar. Die ureigenste Aufgabe der Biographie, ihren Helden als einzigartige Erscheinung zu schildern, gelingt keinem dieser Autoren. Im Grunde ist es nur die volkstümliche Legende, die in diesen Biographien reproduziert wird, aber mit einem ungeheuren gelehrten Aufwand an dokumentierten Einzelheiten.

---

[48] GOTTSCHALL: Die Biographie der Neuzeit, S. 587.
[49] JANDER: Untersuchungen, S. 110.

Der Schluß von Klippels Scharnhorst-Biographie, die ausführliche Schilderung seines Gedenkmonuments auf dem Invalidenfriedhof in Berlin, symbolisiert den Zweck, den diese Art Biographik verfolgt: die Errichtung eines monumentalen Heldendenkmals.[50] Die Methode dieser Biographien ist mit jenen Modellbauten aus Streichhölzern zu vergleichen, die um so mehr Bewunderung erheischen, je mehr Streichhölzer man zu ihrem Bau verwendet hat. Anders aber als bei dieser handwerklichen Fleißarbeit widerspricht bei einem historischen Werk der antiquarische Fleiß des Aufsammelns aller dokumentierter Einzelheiten dem monumentalen Zweck.[51] Die einzige Monumentalität, die diese Biographien schließlich hinterlassen, ist der Platz, den sie im Bücherschrank einnehmen.

b) Das borussische Geschichtsbild und die "Männer, die Geschichte machen"

Die oben skizzierte dokumentarische Monumentalbiographik war nur deshalb der Auftakt einer zeitbezogenen politischen Biographik in Deutschland, weil diese Werke auf ein starkes politisches Gegenwartsinteresse des Publikums trafen. Nun ist sich mit einer Geschichtsschreibung auseinanderzusetzen, die ausdrücklich auf dieses Interesse antwortet, ja sich geradezu durch dieses definiert und es zugleich nach den eigenen politischen Vorstellungen zu formen trachtet. Um die Eigentümlichkeiten der borussischen Biographik verstehen zu können, muß daher zunächst folgendes erörtert werden: α. das borussische Geschichtsbild und der politische Gegenwartsbezug dieser Geschichtsschreibung und β. das Interesse an den "Männern, die Geschichte machen".

α. Das borussische Geschichtsbild ist das Produkt einer bestimmten Generation aus einem bestimmten sozialen und kulturellen Umfeld: Johann Gustav Droysen (1808-1884) ist der älteste, Heinrich von Treitschke (1834-1896) der mit Abstand jüngste dieser Generation. Die meisten Vertreter, zu denen man neben den Historikern Heinrich von Sybel (1817-1895), Theodor Mommsen (1817-1903) und Ludwig Häusser (1818-1867) auch Publizisten und Schriftsteller wie Max Duncker (1811-1886), Rudolf Haym (1821-1901) und Gustav Freytag (1816-1895) rechnen kann, sind zwischen 1816 und

---

[50] Bei PREUß findet sich die Denkmalvorstellung bereits in diesem übertragenen Sinne: "Aber, König Friedrich ist nicht nur den Preußen ein geschichtliches Denkmal: alle Völker, alle Fürsten, alle Weisen können an seinem Wesen sich erbauen und stärken, an welchem, denn die Geschichte ist wahr und treu, auch die geringen Flecken, Sonnenflecken ähnlich, lehrreich sind." (Friedrich der Große, Bd. 1, S. 3).

[51] Die Konterkarierung des monumentalen Zwecks durch die Materialanhäufung haben auch die zeitgenössischen Rezipienten schon empfunden. So schreibt Theodor v. Schön, selbst einer der preußischen Reformer und mit Stein bekannt, an Droysen am 18.1.1852: "Er [Pertz, O.H.] habe nun Massen Berge [sic!], ja Gebirge von Notizen in vier dicken Bänden zusammengebracht, so daß es für den, der Stein nicht gekannt hat, unmöglich sei, aus dem Notizenhaufen der verschiedensten Art sich ein Bild zu machen." (DROYSEN: BW, Bd. 2, S. 43f.).

1821 geboren.⁵² Sie stammen aus dem protestantischen, nicht unbedingt preußischen Bildungsbürgertum (von den Historikern ist nur Droysen Altpreuße), wachsen in der politischen, intellektuell noch durch die idealistische Philosophie angeregten Atmosphäre des Vormärz auf, nehmen aktiv, meist als gemäßigte Liberale, an der 1848er Revolution teil und verbreiten seitdem als Historiker und Publizisten ihre Vorstellung von "Preußens deutschem Beruf". Die beiden Fixpunkte ihres politisch-historischen Weltbildes sind das Zeitalter der preußischen Reformen und der Freiheitskriege und die Erfahrung der 48er Revolution, dem "politischen Initiationserlebnis" (Koselleck) dieser Generation.⁵³ Das Staatsethos des Reformpreußen ("Freiheit") und das volkstümliche Bild von der einigen Nation in den Freiheitskriegen ("Einheit") formt das politische Ideal dieser Generation. Für diese Historiker ist im Preußen von 1806 bis 1815 der deutsche Beruf Preußens in seiner doppelten Funktion von Einheit und Freiheit zum ersten Mal realgeschichtlich hervorgetreten.⁵⁴ Keinem anderen merkt man die Verwurzelung in dieser Epoche deutlicher an als Johann Gustav Droysen, der als einziger diese Zeit auch selbst noch erlebt hat.⁵⁵ In seinen vormärzlichen "Vorlesungen über die Geschichte der Freiheitskriege" an der Kieler Universität,⁵⁶ verkündet er seine Vision des Reformpreußen als der weltgeschichtlich ersten Synthese von (monarchischer) Staatsmacht und freier selbstbestimmter (bürgerlicher) Individualität, die für ihn, ganz hegelianisch-dialektisch gedacht, den großen Gegensatz bilden, welcher das Zeitalter der Freiheitskriege (unter denen er auch die Amerikanische und Französische Revolution versteht) vorangetrieben habe.⁵⁷

---

⁵² Einen guten Überblick über die borussische Schule gibt: WEHLER: Deutsche Gesellschaftsgeschichte, Bd. 3, S. 235-251. Weitere benutzte Darstellungen: Erich ROTHACKER: Einleitung in die Geisteswissenschaften, Tübingen ²1930, S. 162-190 (aus geistesgeschichtlicher Perspektive); Hans SCHLEIER: Sybel und Treitschke (einseitig); Georg G. IGGERS: Deutsche Geschichtswissenschaft. Eine Kritik der traditionellen Geschichtsauffassung von Herder bis zur Gegenwart, München 1971; HARDTWIG: Von Preußens Aufgabe in Deutschland zu Deutschlands Aufgabe in der Welt; HALTERN: Geschichte und Bürgertum, bes. S. 68-76. - Zu Droysen vgl. insbesondere: HINTZE: Johann Gustav Droysen; JORDAN: Von Dahlmann zu Treischke, S. 276-285.

⁵³ KOSELLECK: Darstellungsweisen der preußischen Reform. Droysen, S. 248.

⁵⁴ Für Droysen vgl. Sybille LEWARK: Das politische Denken Johann Gustav Droysens, Göttingen 1975, S. 63-66.

⁵⁵ Das persönliche Verbundensein Droysens mit dieser Epoche faßt KOSELLECK so zusammen: "Droysen war noch Augen- und Ohrenzeuge der Befreiungskriege, wenn auch aus der Miniaturperspektive eines Kindes, gelegentlich erhöht, etwa als Blücher ihn, den Sohn seines Feldpredigers, auf sein Pferd hob." (Darstellungsweisen der preußischen Reform, S. 248). Otto HINTZE schreibt: "Das 'spezifische Preußentum', das dem Geschichtsschreiber der preußischen Politik, wie er später selbst einmal gesagt hat, von der Heimat her anhaftete, trug von Anbeginn die Färbung der Stein-Scharnhorstschen Zeit, nicht die des partikularistischen Staats Friedrich des Großen." (Johann Gustav Droysen, S. 455).

⁵⁶ DROYSEN: Vorlesungen über die Geschichte der Freiheitskriege. - Vgl. die Interpretationen dieses bedeutenden Werks bei KOSELLECK (Darstellungsweisen der preußischen Reform, S. 249-255) und SCHIFFER: Theorien der Geschichtsschreibung und ihre erzähltheoretische Relevanz, S. 145-193.

⁵⁷ Vgl. DROYSEN: Vorlesungen über die Geschichte der Freiheitskriege, Theil 1, S. 14.

Die 1848er Revolution erleben Droysen und seine politisch gleichgesinnten Kollegen als Scheitern der bürgerlichen Nationalbewegung. Seine politischen Schlußfolgerungen zieht er in der Schrift "Preußen und das System der Großmächte": "Nicht von der 'Freiheit', nicht von nationalen Beschlüssen aus war die Einheit Deutschlands zu schaffen. Es bedurfte einer Macht gegen andere Mächte [...]."[58] Diese Macht konnte nur diejenige sein, die die Revolution schließlich besiegt hat, die Militärmacht des monarchischen Preußen. Damit ist die spezifisch kleindeutsch-borussische Ideologie der Jahre 1848 bis 1871 geboren. Reformpreußen und siegreiches monarchisches Preußen, Preußen als Ethos und Preußen als Macht sind in der Folge die beiden Pole der borussischen Geschichtsschreibung.

Die Orientierung der borussischen Schule auf politische Wirkung in der Gegenwart, um die Zukunft nach ihrem Ideal zu gestalten, macht sie zu einer bisher einzigartigen Erscheinung in der Geschichte der deutschen Historiographie. Ihre Vertreter richten ihre Geschichtsschreibung auf etwas aus, was noch gar nicht vorhanden ist: auf einen von Preußen begründeten deutschen Nationalstaat. Überspitzt formuliert: Die borussische Schule betrieb keine Historiographie sondern "Futurgraphie". Wenn Droysen schreibt, "daß das wahre historische Recht nicht die Herstellung der Vergangenheit, sondern die lebendige Fortbildung ihrer großen Resultates, der Gegenwart, ist, [...]",[59] bezeichnet das genau den in die Zukunft gerichteten Impetus dieser Historikerschule. Ihre Geschichte ist deshalb mit der Reichsgründung eigentlich zu Ende.[60] Es trat ein,

---

[58] DROYSEN: Preußen und das System der Großmächte, Berlin 1849, wiederabgedruckt in: ders.: Abhandlungen zur neueren Geschichte, Leipzig 1876, S. 133-152, hier: S. 152. Eine weitere wichtige Schrift, die die politische Umorientierung eines Teils der Liberalen nach 1848 beschreibt, ist Hermann BAUMGARTENS "Der deutsche Liberalismus. Eine Selbstkritik" (in: PrJb 18[1866], S. 455ff. und S. 575ff.). Vgl. dazu Wolfgang H. STARK: Hermann Baumgarten (1825-1893). Ein biographischer Beitrag zur Klärung der Ideenwelt des deutschen politischen Liberalismus im 19. Jahrhundert, Diss. Erlangen 1973, S. 171-238.

[59] DROYSEN: Vorlesungen über die Geschichte der Freiheitskriege, Theil 1, S. 17. Droysen hat das gleiche organische, am Reformpreußen orientierte Staatsideal wie sein Lehrer Hegel. Aber während Hegel in dieser Entwicklung das vorläufige Ende der Geschichte sieht und von da aus rückwärts in die Weltgeschichte blickt, schaut Droysen und die borussische Schule vom gleichen Fixpunkt aus vorwärts. Vgl. hierzu Günter BIRTSCH: Die Nation als sittliche Idee. Der Nationalstaatsbegriff in Geschichtsschreibung und politischer Gedankenwelt Johann Gustav Droysens (= Kölner historische Abhandlungen, Bd. 10), Köln/Graz 1964, bes. S. 54-112; RIEDEL: Fortschritt und Dialektik in Hegels Geschichtsphilosophie, S. 51.

[60] Vgl. den berühmten Brief Sybels an Herman Baumgarten (27.1.1871): "Wodurch hat man die Gnade Gottes verdient, so große und mächtige Dinge erleben zu dürfen? Und wie wird man nachher leben? Was zwanzig Jahre der Inhalt alles Wünschens und Strebens gewesen, das ist nun in so unendlich herrlicher Weise erfüllt! Woher soll man in meinen Lebensjahren noch einen neuen Inhalt für das weitere Leben nehmen?" (abgedruckt in: J. HEYDERHOFF [Hg.]: Die Sturmjahre der preußisch-deutschen Einigung 1859-1870. Politische Briefe aus dem Nachlaß liberaler Parteiführer, Bonn 1925, S. 494).

was man erstrebt hatte. Der Preis der Zukunftsbezogenheit der borussischen Geschichtsschreibung war, daß sie keine Zukunft hatte.[61]

β. Die Interpretation von Droysens "Historik" im letzten Kapitel hob die enge Anlehnung an Hegels Theorie der weltgeschichtlichen Individuen hervor. Was das rein theoretische Verhältnis von Individuum und Geschichte betrifft, bleibt das Hegelsche Konzept weiterhin gültig. Der politische Impuls dieser Schule sorgt allerdings dafür, daß dieses erste Konzept durch ein zweites überlagert wird. Man will die Geschichte nicht mehr nur "begreifen" wie Hegel oder universalistisch "anschauen" wie Ranke, sondern der erstrebten Zukunft politisch dienstbar machen. In diesem Sinne sollen auch die Individuen wirken, über die man schreibt: Sie sollen mit Idealen erfüllen und zur politischen Tat anfeuern.

Durch diese Neubewertung der Individuen schiebt sich ein von Kant und Fichte beeinflußtes Persönlichkeitsideal über die durch Hegel geprägte idealistisch-dialektische Geschichtsauffassung. Neben dem welthistorischen Individuum, das Geschichte gemacht hat und das nur in dieser Hinsicht zu schätzen ist, egal wie moralisch oder unmoralisch es dabei vorgegangen ist, tritt das vom Kategorischen Imperativ, vom Pflichtethos bewegte Individuum, dessen Wert weniger in dem liegt, was es historisch erreicht hat, als in seiner persönlichen Haltung, in seinem Wollen.[62] Ein jenseits von Gut und Böse stehendes historisches Individuum regt die Nation nicht dazu an, politisch für die Einigung Deutschlands unter Preußens Führung anzutreten, wohl aber solche "ethische" Individuen, die in ihrem Wollen, ihrem Verhalten und ihren Idealen diese politische Hoffnung verkörpern.

In diesen Kontext muß man auch Treitschkes berühmt-berüchtigtes Diktum stellen, daß es "Männer sind, welche die Geschichte machen".[63] Eine Reflexion auf die ursprünglichen historischen Kontexte dieses Treitschkewortes erscheint um so angebrachter, als es heute, wie Werner Klose formuliert, manchem Historiker so "diffamiert"

---

[61] Vgl. die allgemeine Charakterisierung einer auf ein Zukunftsprogramm bezogenen Historie bei NIPPERDEY: Über Relevanz, S. 11-13.

[62] Im Gegensatz zu HEGEL sieht Immanuel KANT das Gute allein im Wollen: "Es ist überall nichts in der Welt, ja überhaupt auch außer derselben zu denken möglich, was ohne Einschränkung für gut könnte gehalten werden, als allein ein *guter Wille.*" (Grundlegung zur Metaphysik der Sitten [zuerst: 1785], hg. v. Theodor VALENTINER, Stuttgart 1984, S. 28). - In Droysens "Historik" kann man an einigen Stellen ganz deutlich herauslesen, wie sich ihm das Kantische Persönlichkeitsbild neben bzw. über die Hegelschen Theorien des "objektiven Geistes" und der "weltgeschichtlichen Individuen" schiebt, so z.B. an dieser Stelle: "Denn wie hoch immer Staat, Kirche und Volk, Recht, Eigentum, Familie [entspricht dem "objektiven Geist" bei Hegel, O.H.], unendlich hoch über allen, mit der ganzen Macht, absolut Selbstzweck zu sein, steht die Persönlichkeit mit ihrer Freiheit, ihrer Verantwortlichkeit, ihrem Gewissen." (Historik, S. 364).

[63] TREITSCHKE: Einleitung, in: ders.: Politik, S. 1-12, hier: S. 7.

erscheint, "daß man eher an Goebbels als einen Historiker als Verfasser denkt."[64] Hinter dem Wort "Mann" verbirgt sich nicht nur die Tatsache, daß die Geschichte von Individuen mit maskulinem Geschlecht gemacht wird (das heißt ein Plädoyer für die individualistische Geschichtsauffassung),[65] sondern auch dieses durch Kant und Fichte geprägte *Männlichkeitsideal*. In dieser emphatischen Bedeutung und unter ausdrücklicher Bezugnahme auf Kant und Fichte gebraucht Droysen das Wort "Mann" in seinen "Vorlesungen über die Geschichte der Freiheitskriege":

"[...] es gewann jene Pflichttreue, die Kant's, jener sittliche Zorn, den Fichte's Lehre geweckt hatte, Raum sich zu bethätigen. Lernen wir von unserer Zeit, was es heißt, daß ein *Mann* fehlt; weder Talent noch Vielseitigkeit noch Eifer noch Tendenz ersetzt ihn. Einen *Mann* [...] fand jene schwere Zeit in dem Freiherrn v. Stein [Hervorhebungen, O.H.];"[66]

Als Treitschke dieses Wort in den 1890er Jahren gebrauchte, assoziiert man natürlich Bismarck damit, aber das entspricht nicht der ursprünglichen Konnotation des Wortes "Mann" im Sprachgebrauch der borussischen Schule: Unter den "Männern der Geschichte" verstand sie eben zunächst jene Stein, Scharnhorst und Gneisenau, die ihr politisches und gesinnungsmäßiges Ideal verkörperten.

Im Dienste ihrer Geschichtsinterpretation verstehen es aber Droysen und seine Mitstreiter, beide Konzepte für ihre Geschichtsschreibung nutzbar zu machen: Das Hegelsche Konzept der rein historisch-funktionalen Deutung welthistorischer Individuen eignet sich für *Machtpreußen* wie Friedrich II. Auf diese Weise kann man auf alle letztlich halbherzigen liberalen "Parfümierungen"[67] Friedrichs II. verzichten und in voller Schärfe den außenpolitisch aggressiven, machiavellistischen Preußenkönig als dialektische Kraft der geschichtlichen Notwendigkeit feiern. Als geschichtswissenschaftliche Darstellungsform für diese Individuen wählt man die nationalgeschichtliche Monographie.[68] Das Kantisch-Fichtesche Konzept der "ethischen Individuen" eignet sich

---

[64] KLOSE: Die Wiederkehr der historischen Biographie, S. 212.
[65] In der Polemik gegen die soziologische, kollektivistische Relativierung der Individuen ist es von Treitschke allerdings im "theoretischen" Sinn gebraucht worden, d.h., es ist lediglich ein Plädoyer für die individualistische Geschichtsauffassung, wie aus dem Textzusammenhang hervorgeht: "Denn das es wirklich so gekommen ist, war keine gesetzliche Notwendigkeit, sondern danken wir den genialen Männern, die in die politische Entwicklung eingegriffen haben." (TREITSCHKE: Einleitung, S. 7).
[66] DROYSEN: Vorlesungen über die Geschichte der Freiheitskriege, Theil 2, S. 404.
[67] Droysen gebraucht dieses Wort in Bezug auf Rankes "Preußische Geschichte": "Weiß Gott, wäre ich preußischer Historiograph, ich wollte was Besseres tun, als über den Großen Kurfürsten und den gestrengen Herrn Friedrich Wilhelm ein parfümiertes Buch schreiben;" (Droysen an Johannes Schulze, 1.11.1847, in: DROYSEN: BW, Bd. 1, S. 364).
[68] Diesem Konzept entsprechen Friedrich II. in DROYSENS "Geschichte der preußischen Politik" (1855-86), Bismarck in SYBELS "Die Begründung des Deutschen Reiches durch Wilhelm I." (1889-94) und, in antiker Kulisse, Caesar in MOMMSENS "Römischer Geschichte" (1852/54). Zu Mommsens

für die Herausstellung der *Idealpreußen* als politischer Leitfiguren. Als geschichtswissenschaftliche Darstellungsform für diese Individuen wählt man die Biographie.

In diesem Zusammenhang ist auf den Plan zu einer populären pro-borussischen Biographik zu verweisen, der bei dem Treffen propreußischer Publizisten 1853 in Gotha zur Sprache kommt. Man beschließt, ein ganzes Ensemble populärer Charakterbilder von Idealpreußen (Stein, Scharnhorst, Humboldt und andere) zu verfassen. Droysen macht den Vorschlag, auch die Gegenseite, die "reaktionären" Preußen der Reformzeit, dem Publikum auf entsprechende Weise nahezubringen. Zunächst nimmt man sich vor, Droysens "York" und Pertz' "Stein", die zum Zeitpunkt der Gothaer Zusammenkunft schon vorliegen, zu bearbeiten. Zu einer Realisierung dieser Pläne ist es aber nicht gekommen.[69]

c) Droysens "York"

Diese Biographie[70] ist das bekannteste Beispiel[71] für die biographische Option der borussischen Schule, zugleich ist es eines ihrer zentralen Werke. Es markiert zum einen den Beginn der borussischen Geschichtsschreibung nach 1848,[72] zum anderen spiegelt sich in ihm in eindrücklicher Weise die politische Gegenwarts- beziehungsweise Zukunftsorientierung. Auf Droysens Schaffen bezogen kann man sagen: Während die

---

Caesar-Deutung vgl. Alfred HEUSS: Theodor Mommsen und das 19. Jahrhundert, Kiel 1956, ND Stuttgart 1996, S. 75-83.

[69] Vgl. dazu: Max Duncker an Joh. Gust. Droysen, 12. Dezember 1853, in: DROYSEN: BW, Bd. 2, S. 200-202; SOUTHARD: Droysen and the Prussian School of History, S. 213f.

[70] Johann Gustav DROYSEN: Das Leben des Feldmarschalls Grafen York von Wartenburg, 3 Bde., Berlin 1851/52. Das Werk erlebte bis 1913 elf Auflagen, zitiert wird aus der ersten Auflage. - *Interpretationen* und Kontexthinweise finden sich bei folgenden Autoren: HINTZE: Johann Gustav Droysen, S. 478-480; Friedrich MEINECKE: Johann Gustav Droysen, bes. S. 148-150; JANDER: Untersuchungen, S. 97-107 (die ausführlichste und beste Interpretation); SOUTHARD: Droysen and The Prussian School of History, bes. S. 197 u. S. 210.

[71] Es existieren einige kürzere biographische Arbeiten der borussischen Schule: Max DUNCKER: Heinrich von Gagern. Eine biographische Skizze, Leipzig 1850 (in der biographischen Reihe: Die Männer der Gegenwart, Neue Folge). Mehrere biographische Essays finden sich in den "Preußischen Jahrbüchern", u.a. von Heinrich v. Treitschke, Wilhelm Dilthey und Heinrich v. Sybel. Die bedeutende Arbeit des Droysenschülers Bernhard Erdmannsdörffer (1833-1901) über den Grafen Waldeck fällt zwar in den hier betrachteten zeitlichen Rahmen und ist ebenfalls als propreußische Geschichtsschreibung aufzufassen, der unmittelbare politische Gegenwartsbezug tritt jedoch nicht so deutlich hervor. Außerdem macht sich bei Erdmannsdörffer (wie in der Schülergeneration Droysens überhaupt) schon deutlich die Tendenz bemerkbar, die bewußt einseitige Interpretation der preußisch-deutschen Geschichte zugunsten einer objektiveren Darstellungsweise zurückzudrängen. ERDMANNSDÖRFFER: Graf Georg Friedrich v. Waldeck. Ein preußischer Staatsmann im siebzehnten Jahrhundert, Berlin 1869 (vgl. seine Kritik an Droysen, S. IX).

[72] "The first mature work of this sort, a book whose publication is the starting point of the Prussian School of history, was Droysen's Life of Field Marchall Count York von Wartenberg [sic!]" (SOUTHARD: Droysen and the Prussian School of History, S. 196).

"Geschichte der preußischen Politik" den *historischen* Beweis für den deutschen Beruf Preußens anzutreten hat, soll der "York" einen *historisch-moralischen* Beweis liefern. In dieser ausführlichen Analyse soll nicht nur die eigentümliche Form des "York" als historische Biographie herausgearbeitet werden, sondern auch seine zeitgeschichtlichen Bezüge, für die uns im Briefwechsel Droysens eine aussagekräftige Quelle vorliegt.[73] In den knapp hundert Briefen, in denen Droysen oder seine Briefpartner auf den "York" eingehen, erhalten wir einen faszinierenden Einblick in Droysens "Werkstatt", in seine Darstellungsmotive, in den zeitgeschichtlichen Kontext und in die Kontroversen, die der "York" ausgelöst hat. Auf diese Weise läßt sich exemplarisch die *Geschichte einer politischen Biographie* rekonstruieren, die heute in mancher Hinsicht spannender erscheinen muß als die Geschichte des preußischen Generals, die Droysen in diesem Werk erzählt. Folgende Themen sollen behandelt werden: α. "Des Pudels Kern": Droysens Motive für die Yorck-Biographie; β. Ist Yorck ein "ethisches Individuum"? - die Kontroverse mit Theodor von Schön; γ. der "York" als besondere Form einer historischen Biographie.

α. Die Bedeutung der preußischen Reformperiode für die borussische Schule wurde bereits angedeutet. Sie ist für diese Historiker als "Idealpreußen" zum einen die Legitimation für Preußens deutschen Beruf, zum anderen ein erstes geschichtliches Aufscheinen der Zukunft, auf die sie hinarbeiten. Droysens Bindung an dieses Preußen erscheint besonders stark:

> "[...] diese bei allem Staub und Ärgernis doch unvergleichliche Geschichte Preußens, diese unglaubliche Federkraft des geistigen Lebens, diese tiefe Energie der Pflicht bei den Führenden, diese Gesundheit und Bildsamkeit und ich möchte sagen *Verheißung* in Volk und Staat: wahrhaftig, es wird unsereinem stolz und kühn und hell zumute, das zu sehen und zu wissen, und den Verschrobenheiten, die den Augenblick etwa verdunkeln oder wirr machen, zurufen zu können *das Wort von des Pudels Kern!* Ist es nicht ein Jammer, daß diese Geschichte - kein Volk hat schönere Jahre als die Preußens von 1806 bis 1815 - ungeschrieben ist, [...]?"[74]

In diesem Brief an Johannes Schulze vom 1. November 1847, als Droysen gerade damit begonnen hat, Material für die Biographie zu sammeln,[75] deckt sich die allgemeine Motivschicht für den "York" auf: Wie Goethes Faust durch seine Zauberkünste den fahrenden Scholasten Mephisto zwingt, sich als des Pudels Kern zu enthüllen, so möchte Droysen durch die historiographische Beschwörung seines Idealpreußen die "Verschrobenheiten" des gegenwärtigen Preußen bannen. Für eine Gesamtdarstellung

---

[73] DROYSEN: BW, 2 Bde.
[74] BW, Bd. 1, S. 363f., Hervorhebungen, O.H.
[75] Zum ersten Mal erwähnt wird das Vorhaben einer Yorck-Biographie in dem Brief an Major Gerwin vom 21.9.1847 (BW, Bd. 1, S. 360).

fehlt Droysen allerdings das Quellenmaterial aus den offiziellen preußischen Archiven, die ihm nach wie vor verschlossen sind.[76] So bietet sich ihm als Alternative die biographische Bearbeitung dieses Zeitraums an. Begreift man den "York" aber lediglich als Ersatzlösung für eine "große Geschichte" der Reformperiode und der Freiheitskriege, erhält man ein schiefes Bild. Die Biographie einer "mächtigen und strengen Heldengestalt" (BW, Bd. 1, S. 363) ist für Droysen eine eigenständige historiographische Option gegenüber der Epochendarstellung mit spezifischen Darstellungs- und Wirkungsmöglichkeiten. Daß Droysen mit dieser Biographie keine (Ersatz-)Geschichte der Reformperiode bieten wollte, geht schon aus der Wahl des Gegenstandes hervor: Yorck ist weder einer der Reformer, noch steht er in den Freiheitskriegen an allererster Stelle: Er eignet sich nicht sonderlich dafür, um am Leitfaden seines Lebens zugleich die Geschichte seiner Zeit zu schreiben.

Weshalb hat Droysen also ausgerechnet den altkonservativen Feldmarschall Yorck als Gegenstand ausgewählt, den verbissenen Kritiker der Steinschen Reformen, den Gegenspieler Gneisenaus[77] und Blüchers in den Freiheitskriegen? Die naheliegende Antwort, daß es der Quellenzugang zu dem Nachlaß des Generals gewesen ist, der ihn veranlaßte, sein Biograph zu werden, greift zu kurz. Aus seinen brieflichen Äußerungen geht hervor, daß er zuerst den Entschluß zum "York" faßte und sich erst dann bei Yorcks Sohn und beim preußischen Generalstab um die entsprechenden Dokumente bemüht hat. Befragt man die Briefe nach dem Auswahlmotiv, erhält man folgenden Hinweis: Als die ersten Bände des "York" 1851 nach der "Schmach von Olmütz" in der reaktionären Manteuffel-Ära erscheinen, schreibt General von Below, ein alter Veteran aus dem Yorckschen Corps, an Droysen (15.8.1852): "Wir sind schlimmer dran als nach Jena. Wann werden wir uns nach der Niederlage von Olmütz wieder erholen?" (BW, Bd. 2, S. 122). Auf diese gedrückte Stimmung unter den preußischen Patrioten

---

[76] "Wie oft habe ich mir Möglichkeiten ersonnen, einst die preußische Geschichte von 1806 bis 1815 zu machen, welche Wege erdacht, einen allerhöchsten Befehl zu erhaschen, der mir die Archive öffne und die erstorbene Herrlichkeit der schönsten Zeit, die es jemals gegeben hat, wieder zu erwecken den Auftrag gebe." (Droysen an Johannes Schulze, 15.12.1846, BW, Bd. 1, S. 342).

[77] Droysens Favorit unter diesen Persönlichkeiten ist eigentlich Gneisenau: "Wahrlich, am allerwenigsten dem unvergleichlichen Gneisenau habe ich auch nur das geringste Unrecht zu tun Neigung. Und ich bin mit aller Innigkeit Preuße, wie ich es bin, so wird mir vor allem das Bild dessen teuer sein, in dem sich neben andern Trefflichkeiten, die auch andere haben, jene hohe sittliche und intellektuelle Fassung, die doch den tiefsten Kern des preußischen Wesens bildet, in hervorragensten Maße zeigt, [...]. Ew. Exzellenz sehen, daß ich nahe daran bin, in Gneisenau ungefähr das Ideal des preußischen Staats- und Kriegsmannes zu sehen." (Droysen an General v. Hüser, 22.3.1851, BW, Bd. 1, S. 723f.). Droysen hat auch mehrfach angedeutet, daß er gerne die Biographie Gneisenaus schreiben wolle. Enttäuscht stellt er fest, daß die Familie Gneisenaus Pertz als Biographen vorgezogen hat: "Es tut mit leid, daß ihm die Gneisenauschen Papiere überwiesen sind; denn bei aller Achtung vor seinem Talent: er hat den preußischen Hauch nicht, den Gneisenau noch weniger als Stein entbehren kann." (an General v. Below, 24.1.1852, BW, Bd. 2, S. 49).

antwortet Droysen mit seinem "York" "als agitatorischen Kontrapunkt":[78] "Am meisten war mir darum zu tun, einmal einen preußischen Ton anzuschlagen, welcher leider gar sehr in Vergessenheit geraten ist. Ob man mir das in Berlin verzeihen wird, weiß ich nicht." (Droysen an Schön, 7.3.1851, BW, Bd. 1, S. 720).[79] Yorck ist einer der preußischen Patrioten nach Jena, die den preußischen Patrioten nach Olmütz Vorbild und Ansporn sein können.[80]

Darüber hinaus enthält der "York" noch eine brisante politische Botschaft: Der preußische General steht mit seinem Verhalten bei Tauroggen auch für eine offensive preußisch-deutsche Interessenpolitik, die die Patrioten in der Olmütz-Ära vermissen. Wie Preußen sich 1812 durch die Konvention von Tauroggen von dem politischen Lavieren mit dem napoleonischen Frankreich für ein nationale Politik löste, soll sich das gegenwärtige Preußen endlich von der vorsichtigen Rücksichtnahme auf Österreich für eine Wiederaufnahme der nationalen Politik freimachen. Eine energische preußische Machtpolitik war ja gemäß der borussischen Doktrin die erste Bedingung für den deutschen Beruf Preußens.[81]

β. Ob diese politischen Botschaften durch eine Biographie Yorcks vermittelt werden können, hängt auch davon ab, ob seine Persönlichkeit Vorbildcharakter hat, das heißt, ob er ein "ethischer Charakter", ein "Mann" im emphatischen Sinn gewesen ist. Genau dies wird aber von einem von Droysens Briefpartnern, dem Oberpräsidenten von Westpreußen, Theodor von Schön,[82] energisch bestritten. Die Kontroverse[83] beginnt mit

---

[78] WEHLER: Deutsche Gesellschaftsgeschichte, Bd. 3, S. 237.

[79] Über eine entsprechende Wirkung des "York" berichtet Georg Beseler am zweiten Weihnachtstag 1852: "An Ihrem York habe ich mich sehr erquickt und wünsche nur, daß ein Strahl jener eisernen Zeit in das heutige schlaffe, unpreußische Preußentum zündend einschlagen möge. Solche Wirkungen zeigen sich aber nur allmählich; einen großen Eindruck hat Ihr Buch jedenfalls gemacht." (BW, Bd. 2, S. 141).

[80] Ein weiteres Motiv wird in einem späteren Brief an Alfred Dove (16.7.1878) deutlich: "Ich hatte im Verkehr mit militärischen Freunden in Berlin 1845/6 oft Gelegenheit, von den bedenklichen Symptomen in der Armee unter den geistreichen Einflüssen vom Thron her zu hören; ich faßte den Plan, in der typischen Gestalt Yorks das, was die preußische Armee Wesentliches habe und nicht verlieren dürfe, darzustellen;" (BW, Bd. 2, S. 931). Was dieses Wesentliche sei, geht aus der Charakterisierung des Generals in Droysens Biographie hervor: höchster soldatischer Einsatz im Feld, unbedingte Unterordnung unter die politische Führung, aber selbständiges Handeln, wenn diese Führung versagt. Über die Wirkung dieses Aspekts der Yorck-Biographie berichtet HINTZE: "Er wollte an einer typischen Figur die moralischen Kräfte demonstrieren, die damals in der Armee lebendig waren [...]. Der Armee sind dadurch Achtung und Sympathie verschafft worden in Kreisen, die damals nur Haß und Hohn für den Militarismus hatten." (Johann Gustav Droysen, S. 479).

[81] Vgl. dazu JORDAN: Von Dahlmann zu Treitschke, S. 283.

[82] Geboren 1773 bei Tilsit, gestorben 1856; Studium in Königsberg bei Kant und Kraus, staatswirtschaftliche Bildungsreisen, u.a. nach England; wichtigster Mitarbeiter v. Steins 1807-1809, Entwurf des Oktoberedikts; von 1816-24 Oberpräsident der Provinz Westpreußen, danach Oberpräsident der aus Ost- und Westpreußen gebildeten Provinz Preußen in Königsberg; umfangreiche Reformtätigkeit im liberal-rationalistischen Geiste. Die heftige Kritik, die er nachhinein an den "preußischen Helden" Stein, Hardenberg und Scharnhorst übte, brachte viele Historiker gegen Schön auf. Insbesondere Max Lehmann

dem Brief Schöns vom 22./23. März 1851 (BW, Bd. 1, S. 725-730) nach dem Erscheinen des ersten Bandes. Seine Kritik enthält im wesentlichen drei Punkte: Schön vermißt erstens einen kritischen Kommentar Droysens zu Yorcks ablehnender Haltung gegenüber der preußischen Reformgesetzgebung von 1807 bis 1809. Schön hält zweitens die Darstellung Yorcks bei der Konvention von Tauroggen für zweifelhaft ("Bei dieser Stelle habe in meinem Exemplar ein großes Fragezeichen gemacht [...]" [S. 728]). Er ist der Meinung, daß der preußische General hier nicht selbständig gegen den Willen des Königs gehandelt habe, sondern sehr wohl gewußt habe, daß man dies in Berlin von ihm erwartete. Darüber hinaus hält Schön drittens Yorcks Charakter für zu positiv dargestellt.

Zunächst ist noch genauer zu betrachten, *was* Schön angreift. Die zweifellos wichtigste Stelle der Biographie ist die Darstellung der Konvention von Tauroggen: Mit der Einschätzung der Beteiligung Yorcks an diesem Vorgang steht und fällt die ganze politische Überzeugungskraft der Biographie. Droysen schildert zunächst eindringlich des Soldaten Yorcks Bestrebungen, "die Entschließungen Sr. Majestät zu erbitten" (York, Bd. 1, S. 423), das heißt, eine klare Order aus Berlin zu erhalten, wie er sich gegenüber den Russen und Franzosen zu verhalten habe. Diese Order bleibt jedoch aus.[84] In Anbetracht der geschlagenen Napoleonischen Expeditionsarmee und der antifranzösischen Stimmung in der preußischen Armee entwickeln sich die Verhältnisse jedoch so, daß eine Lösung des Bündnisses mit Napoleon möglich wird. Das folgende Kapitel ("Die Konvention von Tauroggen") hebt mit folgendem Gedanken an:

---

bestritt heftig die Glaubwürdigkeit der Schönschen Aufzeichnungen (LEHMANN: Knesebeck und Schön, Leipzig 1875; ders.: Stein, Scharnhorst und Schön, Leipzig 1877). Zur Biographie Schöns vgl. W. MAURENBRECHER: Schön, in: ADB 32(1891), S. 781-792; Bruno SCHUMACHER: von Schön, in: Christian KROLLMANN u.a. (Hgg.): Altpreußische Biographie, Bd. 2, Marburg 1967, S. 626f. (dokumentiert auch die Kontroverse über Schön innerhalb der Historikerschaft); Alexander v. BRÜNNECK: Theodor von Schön (1773-1856), in: Kurt G. A. JESERICH/Helmut NEUHAUS (Hgg.): Persönlichkeiten der Verwaltung. Biographien zur deutschen Verwaltungsgeschichte 1648-1945, Stuttgart u.a. 1991, S. 98-102.

[83] Der Briefwechsel umfaßt ca. zwanzig Briefe und zieht sich über anderthalb Jahre (März 1851 bis Oktober 1852). Er beginnt bereits in der ersten Arbeitsphase am "York" vor der Revolution (September 1847 bis März 1848), als Droysen Material für seine Biographie sammelt und den Kontakt mit Zeitzeugen sucht. Deshalb ist der Briefwechsel zunächst ganz sachlich auf Fakten und Dokumente bezogen, mit denen Schön Droysen behilflich ist. Schon an diesem Engagement kündigt sich aber an, daß Schön ein brennendes persönliches Interesse an der Arbeit Droysens hat. - Der Briefwechsel zwischen Droysen und Schön ist erstmals 1896 herausgegeben worden, nachdem 1875 schon in der Historikerzunft heftig umstrittenen Nachlaßpapiere Schöns veröffentlicht worden waren (Franz RÜHL [Hg.]: Briefwechsel des Ministers und Burggrafen von Marienburg Theodor v. Schön mit G. H. Pertz und J. G. Droysen, Leipzig 1896). Vgl. die aufschlußreiche Rezension von Friedrich MEINECKE (in: HZ 83[1899], S. 311-314). Hinweise auf diese Kontroverse finden sich bei HINTZE: Johann Gustav Droysen, S. 480, und SCHIEDER: Johann Gustav Droysen, in: NDB 4(1959), S. 136.

[84] Vgl. dazu Droysens Anmerkung in Bd. 1, S. 447.

"Nach dem bisher Erzählten konnte es scheinen, als wenn die Umstände die Dinge so machten, wie York wünschte, als wenn es seinerseits nur bedurfte, sie nicht zu hindern [...], um große Resultate gewissermaßen ohne eigene Verantwortung zu bewirken. Es trat eine Wendung der Dinge ein, die ihm persönlich die ganze Entscheidung anheimstellte; und mit dem Bewußtsein, über das Schicksal seines Vaterlandes, ja Europas zu entscheiden, entschloß er sich." (York, Bd. 1, S. 479)

Diese Sätze sind der Höhepunkt der Biographie, enthalten die ganze Bedeutung Yorcks. Wirkungsvoll spitzt Droysen die Situation auf zwei Alternativen zu: Hat Yorck lediglich dem Druck der Umstände gehorcht oder hat er eigenverantwortlich und mit Bewußtsein gehandelt? Indem Droysen das letztere bejaht (die nähere Begründung kann hier unberücksichtigt bleiben), hat er in Yorck das monumentalische Beispiel für die "moralische Kraft", für "den eigentlichen Lebenspunkt" der Geschichte, "den des Willens" (York, Bd. 1, S. 478) gewonnen. Droysen erklärt in diesem Abschnitt ausdrücklich, daß es nicht die faktischen geschichtlichen Wirkungen dieser Tat seien, die ihr Bedeutung und historische Größe gäben, sondern die Willensentscheidung als solche: Das also, von dem Kant sagt, daß es allein das An-sich-Gute sei, darauf kommt es auch dem Historiker Droysen hier an: Yorck erweist sich als Held des "Kategorischen Imperativs". Der General ist kein weltgeschichtliches Individuum wie Friedrich II., der im Dienst der geschichtlichen Notwendigkeit die Großmachtstellung Preußens begründet, sondern er ist als "ethisches Individuum" die Verkörperung des *moralischen Anspruchs* Preußens auf seinen deutschen Beruf.

Es dürfte deutlich geworden sein, daß die Kritik Schöns die Biographie als Ganze in Frage stellt.[85] Droysens Erwiderungen sind zunächst eher zurückhaltend: In seinem Antwortbrief vom 6. April 1851 hebt er vermittelnd hervor, daß er sich mit der politischen Einstellung Yorcks "oft in prinzipiellen Gegensatz" befände, er ihn aber wegen "den Tüchtigkeiten seines Charakters" schätze (BW, Bd. 1, S. 730). Er erstrebe als Biograph lediglich "subjektive Wahrheit, Portraitwahrheit" (S. 731). Mit dieser Antwort gibt sich Schön nicht zufrieden, er verlangt von Droysen die "objektive Wahrheit", was für ihn die vernichtende Kritik an dem "moralisch-morschen Charakter Yorks" (BW, Bd. 1, S. 752) bedeutet, und erwartet, daß der zweite Teil der Biographie "die vollständige Kehrseite des ersten Teils" werde (BW, Bd. 1, S. 745). Dieses Verlangen Schöns wird von Mutmaßungen über die politische Wirkung des "York" bestimmt: Er befürchtet, daß die reaktionären Kräfte in Preußen durch die unkritische Darstellung des konservativen Soldaten zusätzlichen Auftrieb bekämen (BW, Bd. 1, S. 745). Droysen antwortet hierauf, daß er "als gewissenhafter Historiker" Yorcks Kritik an den Refor-

---

[85] Die Forschung folgt heute im wesentlichen Droysen und geht davon aus, daß Yorck bei Tauroggen selbständig gehandelt hat. Vgl. Walter ELZE: Der Streit um Tauroggen, Breslau 1926, bes. S. 73f.;

men nicht verschweigen konnte (BW, Bd. 1, S. 747) und setzt Schöns Befürchtungen seine Darstellung von Tauroggen entgegen: "Aber denselben Herren ist viel mehr peinlich als dies süß gewesen, daß Yorks Verfahren 1812, welches ihrem Fetischdienst mit dem Königtum so wenig zusagt, so gründlich veranschaulicht worden ist." (ebd.) Nach dem Erscheinen des zweiten Teils, unter dem Eindruck, daß seine Kritik Droysen zu keinen Veränderungen bewegen konnte, wiederholt Schön sie in scharfer Form. Nach einer nun ebenfalls deutlicher werdenden Replik Droysens ist die Peripetie der Kontroverse erreicht. Droysen bilanziert gegenüber General von Below lakonisch: "Der Alte hatte nun einmal in betreff Yorks sich eingeredet, daß er gar nichts tauge; und weil ich nicht geneigt war, die Biographie auf seine Mahnung hin so zu färben, so tauge ich natürlich auch nichts." (BW, Bd. 2, S. 126).

Welches Fazit ist aus dieser Kontroverse zu ziehen? Auch wenn ziemlich deutlich wird, daß Schöns herbe Kritik an Yorck überzogen ist, so bleibt doch der prinzipielle Einwand bestehen, daß der Historiker in einer historischen Biographie nicht nur die "subjektive Portraitwahrheit" zu vermitteln habe, sondern die Handlungen seines Helden auch aus einer distanzierten, womöglich kritischen Perspektive zu betrachten habe - was allerdings der Intention Droysens widersprechen würde. Schön hat auch insofern recht, als Droysen vorzuwerfen ist, daß er "unpassende" Züge im Leben seines Helden verschwiegen hat. In einem späten Brief an seinen Sohn Gustav (8.9.1883), der zu dieser Zeit ebenfalls eine historische Biographie schreibt,[86] rechtfertigt er dies Verfahren mit folgenden Worten:

"[...] nur was von seiner Persönlichkeit zur Erklärung seiner geschichtlichen Leistung gehört, gehört in die Biographie; ob er dann dabei sich Mätressen gehalten, ob er seinen zweiten Sohn fast mißachtet und verstoßen, ob er gelegentlich in Gütern geschachert hat, ist mir gleichgültig." (BW, Bd. 2, S. 968)

Friedrich Meinecke hat dem entgegengehalten, daß Yorcks große Tat von Tauroggen nicht geringer werde, "wenn man die menschliche Gebrechlichkeit des Helden im vollen Umfange erfährt."[87] Dies ist wohl wahr, übersieht aber den monumentalischen Zweck, den Droysen mit dieser Biographie verfolgt. Ihm geht nicht nur um die geschichtliche Leistung sondern auch um die moralische Größe seines Helden, die durchaus durch solche pikante Einzelheiten konterkariert würde. Droysens "York" ist damit ein Beispiel für "monumentalische" Geschichtsschreibung - mit allen Vorzügen und Gefahren, die Friedrich Nietzsche geschildert hat: Sie dient "dem Tätigen und Mächtigen [...] der

---

FEHRENBACH: Vom Ancien Régime zum Wiener Kongreß, S. 123; Thomas STAMM-KUHLMANN: König in Preußens großer Zeit. Friedrich Wilhelm III., der Melancholiker auf dem Thron, Berlin 1992, S. 365.

[86] Bernhard von Weimar, 2 Bde., Leipzig 1885.
[87] MEINECKE: Johann Gustav Droysen, S. 150.

Vorbilder, Lehrer und Tröster braucht und sie unter seinen Genossen und in der Gegenwart nicht zu finden mag."[88] Es geht ihr nicht um die historisch genaue Rekonstruktion, sondern um die Verallgemeinerung zu einer symbolischen großen Tat. Dadurch ist sie in Gefahr, "ins Schönere umgedeutet und damit der freien Erdichtung angenähert zu werden",[89] "volle Wahrhaftigkeit" ist monumentalischer Historie nicht zuträglich.[90]

γ. Davon bleibt unberührt, daß Droysen sich in seinem "York" methodisch um die "volle Wahrhaftigkeit" sehr bemüht hat. Er benutzt nicht nur den Nachlaß Yorcks und das Archiv des preußischen Generalstabs, sondern sucht durch eine umfangreiche Korrespondenz zusätzliche Dokumente und die mündlichen Überlieferungen unter den Veteranen des Yorckschen Corps zu sammeln. Der Rückgriff auf die Methode der "Oral history" erscheint ihm bei Yorck besonders nötig, denn "nächst Blücher hat wohl kein anderer General der Freiheitskriege eine so reiche mündliche Tradition in der Armee als York." (BW, Bd. 1, S. 362) Die so zusammengesuchten Dokumente finden sich sorgfältig in die Darstellung eingefügt. Es ergibt sich damit eine geglückte Mittelstellung zwischen der episch-anschaulichen Darstellungsweise im "Alexander" und der dokumentarischen Biographik eines Pertz. Droysen enthält sich psychologischer Spekulationen über die letzten Handlungsursachen und ausgiebiger Charaktermalerei, indem er das Wesentliche den Quellen überläßt. Die Dokumente sind immer erzählerisch motiviert und stören deshalb nicht den Fortgang der Handlung, im Gegenteil, sie geben ihr einen zusätzlichen authentischen Reiz und Lebendigkeit. "Unerreicht geblieben", lobt Meinecke den "York", "sind die epischen Qualitäten des Werkes. Keine der folgenden Biographien hat so viel wuchtigen Rhythmus und eine so rastlos und einheitlich fortströmende Handlung."[91] Ihr publizistischer Erfolg, elf Auflagen bis 1913, dürfte nicht zuletzt in diesen Qualitäten begründet sein.

Wie wird das *personale Moment* in dieser Biographie behandelt? Das Wesentliche ist, daß sich Droysen im "York" durchaus vornimmt, "diesen komplizierten Charakter aus seiner Lebensgeschichte zu erläutern und die Momente, in denen seine eigentümliche Stärke erwächst, hervortreten zu lassen." (BW, Bd. 2, S. 71). Diese typisch biographische Intention findet sich bei Droysen nur im "York", denn sie ist weder im "Alexander" noch in der "Preußischen Politik" bezüglich Friedrichs des Großen zu beobachten. Unter den Lebensereignissen, die Yorck geprägt haben, hebt Droysen besonders

---

[88] NIETZSCHE: Vom Nutzen und Nachteil der Historie für das Leben, S. 112.
[89] NIETZSCHE: Vom Nutzen und Nachteil, S. 116.
[90] NIETZSCHE: Vom Nutzen und Nachteil, S. 115.
[91] MEINECKE: Johann Gustav Droysen, S. 148f. Es gibt allerdings auch Gegenstimmen, so z.B. von dem Literaturhistoriker Eduard ENGEL: "Droysen ist ein grundehrlicher Geschichtsschreiber, aber ein sehr mittelmäßiger Schriftsteller; bei seinen endlosen Sätzen geht dem Leser der Atem aus." (Geschichte der Deutschen Literatur von den Anfängen bis in die Gegenwart, Bd. 2, Wien/Leipzig ⁵1908, S. 471).

die Entlassung des Zwanzigjährigen aus der preußischen Armee nach dem "Kartoffelkrieg" (1778) hervor:[92] Sie weckte "in dem jugendlichen Gemüth eine Bitterkeit" (York, Bd. 1, S. 25), die er als Reifungsprozeß zum Tauroggenheld deutet: "Solche Naturen sind nicht gemacht dazu, von den Schlägen des Schicksals gebrochen zu werden; [...]; in heftigen innern und äußern Erlebnissen, in tiefen Erschütterungen des Gemüthes erarbeiten sie die gediegene Schärfe und Härte eigener Art." (ebd.) Über solche allgemeinen Reflexionen hinausgehend wird über Yorcks Inneres aber nicht räsoniert oder psychologisiert. Droysen charakterisiert Yorck, indem er seine Taten erzählt. Daß es Droysen auf dieses personale Moment, auf den Yorck, der sich durch seine Handlungsweise bei Tauroggen als "für gut in Schrot und Korn" (BW, Bd. 2, S. 70) erweist, ankommt, dürfte aus den obigen Überlegungen deutlich geworden sein.

Das Primat des personalen Moments bestimmt die Gestalt des *historischen Moments*. Eingangs ist behauptet worden, daß sich Yorck relativ schlecht eigne, um anhand seines Lebens die preußische Geschichte der Jahre 1806 bis 1815 zu schreiben. Droysen merkt zwar in einem frühen Brief zum "York" an, daß ihn diese Gestalt "in die Mitte der preußischen Politik von 1807 bis 1815" hineinführe (BW, Bd. 1, S. 363), aber er macht an keiner Stelle den Versuch, diese Biographie zu einer allgemeinen Geschichte des Reformpreußen und der Freiheitskriege auszuweiten. Die Erzählperspektive, die Droysen einnimmt, bleibt stets streng auf Yorck bezogen.[93] Immer wieder lenkt Droysen das Augenmerk des Lesers von den großen Themen, mit denen dieses Leben in Berührung kommt - zuweilen fast gewaltsam - auf die Person Yorcks zurück.[94] Es ist das genaue Gegenteil zu dem integrativen Verfahren, das Ranke bezüglich Luthers in der "Deutschen Geschichte im Zeitalter der Reformation" angewendet hat: Ranke verengte seine universalgeschichtliche Perspektive trichterförmig auf die Universität Wittenberg und auf die mit Gott ringende Seele des jungen Mönch Luther. Das Individuellste, Persön-

---

[92] Yorck hatte sich über einen Vorgesetzten mokiert, der eine Altardecke requiriert hatte. Der "Alte Fritz", gegen diese Insubordination aufgebracht, soll daraufhin geurteilt haben: "Geplündert ist nicht gestohlen, Yorck kann sich zum Teufel scheeren." (York, Bd. 1, S. 24). - Dies ist zugleich ein schönes Beispiel, wie Droysen die mündlichen Überlieferungen in der preußischen Armee über Yorck für seine Biographie fruchtbar macht. Bezüglich ihrer Authenzität äußert er sich im nächsten Absatz skeptisch: "Stammen diese Angaben auch von einem Offizier her, der damals im Luckschen Regiment stand, so sind sie doch schwerlich zuverlässig;" (ebd.).

[93] "Wie ein Schatten folgt der Autor dem Helden vom ersten Feldzug [...] über die großen Schlachten, die er als Feldmarschall mit entscheiden half, bis zu seiner Isolierung in den letzten Lebensjahren." (JANDER: Untersuchungen, S. 99f.)

[94] Nur ein Beispiel von vielen: "Wir müssen an dieser Stelle einen Augenblick inne halten. Der gebotene Gesichtspunkt unser Darstellung - wie anziehend es auch sein mag das Werden großartiger Institutionen, die Erhebung einer Nation zu betrachten - nöthigt uns immer wieder in den Kreis der persönlichen Beziehungen, Begegnisse, ja Benachrichtigungen zurückzukehren und gleichsam den Gesichtskreis zu reconstruieren innerhalb dessen York sich zu entschließen und zu handeln hatte." (York, Bd. 2, S. 177f.).

lichste wurde auf diese Weise mit dem Allgemeinsten vermittelt. Droysen hingegen seziert den Charakterkopf Yorcks wie mit einem Skalpell aus den allgemeingeschichtlichen Bezügen heraus. Die geschichtliche Umwelt ist nur in der Negation anwesend.[95] Jander hat deshalb zu Recht die Frage gestellt, inwieweit der "York" als historische Biographie anzusehen sei. Seine Antwort, daß es sich hier um eine Biographie handele, die man nebenher lesen solle, um aus ihr Einzelheiten über einen der Beteiligten an der damaligen preußischen Geschichte zu erfahren, greift allerdings am Wesentlichen vorbei. Der historiographische Hauptzweck des "York" ist nicht, historische Einzelinformationen zu vermitteln, sondern das Charakterbild eines preußischen Helden zu entwerfen.[96] Die Qualität des Historischen liegt hier weniger darin, die Bezüge zwischen Individuum und Geschichte aufzuhellen, als vielmehr in der politischen Funktion, dem "moralischen Beweis" für den deutschen Beruf Preußens. Überspitzt formuliert: Der "York" ist nicht deshalb eine historische Biographie, weil in ihr Geschichte beschrieben wird, sondern weil durch sie Geschichte gemacht werden soll. Sie ist damit ein typischer Ausdruck der eminent auf die politische Gegenwart bezogenen borussischen Geschichtsschreibung, die in dieser Form nur von 1848 bis 1871 möglich gewesen ist. Nach 1871 hätte es keinen Sinn mehr gehabt, eine Biographie in der Form des "York" zu schreiben, weil die Geschichte, die gemacht werden sollte, nun geschehen war.

Es ist deshalb nur in einem sehr oberflächlichen Sinn richtig, wenn man den "York" als Auftakt für "den Reigen der Werke, die auf biographischem Wege in das Herz der preußischen Reformzeit führten", bezeichnet (Meinecke).[97] Die Stein- und Scharnhorst-Biographien von Max Lehmann und die Boyen-Biographie von Meinecke arbeiten anhand ihrer Helden die Geschichte der preußischen Reformzeit auf. Sie sind im geläufigen Sinne "historische Biographien". Droysen zeigt im "York" hingegen buchstäblich nur das Herz der Reformzeit, wie er es in dem altpreußischen General 1812 bei Tauroggen schlagen sah.

---

[95] Vgl. JANDER: Untersuchungen, S. 105.

[96] In eben diesem Sinne faßt auch Rudolf GOTTSCHALL Droysens "York" auf: "Die geistige Energie, die Kraft sittlicher Selbstbestimmung sind ohne Frage die Seele des preußischen Staates, und in Charakteren wie Schill und York prägt sich, wie verschieden auch der Erfolg ihrer Thaten sein mochte, diese eiserne Willenskraft, dieser auf fester Überzeugung ruhende Trotz selbstherrlicher Charaktere am schärfsten aus. Die Biographie York's von Droysen, eins der vortrefflichsten Werke dieser Gattung, führt uns daher einen echt preußischen Helden vor, in welchem die Kraft der geschichtlichen Initiative lebendig war, wie sie für Preußens Führerschaft in Deutschland auch jetzt noch unerläßlich ist." (Die deutsche Nationallitteratur des neunzehnten Jahrhunderts, S. 358f.)

[97] MEINECKE: Johann Gustav Droysen, S. 148.

3. Ansätze zu einer paradigmatischen Biographik in der zweiten Jahrhunderthälfte

a) Übersicht

Die universitäre Geschichtswissenschaft nutzt die Biographie als Medium der politischen Geschichte, sie aktiviert damit nur die syntagmatische Relevanz dieser Gattung. Beispiele für paradigmatische historische Biographien muß man in erster Linie abseits der Geschichtswissenschaft suchen. Diese Umschau ist vor allem deshalb von Interesse, weil man hier auf die Vorläufer der historischen Biographie als Form der Sozial- und Alltagsgeschichte stößt. Zwei Bereiche sind es, in denen man fündig wird: die kulturgeschichtliche Biographik und die Heimatgeschichtsschreibung.

Die Tradition der kulturgeschichtlichen Biographik wird im 19. Jahrhundert von einzelnen Kulturhistorikern[98] und Germanisten gepflegt. Ihr Gegenstand sind vor allem die Protagonisten der klassischen deutschen Dichtung und Philosophie, also die "geistigen Flügelmänner" (Goethe) ihrer Zeit. Auch in der Hinsicht, daß sie sich auf die historische Bildungsgeschichte ihres Helden konzentrieren, stehen sie in der Goetheschen

---

[98] Unter diesen Kulturhistorikern, die sich unter der Dominanz der Politikgeschichte im 19. Jahrhundert bekanntlich kaum als Historiker an den deutschen Universitäten etablieren konnten, sind v.a. folgende zu nennen, die mit biographischen Werken von paradigmatischer Qualität hervorgetreten sind: Johannes SCHERR (1817-1886), schwäbischer Herkunft, nach der Revolution in die Schweiz ausgewandert, seit 1860 Professor für Literatur und Geschichte in Zürich, veröffentlichte u.a. eine in Form und Duktus ungewöhnliche Blücher-Biographie (Blücher. Seine Zeit und sein Leben, 3 Bde., Leipzig ¹1862, ⁸1914). Er schildert darin die anekdotenreiche Geschichte eines "nationalen Helden", allerdings "mit wesentlicher Betonung der kultur- und sittengeschichtlichen Seite der Ereignisse" (8. Auflage, 1. Bd., S. 11). Herauszuheben ist in dieser Hinsicht v.a. sein facettenreiches "Sittengemälde" der europäischen Rokokogesellschaft vor Ausbruch der Französischen Revolution. Vgl. J. MÄHLY: Scherr, in: ADB 31(1890), S. 125-130; GOTTSCHALL: Die Biographie der Neuzeit, S. 673. – Carl JUSTI (1832-1912), Professor für Philosophie, dann für Kunstgeschichte in Bonn (1872-1901), trat u.a. mit einer zweibändigen Winckelmann-Biographie hervor (Winckelmann. Sein Leben, seine Werke und seine Zeitgenossen, 2 Bde., Leipzig 1866/72). Er schlägt, etwa gleichzeitig mit Diltheys "Schleiermacher", die Bahn der personenorientierten Geistesgeschichte ein. Vgl. JANDER: Untersuchungen, S. 143; SCHEUER: Biographie, S. 101-103. – Gustav FREYTAGS "Bilder aus der deutschen Vergangenheit" (5 Bde., Leipzig 1859-67) enthalten einige biographische Personenporträts, z.B. von Karl dem Großen im 1. Band. Vgl. BELOW: Die Deutsche Geschichtsschreibung, S. 69; GOTTSCHALL: Die Biographie der Neuzeit, S. 589. – Unter den etablierten "politischen" Historikern hat der kulturhistorisch beschlagene Heinrich v. TREITSCHKE einige sehr bemerkenswerte biographische Essays verfaßt, unter denen v.a. sein "Samuel Pufendorf" hervorsticht (zuerst in: PrJb 35[1875], S. 614ff., wiederabgedruckt in: ders.: Historische und politische Aufsätze, 4. Bd.: Biographische und historische Abhandlungen, vornehmlich aus der neueren deutschen Geschichte, Leipzig 1897, S. 202-303). Besonders gelungen ist Treitschke dabei die Schilderung der Jugend- und Bildungszeit Pufendorfs, die in eine pointierte und anschauliche Darstellung der geistig-kulturellen Lage Sachsens und Deutschlands nach dem Dreißigjährigen Krieg eingebunden ist. Vgl. GOTTSCHALL: Die Biographie der Neuzeit, S. 592; SCHEUER: Biographie, S. 66. – Vgl. zur Situation der Kulturgeschichte in Deutschland im 19. Jahrhundert Hans SCHLEIER: Deutsche Kulturhistoriker des 19. Jahrhunderts. Über Gegenstand und Aufgabe der Kulturgeschichte, in: GG 23(1997), S. 70-98; Gangolf HÜBINGER: Konzepte und Typen der Kulturgeschichte, in: KÜTTLER/RÜSEN/SCHULIN, Bd. 4, S. 136-152.

Tradition. Bekanntestes Beispiel dieser Art ist die Schleiermacher-Biographie von Wilhelm Dilthey, modellbildend für die geistesgeschichtliche Biographik.[99] Typisch für diese Werke ist, daß sie nicht nur die unmittelbare Bildungsgeschichte ihres Helden (Elternhaus, Schule, Institutionen, Bekanntschaften) schildern, sondern vor allem den Einfluß der "großen Geister", zum Beispiel den Einfluß Kants auf Schleiermacher, hervorheben.[100] Helmut Scheuer hat in seiner Analyse der kulturgeschichtlichen Biographik die Tendenz hervorgehoben, daß die konkreten Weltbezüge zunehmend zurückträten und der Held allenfalls "in die überhistorische Gemeinschaft aller Geistesgrößen" gestellt würde.[101] Die literaturgeschichtliche Forschung hat diesem Bereich, in dem es um die Tradition des eigenen Faches geht, besondere Aufmerksamkeit zugewandt, so daß man hier den am intensivsten erforschten Zweig der Biographik des 19. Jahrhunderts vor sich hat.[102] Es soll hier nur ein Beispiel herausgegriffen werden, das nicht zu den großen anerkannten Werken der kulturgeschichtlichen Biographik gehört, welches aber besondere paradigmatische Qualitäten besitzt: David Friedrich Strauß' Biographie seines Freundes Christian Märklin. Hier ist ein Vorläufer der *paradigmatischen Biographie als Medium der Sozialgeschichte* zu beobachten.

Der zweite Bereich, in dem man auf eine paradigmatische Biographik stößt, ist das große, heute weitgehend unbekannte Feld der nicht-universitären lokalen Geschichtsschreibung oder Heimatgeschichtsschreibung des 19. Jahrhunderts.[103] Zu ihren Eigenarten gehört es, daß sie sich den Bereichen des geschichtlichen Lebens mit Vorliebe zuwendet, die von der universitären Geschichtsschreibung im Zuge ihrer Orientierung auf die "große" Nationalgeschichte vernachlässigt werden: die Geschichte der "kleinen

---

[99] Wilhelm DILTHEY: Leben Schleiermachers, 1. Bd. (zuerst: 1867/1870), hg. von Martin REDEKER in zwei Halbbänden (= ders: Gesammelte Schriften, Bd. 13), Göttingen 1970. Der zweite Band, in erster Linie eine Interpretation der philosophischen und theologischen Werke Schleiermachers, ist aus dem Nachlaß Diltheys veröffentlicht worden (DILTHEY: Leben Schleiermachers, 2. Bd., hg. v. Martin REDEKER in zwei Halbbänden, Berlin 1966). - Dieses Werk hat wie kein anderes der kulturgeschichtlichen Tradition schon früh Beachtung in der Geschichtswissenschaft gefunden (vgl. folgende Rezensionen: Rudolf HAYM: Die Dilthey'sche Biographie Schleiermacher's, in: PrJb 26[1870], S. 556-604; E. ZELLER: Schleiermacher in der ersten Hälfte seines Lebens, in: HZ 25[1871], S. 49-65).

[100] Im "Schleiermacher" hat allerdings auch die unmittelbare Bildungsgeschichte noch einen bedeutenden Anteil: Dilthey schildert die pietistischen Traditionen in der Familie Schleiermachers, seine Ausbildung bei den Herrnhutern, die geistige Atmosphäre an der Universität Halle und die Berliner Salonkultur der Romantik. In diesen Passagen liegen in erster Linie die paradigmatischen Qualitäten des Buches.

[101] SCHEUER: Biographie, S. 77-111, bes. S. 102f.

[102] Wichtige neuere Veröffentlichungen neben der grundlegenden Arbeit von Helmut Scheuer: GRAEVENITZ: Geschichte aus dem Geist des Nekrologs; Günter OESTERLE: Die Grablegung des Selbst im Andern und die Rettung des Selbst im Anonymen. Zum Wechselverhältnis von Biographie und Autobiographie in der zweiten Hälfte des 19. Jahrhunderts am Beispiel von Friedrich Theodor Vischers "Auch einer", in: GRIMM/HERMAND (Hgg.): Vom Anderen und vom Selbst, S. 45-70; KRUCKIS: "Ein potenziertes Abbild der Menschheit"; ders.: Biographie als literaturwissenschaftliche Darstellungsform im 19. Jahrhundert.

[103] Vgl. dazu KLUETING: Rückwärtigkeit des Örtlichen.

Einheiten", also der Dörfer, Städte und Regionen, in denen vor allem Aspekte der Volkskultur und Alltagsgeschichte in den Vordergrund treten. Sie hat vermutlich auch einen bedeutenden Anteil an jener "Anarchie der biographischen Produktion", die Gottschall 1874 beklagt.[104] Immerhin finden sich aber unter der "großen Zahl umfangreicher Lebensbeschreibungen von Bischöfen, Pfarrern, Schulmännern, Bürgermeistern"[105] auch einzelne "Perlen" wie die Biographie eines sächsischen Pfarrers aus dem 17. Jahrhundert aus der Feder des Heimatforschers Johannes Poeschel. In ihr wird sehr anschaulich das Alltagsleben in einer kleinen Landstadt während des Dreißigjährigen Krieges beschrieben. Dieses Werk ist ein Vorläufer der *paradigmatischen Biographie als Form der Alltagsgeschichte.*

b) Strauß' "Märklin"

David Friedrich Strauß (1808-1874) gehört zu den bekanntesten und bedeutendsten deutschsprachigen biographischen Schriftstellern des 19. Jahrhunderts.[106] Diesen Ruf erlangte er durch seine Hutten-Biographie, die 1858 erschien.[107] Der "Märklin" (1850),[108] der bei seinem Erscheinen eine "kühle Aufnahme" fand,[109] wurde dadurch zu einem von der Literaturkritik relativ wenig beachteten "Frühwerk" des Biographen Strauß.[110]

---

[104] GOTTSCHALL: Die Biographie der Neuzeit, S. 581.

[105] GOTTSCHALL: Die Biographie der Neuzeit, S. 585.

[106] Zu Strauß vgl. HARRAEUS: David Friedrich Strauß; E. ZELLER: David Friedrich Strauß, in: ADB 36(1893), S. 538-548. - Nach dem "Hutten" hat Strauß eine breite zeitgenössische Beachtung als Biograph gefunden. Besonders zugetan sind ihm jene Literaturwissenschaftler, die wie er aus der hegelianischen Schule stammen. Vgl. etwa VISCHER: Friedrich Strauß als Biograph; Kuno FISCHER: David Friedrich Strauß als Biograph (zuerst: 1858), in: ders.: Über David Friedrich Strauß. Gesammelte Aufsätze, Heidelberg 1908, S. 7-15. Vgl. auch die Würdigung bei GOTTSCHALL: Die Biographie der Neuzeit, S. 673. Hier wird neben Varnhagen von Ense als bedeutendster deutschsprachiger Biograph der neueren Zeit herausgehoben.

[107] David Friedrich STRAUß: Ulrich von Hutten, 2 Bde., Leipzig 1858; ab der 2. Auflage 1871 in einem Band. Vgl. die Würdigung der Biographie bei JANDER: Untersuchungen, S. 114-123. Neben vielen kleineren biographischen Werken ist noch seine zweite große Biographie, die zwischen dem "Märklin" und dem "Hutten" erschien, zu erwähnen: Leben und Schriften des Dichters und Philologen Nicodemus Frischlin. Ein Beitrag zur deutschen Culturgeschichte in der zweiten Hälfte des sechzehnten Jahrhunderts, Frankfurt a. M. 1855.

[108] David Friedrich STRAUß: Christian Märklin. Ein Lebens- und Charakterbild aus der Gegenwart, Mannheim 1851. - Auf die Bedeutung dieses Werkes für die Geschichte der Biographie im 19. Jahrhundert hat erstmals wieder hingewiesen: GRAEVENITZ: Geschichte aus dem Geist des Nekrologs, S. 114-122.

[109] Davon berichten übereinstimmend: VISCHER: Friedrich Strauß als Biograph, S. 237-239; ZELLER: Strauß, S. 546.

[110] Schon VISCHER meinte, daß erst der "Frischlin" und der "Hutten" eigentliche Biographien gewesen seien (Friedrich Strauß als Biograph, S. 241).

Strauß ist jenem Kreis von Biographen und Literaturwissenschaftlern zuzurechnen, die aus der Hegelschen Schule hervorgegangen sind.[111] Unter deren biographischen Arbeiten finden sich einige, deren Intention man als Bewältigung der hegelianischen Vergangenheit charakterisieren kann: Die Hegel-Biographie des Althegelianers Karl Rosenkranz ist bestrebt, das Erbe des Meisters in biographischer Vergegenwärtigung zu bewahren.[112] Der liberale Rudolf Haym versucht dagegen in seinen biographischen Vorlesungen "Hegel und seine Zeit", den Verfall der Hegelschen Schule seit den 1840er Jahren, besonders aber seit der Revolution, als historische Kritik an dieser Philosophie zu begreifen und möchte anhand einer Biographie, "die Macht, die die Geschichte darüber [über das Hegelsche System, O.H.] ausgeübt hat, bis in den eigenen Bau desselben zurückverfolgen [...]."[113] Indem er Hegel in die Zeitverhältnisse des späten 18. Jahrhunderts stellt und seine Metaphysik als Flucht aus den unbefriedigenden deutschen Verhältnissen in eine Idealwelt deutet,[114] nutzt Haym eines der historisch-relativierenden Potentiale der historischen Biographie. Die Märklin-Biographie von Strauß stellt eine zweite, eher indirekte Variante der biographischen Hegelkritik dar. Sie erzählt am Beispiel des schwäbischen Theologen Christian Märklin (1807-1849) das Scheitern der von Hegel geprägten bildungsbürgerlichen Intelligenz in Vormärz und Revolution. - "Märklin ist ein Collectivbegriff, eine ganze Zeitrichtung erscheint zusammengedrängt, künstlerisch versinnbildlicht in diesem Helfer [...]."[115] Diese paradigmatische Qualität, die den meisten zeitgenössischen Kritikern eher als ein Manko denn als Verdienst erschien - denn man hielt eben nur das große, außergewöhnliche, nicht das typische Individuum für biographiewürdig[116] - soll im folgenden im Mittelpunkt der Analyse stehen. Dieses Verhältnis läßt sich auf drei Ebenen untersuchen: α. in der äußeren Lebensgeschichte und dem Bildungsgang, β. in dem Konflikt Märklins

---

[111] Man spricht heute in der Literaturwissenschaft von einer "hegelianischen Schule" der Biographik. Vgl. dazu KRUCKIS: Biographie als literaturwissenschaftliche Darstellungsform im 19. Jahrhundert, S. 561; Helmut SCHEUER: Biographik und Literaturwissenschaft: Konstruktion und Dekonstruktion. Anna Seghers und ihre Biographen, in: Argonautenschiff. Jahrbuch der Anna-Seghers-Gesellschaft Berlin und Mainz e.V. 4(1995), S. 245-262, hier: S. 247.
[112] Karl ROSENKRANZ: Georg Wilhelm Friedrich Hegels Leben, Berlin 1844, ND Darmstadt 1971.
[113] HAYM: Hegel und seine Zeit, S. 8. - Vgl. die Würdigung bei GRAEVENITZ: Geschichte aus dem Geist des Nekrologs, S. 123-130.
[114] Vgl. HAYM: Hegel und seine Zeit, S. 78-86.
[115] Wilhelm Heinrich RIEHL: Skizzen zu einem philosophischen Zeitbild, in: Augsburger Allgemeine Zeitung, Beilage zu Nr. 87, 28. März 1851, S. 1385-87, hier: S. 1385.
[116] Diese Haltung scheint z.B. bei GOTTSCHALLS Würdigung des "Märklin" durch: Er lobt zwar den mäßigen Umfang des "Märklin" (ca. 200 Seiten), meint aber, daß diese Biographie "mehr eine Schilderung aus dem Privatleben" sei und "damit auf allgemeine Bedeutung" verzichte (Die Biographie der Neuzeit, S. 673). R. M. WERNER ist m.W. der erste, der im Kontext der Kulturgeschichte eine Biographik der "Durchschnittsindividuen" gefordert hat (Biographie der Namenlosen).

mit dem religiösen Volksempfinden und der amtskirchlichen Orthodoxie und γ. im Verhältnis zur Revolution 1848/49.

α. Strauß schreibt seine Märklin-Biographie als ein "Standbild", das "ein trauernder Freund [...] auf seinem Grabe errichtet." (S. 200) Märklin war nicht nur sein "vertrautester Freund",[117] sie hatten auch bis zu Märklins frühem Tode fast parallel verlaufende Lebenswege. Das Werk hat deshalb auf weiten Strecken den Charakter und die Qualitäten einer Autobiographie.[118]

Strauß und Märklin besuchen als Heranwachsende das niedere theologische Seminar im ehemaligen Benediktinerkloster Blaubeuren und werden dort von den progressiven Theologen Baur und Kern geprägt. Anschließend absolvieren sie das Theologiestudium im "Stift" in Tübingen (wo gut eine Generation früher schon Hegel, Schelling und Hölderlin gewesen sind). Dort gehören sie zu einem Kreis, der sich in privater Lektüre die Hegelsche Philosophie aneignet. In diesen ersten Kapiteln berichtet Strauß nicht in der dritten Person, sondern er benutzt vorzugsweise die Personalpronomen "man" und "wir": Märklin absolviert einen Bildungsgang, der für eine ganze Gruppe typisch ist.[119] Danach trennen sich ihre Lebenswege, der berufliche Werdegang verläuft jedoch weiterhin parallel: Beide treten zunächst eine Vikarstelle an und kehren anschließend für kurze Zeit als Repetenten an die Universität Tübingen zurück. Strauß, der in dieser Stellung große Lehrerfolge zu verzeichnen hat, möchte Universitätsprofessor werden, Märklin dagegen Pfarrer. Doch beider Berufsziel zerschlägt sich durch eine hegelianisch inspirierte Publikation, die sie jeweils in Konflikt mit der herrschenden orthodoxen Lehrmeinung bringt.[120] Märklin bietet sich eine Gymnasiallehrerstelle in Heilbronn als Berufsnische, Strauß versucht sich als freier Schriftsteller. Die Revolution 1848/49 erleben beide auf eine ähnliche Weise. Zunächst durchaus hoffnungsvoll, werden sie von ihrer jeweiligen Gemeinde als Kandidat für die Paulskirche aufgestellt - aber nicht gewählt. Sie fühlen sich von der zunehmenden Radikalisierung abgestoßen und ziehen sich resigniert von der politischen Beteiligung an der Revolution zurück. Im Herbst 1849 stirbt Märklin an einem Fieber, und nur ein Jahr später veröffentlicht Strauß die Biographie seines Freundes.

---

[117] ZELLER: Strauß, S. 545.
[118] Stilistisch erinnern z.B. die gefühlvollen Landschaftsschilderungen der gemeinsamen schwäbischen Heimat nachdrücklich an die Tradition der bürgerlichen Autobiographie des 18. Jahrhunderts, etwa an Jung-Stillings "Jugend" und "Jünglingsjahre" oder an Goethes "Dichtung und Wahrheit". Zum autobiographischen Charakter des "Märklin" vgl. HARRAEUS: David Friedrich Strauß, S. 228-231.
[119] "Es sind Verhältnisse und Einflüsse zu schildern, die ihm mit mehreren, unter Andern auch mit dem Verfasser dieses Lebensabrisses, gemeinsam waren [...]." (S. 13).
[120] Im Falle Strauß ist es das "Leben Jesu" (1835), bei Märklin die "Darstellung und Kritik des modernen Pietismus" (1839).

Die skizzierte Vita ist als nicht in allen Einzelheiten repräsentativ für das deutsche Bildungsbürgertum im frühen 19. Jahrhundert - dazu ist diese Gruppe in sich zu heterogen[121] - enthält aber doch, neben landsmannschaftlich bedingten Besonderheiten, einige typische Elemente: die Herkunft aus dem protestantischen Mittelstand, das Studium der evangelischen Theologie als typischem Aufstiegsstudiengang,[122] das Verharren in Wartepositionen bis eine Pfarr- oder Lehrstelle frei wird, die lebhafte Beteiligung an der öffentlichen (theologischen) Diskussion und schließlich das in der Reihenfolge Begeisterung, Beteiligung und Abwendung typische bildungsbürgerlich-liberale Verhältnis zur Revolution. Dies sind allerdings paradigmatische Elemente, die in erster Linie dem heutigen sozialgeschichtlich geschulten Betrachter ins Auge fallen. Strauß' historiographisches Anliegen ist auf ein schärfer abgrenzbares Phänomen gerichtet. Ihm geht es um den Konflikt der "vielangefochtenen Philosophie unserer Zeit, und zwar in derjenigen Gestalt, in welcher sie mit dem Kirchenglauben entschieden gebrochen hat", das heißt der junghegelianischen Theologie, mit den herrschenden orthodoxen und pietistischen Strömungen (S. 4). Diese Auseinandersetzung verdichtet sich in der Lebensgeschichte Märklins zu einem "tragischen"[123] Schicksal.

β. Der Konflikt bahnt sich an, als Märklin und Strauß die Universität verlassen und als Vikare in der Provinz dem "einfachen Volk" predigen und der Jugend Religionsunterricht erteilen müssen. Beide stellen fest, daß zwischen ihrem philosophisch gebildeten Begriff der christlichen Religion und dem religiösen Volksempfinden einerseits und der herrschenden kirchlichen Lehrmeinung andererseits eine unüberwindliche Kluft besteht.[124] Aber während Strauß vorläufig die Perspektive hat, sein philosophisch-

---

[121] Dies verweist auf ein allgemeines Darstellungsproblem der Sozialgeschichte des Bürgertums: Die Heteogenität dieser Klasse macht es schwierig, die angemessene Darstellungsform zu finden. Schreibt man eine überindividuelle Gesamtdarstellung, "zwänge sie [...] zu sehr starken Abstraktionen und Verallgemeinerungen, hinter denen die Realität der geschichtlichen Entwicklung, der konkreten Umstände und der in ihnen handelnden lebendigen Personen dann leicht zu versinken droht." (GALL: Bürgertum in Deutschland, S. 20). Verfaßt man dann aber, wie Gall es in diesem Werk getan hat, "eine Familiengeschichte in allgemeiner Absicht" (ebd.), wird ebenso berechtigt der Vorwurf erhoben, daß das Bürgertum "höchstens in einer interessanten Variante, nicht aber in seiner typischen, alle möglichen Spielarten souverän umgreifenden Gestalt" abgebildet worden sei (Ute FREVERT: Bürgertumsgeschichte als Familiengeschichte, in: GG 16[1990], S. 491-501, hier: S. 494). Keine der beiden Formen, weder die abstrahierende Sozialgeschichte noch die individualisierende biographische Erzählung, kann bei so einem komplexen Gegenstand alle Erkenntnisansprüche befriedigen. Beide Darstellungsformen sind deshalb wünschenswert und nötig.

[122] Vgl. WEHLER: Deutsche Gesellschaftsgeschichte, Bd. 2, S. 214f.

[123] VISCHER: Friedrich Strauß als Biograph, S. 236.

[124] Sie verständigen sich über ihre Erfahrungen in einem intensiven Briefwechsel, in welchem sie "für sich im Stillen bereits jene Fragen behandelten, welche wenige Jahre später [...] so tiefe Erschütterungen herbeigeführt, und späterhin auch Märklins Leben umgestaltet haben." (S. 59) Vgl. die theologische Interpretation dieses Briefwechsels bei Jörg F. SANDBERGER: David Friedrich Strauß als theologischer Hegelianer, Göttingen 1972, S. 40-48. Die Briefe von Strauß an Märklin, die Strauß in seiner Biographie nur auszugsweise wiedergibt, finden sich im Anhang dieser Arbeit vollständig abgedruckt.

theologisches Weltbild als Universitätslehrer bewahren zu können, gerät Märklin in einen tiefen Gewissenskonflikt, weil er im Pfarrberuf als "ethischer Menschenbildner" (Vischer)[125] sein Lebensziel sieht:

> "In seiner Zögerung, mit der Kirche zu brechen [...], ist Märklin der getreue Repräsentant der speculativen Theologie jener Zeit. Wir alle machten es nicht anders, wir wollten es nicht glauben, was unsere Gegner uns laut genug in die Ohren schrien, daß wir nicht mehr auf dem christlichen Boden stünden." (S. 114)

Alle Kompromißmöglichkeiten zerschlagen sich, als Märklin in die theologische Diskussion, welche die Schrift über "Das Leben Jesu" seines Freundes Strauß auslöste, nun gleichfalls mit einer Schrift über den Pietismus eingreift. Märklin muß seinen Lebensberuf aufgeben und findet ein Unterkommen als Gymnasiallehrer in Heilbronn. Trotz seines persönlichen Scheiterns bewahrt sich Märklin aber jenes aristokratische Selbstbewußtsein, das für die hegelianisch geprägten Intellektuellen des Vormärz kennzeichnend ist. In einem Brief an Strauß spricht er von seiner Generation als denen, "die wir in dieser innerlichen Spannung zum Zeitbewußtsein stehen, den Männern der Zukunft [...]." (S. 158)[126] Während Hegel es verstanden hat, seine Philosophie so zweideutig zu formulieren, daß die preußische Regierung ihn als ihren "Staatsphilosophen" vereinnahmen konnte, gerät der sich als "konsequent" verstehende Teil seiner Schüler in offenen Konflikt mit dem herrschenden religiös-politischen System. Was der radikalste unter ihnen, Karl Marx, im Großen erlebt (politische Verfolgung, Emigration, dauerndes Exil), widerfährt einem "Mitläufer" wie Märklin im Kleinen: Verdrängung aus dem Lebensberuf. Die Wasserscheide in den junghegelianischen Lebensläufen ist dann die Revolution 1848/49. Während sich bei den Radikalsten das Sendungsbewußtsein, zu den "Männern der Zukunft" zu gehören, noch verstärkt, resignieren Männer wie Märklin und Strauß. Auch Märklins Tod gewinnt dadurch überindividuelle Bedeutung: Es ist der symbolische Tod des vormärzlichen junghegelianischen Selbstbewußtseins.

γ. Über diese Symbolik hinaus enthält Strauß' Schilderung von Märklins Beteiligung an der Revolution viele paradigmatische Elemente.[127] Wie schon die deutsche Aufklärergesellschaft zwei Generationen zuvor enthusiastisch auf die erste Phase der Französischen Revolution reagierte, zeigt sich ein Bildungsbürger wie Märklin von den März-

---

[125] VISCHER: Friedrich Strauß als Biograph, S. 236.
[126] Zu dieser bildungsbürgerlichen Mentalität vgl. WEHLER: Deutsche Gesellschaftsgeschichte, Bd. 2, S. 237. Vgl. auch den Vergleich der intellektuellen Eliten Europas bei CHARLE: Vordenker der Moderne, S. 62-77. Das eindrucksvollste Beispiel dafür, wieviel Lebenskraft einzelne Intellektuelle aus dem Bewußtsein, zu "den Männern der Zukunft zu gehören", schöpfen konnten, stellt sicherlich Karl Marx dar.
[127] GRAEVENITZ weist darauf hin, daß in Erich WELLERS Monographie über die 1848er Ereignisse in Heilbronn Strauß' "Märklin" ausführlich als Quelle zitiert wird (Heilbronn und die Revolution von 1848/49. Beiträge zur Geschichte der Revolution von 1848/49 in Württemberg, Diss. Tübingen 1924).

ereignissen zunächst sehr angetan: "Nun haben wir doch noch erlebt, was wir in unseren kühnsten Träumen nicht gehofft; es ist wieder der Mühe werth, zu leben." (Märklin in einem Brief, S. 170). Doch sehr bald schon erfolgt Ernüchterung. Um diesen Stimmungsumschwung begreiflich zu machen, schildert Strauß die politischen Verhältnisse in Heilbronn. Die Bürger organisieren sich zum bewaffneten Kampf in einer Bürgerwehr. Die radikalen Demokraten heizen in der Zeitschrift "Neckardampfschiff" und durch Volksredner die Stimmung im Volke an. In dieser Lage macht sich Märklin zum Sprecher der gemäßigten Liberalen und ruft in einer anonymen Schrift zur Besonnenheit auf. Daraufhin wird Märklin von gleichgesinnten Bürgern zum Kandidaten für die Frankfurter Nationalversammlung aufgestellt. Er scheitert aber an einem "Bierbrauer", der als "Volksheiland" (S. 181), wie Strauß in ironischem Tone schreibt, die Sympathien von Kleinbürgern und Arbeitern genießt. Der ehemalige "Volkserzieher" Märklin gilt nun als "Aristokrat" (S. 184) und findet keinen Zugang zum Volk. Märklins resignierendes Fazit: "Die nächste Zukunft bringt uns noch mehr Anarchie als wir schon haben, vielleicht Bürgerkrieg; sie bringt uns die Herrschaft der Masse, die Niederlage des Bürgerthums gegenüber dem sogenannten Volke." (S. 187). Er zieht sich bewußt in die ideale Welt des Bildungsbürgertums zurück: "Ich lese jetzt nach langer Zeit wieder Göthe's Dichtung und Wahrheit, und flüchte mich dadurch in eine Art von Asyl für Empfindung und Reflexion." (S. 189)

In dieser Revolutionsbiographie seines Freundes Märklin bündelt Strauß wie in einem Brennspiegel alle wesentlichen Erfahrungsstufen, die das liberale Bildungsbürgertum in der Revolutionszeit durchlaufen hat: die vorschnelle Hoffnung auf die Erfüllung der politischen und gesellschaftlichen Lebensträume, das Zufriedengeben mit den Märzerfolgen, die "Vereinbarungsstrategie" "eines legalen Reformkurses im Verein mit Regierung und Verwaltung",[128] die "Aversion gegen den anarchischen Charakter der Volksbewegungen"[129] und schließlich die resignierende Flucht in die Bildungswelt. Verständlicherweise betrachtet Strauß das Schicksal seines Freundes nicht als abgeklärter Historiker. Sein Verhältnis zu diesen Ereignissen ist geprägt von Wehmut gegenüber seinem Freund und Ironie gegenüber der Revolution: "In Ellhofen, so erzählt man, hatte der Barbier den ganzen Tag mit dem Abnehmen der Bärte der Kriegshelden [der Bürgerwehr, O.H.] zu thun." (S. 195)

---

[128] Deutlich wird diese Haltung in der oben erwähnten anonymen Schrift Märklins: "Weg mit allen Reden, die nur das Feuer schüren, die mehr verlangen, als die Zeit vertragen kann." - "Das Losungswort ist: besonnener Fortschritt auf dem Wege der Freiheit; Freiheit und Recht als Bürger auf gleiche Weise;" - "ich habe das vollste Zutrauen zu unsern jetzigen neuen Ministern; ich halte die Republik für unsere Verhältnisse für ein Unglück; ich halte den preußischen Staat für berufen zur Leitung der Angelegenheiten Deutschlands." (S. 177f.). - Vgl. dazu WEHLERS Charakterisierung der "Vereinbarungsstrategie" in: Deutsche Gesellschaftsgeschichte, Bd. 2, S. 759-761.

[129] WEHLER: Deutsche Gesellschaftsgeschichte, Bd. 2, S. 76.

Die paradigmatische Qualität dieser Biographie liegt zum einen im glücklich gewählten Helden, zum anderen in der persönlichen Bekanntschaft zwischen Verfasser und Held begründet. Ihre paradigmatische Relevanz ist damit objektiver als in einer reinen Autobiographie, gleichzeitig aber auch subjektiver als in der Biographie eines Historikers. Dem Mangel an Theorie und historischer Abgeklärtheit steht der Gewinn an erzählerischer Lebendigkeit gegenüber.

c) Poeschels "Erzgebirgische Gelehrtenfamilie"

Im Jahr 1977 beklagte sich der ostdeutsche Historiker Jürgen Kuczynski darüber, "daß unsere historischen [...] Werke die konkrete Schilderung der Wirklichkeit, insbesondere der Wirklichkeit des Lebens der einfachen Menschen [...] vernachlässigen."[130] Gerade die schreckliche Wirklichkeit des Dreißigjährigen Krieges käme in allgemeinen Handbüchern viel zu kurz.[131] Dieses Mißbehagen an einer abstrakt bleibenden Geschichtsschreibung, das etwa zur gleichen Zeit in Westdeutschland eine jüngere Historikergeneration gegenüber dem strukturgeschichtlichen Ansatz der "Historischen Sozialwissenschaft" empfand,[132] ist der wissenschaftsgeschichtliche Kontext der Wiederentdeckung der im folgenden zu besprechenden Schrift.

Es handelt sich um das Werk des sächsischen Heimatforschers Johannes Poeschel, der 1883 eine Biographie über "Eine erzgebirgische Gelehrtenfamilie" veröffentlichte.[133] Im Mittelpunkt dieser Schrift steht der Gelehrte und Pfarrer Christian Lehmann (1611-1688), der neben seiner 51jährigen Pfarrtätigkeit im Städtchen Scheibenberg im Erzgebirge eine umfangreiche gelehrte landeskundliche und historische Schriftstellerei betrieben hat.[134] In dieser kleinen Biographie, verfaßt von einem "frommen, königstreuen, begeisterten Lokalhistoriker",[135] fand Kuczynski das, was er bei seinen marxistischen Kollegen vermißte: "eine [...] lebendige Schilderung dessen, was der Dreißigjährige

---

[130] KUCZYNSKI: Gelehrtenbiographien, S. 34.

[131] KUCZYNSKI: Gelehrtenbiographien, S. 35. Die Klage wird wiederholt in: ders.: Geschichte des Alltags des deutschen Volkes, Bd. 1, Berlin(-Ost) 1980, S. 84.

[132] Vgl. dazu NIETHAMMER: Anmerkungen zur Alltagsgeschichte; KOCKA: Sozialgeschichte, S. 162-174; SCHULZE (Hg.): Sozialgeschichte, Alltagsgeschichte, Mikro-Historie.

[133] Johannes POESCHEL: Eine Erzgebirgische Gelehrtenfamilie. Beitrag zur Kulturgeschichte des 17. Jahrhunderts, Leipzig 1883.

[134] Die wichtigste und einzige Schrift, die zur Zeit Poeschels schon veröffentlicht gewesen ist, lautet: "Historischer Schauplatz derer natürlichen Merckwürdigkeiten in dem Meißnischen Ober-Ertzgebirge" (Leipzig 1699). Als Quelle für Poeschels Biographie war außerdem die "Kriegs-Chronick der Teutschen" wichtig. Über weitere Schriften vgl. POESCHEL: Eine Erzgebirgische Gelehrtenfamilie, S. 80-178. Ausführliche Zitate aus dem "Schauplatz" und der "Kriegs-Chronick" finden sich bei KUCZYNSKI: Geschichte des Alltags des deutschen Volkes, Bd. 1, S. 131f., 136-140, 142-144, 334.

[135] KUCZYNSKI: Gelehrtenbiographien, S. 38.

Krieg für das deutsche Volk gebracht hat [...]."[136] Diesen Anschaulichkeitsvorsprung des Heimatforschers gegenüber den marxistischen Historikern sieht Kuczynski auch in der gewählten Gattung begründet, denn man finde "im Allgemeinen eine große Überlegenheit der biographischen Literatur in der konkreten Erfassung der Wirklichkeit."[137] - Ein Urteil, das wiederum in der Hochschätzung des biographischen Ansatzes in der westeuropäischen Alltagsgeschichte seine Parallele hat.[138] Das Interesse gilt hier nicht mehr dem großen geschichtlichen Individuum, sondern dem "Durchschnittsindividuum", um anhand eines Einzelschicksals paradigmatisch die Lebenswirklichkeit der vielen zu behandeln, die von der historistischen Geschichtsschreibung zumeist übergangen worden sind.[139] So gesehen verkörpert der Lokalhistoriker Poeschel und nicht die biographische Geschichtsschreibung eines Ranke, Droysen oder Erich Marcks die Tradition im 19. Jahrhundert, die es im Zeichen der "Alltagsgeschichte" wiederzuentdecken gilt. Andererseits geht ein Heimatforscher des 19. Jahrhunderts mit anderen Fragestellungen und Methoden an einen biographischen Stoff heran als ein Alltagshistoriker des 20. Jahrhunderts. Zunächst soll deshalb α. das Verhältnis des Lokalhistorikers Poeschel zu seinem Stoff erläutert, dann β. der dargestellte Kriegsalltag analysiert und γ. danach gefragt werden, wie Poeschel die paradigmatischen Potentiale seines Helden historiographisch genutzt hat.

α. "Möge dieses Lebensbild dazu beitragen, einen Mann im Gedächtnis der Nachwelt festzuhalten, der dies ob seiner Leistungen und seines Charakters mehr verdient denn mancher andere." Dieses Zitat aus dem Vorwort des Siegener Wirtschaftsprofessors Gerhard Merk zu seiner Johann Heinrich Jung-Biographie[140] (einem Siegerländer Bergbaupionier aus dem 18. Jahrhundert) könnte auch aus der Vorrede Poeschels stammen. Beide, Poeschel und Merk, sind studierte Heimatforscher, aber keine Fachhistoriker.[141] Beide schreiben über einen regionalgeschichtlich bedeutenden Mann, dessen

---

[136] Ebd.

[137] KUCZYNSKI: Gelehrtenbiographien, S. 41.

[138] Vgl. KOCKA: Sozialgeschichte, S. 169 und GINZBURG: Der Käse und die Würmer, S. 13.

[139] Vgl. wiederum GINZBURG: Der Käse und die Würmer, S. 15.

[140] Gerhard MERK: Oberbergmeister Johann Heinrich Jung (1711-1786). Ein Lebensbild, Kreuztal 1989, S. 7.

[141] Leider konnte der Verfasser nur Bruchstückhaftes über Johannes Poeschel ausfindig machen. Der Doktortitel weist ihn als studierten Mann aus. Seine Werke und seine Herangehensweise lassen vermuten, daß er ein philologisches Studium absolviert hat. Aus dem "Jahresbericht der Fürsten- und Landesschule zu Grimma über das Schuljahr 1888-1889" (hg. v. Karl SCHNELLE, Grimma 1889) geht hervor, daß Poeschel zu jener Zeit Oberlehrer auf dieser Schule gewiesen ist. Weitere Werke: Ueber M. Christians Lehmanns Kriegschronik und einige wiederaufgefundene andere Lehmannsche Manusskripte, Grimma 1889. (Insbesondere in dieser Schrift, die u.a. die Überlieferungsgeschichte der Kriegschronik, eine Beschreibung der Handschrift und einen Abriß über die Quellen der Kriegschronik enthält, zeigt sich Poeschels solides philologisches Wissen). Vgl. dazu die Rezension von Th. FLATHE (in: HZ 64[1890],

Andenken sie erneuern wollen. Eigentümlich für einen Heimatforscher des 19. Jahrhunderts ist allerdings, daß er seine Bemühungen unter dem Dach eines Heimat- oder Geschichtsvereins, im Falle Poeschels des "Erzgebirgsvereins" (S. III), anstellt.[142] Er reiht sein Werk ein in das Bestreben dieses Vereins, "Teilnahme für die Geschichte des Landes, für seine Sprache, seine Sagen, für den tieferen Sinn seiner Gebräuche und Sitten zu wecken." (S. IV)[143] Bemerkenswert ist nun, daß Poeschels Intention über Lokalpatriotismus deutlich hinaus geht. Der Lokalhistoriker versucht, ein paradigmatisches Interesse geltend zu machen: "Und endlich werden in dem Rahmen dieser Familiengeschichte die Kulturverhältnisse eines ganzen Jahrhunderts berührt." (S. VII) Und sich im Voraus für die diesbezüglichen Ausführungen entschuldigend fährt Poeschel fort: "Die letzten nehmen sogar bisweilen mehr Raum in Anspruch als der eigentlich biographische Teil, aber die vorliegende Studie will ja zugleich auch einen Beitrag zur Kulturgeschichte des 17. Jahrhunderts liefern." (ebd.)

Wie stellt sich dieser Beitrag zur Kulturgeschichte dar? Harm Klueting hat in seiner Analyse der Heimatgeschichtsschreibung Hermann Essers[144] darauf hingewiesen, daß dieser von Einzelheiten zu berichten weiß, "die in keiner Quelle belegt und nur seiner Phantasie und dem Wunsch nach Anschaulichkeit und Ausschmückung entsprungen sind."[145] Für die Biographie Poeschels trifft dies in keiner Weise zu. Nicht eine Einzelheit über das Alltagsleben im Dreißigjährigen Krieg verdankt sich seiner Einbildungskraft. Daß dies so ist, liegt ohne Zweifel daran, daß sein Held, der Pfarrer Lehmann,

---

S. 334f.); POESCHEL: Das Kollegium der Fürsten- und Landesschule Grimma von 1849 bis 1900. Zur Feier des 350jährigen Bestehens der Anstalt, Grimma 1901.

[142] Zur Bedeutung der Geschichtsvereine im 19. Jahrhundert vgl. Hermann HEIMPEL: Geschichtsvereine einst und jetzt, in: Hartmut BOOCKMANN u.a.: Geschichtswissenschaft und Vereinswesen im 19. Jahrhundert. Beiträge zur Geschichte historischer Forschung in Deutschland (= Veröffentlichungen des Max-Planck-Instituts für Geschichte, Bd. 1), Göttingen 1972, S. 45-73. Heimpel weist darauf hin, daß die Tätigkeiten der Geschichtsvereine im 19. Jahrhundert noch nicht durch Fachhistoriker, sondern durch "Laien" getragen wurden. Es handelte sich dabei um Kaufleute, Handwerker oder - in diese Kategorie gehört Poeschel - um studierte Juristen, Ärzte und Philologen (S. 54).

[143] Die historiographische Produktion der in der zweiten Hälfte des 19. Jahrhunderts aufblühenden Historischen Vereine und Heimatvereine enthält einen bedeutenden Anteil an biographischen Arbeiten. Christoph POPP hat in seiner Untersuchung über den Mannheimer Altertumsverein herausgefunden, daß die Biographie "über weite Strecken" die "vorherrschende historische Darstellungsform" gewesen und auch "zur Darstellung historischer Ereignisse und Strukturen" genutzt worden ist (Der Mannheimer Altertumsverein 1859-1949. Regionale Forschungen, Sozialstruktur und Geschichtsbild eines Historischen Vereins [= Mannheimer Historische Forschungen, Bd. 10], Mannheim 1996, S. 270 u. S. 489).

[144] KLUETING: Rückwärtigkeit des Örtlichen. Bei dem analysierten Werk handelt es sich um: Hermann ESSER: Hohemlimburg und Elsey. Ein Beitrag zur westfälischen Ortsgeschichte, Dortmund 1907.

[145] KLUETING: Rückwärtigkeit des Örtlichen, S. 77. Die Ausschmückung einer "Geschichte" durch erfundene Einzelheiten ist im 19. Jahrhundert insbesondere in dem florierenden Genre des historischen Romans zu beobachten und stellt ein wichtiges Abgrenzungskriterium gegenüber der wissenschaftlichen Geschichtsschreibung dar. Vgl. dazu EGGERT: Studien zur Wirkungsgeschichte des deutschen historischen Romans 1850-1875, S. 53-88.

selbst bereits ein ausgezeichneter Alltagshistoriker des Dreißigjährigen Krieges gewesen ist, der etwa in seiner "Kriegs-Chronick der Teutschen" noch weit mehr Alltagseinzelheiten überliefert hat, als Poeschel in seiner Biographie zu verarbeiten weiß. Poeschels Verhältnis zum historischen Stoff läßt sich vielmehr folgendermaßen charakterisieren: Er erfindet nicht Einzelheiten, sondern er geht über allzu drastische und unappetitliche Einzelheiten summarisch hinweg. Wenn der Sekundärhistoriker Poeschel schreibt, daß es "die Unholde [...] ärger trieben als die Feinde" (S. 33), so stehen bei dem Primärhistoriker Lehmann Einzelheiten wie diese: Die Soldaten "prügelten den Müttern die kinder in armen zue todt, fuhren den Müttern so ubel mit, daß ihnen die Frucht abginge. Maria, Hans Nestlers Wittbe, verbrande mit; Jacob Müller starb vor erschrecknuß."[146]

β. Im Aufbau (übrigens auch in der mäßigen Länge [ca. 30 Seiten] und in der klaren, ungeschnörkelten Sprache) ähnelt Poeschels "Gelehrtenfamilie" dem Urbild der paradigmatischen Biographie, Tacitus' "Agricola": Die Lebensgeschichte im engeren Sinn umrahmt einen kulturgeschichtlichen Mittelteil. Die Quellen zur Jugendgeschichte Christian Lehmanns sind äußerst spärlich, sie ermöglichen noch nicht einmal die vollständige Rekonstruktion der Vita des angehenden Pfarrers: Belegt sind die Geburt 1611 in Königswalde, der Besuch der Fürstenschule in Meißen (ab 1622) und weitere Schulbesuche in Halle, Guben und Stettin - aber "wann und wo er eigentlich seine akademischen Studien gemacht hat, [...] darüber ließ sich nichts ermitteln." (S. 20). Quellen, die über seine persönlichen Verhältnisse und seinen Charakter Auskunft geben können (zum Beispiel Briefe an seine Söhne), liegen erst für die 51jährige Amtszeit als Pfarrer in Scheibenberg vor.

Doch bevor Poeschel auf diese persönlichen Verhältnisse Lehmanns zu sprechen kommt, schiebt er die aus den Schriften seines Helden rekonstruierte Alltagsgeschichte des Bergstädtchens Scheibenberg im Dreißigjährigen Krieg ein, die gut ein Drittel des Gesamttextes ausmacht. Schon in der Vorrede hat er den alltagsgeschichtlichen Mittelteil aus Quellennot gerechtfertigt: Wo das persönliche Leben Lehmanns aus den Quellen nicht zu fassen sei, könne man als Ersatz das Leben der Scheibenberger zu Lehmanns Zeit schildern, in dem der örtliche Pfarrer ja mit eingeschlossen sei (vgl. S. VIII). Die Scheibenberger wiederum haben erlebt, was viele Deutsche im Dreißigjährigen Krieg erfahren haben - was schon der Primärhistoriker Lehmann betont, wenn er seinen Bericht "Kriegs-Chronick der Teutschen" betitelt. Poeschel berichtet unter anderem von folgenden Verhältnissen: Er schildert erstens allgemein das Verhalten der Scheibenberger, wenn sich feindliche Truppen der Stadt nähern. Zweitens erzählt er episodisch drei

---

[146] Christian LEHMANN: Das sächsische Erzgebirge im Kriegesleid [Orginaltitel: Kriegs-Chronick der Teutschen], hg. v. Dr. BÖNHOFF, Annaberg 1911, zitiert nach KUCZYNSKI: Geschichte des Alltags des deutschen Volkes, S. 144.

besonders bemerkenswerte Beispiele solcher Truppendurchzüge (wobei sehr deutlich wird, daß die Bevölkerung unter dem "Freund" genauso zu leiden hatte wie unter dem "Feind"). Schließlich weiß er auch etwas über die persönlichen Verhältnisse Lehmanns während dieser Geschehnisse zu berichten. Da dies nun - auch bei dem Sekundärhistoriker Poeschel - alles auf der Ebene des anschaulichen Erzählens bleibt, wäre es unbefriedigend, dieses kunstvoll Nacherzählte, nun nochmals nachzuerzählen und damit zum Tertiärhistoriker zu werden.[147] Deshalb sei nur eine Einzelheit angeführt, die für die Anschaulichkeit des ganzen Textes charakteristisch ist: "Zu solchen Zeiten größter Unsicherheit erfuhr die Familie des Pfarrers zweimal eine Vermehrung. 1640 wurde sein ältester Sohn Theodosius zu Annaberg, wohin seine Mutter geflohen war, in einem Braubottige geboren, und die Wochen der Gefahr mußte die arme Euphrosyne in einer hohlen Eiche im Walde überstehen." (S. 27)

γ. Die paradigmatische Qualität von Strauß' Biographie über den Pfarrer Christian M. aus dem 19. Jahrhundert beruhte wesentlich darauf, daß es dessen Lebensschicksal selber war, das zum Symbol der Geistes- und Sozialgeschichte seiner Zeit wurde. In Poeschels Biographie über den Pfarrer Christian L. aus dem 17. Jahrhundert ist das paradigmatische Verhältnis zunächst viel äußerlicher und zufälliger: Christian Lehmann hat den Dreißigjährigen Krieg miterlebt wie Millionen anderer Mitteleuropäer auch. Der große Krieg ist zunächst nur etwas, was sich zufällig in seiner Lebenszeit zugetragen hat. Doch die paradigmatische Bedeutung des sächsischen Landpfarrers geht darüber hinaus, "bloß" einen der vielen Betroffenen des Dreißigjährigen Krieges zu repräsentieren, er ist mehr als ein Durchschnittsindividuum, das als Mittelpunkt für eine Alltagsgeschichte dieses Krieges taugt. Denn Lehmann ist auch der Chronist dieses Krieges, ein äußerst belesener Gelehrter und dazu ein unermüdlicher Empirist, der immer wieder sein heimatliches Erzgebirge durchstreift, um "Merkwürdigkeiten" und "Wissenswertes" zu sammeln.[148] Die Summe seiner landeskundlichen Erfahrungen gibt Lehmann in

---

[147] Hier läßt sich wiederum eine allgemeine Bemerkung zu einem Darstellungsproblem einfügen: Insofern sich die Alltagsgeschichte den Rat der "lustigen Person" in Goethes Faust, "Greift nur hinein ins volle Menschenleben!", zur obersten Richtschnur macht, kann sie allerdings nichts Besseres tun, als ausgiebig die Quellen zu zitieren, die dieses "volle Menschenleben" bunter und authentischer geben als jede Nacherzählung. Insofern hat Jürgen Kuczynski eine sehr gute Entschuldigung, wenn man ihm vorwirft, daß seine fünfbändige "Geschichte des Alltags des deutschen Volkes" ein umgestürzter Zettelkasten sei (DUCHHARDT: Das Zeitalter des Absolutismus, S. 194). Lutz NIETHAMMER hat allerdings zurecht kritisch darauf hingewiesen, daß die Alltagsgeschichte nur dann einen höheren historischen Erkenntniswert hat, wenn sie über die "Faszination des Konkreten und Leichtfaßlichen" hinaus theoretisch fundiert aufarbeitet, in welchem geschichtlichen Kontext dieses "volle Menschenleben" eingebettet gewesen ist (Anmerkungen zur Alltagsgeschichte, S. 238).

[148] Über die Arbeitsweise Lehmanns schreibt POESCHEL: "Unverdrossen durchwanderte er das Gebirge, durchforschte er Berge und Wälder, Gruben und Hammerwerke nach Merkwürdigkeiten, suchte er in den Archiven von Städten und Dörfern nach Schriftdenkmälern; und wo er sonst etwas Wissenswertes erfahren zu können glaubte, da zog er Erkundigungen ein, bei reichen Hammerherren und Vornehmen

seinem Hauptwerk, dem von seinen Enkeln herausgegebenen "Schauplatz". In dieser Lebensleistung findet sich ein paradigmatisches Verhältnis höherer Ordnung, das Poeschel nicht im eigentlichen biographischen Teil seines Werkes thematisiert, sondern der im Anschluß gegebenen Besprechung der einzelnen Lehmannschen Schriften vorbehält. Dort wirft er folgende Frage auf:

"Eine der anziehendsten Studien, zu denen die Lehmannschen Schriften Veranlassung geben, und zugleich wertvoll für die Kulturgeschichte des Jahrhunderts ist die Erörterung der Frage, welche Stellung ein von den Fortschritten der Wissenschaft so unterrichteter Mann zu dem Aberglauben seiner Zeit und seiner Heimat einnahm." (S. 90f.)

Poeschel widmet sich damit einem Themenbereich, der in der Geschichtsforschung der letzten Jahre unter dem Titel "popular culture" "einen wahren 'Forschungsboom' nach sich gezogen" hat.[149] In dieser Hinsicht fällt die Lehmann-Biographie unter das gleiche Oberthema wie Carlo Ginzburgs berühmte Studie über das Weltbild eines Müllers aus dem Friaul: Es geht, in den Worten Ginzburgs, um das Verhältnis "zwischen der Kultur der Unterschichten und der herrschenden Kultur".[150] Ein Landpfarrer ist für die exemplarische Erörterung dieses Verhältnisses ein denkbar geeignetes Objekt. Er steht sozusagen von Berufs wegen im Schnittpunkt von Volkskultur und Gelehrtenkultur (Elitenkultur).[151] Der Pfarrer aus dem Erzgebirge und der Müller aus dem Friaul repräsentieren dabei zwei verschiedene Schnittpunktmöglichkeiten: Der Müller ist jemand "von unten" aus dem Volk, der sich auf eigenen Wegen die nach der Erfindung des Buchdrucks fast jedermann zugänglichen Kulturgüter verschafft, um sich aus diesen Elementen sein Weltbild zurechtzubasteln. Der Pfarrer ist ein "von oben" bestellter Weltbildvermittler, der sich vor die schwierige Aufgabe gestellt sieht, das ihm aufgetragene rechtgläubige Weltbild mit dem angeeigneten (natur-)wissenschaftlichen und mit der "abergläubischen", volkstümlichen Weltanschauung seiner "Herde" zu vermitteln. Ein von Poeschel herangezogenes Beispiel für diese intellektuelle Jonglierkunst ist Lehmanns Erklärung der Erdbeben: "Erdbeben hat seine natürliche Ursachen, und ist dennoch Gottes-Wunder-Hand darunter verborgen. Denn sie sind Zeichen Göttlicher

---

von Adel wie bei armen Kräutlern (Kräutersuchern) oder Exulanten." (Eine Erzgebirgische Gelehrtenfamilie, S. 83).

[149] DUCHHARDT: Das Zeitalter des Absolutismus, S. 196. Im 19. Jahrhundert sind solche Fragestellungen hauptsächlich von Germanistik und Volkskunde behandelt worden sind. Vgl. dazu Ingeborg WEBER-KELLERMANN/Andreas C. WIMMER: Einführung in die Volkskunde/Europäische Ethnologie. Eine Wissenschaftsgeschichte, Stuttgart ²1985.

[150] GINZBURG: Der Käse und die Würmer, S. 13.

[151] Diese Rolle der Landpfarrer wird auch von MAURER in seiner Studie zur Biographie als Quelle der Sozialgeschichte des Bürgertums betont: "Sozialstrategisch sind die Prediger als Bürger auf dem Lande an vorderster Front postiert: Sie stehen in ständiger Auseinandersetzung mit der bäuerlichen Kultur, mit der 'Volkskultur', mit dem 'Aberglauben'. Hierin liegt ihre gesellschaftliche Schlüsselstellung." (Die Biographie des Bürgers, S. 19).

Allmacht, gerechten Gerichtes und bevorstehender Strafen."[152] Es ist nicht schwierig, die einzelnen Ingredienzen der drei Weltbilder herauszudestillieren: "natürliche Ursachen" - da spricht der Gelehrte, der sich das naturwissenschaftliche Wissen seiner Zeit angeeignet hat. Erdbeben als böse Vorzeichen zu verstehen ist das Sediment der Volkskultur. Dieses dann aber als "Zeichen Göttlicher Allmacht" zu deklarieren ist schließlich die christliche Umdeutung. Poeschel kommentiert dies so:

"Magister Lehmann befindet sich in dieser Beziehung in einem steten Kampfe mit sich selbst: er weiß recht wohl, daß die Wissenschaft über viele der abergläubischen Ansichten, in denen er aufgewachsen ist, zum Teil längst den Stab gebrochen hat, und er möchte so gern sich mit den gelehrten Forschern über die Altweibermärlein hinwegsetzen [...], aber die Gewohnheit ist doch zu mächtig [...] und namentlich verleitet ihn das Festhalten an gewissen religiösen Vorstellungen zu immer weiteren Zugeständnissen." (S. 91)

Dieser letzte Punkt verdient besonders hervorgehoben zu werden: Lehmann ist als Pfarrer aus didaktischen Gründen auf diesen Aberglauben angewiesen. Diese Möglichkeit, Naturerscheinungen als Fingerzeige, Strafen Gottes zu deuten, will er verständlicherweise nicht aus der Hand geben. Er hat ein praktisches Interesse am Aberglauben, dem sein wissenschaftliches Gewissen deshalb oft nachgibt.

Aus diesen Überlegungen würde ein heutiger Mentalitätshistoriker sicherlich mehr herausholen, er würde beispielsweise genauer untersuchen, wie das spezifisch barockzeitliche Element - das naturwissenschaftliche Gedankengut - die traditionelle Schnittpunktposition des Landpfarrers im Falle Lehmanns beeinflußt hat. Aber immerhin sind diese heute höchst aktuellen Themen durchaus im Fragehorizont eines Lokalhistorikers des späten 19. Jahrhunderts zu finden. Poeschels historiographische Leistung geht weit über das antiquarisch-heimatgeschichtliche Interesse an einer Lokalgröße hinaus. Er nutzt paradigmatische Potentiale eines Individuums, für das die "große" universitäre Biographik seiner Zeit kein Interesse hatte.

---

[152] LEHMANN: "Schauplatz", S. 393, zitiert nach: KUCZYNSKI: Gelehrtenbiographien, S. 46.

III. Wissenschaftlicher Historismus

1. Fortsetzung und Höhepunkt der Etablierung der historischen Biographie

Der letzte große Abschnitt, der zur Untersuchung ansteht, ist eigentlich ein Anfang: Das goldene Zeitalter der historischen Biographie innerhalb der universitären Geschichtswissenschaft beginnt in Deutschland erst während des Kaiserreiches.[1] Hinsichtlich der hier ins Auge gefaßten *Etablierungsgeschichte* der modernen historischen Biographie hat dieser Zeitraum zugleich die Bedeutung der letzten, ihre nachfolgende Bedeutung als zentrale historiographische Darstellungsform *konstituierenden* Phase. Das Interesse richtet sich deshalb vor allem darauf zu untersuchen, unter welchen *Bedingungen* ihre Etablierung erfolgt und wie dieser Etablierungsprozeß die Gattungs*form* prägt und auf die Idee-Geschichte zurückwirkt.

Zwei Kontroversen, die die Geschichtsschreibung des Kaiserreichs stark beeinflußt haben, sind auch für den Konstituierungsprozeß der historischen Biographie von zentraler Bedeutung: 1. die Kritik an der politischen Geschichtsschreibung der borussischen Schule seit den 1880er Jahren, 2. die im sogenannten "Lamprecht-Streit" oder "Methodenstreit" der 1890er Jahre zutage tretende Krise des Historismus, wie er sich in den ersten beiden Jahrhundertdritteln ausprägt hatte. Untrennbar mit diesen beiden Kontroversen verbunden ist das Auftreten einer neuen Historikergeneration, deren Hauptrichtung man mit dem Begriff "Rankerenaissance" oder "Neorankeaner" bezeichnet.[2] Diese Generation umfaßt die Geburtsjahrgänge zwischen der 1848er Revolution und der Reichsgründung. Der älteste ist der noch im Vormärz geborene Max Lehmann (1845-1929), der jüngste ist Hermann Oncken (1869-1945); die meisten Neorankeaner (Max Lenz, Reinhold Koser, Otto Hintze, Erich Marcks, Friedrich Meinecke) wurden in den 1850er und frühen 1860er Jahren geboren. Neben den etablierten Historikern der borussischen Schule, von denen vor allem Treitschke mit seiner "Deutschen Geschichte im 19. Jahrhundert" Aufsehen erregt, tritt also diese Generation aufstrebender Historiker in den Vordergrund. Diese Gruppe gelangt in den späten 1880er und während der 1890er Jahre, begünstigt durch den Ausbau der Universitäten im allgemeinen und der

---

[1] Hans-Ulrich WEHLER setzt die "große Zeit" der historischen Biographie zwischen 1830 und 1930, bzw. bis 1945 an. Zumindest den Anfangszeitpunkt kann man bestreiten: Zwar ist DROYSENS "Alexander" (den Wehler hier im Blick hat) zweifellos die erste große historische Biographie eines dem Historismus zuzurechnenden deutschen Historikers, aber sie begründet zunächst keine Tradition, sondern ist als isoliertes Werk zu betrachten. Von einer zusammenhängenden Tradition kann man erst seit dem Aufkommen der politischen Biographik um die Jahrhundertmitte sprechen. Hat man gar die im Historismus entwickelte Vollform der historischen Biographie (die integrative Biographie) im Auge, so beginnt ihre große Zeit erst im Kaiserreich, und hier, wenn man es genau nimmt, erst mit den 1890er Jahren. Vgl. WEHLER: Zum Verhältnis von Geschichtswissenschaft und Psychoanalyse, S. 8.

[2] Vgl. dazu KRILL: Die Rankerenaissance; SCHLEIER: Die Ranke-Renaissance; FEHRENBACH: Rankerenaissance und Imperialismus in der wilhelminischen Zeit; JAEGER/RÜSEN: Geschichte des Historismus, S. 92-95.

Geschichtswissenschaft im besonderen, zu Ordinariaten.³ Diese Generation ist auch der Träger der großen wissenschaftlichen historischen Biographik des Kaiserreichs (und - mit ihren Schülern - ihrer "großen Zeit" bis 1945 überhaupt). Die historische Biographik des Kaiserreichs ist folglich im wesentlichen das Werk von relativ jungen Historikern. Die meisten veröffentlichen ihr erstes biographisches Werk in einem Alter von 30 bis 40 Jahren. (Der jüngste ist Erich Marcks, der seine Coligny-Biographie mit 31 Jahren publiziert. Der Durchschnitt liegt bei etwa 35 Jahren).⁴ Wenn man die Zeitpunkte der jeweils ersten Biographieveröffentlichungen in Beziehung zu den einzelnen Historikerviten setzt, so stellt sich heraus, daß die meisten Veröffentlichungen zwischen Habilitation und erster ordentlicher Professur liegen.⁵ Vielfach sind die Biographien das erste Werk dieser Historiker, mit dem sie breiteres Aufsehen erregen. Bei einigen hat sie die Bedeutung des Karrieredurchbruchs.⁶ In diesem Faktum liegt etwas für das Erkenntnisinteresse dieser Untersuchung sehr Wesentliches: *Erstmals in der Geschichte der deutschen Geschichtswissenschaft fußt das wissenschaftliche Renommee wichtiger Vertreter einer ganzen (Neuzeit-)Historikergeneration in bedeutendem Maße auf dem*

---

³ Zum Ausbau des Hochschulsystems während des Kaiserreichs vgl. WEHLER: Deutsche Gesellschaftsgeschichte, Bd. 3, S. 1209-1224, bes. S. 1220-1224; zum Ausbau der universitären Geschichtswissenschaft vgl. WEBER: Priester der Klio, S. 55.

⁴ Diese Zahl ergibt sich, wenn man folgende Historiker mit ihren jeweils ersten Biographien zugrunde legt: Max LEHMANN, geb. 1845, ordentliche Professur (o. P.) 1888: "Scharnhorst" (Bd. 1), publiziert (publ.) 1886/87 - 41 Jahre; Hans DELBRÜCK, geb. 1848, habilitiert (hab.) 1881, o. P. 1895: "Gneisenau", publ. 1882 - 34 Jahre; Max LENZ, geb. 1850, hab. 1871, o. P. 1885: "Luther", publ. 1883 - 33 Jahre; Reinhold KOSER, geb. 1852, o. P. 1891: "Friedrich der Große" (Bd. 1), publ. 1889 - 37 Jahre; Erich MARCKS, geb. 1862, hab. 1887, o. P. 1892: "Coligny", publ. 1892 - 31 Jahre; Friedrich MEINECKE, geb. 1862, hab. 1896, o. P. 1901: "Boyen" (Bd. 1), publ. 1896 - 34 Jahre; Felix RACHFAHL, geb. 1867, hab. 1893, o. P. 1903: "Margaretha von Parma", publ. 1898 - 31 Jahre; Hermann ONCKEN, geb. 1869, hab. 1895, o. P. 1906: "Lassalle", publ. 1904 - 35 Jahre; Gustav MAYER, geb. 1871, außerordentliche Professur 1921: "Schweitzer", publ. 1909 - 38 Jahre. Lediglich drei große Neuzeithistoriker dieser Generation veröffentlichen ihre erste Biographie als Spätwerk: Dietrich SCHÄFER (1845-1929): "Bismarck", publ. 1917 - 72 Jahre; Franz MEHRING (1846-1919): "Marx", publ. 1919 - 63 Jahre; Karl BRANDI (1864-1946): "Karl V." (1. Bd.), publ. 1937 - 73 Jahre.

⁵ Vgl. die entsprechenden Daten in der vorherigen Anmerkung. Zum Vergleich läßt sich noch folgende Zahl heranziehen: Horst Walter BLANKE hat errechnet, daß den im Jahr 1880 auf eine Historikerstelle berufene Fachhistoriker etwa 36 Jahre alt gewesen sei (Historiker als Beruf. Die Herausbildung des Karrieremusters "Geschichtswissenschaftler" an den deutschen Universitäten von der Aufklärung bis zum klassischen Historismus, in: Karl-Ernst JEISMANN [Hg.]: Bildung, Staat, Gesellschaft im 19. Jahrhundert. Mobilisierung und Disziplinierung, Stuttgart 1989, S. 243-260, hier: S. 259.). Vgl. auch die Hinweise bei: Wolfgang WEBER: Sozialgeschichtliche Aspekte des historiographischen Wandels 1880-1945, in: KÜTTLER/RÜSEN/SCHULIN, Bd. 4, S. 90-107 und die tabellarischen Übersichten in ders.: Priester der Klio, S. 143 u. S. 154.

⁶ So bei LEHMANNS Scharnhorst-Biographie, bei LENZ' Luther-Biographie, bei MARCKS' Coligny-Biographie, bei ONCKENS Lassalle-Biographie. In den 1970er und 1980er Jahren herrscht dagegen in der westdeutschen Geschichtswissenschaft ein Klima, in welchem sich das Schreiben von Biographien eher als karrierehinderlich erweist. Christian MEIER berichtet, daß er immer wieder gefragt worden sei, ob er seine Caesar-Biographie auch schon geschrieben hätte, bevor er seine Professur angetreten hätte (Geschichte schreiben - Aus der Werkstatt des Historikers, S. 14).

Veröffentlichen von historischen Biographien. Es ist in der Historiographieforschung teilweise üblich, diesen Umstand, daß Geschichte in Form von Biographien geschrieben wird, den Neorankeanern unter dem Stichwort "individualistische Geschichtsauffassung" zum Vorwurf zu machen.[7] Hier aber ist hervorzuheben, daß gerade dieser Umstand dafür verantwortlich ist, daß der Biographie erstmals in größerem Umfang Darstellungsleistungen "großer Geschichtsschreibung" abverlangt werden. Die historische Biographie in ihrer syntagmatischen Form entfaltet erst jetzt die historischen Darstellungspotentiale, deren geistesgeschichtliche Voraussetzungen in den vorherigen Kapiteln verfolgt worden sind.

Die Frage nach den Gründen für die gestiegenen Darstellungsansprüche verweist auf die beiden oben erwähnten Kontroversen. Das Selbstverständnis der Neorankeaner als Historiker wie Status und Form der historischen Biographie werden durch sie geprägt. Bei näherem Hinsehen ergibt sich zunächst eine klare Zweiteilung[8]: Die älteren dieser Gruppe (Max Lehmann [1845-1929], Hans Delbrück [1848-1929], Max Lenz [1850-1932] und Reinhold Koser [1852-1914]) bilden ihr Selbstverständnis als Historiker in den späten 1880er Jahren an der Kritik der borussischen Geschichtsschreiber, die vielfach ihre Lehrer gewesen sind, aus.[9] Die jüngeren dagegen (Erich Marcks [1862-1938], Friedrich Meinecke [1862-1954], Felix Rachfahl [1867-1925], Hermann Oncken [1869-1945]) werden hauptsächlich durch den Methodenstreit der 1890er Jahre geprägt.[10] Analog kann man die Biographik des Kaiserreichs in zwei Gruppen teilen: Der

---

[7] Besonders ausgeprägt ist dieses Vorwurf bei SCHLEIER: Die Ranke-Renaissance, S. 101; noch deutlicher unter dem Titel "Voluntarismus" in ders.: Zur Auswirkung der Reichsgründung auf historischpolitische und methodologische Konzeptionen der bürgerlichen deutschen Geschichtsschreibung bis 1914, S. 527-536.

[8] Zwischen einer jüngeren und älteren Gruppe der "Jungrankianer" unterscheidet schon Lamprecht. Sein Unterscheidungskriterium ist die Bekanntschaft mit "wirtschafts- und sozialgeschichtlichen Studien", die die älteren kaum, die jüngeren aber durchaus besäßen. Hinsichtlich der Zuordnung der Geburtsjahrgänge entspricht die Lamprechtsche Zweiteilung genau der hier vorgenommenen. Vgl. LAMPRECHT: Alte und neue Richtungen in der Geschichtswissenschaft, S. 224f.). - In seiner Analyse des "Methodenstreits" hat Lutz RAPHAEL "das Vortreten dieser Wortführer der jüngeren und jüngsten Historikergeneration" als das "wissenschaftliche weitreichendste Ergebnis des Streites" bezeichnet (Historikerkontroversen, S. 333).

[9] Friedrich MEINECKE, ein Vertreter der jüngeren Neorankeaner, schreibt in seiner Autobiographie über das Verhältnis der beiden Gruppen zueinander: "Damals [gemeint sind die frühen 1890er Jahre, O.H.] war eine Grundrichtung von ihm [Hans Delbrück, O.H.], die er mit seinen Freunden Max Lenz und Max Lehmann teilte, der borussischen Legende und überhaupt aller von politischen Tendenzen bestimmter Geschichtsschreibung [sic!] entgegenzutreten und die kritische Unbefangenheit Rankes zurückzuerobern. [...] Darin [im freien und kritischen Betrachten der preußischen Vergangenheit, O.H.] waren wir Jüngsten mit den Delbrück, Lenz und Lehmann grundsätzlich völlig einverstanden. Aber sie schienen uns in Paradoxie und Leidenschaft vielfach über das Ziel hinauszuschießen." (Erlebtes. 1862-1901, Leipzig 1941, S. 185f.).

[10] Zur Prägung Meineckes durch den Methodenstreit vgl. die Hinweise bei Dietmar ROTHERMUND: Geschichte als Prozeß und Aussage. Eine Einführung in Theorien des historischen Wandels und der Geschichtsschreibung, München 1994, S. 97.

erste Themenbereich, die Geschichte der Protagonisten der preußischen Reformzeit und der Freiheitskriege, wird von den älteren Neorankeanern getragen. Wichtige Veröffentlichungen fallen in die 1880er Jahre (Delbrücks "Gneisenau" [1882], Lehmanns "Scharnhorst" [1886/87]). Gestalt und Gehalt dieser Biographik ist wesentlich durch die Auseinandersetzung mit der borussischen Geschichtsschreibung geprägt. Die anderen drei Themenbereiche (Reformationszeit, Reichsgründung, politische Bewegungen des 19. Jahrhunderts) werden in erster Linie von den jüngeren Neorankeanern biographisch bearbeitet. Die wichtigsten Veröffentlichungen erscheinen hier während oder nach dem "Methodenstreit". Ihre nachhaltige Ausprägung und prominente Stellung unter den historiographischen Darstellungsformen erhält die historische Biographie erst in dieser Zeit und unter dem Eindruck dieser Kontroverse; im engeren Sinne beginnt deshalb ihre "große Zeit" erst mit den 1890er Jahren. Nicht nur aufgrund des quantitativen Übergewichts, sondern auch idee-geschichtlich ist diese zweite Phase von größerem Interesse: *Die etablierte historische Biographie ist als Kind der im Methodenstreit zu Tage tretenden Krise des Historismus zu begreifen.*

2. Die historische Biographie als Medium der Auseinandersetzung mit der borussischen Geschichtsinterpretation

Für eine nationalgeschichtlich ausgerichtete Geschichtswissenschaft stellt die Gründung des erhofften Nationalstaats eine denkbar tiefe Zäsur dar. Für die borussische Historikerschule um Droysen, Sybel und Treitschke bedeutete die Reichsgründung das Erreichen des angestrebten Ziels und die realgeschichtliche Bestätigung ihrer Geschichtskonstruktion - ihre politische Geschichtsschreibung hatte ihren Zweck erfüllt. Die nachfolgende Historikergeneration konnte sich nun neue Ziele stecken: "Das Reich mußte gegründet sein," schreibt rückblickend Max Lenz, "ehe der Sinn für die Wirklichkeit, das rechte Augenmaß für die Realität auch der Vergangenheit gegenüber neu erwachen konnte. [...] Solange die Nation im Kampfe für ihre höchsten Güter stand, mußte die objektive Historie zurücktreten;"[11] Voraussetzung dieser Rückkehr zur "objektiven Historie", als deren Meister man Ranke bewunderte, ist die Kritik an der borussischen Geschichtsinterpretation. Wie dringend das Bedürfnis nach einer Revision des kleindeutschen Geschichtsbildes von der jungen Historikergeneration empfunden wurde,[12] zeigt

---

[11] Max LENZ: Die großen Mächte. Ein Rückblick auf unser Jahrhundert, Berlin 1900, S. 26.

[12] Diese Revision wird heute manchmal übersehen, wenn die Kaiserreichshistorie einfach als Fortsetzung der borussischen Schule betrachtet wird. Wohl gab es den Grundkonsens, daß der Fixpunkt des geschichtswissenschaftlichen Interesses der Nationalstaat ist und daß man die deutsch-preußische Geschichte bis 1871 als einen sinnvollen, teleologisch gerichteten Prozeß begreifen kann. Aber der seit 1871 existierende Nationalstaat bildete ein sicheres Fundament, von dem ausgehend man diesen Prozeß differenzierter und teilweise kritischer sehen konnte.

eine Äußerung Hans Delbrücks anläßlich der Veröffentlichung von Max Lehmanns Stein-Biographie:

"Joh. Gustav Droysen, Max Duncker, Heinrich v. Sybel, Theodor v. Bernhardi, schließlich Heinr. v. Treitschke stellten sozusagen die Weltgeschichte auf die Mission Preußens ein: eine großartige Erscheinung in ihrer Subjektivität, aber für die Wissenschaft um so gefährlicher, als der politische Traum schließlich, nicht zum wenigsten unter dem Wehen des von diesen Männern entzündeten Geistes in Erfüllung ging und die Wahrheit dieser Auffassung zu besiegeln schien. [...] Die Gefahr lag nahe, daß manche wichtige Epochen unserer Geschichte für immer im Nebel verhüllt blieben."[13]

Es sind vor allem zwei große Synthesen der borussischen Schule, die seit den 1880er Jahren zunehmend in die Kritik geraten: Die "Geschichte der preußischen Politik" (1855-1886), in der Droysen nachzuweisen versucht, daß die preußische Monarchie seit dem Spätmittelalter eine "deutsche Politik" betrieben habe, und Treitschkes auch beim breiteren Publikum rezipierte "Deutsche Geschichte im 19. Jahrhundert" (1879-1894), in welcher der streitbare Historiker die Ansicht vertritt, daß die preußische Regierung im Einklang mit den patriotischen und kulturellen Bestrebungen die Einigung Deutschlands betrieben habe. Neben kleineren Streitschriften[14] sind es vor allem die großen historischen Biographien über die Protagonisten der preußischen Reformzeit und der Freiheitskriege, die diesen "orthodox-borussischen Meinungen"[15] entgegentreten und ein neues, objektiveres Geschichtsbild zu etablieren suchen.[16] In diese Reihe gehören folgende Werke: Hans Delbrücks "Gneisenau", Max Lehmanns "Scharnhorst" und "Stein" und Friedrich Meineckes "Boyen"; hinzunehmen kann man die Biographie über Friedrich den Großen von Reinhold Koser, weil sie eine ähnlich kritische Funktion besitzt.[17] - Statt die Biographien einzeln zu analysieren sollen sie hier gemeinsam unter

---

[13] DELBRÜCK: Max Lehmanns Stein, S. 452f.

[14] Zu nennen sind unter anderem: Hermann BAUMGARTEN: Treitschke's Deutsche Geschichte, Straßburg 1883. Die Kernsätze seiner Kritik sind: "Das ganze Buch ruht in dieser Hinsicht auf einer politischen Anschauung und Gesinnung, welche vor zwanzig Jahren einen gewissen Sinn haben mochte, gegenüber dem heutigen deutschen Reiche aber nicht die mindeste Berechtigung hat." (S. 40); Max LEHMANN: Friedrich der Große und der Ursprung des siebenjährigen Krieges, Leipzig 1894. Veranlaßt durch das Studium des bis dahin geheimgehaltenen Politischen Testaments von 1754 versucht Lehmann die These vom präventiven Defensivkrieg zu widerlegen, indem er die Eroberungsabsichten Friedrichs auf Sachsen herausstellt.

[15] DELBRÜCK: Max Lehmanns Stein, S. 452.

[16] Das bedeutendste Werk der Kaiserreichshistorie im Sinne der "Demystifikation" (Simon) der preußischen Geschichte liefert dann rund zwanzig Jahre später Otto HINTZE (Die Hohenzollern und ihr Werk, Leipzig 1915). Vgl. SIMON: Staat und Geschichtswissenschaft in Deutschland und Frankreich 1871-1914, Bd. 1, S. 9.

[17] Bibliographische Angaben und Literatur: *Biographien:* Hans DELBRÜCK: Das Leben des Feldmarschalls Grafen Neithardt von Gneisenau, 2 Bde., Berlin 1882; Max LEHMANN: Scharnhorst, 2 Bde., Leipzig 1886/87; ders.: Freiherr v. Stein, 3 Bde., Leipzig 1902/03/05; Friedrich MEINECKE: Das Leben des Generalfeldmarschalls Hermann von Boyen, 2 Bde., Stuttgart 1896/99; Reinhold KOSER: Friedrich

folgenden Fragestellungen behandelt werden: α. Welche Intentionen und Motive treten in diesen Biographien hervor? In welchem Verhältnis stehen sie damit zur politischen Biographik der Jahrhundertmitte, insbesondere zu Droysens "York"? - β. Welchen Charakter haben sie als historische Biographien? - Dabei soll jeweils darüber reflektiert werden, weshalb man sich der historischen Biographie als Darstellungsform bedient und welche Stellung diese Werke im Etablierungsprozeß der historischen Biographie haben.

α. Drei Motivgruppen lassen sich unterscheiden: erstens das Interesse an den großen Charakteren (personale Intention), zweitens das Interesse an der Erforschung und Darstellung der preußischen Reformzeit (historische Intention) und schließlich drittens das politische Gegenwartsinteresse. - Delbrück, Lehmann und Meinecke teilen durchaus Droysens Begeisterung für die großen Charaktere der preußischen Reformzeit und der Freiheitskriege. In dem Heinrich v. Treitschke gewidmeten Vorwort zum "Scharnhorst" gibt Lehmann als Hauptziel seiner Biographie an, "tiefer in das Verständnis eines unserer größten Männer einzudringen und an seinen Thaten das Herz zu erheben." (Bd. 1, S. VI). Es geht - ganz im emphatischen Sinne der borussischen Schule - um die *Männer*, die damals Geschichte gemacht haben. Der große Unterschied ist nur, daß man sich jetzt wirklich jenen "Idealpreußen" (die bis auf Boyen keine gebürtigen Preußen waren) Stein, Gneisenau, Boyen und Scharnhorst zuwendet, die politisch in einem großen Gegensatz zu dem altkonservativen General Yorck stehen. Sie verkörpern nicht nur formal preußische Tugenden, sie sind nicht nur "Helden des kategorischen Imperativs", sondern sie stehen mit ihrer Reformarbeit für ein politisches Idealpreußen.

Es ist deshalb naheliegend, daß sich das Interesse dieser Biographien über das reine Charakterbild hinaus auf die politische Tätigkeit dieser Individuen erstreckt. Ihre historische Bedeutung erschöpft sich nicht darin, daß sie als Charaktere den "preußi-

---

der Große als Kronprinz, Stuttgart 1886; ders.: Geschichte Friedrichs des Großen, 2 Bde., Stuttgart 1893/1903; beide Werke wurden ab der vierten Auflage zusammen veröffentlicht unter dem Titel: König Friedrich der Große, 4 Bde., Stuttgart/Berlin 1912-14, ND Darmstadt 1974. - *Rezensionen* (man beachte, wie die Autoren ihre Werke gegenseitig rezensieren): N.N.: [Rez.: Delbrück: Gneisenau], in: PrJb 50(1882), S. 640f.; Friedrich MEINECKE: Max Lehmann: Scharnhorst, in: Tägliche Rundschau, Unterhaltungsbeilage, Jg. 1886, Nr. 258/59/60 u. Jg. 1887, Nr. 303/04, wiederabgedruckt in: ders.: Zur Geschichte der Geschichtsschreibung, S. 279-302; DELBRÜCK: [Rez.: Lenz: Geschichte Bismarcks; Lehmann: Freiherr v. Stein]; ders.: Max Lehmanns Stein; L. MOLLWO: [Rez.: Meinecke: Das Leben des Generalfeldmarschalls Hermann v. Boyen, 1. Bd.], in: PrJb 86(1896), S. 184-192; DELBRÜCK: [Rez.: Meinecke: Boyen, 2. Bd. u.a. Werke], in: PrJb 101(1900), S. 358-362. - *Interpretationen und wichtige Literatur:* THIMME: Hans Delbrück als Kritiker der wilhelminischen Epoche; dies.: Hans Delbrück, in: NDB 3(1957), S. 577f.; Waltraud REICHEL: Studien zur Wandlung von Max Lehmanns preußisch-deutschem Geschichtsbild, Göttingen/Berlin/Frankfurt a. M. 1963; VOGLER: Max Lehmann; JANDER: Untersuchungen, S. 166-168 ("Scharnhorst"); Bernhard vom BROCKE: Reinhold Koser, in: NDB 12(1980), S. 613f; JANDER: Untersuchungen, S. 168-171; ERBE (Hg.): Friedrich Meinecke heute; Ernst SCHULIN: Friedrich Meinecke, in: HAMMERSTEIN (Hg.): Deutsche Geschichtswissenschaft um 1900, S. 313-322; Heinz DOLLINGER: Friedrich Meinecke, in: NDB 16(1990), S. 657-660; JANDER: Untersuchungen, S. 174-181.

schen Geist" verkörpern, sondern sie liegt auch in dem, was sie politisch gewollt und bewirkt haben - sie sind ebenso "ethische" Individuen wie "historische". Insbesondere in den Lehmannschen Biographien überwiegt - trotz der im Vorwort betonten personalen Intention - das historische Moment. Sein "Scharnhorst" ist nicht nur eine Biographie, sondern auch eine allgemeine Darstellung der Heeresreform; im "Stein" tritt das allgemeingeschichtliche Moment noch stärker hervor.

Aufschlußreich für das politische Gegenwartsinteresse ist eine Doppelrezension von Hans Delbrück über den ersten Band der Stein-Biographie von Lehmann und die Bismarck-Biographie von Max Lenz, die beiden im gleichen Jahr (1902) erschienen sind: "Auf die Gefahr hin, von Vielen nicht verstanden zu werden, Lenz' Geschichte Bismarcks beweist es, daß das deutsche Volk heute eine neue Stein-Biographie nöthig hat und eine Biographie, gerade aus der Feder, mit dem Temperament und der Geistesrichtung Max Lehmanns."[18] Was mit diesem Rätselwort gemeint ist, geht aus dem Kontext hervor: Die beiden rezensierten Biographien erzählen die Geschichte "der beiden großen Epochen unseres Werdens, der Freiheitskriege und der Einigungskriege."[19] Vergleiche man beide, so zeige sich, daß sie nur oberflächlich in dem "nationalen Gedanken" übereinstimmten, in Wirklichkeit aber, in Gestalt der beteiligten Persönlichkeiten und deren politischen Idealen, grundverschieden seien. Wie die Persönlichkeit und die Ziele Steins im Gegensatz zu Bismarck stünden, könne die Biographie Steins ein (politisches) Gegengewicht gegen die Biographie Bismarcks darstellen. Delbrück rät den Lesern der "Preußischen Jahrbücher" daher zuerst Lenz' "Bismarck" und danach ("dies ist die Reihenfolge, die ich anrathe"), also als *Korrektiv*, die Stein-Biographie von Lehmann zu lesen. - Die Biographien der Protagonisten der preußischen Reformzeit und der Freiheitskriege transportieren deshalb nicht nur eine Kritik an der borussischen Geschichtsinterpretation, sondern auch eine mehr oder weniger deutliche (deutlich bei Lehmann, verhaltener bei Meinecke)[20] liberale Kritik am Bismarckreich.[21]

---

[18] DELBRÜCK: [Rez.: Lenz: Geschichte Bismarcks; Lehmann: Freiherr v. Stein], S. 338.

[19] DELBRÜCK: [Rez.: Lenz: Geschichte Bismarcks; Lehmann: Freiherr v. Stein], S. 337.

[20] Diese kritische Haltung läßt LEHMANN schon im Vorwort durchscheinen, wenn er schreibt: "Die politische Einigung Deutschlands, die heute einen großen Theil des historischen Interesses absorbirt, ist von anderen [als von Stein, O. H.] und auf anderem Wege bewirkt worden; die Nothwendigkeit einer Reform Preußens, wie sie Stein unternahm, wird [...] bezweifelt;" (Stein, Bd. 1, S. VII). Zu Meinecke meint Elisabeth FEHRENBACH: "Meineckes Biographie über Boyen [...] diente zumindest der Intention nach gerade nicht der verschleiernden Sublimierung und Veredelung des preußischen Militarismus, sondern dem Appell an die sittlichen Kräfte des besseren Preußen." (Rankerenaissance und Imperialismus, S. 60).

[21] Die Neorankeaner polarisieren sich nicht erst in der Weimarer Republik in gemäßigt liberale "Vernunftrepublikaner" und konservative Republikgegner (vgl. JÄGER/RÜSEN: Geschichte des Historismus, S. 94). Der Gegensatz zwischen einer liberalen und konservativen Gruppe besteht schon im Kaiserreich und läßt sich deutlich an der Wahl der biographischen Gegenstände ablesen: Die eher liberalen LEHMANN, DELBRÜCK, MEINECKE bevorzugen die im damaligen Sinne liberalen Stein, Gneisenau,

Wie verhalten sich diese Werke zur politischen Biographik der Jahrhundertmitte? Auffällig ist zunächst einmal die Kontinuität auf verschiedenen Ebenen. Das Interesse konzentriert sich auf die gleiche Geschichtsperiode; es sind die unmittelbaren Schüler der kleindeutschen Historiker, die das Werk meist auf Anregung ihrer "Lehrer" verfassen;[22] schließlich orientiert man sich ausdrücklich an der politischen Biographik der Jahrhundertmitte: So gilt Droysens "York" in gleichem Maße als Muster[23] wie die Biographien von Pertz und Klippel als abschreckende Beispiele dienen.[24] Also doch nur die Fortsetzung der "politischen Biographik im Dienste Preußens" (Scheuer)[25]? Stellt man die Gegenrechnung auf, so ist als erstes und Wichtigstes hervorzuheben, daß die Werke aus dem Kaiserreich eine völlig andere Art historischer Biographik repräsentieren als das Droysensche Buch. Sie schreiben keine Charakterbilder wie Droysen, sondern historische Biographien mit starker Betonung der Zeitgeschichte. Die zweite wichtige Differenz liegt in der völlig anderen geschichtlichen Situation begründet. Was Droysen letztlich durch seinen "York" bewirken wollte, die nationale Einheit durch Preußen, ist nun Wirklichkeit: Nachdem Preußen seine deutsche Mission erfüllt hat, kann man nicht nur die geschichtswissenschaftlich fragwürdigen Elemente der Konstruktion dieser Mission, sondern auch die vom nationalliberalen Standpunkt kritikwürdigen Züge dieses Preußens selber kritisieren. Im "Stein" bekämpft Lehmann insbesondere die von Treitschke in seiner "Deutschen Geschichte" kolportierte Legende vom heldenmütigen Preußenkönig Friedrich-Wilhelm III., der die Erhebung Preußens, Deutschlands und Europas gegen den "Tyrannen" Napoleon angeführt habe ("der König rief und alle kamen").[26] Stein wird von Lehmann dagegen als große national gesinnte,

---

Boyen und Scharnhorst, die konservativen LENZ und MARCKS bevorzugen dagegen Bismarck. Zu Delbrück vgl. THIMME: Hans Delbrück als Kritiker der wilhelminischen Epoche.

[22] Treitschke regte Lehmann zu seinem "Scharnhorst" an, Sybel gab den Anstoß zu Meineckes "Boyen".

[23] So schreibt ein Rezensent über Delbrücks Gneisenau-Biographie, daß sich der Autor vorgenommen habe, "eine Biographie in der Weise zu geben, wie wir sie vor einigen Jahrzehnten bei Droysen von dem Feldmarschall Grafen York von Wartenburg empfangen haben." (in: PrJb 50[1882], S. 641).

[24] "Ich fand es schon traurig genug, daß Stein und Gneisenau verpertzt worden sind; daß aber Scharnhorst gar noch eine Verklippelung erfahren mußte, ging mir über den Spaß." (H. v. Treitschke an Lehmann, zitiert nach: Max LEHMANN: Autobiographie, in: Sigfried STEINBERG: Die Geschichtswissenschaft der Gegenwart in Selbstdarstellungen, Leipzig 1925, S. 207-226, hier: S. 217). LEHMANN schreibt im Vorwort zum "Stein": "Daß der Freiherr v. Stein bis jetzt keine seiner würdige Biographie erhalten hat, wird heute wohl von jedermann zugestanden. Das Buch von Pertz, das seiner Zeit mit so großem Beifall aufgenommen wurde, ist in Wahrheit nichts als eine Sammlung von Dokumenten;" (Stein, Bd. 1, S. V).

[25] SCHEUER: Biographie, S. 62.

[26] Am deutlichsten wird LEHMANNS Abwertung Friedrich-Wilhelms III. in folgender, ihn mit Stein vergleichender Charakterisierung: "Der eine heroisch veranlagt [...], der geborene Herrscher; der andere verständig, aber unfähig verwickelte Lagen zu übersehen [...]. Der eine bedacht auf die Rettung der deutschen Nation und der abendländischen Völkergemeinschaft, von den höchsten Ideen der Menschheit geleitet [...]; der andere [...] vorlieb nehmend mit dem engen Kreise der Alltäglichkeit [...]. Der eine

liberale Gegenfigur aufgebaut, die - das beste der "Ideen von 1789" für preußischdeutsche Verhältnisse adaptierend - die guten, liberalen Traditionen des 19. Jahrhunderts begründet, die zu den Einigungs- und Verfassungsbestrebungen der Paulskirche (vgl. Stein, Bd. 3, S. 508) und der "socialen Gesetzgebung des ausgehenden 19. und beginnenden 20. Jahrhunderts" (S. 510) geführt haben.[27] Diese ungewöhnlich scharfe, Licht und Schatten rigoros trennende Beurteilung der preußischen Geschichte (Delbrück: "Wo er [Lehmann, O.H.] hinschlägt, da fließt Blut.")[28], hat denn auch heftigen Widerspruch innerhalb der Historikerzunft hervorgerufen,[29] und Lehmann fand sich zunehmend isoliert.[30] - Weshalb hat man als Medium der Geschichtsbildrevision, weshalb hat man als "Gegensynthese", mit der man gegen die großen Werke von Droysen und Treitschke anzutreten hatte, die historische Biographie gewählt? Zwei Gründe scheinen dafür wesentlich zu sein: 1. Die historische Biographie verbindet detailgetreue Tatsachenforschung mit den darstellerischen Qualitäten einer auf das breitere Publikum wirkenden Synthese. Sie vermag so beides zu leisten: Einzelkritik der Tatsachen, auf denen die borussische Geschichtsinterpretation beruht, und Entwurf eines neuen Geschichtsbildes. 2. Die Protagonisten dieser historischen Biographien verkörpern in ihrer zeitgenössischen politischen Stellung ein preußenkritisches Potential, das

---

zu den gewaltigsten Gestalten der modernen Geschichte gehörend, der andere ein Durchschnittsfürst." (Stein, Bd. 1, S. 454).

[27] LEHMANNS Stein-Biographie ist gewiß das eindrucksvollste Beispiel für die von Hans-Ulrich WEHLER konstatierte Überschätzung Steins in der deutschen Geschichtswissenschaft. An Superlativen und welthistorischen Vergleichen ist bei Lehmann kein Mangel (so wird Stein als "Reformator", "Prophet" [Bd. 1, S. 77] und als "politischer Führer der Nation" [Bd. 3, S. 509] bezeichnet; die Ächtung Steins durch Napoleon gilt Lehmann als "ein Moment der Universal-Geschichte" [Bd. 3, S. 11], vergleichbar der Ächtung Luthers durch Karl V.). Auch das Wort von dem "in einem Goldrahmen gefaßten Kolossalgemälde" scheint mir, die polemische Übertreibung abgezogen, LEHMANNS Biographien treffend zu charakterisieren (vgl. WEHLER: Deutsche Gesellschaftsgeschichte, Bd. 1, S. 397f.).

[28] DELBRÜCK: Max Lehmanns Stein, S. 453.

[29] Besonders heftig ist LEHMANNS Kontroverse mit Ernst von MEIER. Es sind v.a. zwei Punkte, die MEIER bemängelt: 1. Das alte friderizianische Preußen, der preußische Adel und die Hohenzollern Friedrich Wilhelm I. und Friedrich Wilhelm III. seien zu negativ dargestellt. 2. Von einem Einfluß "französischer Ideen" könne bei Stein keine Rede sein. (Französische Einflüsse auf die Staats- und Rechtsentwicklung Preußens im 19. Jahrhundert, 2 Bde., Leipzig 1907/08; ders.: Der Minister von Stein, die französische Revolution und der preußische Adel. Eine Streitschrift gegen Max Lehmann, Leipzig 1908). Vgl. dazu die Lehmann verteidigende Darstellung der Kontroverse bei DELBRÜCK: Max Lehmanns Stein; vgl. aus heutiger Sicht FEHRENBACH: Vom Ancien Régime zum Wiener Kongreß, S. 194f. Gerhard RITTER hat dann seine große Stein-Biographie als Revision des Lehmannschen Werkes angelegt (vgl. seine Bemerkungen in der Einleitung: Stein. Eine politische Biographie, 3. neugestaltete Auflage Stuttgart 1958, S. 9-11).- Mit seiner innerhalb der Historikerzunft ungewöhnlich scharfen Preußen- und Hohenzollernkritik hat Lehmann allerdings schon frühzeitig die Zustimmung marxistischer Historiker erhalten: So lobt Franz MEHRING im Vorwort zu seiner "Lessing-Legende": "Lehmann hat sich durch seine ehrlichen und gründlichen Biographien Scharnhorsts und Steins [...] wirkliche Verdienste um die historische Wissenschaft erworben." (MEHRING: Die Lessing-Legende [zuerst: 1891/92], Berlin(-Ost) 1963, S. 19); im gleichen Sinne: VOGLER: Max Lehmann, S. 67f.

[30] Vgl. Rüdiger v. BRUCH: Max Lehmann, in: NDB 14(1985), S. 89.

man gegen die "höfische Manier" der borussischen Schule mobilisieren kann, "Hohenzollern um jeden Preis zu glorifizieren".[31]

β. Historiographiegeschichtlich sind die hier besprochenen Biographien anerkannte Größen. Die Scharnhorst- und Stein-Biographien von Lehmann, die "Geschichte Friedrichs des Großen" von Koser gelten noch heute als grundlegend für das jeweilige Forschungsgebiet und als Musterbeispiele für die Leistungsfähigkeit der klassischen historistischen Methode.[32] Den Zeitgenossen galten sie außerdem als gelungene, große historiographische Werke: Lehmann erhielt 1887 den Verdun-Preis für seine Scharnhorst-Biographie, Koser 1904 den gleichen Preis für seine Darstellung des Siebenjährigen Krieges im zweiten Band seiner Friedrich-Biographie. Dies steht im Gegensatz zu der Behauptung von Eckhart Jander, daß diese Biographien formgeschichtlich von relativ geringer Bedeutung seien. Über Lehmanns "Scharnhorst" heißt es beispielsweise, daß "besondere 'Fortschritte' oder herausragende Eigenheiten biographischer Darstellung" nicht zu verzeichnen seien.[33] Jander vermißt an diesen Biographien insbesondere das psychologische Bemühen um die Entwicklung der jeweiligen Persönlichkeit. Betrachtet man diese Biographien aber im Hinblick auf den Etablierungsprozeß dieser Gattung, so ist die formgeschichtliche Abwertung nicht aufrechtzuerhalten. Es ist wohl richtig, daß sie dem (von Jander nicht explizit genannten, wohl aber zugrundegelegten) modernen "Ideal" einer Biographie nicht ganz entsprechen, weil sie über der minutiösen Darstellung der allgemeinen Zeitgeschichte der Preußischen Reformen und der Freiheitskriege die Herausarbeitung der Persönlichkeiten vernachlässigen (also das personale Moment auf Kosten des historischen Moments zu kurz kommt). Gerade dieser Umstand macht sie aber für die Geschichte der *historischen* Biographie sehr bedeutsam. *Die Geschichte der preußischen Reformen und der Freiheitskriege wird damit zu dem ersten großen Thema der deutschen historistischen Geschichtswissenschaft, das hauptsächlich durch historische Biographien aufgearbeitet wird.* Wie nachhaltig die biographische Bearbeitung das Bild jener Geschichtsperiode bis ins 20. Jahrhundert hinein geprägt hat, sieht man beispielsweise daran, daß Franz Schnabel in seiner "Deutschen Geschichte im 19. Jahrhundert" wie selbstverständlich davon spricht, daß die Geschichte der preußischen Reformzeit in erster Linie eine Geschichte historischer Persönlichkeiten

---

[31] BAUMGARTEN: Treitschke's Deutsche Geschichte, S. 41.
[32] Zur forschungsgeschichtlichen Bedeutung Lehmanns vgl. FEHRENBACH: Vom Ancien Régime zum Wiener Kongreß, S. 194f.; zu Koser vgl. v. BROCKE: Koser, S. 614; Walter BUßMANN: Friedrich der Große im Wandel des europäischen Urteils (zuerst: 1951), in: ders.: Wandel und Kontinuität in Politik und Geschichte. Ausgewählte Aufsätze zum 60. Geburtstag, hg. v. Werner PÖLS, Boppard 1973, S. 255-289, hier: S. 263; Stephan SKALWEIT: Das Problem von Recht und Macht und das historiographische Bild Friedrichs des Großen, in: GWU 2(1951), S. 91-106, hier: S. 101.
[33] JANDER: Untersuchungen, S. 166.

sei.[34] Man kann an diesem Beispiel beobachten, daß die Biographie als historiographische Gattung Einfluß auf das von der Geschichtswissenschaft vermittelte Geschichtsbild hat. Daß man die Geschichte der preußischen Reformen nicht unbedingt biographisch aufarbeiten muß, zeigen nicht nur die neuere struktur- und sozialgeschichtlich orientierte Geschichtsschreibung über diese Zeit,[35] sondern auch die ursprünglichen Darstellungsabsichten der borussischen Schule. Droysen plante beispielsweise, eine Geschichte der Freiheitskriege zu schreiben, die durchaus nicht biographisch gedacht war.[36] Man kann sogar behaupten, daß Droysen eine biographische Behandlung dieser Epoche rundweg abgelehnt hat, wenn man etwa an folgende berühmte Bemerkung in der "Historik" denkt: "Ebensowenig sollte man eine Biographie von Scharnhorst schreiben wollen: die militärische Organisation Preußens von 1796 bis 1813 ist sein biographisches Denkmal." (Historik, S. 243) - Weshalb haben sich Droysens Schüler nicht an seinen Rat gehalten und die Biographie Scharnhorsts und seiner Mitstreiter ihrem Lehrer zum Trotz geschrieben? Für die borussische Schule wie für die Neorankeaner hat die Epoche der preußischen Reformen und der Freiheitskriege über alle realgeschichtliche Bedeutung hinaus den überhistorischen Wert einer "herrlichen Zeit", an deren Mannhaftigkeit und Moralität man sich erbauen möchte. Man interessiert sich - gerade was diese Zeit betrifft - eben nicht nur für die Geschichte, sondern auch für die *"Männer, die Geschichte machen"*. Die historische Biographie mit ihrer Verflechtung des personalen und des historischen Moments vermag eben beides zu zeigen: die Männer und die Geschichte, die sie "machen". Die von Jander konstatierte Vernachlässigung des personalen Moments ist deshalb zweitrangig. Primär ist zunächst, daß man auf die Betonung des personalen Moments, auf die Herausstellung der "Männer" nicht verzichten wollte und man deshalb die historische Biographie als Darstellungsform gewählt hat. Diesen Werken haftet somit ein Kompromißcharakter an: Sie sind weder "richtige" Biographien, weil sie der allgemeinen Zeitgeschichte sehr viel Raum geben, noch sind sie vollständige allgemeine Darstellungen dieser Zeit, weil etwa der lebensgeschichtliche Rahmen der Scharnhorst-Biographie vorgibt, die Darstellung mit seinem Tod 1813 abzubrechen, obwohl die eigentliche Verwirklichung der Militärreform noch aussteht (das Wehrgesetz von 1814, das in Meineckes "Boyen" behandelt wird). Man liest in den Werken von Delbrück, Lehmann und Meinecke gewissermaßen viermal die gleiche

---

[34] Franz SCHNABEL: Deutsche Geschichte im 19. Jahrhundert, Bd. 1: Die Grundlagen, Freiburg ⁵1959, S. 318.

[35] Vgl. z.B. Reinhart KOSELLECK: Preußen zwischen Reform und Revolution. Allgemeines Landrecht, Verwaltung und soziale Bewegung von 1791-1848, Stuttgart ³1981.

[36] Wie eine Droysensche Geschichte dieser Zeit ausgesehen hätte, läßt sich aus seinen vormärzlichen "Vorlesungen über die Geschichte der Freiheitskriege" extrapolieren: nicht biographisch, auch nicht nationalgeschichtlich ausgerichtet, sondern die preußischen Reformen und die Freiheitskriege in einen europäisch-weltgeschichtlichen Rahmen verortend.

Geschichte, jeweils um einen anderen individuellen Kristallisationskern gruppiert. Keine der Biographien gibt für sich ein vollständiges Bild der Epoche, gleichzeitig enthalten sie viele gemeinsame, bei paralleler Lektüre redundante Elemente. Als wesentlich für den Zusammenhang dieser Untersuchung bleibt aber festzuhalten: Der historischen Biographie wird hier erstmals zugemutet, historiographische Darstellungsform für eine im damaligen Verständnis zentrale Periode der neueren Geschichte zu sein. In diesen Werken zeigt sich damit erstmals in größerem Umfang, daß die syntagmatische historische Biographie in der Lage ist, Darstellungsleistungen "großer Geschichtsschreibung" zu übernehmen.

3. Der "Methodenstreit" und die historische Biographie

Im letzten Abschnitt hat sich die historische Biographie zum ersten Mal als zentrale Gattung der universitären Geschichtsschreibung über eine wichtige Periode der neueren Geschichte erwiesen. Die Gründe für diese Gattungswahl sind aber hauptsächlich in der Besonderheit des Gegenstandes, der Tradition der diesbezüglichen Geschichtsschreibung und in den eigentümlichen Darstellungsabsichten zu suchen: Man schrieb über eine Periode, die von der "Polarität von schöpferischer Einzelpersönlichkeit mit Gesamtgeist und Tendenz der Epoche" geprägt war[37] und die deshalb eine biographische Betrachtung nahelegte; man stand in der Tradition einer politischen Geschichtsschreibung, die ihre Hoffnung auf "unendliche Wirkung" (Sybel) vor allem an die Biographie knüpfte; schließlich favorisierte man diese Darstellungsform, weil in ihr die bewunderten "Männer" genauso hervortreten konnten wie die von diesen "gemachte" Geschichte. Mit anderen Worten: Man muß diesen ersten Schub biographischer Historie noch nicht als eine grundsätzliche Umorientierung der deutschen Geschichtswissenschaft zugunsten der historischen Biographie werten. Die Biographie wird vielmehr erst mit dem "Methodenstreit" der 1890er Jahre zu der "Form der Geschichtsschreibung, die heute im Vordergrunde des Interesses und vielleicht des Könnens steht."[38] Diesen Zusammenhang gilt es nun in folgenden Schritten zu erhellen: α. der "Methodenstreit" als Ausdruck der Orientierungskrise der Geschichtswissenschaft und seine wesentlichen Inhalte, β. das konservative Wissenschaftsparadigma der Neorankeaner als Reaktion auf die Krise, γ. die historische Biographie als Idealform dieses konservativen Paradigmas und δ. die Konsequenzen des historiographischen Funktionszuwachses für die Gestalt der historischen Biographie.

α. Mit der Kritik an der borussischen Geschichtskonstruktion waren die der Geschichtswissenschaft von der damaligen Gegenwart aufgebenen Orientierungsansprüche

---

[37] FEHRENBACH: Vom Ancien Régime zum Wiener Kongreß, S. 194.
[38] LENZ: Rankes biographische Kunst, S. 7f.

noch nicht erfüllt. Manche Historiker sprechen heute davon, daß die deutsche Politik dieser Zeit durch die Vielzahl der im Zuge von Nationalstaatsgründung und Industrieller Revolution anstehenden Modernisierungsaufgaben überfordert gewesen sei[39] - dies läßt sich auch auf Teile der Geschichtswissenschaft übertragen: Sie verschließt sich zunehmend gegenüber den sich rasch aufdrängenden Orientierungsaufgaben.[40] Daß einige Historiker ein deutliches Bewußtsein von dieser schwierigen Lage haben, zeigt folgende Äußerung Friedrich Meineckes:

> "Unsere Wissenschaft spaltet sich jetzt in eine mehr zu Ranke zurücklenkende Richtung, welche in dem Reichtum der Jahrhunderte schwelgt, aber die Geschichte mehr wie ein ästhetisches Schauspiel genießt und deswegen in der Gefahr der inneren Erschlaffung steht, und in eine stark positivistisch denkende, welche sich allerdings des belebenden Zusammenhangs mit den sozialen Fragen des Tages berührt, aber an innerer Klarheit weit zurücksteht hinter den Leistungen der Sybelschen Generation, [...]."[41]

Zu Beginn des Methodenstreits sieht es noch so aus, als ob die "stark positivistisch denkende" Historikergruppe, von Karl Lamprecht programmatisch "kollektivistische Richtung" genannt,[42] eine Modernisierung des Wissenschaftsparadigmas durchsetzen könne: Einige nationalökonomisch gebildete jüngere Historiker veröffentlichen in den späten 1880er und frühen 1890er Jahren wirtschaftsgeschichtliche Studien, die zunächst durchaus Anerkennung innerhalb der Zunft finden, darunter auch Lamprechts "Deutsches Wirtschaftsleben im Mittelalter" (1885f.).[43] Die Akzeptanz der neuen Ansätze versiegt aber rasch, als Lamprecht mit den ersten Bänden seiner "Deutschen Geschichte" (Bände 1-3, 1891-93) eine Gesamtdarstellung veröffentlicht, die inhaltlich und methodisch das alte Paradigma als solches in Frage stellt. Sie löst den "Methodenstreit" aus, den man - sich an den lamprechtkritischen Rezensionen und Aufsätzen in der

---

[39] Vgl. dazu NIPPERDEY: Probleme der Modernisierung in Deutschland.

[40] Für Droysen, Sybel und Treitschke vgl. die Analyse, die kürzlich Utz HALTERN vorgelegt hat (Geschichte und Bürgertum, bes. S. 102-106). Vgl. allgemein zu dieser "modernisierungstheoretischen" Deutung Lutz RAPHAEL: Die "Neue Geschichte" - Umbrüche und Neue Wege der Geschichtsschreibung in internationaler Perspektive (1880-1940), in: KÜTTLER/RÜSEN/SCHULIN, Bd. 4, S. 51-89. Reinhart KOSELLECK hat darauf hingewiesen, daß die "Krise des Historismus" nicht allein als Ergebnis lebensweltlicher Impulse, wie sie auch hier hervorgehoben werden, zu begreifen ist, sondern in seinem Verständnis von "Geschichte" und "Geschichtswissenschaft" von vornherein angelegt sind (Historia Magistra Vitae, S. 218f.)

[41] MEINECKE: Nachruf auf Heinrich von Sybel, S. 395.

[42] LAMPRECHT: Was ist Kulturgeschichte?, S. 258.

[43] Eine ähnlich positive Resonanz hatte: Gustav SCHMOLLER: Die Straßburger Tucher- und Weberzunft, Straßburg 1879. Vgl. das Lob für Schmoller bei Eberhard GOTHEIN: Die Aufgaben der Kulturgeschichte, Leipzig 1889, S. 16. Vgl. aber schon kritisch zu Lamprechts "aprioristischen Konstruktionen": Georg v. BELOW: [Rez.: Lamprecht: Deutsches Wirtschaftsleben im Mittelalter, in: HZ 63(1889), S. 294-309, hier: S. 294. Vgl. dazu auch OESTREICH: Die Fachhistorie und die Anfänge der sozialgeschichtlichen Forschung in Deutschland, S. 79.

"Historischen Zeitschrift" orientierend[44] - von 1893 bis 1899 datiert.[45] In seinen Entgegnungen sucht Lamprecht "über eine prinzipielle Debatte der Methoden und Konzepte, einen Paradigmenwechsel zu initiieren."[46] Der von Lamprecht angestrebte Paradigmenwechsel umfaßt im wesentlichen zwei Punkte: 1. Die "Erhebung der Geschichte zum Rang einer Wissenschaft"[47] durch die Orientierung am positivistisch-naturwissenschaftlichen Methodenideal, 2. die Abkehr vom Primat der personengeschichtlich orientierten Politikgeschichte und die Konzentration auf die sozioökonomischen Faktoren der Geschichte. - Wissenschaftlichkeit ist für Lamprecht an die Anwen-

---

[44] Die wichtigsten Aufsätze, Rezensionen und Streitschriften gegen Lamprecht: Georg v. BELOW: [Rez.: Lamprecht: Deutsche Geschichte, Bd. 1-3], in: HZ 71(1893), S. 465-498; MEINECKE: Nachruf auf Heinrich v. Sybel; ders.: Erwiderung auf Karl Lamprecht; LENZ: Lamprecht's Deutsche Geschichte, 5. Band; Felix RACHFAHL: Deutsche Geschichte vom wirtschaftlichen Standpunkt, in: PrJb 83(1896), S. 48ff.; HINTZE: Über individualistische und kollektivistische Geschichtsauffassung; Felix RACHFAHL: Über die Theorie einer kollektivistischen Geschichtswissenschaft, in: Jahrbücher für Nationalökonomie und Statistik 68(1897), S. 659-689; BELOW: Die neue historische Methode. Vgl. die Auflistung weiterer Veröffentlichungen bei Friedrich SEIFERT: Der Streit um Karl Lamprechts Geschichtsphilosophie. Eine historisch-kritische Studie, Augsburg 1925, S. 77f.

[45] Wichtige neuere Literatur zum Methodenstreit und zu Karl Lamprecht RAPHAEL: Die "Neue Geschichte", in: KÜTTLER/RÜSEN/SCHULIN, Bd. 4, S. 51-89; Gerald DIESENER (Hg.): Karl Lamprecht weiterdenken. Universal- und Kulturgeschichte heute, Leipzig 1993; RAPHAEL: Historikerkontroversen; Hans SCHLEIER: Der Kulturhistoriker Karl Lamprecht, der "Methodenstreit" und die Folgen, in: LAMPRECHT: Alternative zu Ranke, S. 7-45; Luise SCHORN-SCHÜTTE: Karl Lamprecht. Kulturgeschichtsschreibung zwischen Wissenschaft und Politik, Göttingen 1984; dies.: Karl Lamprecht. Wegbereiter einer historischen Sozialwissenschaft?, in: HAMMERSTEIN (Hg.): Deutsche Geschichtswissenschaft um 1900, S. 153-192; Winfried SCHULZE: Otto Hintze und die deutsche Geschichtswissenschaft um 1900, in: HAMMERSTEIN (Hg.): Deutsche Geschichtswissenschaft um 1900, S. 323-340; Georg G. IGGERS: The "Methodenstreit" in International Perspective. The Reorientation of Historical Studies at the Turn from the Nineteenth to the Twentieth Century, in: StdSt 6(1984), S. 21-32; Jaroslaw KUDRNA: Zu einigen Fragen des Methodenstreits in der französischen Historiographie um 1900, in: StdSt 3(1983), S. 62-78; METZ: Grundformen historiographischen Denkens, S. 424-645; Matti VIIKARI: Die Krise der "historistischen" Geschichtsschreibung und die Geschichtsmethodologie Karl Lamprechts, Helsinki 1977; OESTREICH: Die Fachhistorie und die Anfänge der sozialgeschichtlichen Forschung in Deutschland; Theodor SCHIEDER: Die deutsche Geschichtswissenschaft im Spiegel der Historischen Zeitschrift, in: ders. (Hg.): Hundert Jahre Historische Zeitschrift. Beiträge zur Geschichte der Historiographie in den deutschsprachigen Ländern, München 1959, S. 1-104, hier: S. 47-54. Vgl. auch den Überblick zur Methodenstreit-Forschung bei RAPHAEL: Historikerkontroversen, S. 325f.

[46] RAPHAEL: Historikerkontroversen, S. 332. Vgl. dazu LAMPRECHT im Vorwort zu "Alte und neue Richtungen in der Geschichtswissenschaft": "Ich konnte demgemäß eine Debatte über die Prinzipien unserer Wissenschaft erwarten." (S. 175). Dies wird gleichfalls von seinen Gegnern hervorgehoben: "Es kommt hinzu, daß er den Anspruch erhebt [...], mit seinem Buch unserer Wissenschaft eine Epoche eröffnet zu haben; er hat nichts Geringeres im Sinn, als die Principien der Forschung neu zu fundamentieren und so den ganzen Betrieb der Historie in andere Bahnen zu leiten." (LENZ: Lamprecht's Deutsche Geschichte, 5. Band, S. 385); ähnlich: BELOW: Die neue historische Methode, S. 193.

[47] So lautet der Titel eines 1863 in der "Historischen Zeitschrift" veröffentlichten Aufsatzes von DROYSEN, der sich kritisch mit dem positivistischen Ansatz des Engländers H. T. Buckle auseinandersetzt. Vgl. dazu Eckhardt FUCHS: Positivistischer Szientismus in vergleichender Perspektive: Zum nomothetischen Wissenschaftsverständnis in der englischen, amerikanischen und deutschen Geschichtsschreibung, in: KÜTTLER/RÜSEN/SCHULIN, Bd. 3, S. 396-423, bes. S. 408-411.

dung des Kausalitätsbegriffs gebunden.[48] Die historische Forschung müsse analog zu den Naturwissenschaften daran gemessen werden, ob sie empirisch nachweisbare Ursache-Wirkungsverhältnisse aufzudecken vermag. Geschichte solle nicht bloß beschrieben, sondern als gesetzmäßiger Verlauf ("evolutionistisch") erklärt werden: "Die vollkommeneren [Ergebnisse, O.H.] werden dabei diejenigen sein, die sich mehr dem kausalen Denken, also dem eigentlich wissenschaftlichen Begreifen einordnen."[49] Mit dieser Forderung nach "wissenschaftlicher Methode" begründet Lamprecht die Abkehr von der personengeschichtlich orientierten Politikgeschichte, als deren Inbegriff er Ranke auffaßt. Diese erforsche in den Handlungen der "eminenten Persönlichkeiten" das Singuläre, das Nicht-Gesetzgemäße, das Irrationale. Auch dies gehöre zum Gebiet der Geschichtswissenschaft, solle aber nicht ihr vordringliches Erkenntnisinteresse bilden, weil hier eben die zu fordernde wissenschaftliche Methode nicht zur Anwendung kommen könne; die wissenschaftliche Historie solle sich dagegen vordringlich dem Reich des Kollektiven, "Generischen" widmen, wo sich kausale Gesetzmäßigkeiten sozialpsychologisch feststellen ließen. Aufgrund der methodischen Präferenz für das Gesetzmäßig-Kollektive treten die bisher vernachlässigten ökonomischen und sozialen Kräfte der Geschichte in den Vordergrund des Interesses.[50]

β. Die Mehrheit der generischen Historiker, die sich im Laufe des Streites zu einer fast geschlossenen Front formiert, bekämpft die Lamprechtsche Auffassung, indem sie zum einen Detailkritik an seiner "Deutschen Geschichte"[51] übt und zum anderen eine falsche Auffassung der "alten", Rankeschen Geschichtsschreibung nachzuweisen sucht.[52] Die Verteidigung des alten Paradigmas erfolgt zumeist auf eine eher indirekte Weise.[53] Es finden sich aber auch Ansätze zu einer allgemeinen, theoretischen Begrün-

---

[48] Vgl. LAMPRECHT: Alte und neue Richtungen, S. 181ff.

[49] LAMPRECHT: Was ist Kulturgeschichte?, S. 268.

[50] LAMPRECHTS Plädoyer für eine stärkere Beachtung der Sozial- und Wirtschaftsgeschichte gehört sicherlich zu den berechtigsten Grundsatzforderungen, die er im "Methodenstreit" stellt. Vgl.: Alte und neue Richtungen in der Geschichtswissenschaft, S. 246f.

[51] Vgl. hierzu die oben angeführten Rezensionen von BELOW zum 1.-3. Band und von LENZ zum 5. Band. Die theoretischen Grundsatzüberlegungen Lamprechts empfinden manche Historiker als Ausweichmanöver, so auch Max LENZ: "wohlgemut sehen wir ihn neuerdings zu den Krücken der Theorie greifen, nachdem ihm die Stützen der Thatsachen eingebrochen sind." (Lamprecht's Deutsche Geschichte, 5. Band, S. 446).

[52] Vgl. MEINECKE: Erwiderung auf Karl Lamprecht, S. 262f.; LENZ: Lamprecht's Deutsche Geschichte, 5. Band, S. 386-393; BELOW: Die neue historische Methode, S. 205-209.

[53] Zur zurückhaltenden Reaktion der "Zunft" auf die von Lamprecht initiierte Prinzipiendebatte vgl. Horst Walter BLANKE: Selbstreflexion der Historie im Umbruch. Historiographiegeschichte bei Karl Lamprecht und seinen Schülern, in: ders. (Hg.): Transformation des Historismus. Wissenschaftsorganisation und Bildungspolitik vor dem Ersten Weltkrieg. Interpretationen und Dokumente, Waltrop 1994, S. 112-153, hier: S. 120f. OESTREICH stellt hingegen in seiner Darstellung des Methodenstreits die prinzipielle methodologische Fragen diskutierenden Beiträge von Felix Rachfahl und Otto Hintze heraus (Die Fachhistorie und die Anfänge der sozialgeschichtlichen Forschung in Deutschland, S. 81-92).

dung: 1. Man hält an der durch Droysen systematisch begründeten Unterscheidung von Natur- und Geisteswissenschaften fest. Der "Geist", das Individuelle, wie es sich in jedem Menschen manifestiere, sei der vornehmste Gegenstand der Geschichte. Er sei nicht analysierbar in Kausalverhältnisse: "Für uns ist er schlechthin seiner Natur nach unauflösbar und einheitlich [...]."[54] Ihm könne man sich nur auf hermeneutischem Wege nähern, durch Einfühlung, Hineinversetzen, "durch reiche Erfahrung und unausgesetzte psychologische Induktion."[55] 2. Heftigst bekämpft man Lamprechts Vorwurf, daß Ranke und alle zeitgenössischen Historiker, die an seinen Grundsätzen festhalten, eine nur an großen Individuen orientierte Politikgeschichte betrieben.[56] Schon Ranke habe sich allen Aspekten des geschichtlichen Lebens zugewandt.[57] Andererseits geben einige Historiker zu, daß eine Intensivierung der historischen Forschung auf den Gebieten von Gesellschaft und Wirtschaft wünschenswert wäre, aber eben nur als Ergänzung einer weiterhin primär an Nation und Staat orientierten Geschichtsschreibung.[58] Allgemeine Geschichte soll weiterhin als politische Nationalgeschichte verstanden werden, nicht als "Kulturgeschichte".[59] Während Lamprecht hauptsächlich methodische Gründe für die Abkehr von der "individualistischen" Politikgeschichte angibt, argumentiert beispielsweise Meinecke "weltanschaulich".[60] Diese Argumentationsunterschiede werden besonders bei dem zentralen Streitpunkt über die "individualistische und kollektivistische Geschichtsauffassung"[61] deutlich, der auch inhaltlich hier von Interesse ist. Auf

---

[54] MEINECKE: Erwiderung auf Karl Lamprecht, S. 265.

[55] MEINECKE: Erwiderung auf Karl Lamprecht, S. 264. Vgl. dazu Walter HOFER: Geschichtsschreibung und Weltanschauung. Betrachtungen zum Werk Friedrich Meineckes, München 1950, S. 53-57.

[56] BELOW: Die neue historische Methode, S. 221: "Einstweilen bestreiten wir, daß es überhaupt Individualisten in jenem Lamprecht'schen Sinne gibt." Die einseitige Interpretation Rankes als "Individualist" ist Lamprecht von seinen Gegnern zurecht vorgehalten worden.

[57] Vgl. dazu v.a. LENZ: Lamprecht's Deutsche Geschichte, 5. Band, S. 386-393.

[58] Vgl. etwa MEINECKE: "Zugegeben könnte ihm nur werden, daß sie [die ältere Richtung der Geschichtswissenschaft, O.H.] die Wirksamkeit der materiellen und sozialen Faktoren nicht immer genügend beachtet hat. Sie kann dies, wo es noch nicht geschehen ist, nachholen, ohne sich selbst untreu zu werden." ([Rez.: Lamprecht: Die gegenwärtige Lage der Geschichtswissenschaft], in: HZ 76(1896), S. 530f.)

[59] Vor Lamprecht hatte schon Eberhard Gothein im Streit mit Dietrich Schäfer für die "Kulturgeschichte" als Leitkonzept der allgemeinen Geschichte plädiert, dem sich die Politikgeschichte unterzuordnen habe. Vgl. SCHÄFER: Das eigentliche Arbeitsgebiet der Geschichte; GOTHEIN: Die Aufgaben der Kulturgeschichte, Leipzig 1889, bes. S. 3.

[60] Zum geistesgeschichtlichen Hintergrund dieser Argumentationsstruktur vgl. Gunter SCHOLZ: Zum Strukturwandel in den Grundlagen kulturwissenschaftlichen Denkens (1880-1945), in: KÜTTLER/RÜSEN/SCHULIN, Bd. 4, S. 19-50, hier: S. 22. Vgl. auch MEINECKES Charakterisierung des Historismus in: ders.: Die Entstehung des Historismus, S. 2-8. Vgl. kritisch dazu Jörn RÜSEN: Friedrich Meineckes "Entstehung des Historismus". Eine kritische Betrachtung, in: ERBE (Hg.): Friedrich Meinecke heute, S. 76-100, bes. S. 83f.

[61] Diese Begriffe sind wohl von LAMPRECHT in Diskussion eingeführt worden (vgl. ders.: Was ist Kulturgeschichte?, S. 268; ders.: Alte und neue Richtungen, S. 181). Sie wurden von Otto HINTZE in seinem geschichtstheoretisch sehr gehaltvollen, Lamprecht maßvoll beurteilenden Aufsatz "Über indivi-

rein geschichtsphilosophischer Ebene besteht zwischen den Kontrahenten eigentlich Einigkeit: Sowohl Lamprecht als auch seine Gegner gehen davon aus, daß die Geschichte von einem Wechselspiel individueller und kollektiver Faktoren bewegt wird.[62] Der in der Historiographiegeschichte viel diskutierte Streit um die "kollektivistische und individualistische Geschichtsauffassung" ist geschichtsphilosophisch ein Scheingefecht. Die berühmte Formel des "$A=a+x$", die Droysen in seinem Buckle-Aufsatz anführt, wobei "A" das geschichtliche Resultat, "a" das äußerlich bedingte und "x" "das Werk des freien Willens" bezeichnet,[63] ist Konsens.[64] Der einzige Unterschied zwischen "Individualisten" und "Kollektivisten" besteht - logisch gesehen - darin, daß die einen das Wasserglas halb voll, die anderen es halb leer sehen. Weder leugnen die "Jungrankianer", die Individualisten also, das "a", noch leugnet der "Kollektivist" Lamprecht das "x". Die Differenz besteht darin, daß die einen den Schwerpunkt ihres Erkennt-

---

dualistische und kollektivistische Geschichtsauffassung" aufgegriffen. Vgl. dazu Manfred RESSING: Zur Methodologie und Geschichtsschreibung des preußischen Historikers Otto Hintze, Frankfurt a. M. u.a. 1996, S. 48-56; Hagen SCHULZE: Otto Hintzes Geschichtstheorie, in: Otto BÜSCH/Michael ERBE (Hgg.): Otto Hintze und die moderne Geschichtswissenschaft. Ein Tagungsbericht (= Einzelveröffentlichungen der Historischen Kommission zu Berlin, Bd. 38), Berlin 1983, S. 125-133.

[62] RAPHAEL ist dagegen der Ansicht, daß die Begriffe "individuell" und "kollektiv" "einander ausschließende Positionen" strukturieren und eine "konzeptionelle Vermittlung dieser antagonistischen Begriffspaare nicht in Sicht" sei (Historikerkontroversen, S. 346). Diese Deutung scheint mir etwas voreilig zu sein. Wohl schließen sich die auf diese Weise *konstruierten* Positionen aus. Aber weder Lamprecht noch seine Gegner sind reine "Kollektivisten" bzw. "Individualisten". Georg v. BELOW hat in diesem Punkt seiner Polemik gegen LAMPRECHT völlig Recht: Die Position des "Individualismus", die LAMPRECHT als Standpunkt der Rankeschen Schule angibt, ist von dieser niemals eingenommen worden. Man kann hinzufügen: Genauso wenig ist die "jüngere Richtung", also Lamprecht, rein kollektivistisch, obwohl Lamprecht diese Bezeichnung für seinen Ansatz in Anspruch nimmt. Ich stimme Ernst CASSIRER zu, daß man "unter einem rein logischen Gesichtspunkt [...] allen Meinungsverschiedenheiten zum Trotz, eine gewisse Einigkeit in den Grundlagen" festzustellen hat (Versuch über den Menschen. Einführung in eine Philosophie der Kultur, Frankfurt a. M. 1990 [org.: New Haven 1944], S. 307).- Die Bezeichnungen "individualistisch" und "kollektivistisch" gehören zu jenen unglücklich und voreilig geprägten Lamprechtschen Begriffen, die eine positive Aufnahme seiner Revisionsbemühungen erschwert haben.

[63] DROYSEN: Erhebung der Geschichte zum Rang einer Wissenschaft, S. 462.

[64] Nachdem der Streit etwas abgeklungen ist, stellt sich die vermittelnde Position auch bald als Konsens heraus, insbesondere in geschichtstheoretischen Werken wie: Paul BARTH: Die Philosophie der Geschichte als Soziologie, 1. Teil: Grundlegung und kritische Übersicht, Leipzig 3/4 1922 (Kapitel: "Die individualistische und die kollektivistische Geschichtsauffassung", S. 511-544); Ludwig STEIN: Die sociale Frage im Lichte der Philosophie. Vorlesungen über Sozialphilosophie und ihre Geschichte, Stuttgart 1897 ("In That und Wahrheit kommen sociale Thatsachen und Bewegungen meist erst durch die *Wechselbeziehungen von Individuum und Gruppe*, also durch das *Zusammenwirken* dieser beiden Factoren zu Stande." [S. 523]); Lazarus SCHWEIGER: Philosophie der Geschichte, Völkerpsychologie und Sociologie in ihren gegenseitigen Beziehungen, Bern 1899, S. 57-61 (Schweigers Fazit: "Es ist also das Richtigste, die Mitte festzuhalten. Das Individuum ist empfangend und gebend, der Einzelne und die Gemeinschaft sind Wechselbegriffe, die einander ergänzen." [S. 61]); BERNHEIM: Lehrbuch der historischen Methode und der Geschichtsphilosophie ("Doch bahnt sich neuerdings [...] auch in diesem Punkte eine ausgleichende Auffassung sowohl in der Theorie wie in den Praxis an, welche das Verhältnis von Genie und Masse unter dem Gesichtspunkt variabler Wechselwirkung betrachtet und jedem der beiden Elemente objektiv den gebührenden Einfluß einräumt." [S. 670]).

nisinteresses auf das "x", die anderen auf das "a" legen. Lamprecht begründet den Vorzug des "a" methodisch: Weil das "x" nicht kausal, d.h. für ihn wissenschaftlich nicht erforschbar ist, soll sich die Geschichtswissenschaft auf das "a" konzentrieren. Nur für das durch die "kollektivistische Methode" nicht aufhebbare Rest-"x" soll als Ergänzung die "individualistische Methode" eintreten.[65] Lamprechts Gegner rechtfertigen die Bevorzugung des "x" dagegen auf dieselbe Weise, in der schon Droysen 1863 gegen Buckle argumentiert hat: "Wie verschwindend klein immer dies x sein mag, es ist von unendlichem Wert, sittlich und menschlich betrachtet allein von Wert."[66] Die Bevorzugung des "x" ist für die Neorankeaner eine "weltanschauliche" Option, wie Meinecke hervorgehoben hat.[67] Die Geschichtswissenschaft soll ihrer Auffassung nach nicht nur Zusammenhänge ergründen, sondern auch humanistische Werte vermitteln,[68] deshalb verfolgt sie die Geschichte als einen Prozeß, in welchem "die menschliche Freiheit überall in Anspruch genommen wird"[69]. - Auf Schlagworte zusammengefaßt besteht das Paradigma der Neorankeaner damit aus folgenden Elementen: 1. Methodisch bleibt die Historie als Geisteswissenschaft im Unterschied zur Naturwissenschaft an die Hermeneutik, an das einfühlende Verstehen gebunden. 2. Geschichtsphilosophische Basis ist der Grundsatz der Wechselwirkung zwischen individueller Tat und "äußeren Bedingungen". Das Erkenntnisinteresse liegt aber auf der nicht weiter analysierbaren,

---

[65] "Erst wo das Reich dieses Rationalen aufhört und das Reich des für uns Irrationalen, des praktisch freien Willens anfängt, tritt, als eine Ergänzung gleichsam der kollektivistischen Methode, die individualistische ein." (Was ist Kulturgeschichte?, S. 269); "Sie [die Kulturhistoriker im Sinne Lamprechts, O.H.] suchen vielmehr nur von ihrem empirischen Standpunkte aus, mit den ihnen gegebenen spezifischen wissenschaftlichen Mitteln, den erfahrungsmäßig gegebenen Kern des Individuums zu begreifen [...] alles Weitere überlassen sie [...] den ikarischen Bestrebungen der spekulativen Philosophie." (Zum Unterschiede der älteren und jüngeren Richtungen der Geschichtswissenschaft, in: HZ 77[1896], S. 257-261, hier: S. 260). Auf diesem Hintergrund wirkt es erstaunlich, welch breiten Raum Lamprecht im fünften Teil seiner "Deutschen Geschichte" der Biographie Luthers einräumt. Ranke hatte der Reformator in seiner "Deutschen Geschichte im Zeitalter der Reformation" wesentlich knapper behandelt. (Vgl. LAMPRECHT: Deutsche Geschichte, 5. Bd., 1. Hälfte, Freiburg ³1904, S. 233-302). In frappierend ähnlicher Weise argumentierten in den 1970er Jahren übrigens die Vertreter der Sozialgeschichte für ihren strukturgeschichtlichen Ansatz. Vgl. KOCKA: Sozialgeschichte, S. 76f.; ders.: Struktur und Persönlichkeit als methodologisches Problem der Geschichtswissenschaft; WEHLER: Zum Verhältnis von Geschichtswissenschaft und Psychoanalyse, S. 21f.

[66] DROYSEN: Erhebung der Geschichte zum Rang einer Wissenschaft, S. 462.

[67] MEINECKE: Erwiderung auf Karl Lamprecht, S. 264.

[68] Vgl. zu diesem Problem auch Meineckes 1925 verfaßten und 1928 in der "Historischen Zeitschrift" veröffentlichten geschichtstheoretischen Aufsatz "Kausalitäten und Werte in der Geschichte" (in: ders.: Zur Theorie und Philosophie der Geschichte [= Werke, Bd. 4], München ²1965, S. 61-89). Dort hebt Meinecke hervor, daß der Historiker die Geschichte nicht nur betrachtet, um Kausalitäten zu erforschen, sondern um "Werte, Lebenswerte" aus ihr zu "holen" (S. 66). Wertvoll in diesem Sinne sei vor allem die Kulturwerte schaffende "Spontanität persönlichen geistig-sittlichen Handelns" (S. 78).

[69] Leopold von RANKE: [Fragment aus den dreißiger Jahren], S. 64. Besonders stark ist dieses Selbstverständnis in der borussischen Schule, bei Droysen, Sybel und Treitschke ausgeprägt. Vgl. DROYSENS Plädoyer für die ethische Qualität der historischen Wissenschaft (Historik, bes. S. 44, 411, 444).

letztlich freien menschlichen Tat. Den großen Individuen, d.h. den Persönlichkeiten, die das freiheitliche "x" durch (politisches) Handeln in die Geschichte einbringen, gebührt daher die besondere Aufmerksamkeit der Geschichtswissenschaft. 3. Die auf Staat und Nation ausgerichtete Politikgeschichte stellt weiterhin den integrierenden Mittelpunkt des historischen Interesses dar. Die neueren Ansätze der Sozial- und Wirtschaftsgeschichte (mit den ihnen eigentümlichen Methoden) sind als wichtige Ergänzungen (aber nur als solche) erwünscht.

γ. Wie verhält sich die historische Biographie zu dem sich dergestalt im Methodenstreit gefestigten wissenschaftlich konservativen Paradigma? 1. Die Betonung der Hermeneutik als der eigentlichen historischen Methode begünstigt die Biographie, weil hier diese Methode auf eine besonders intensive Weise zum Tragen kommt:[70] Die Rekonstruktion eines individuellen Lebenslaufes mit seinen Intentionen, Bewußtseinslagen, subjektiven Entscheidungen erfordert eine ständige Anstrengung des Einfühlungsvermögens. Gleichzeitig hängt die Erkenntnisleistung und damit der wissenschaftliche Wert einer Biographie zu einem guten Teil davon ab, inwiefern es dem Historiker mittels dieser Methode gelingt, das "Innere" seines Helden als eine subjektive Innenseite des geschichtlichen Prozesses deutlich werden zu lassen. 2. Die weltanschaulich begründete Präferenz für die großen Individuen, die den Faktor "x" in der Geschichte zur Anschauung bringen, begünstigt ebenfalls die historische Biographie. Hier muß man allerdings zurückhaltender argumentieren, denn man kann diese Präferenz auch in anderen Darstellungsformen zur Geltung bringen. (Man denke an die borussische Schule, die ebenfalls, ja in noch stärkerem Maße, diese Präferenz hatte und bis auf den "York" kaum größere Biographien verfaßt hat). Die historische Biographie wird erst in der durch den Methodenstreit herbeigeführten Situation zur bevorzugten Option. Angesichts der Herausforderung durch soziologische und materialistische Denkweisen bietet die Biographie den Historikern die Möglichkeit, sich schon durch die Wahl der Darstellungsform von diesen "kollektivistischen" Tendenzen abzugrenzen.[71] Die Biographie hat für die Neorankeaner auch - um es salopp zu formulieren - die Funktion einer

---

[70] Diese Beziehung stellt auch Wolfgang J. MOMMSEN her: "The optimistic assumption that 'pure understanding' - reines Verstehen - is possible for the historian and provides an infallible way of arriving at an objective understanding of past events, respectivly of the deeds of the great men of the past, encouraged the Neo-Rankeans to concentrate on biography as a particulary suitable mode of historical presentation." (Ranke and the Neo-Rankean School in Imperial Germany, in: Georg G. IGGERS/James M. POWELL (Hg.): Leopold von Ranke and the Shaping of the Historical Discipline, Syracuse/New York 1990, S. 124-140, hier: S. 138).

[71] Vgl. folgende Äußerung MEINECKES: "Nahe genug rückte uns dabei die Gefahr, daß man, um in raschem Anlaufe das Ziel einer neuen Universalhistorie zu gewinnen, die schnurgerade, Umwege sparende Straße des positivistischen Entwicklungsschematismus einhersauste. Da war es die historische Biographie, die sich diesem neuen Rationalismus in den Weg stellte [...]." (Nachruf Alfred Dove, in: HZ 116[1916], S. 96-130, auch in: ders.: Zur Geschichte der Geschichtsschreibung, S. 356-385, hier: S. 383).

methodologischen und geschichtsanschaulichen Duftmarke. Hier ist nun allerdings eine zweite Einschränkung zu machen: Lamprecht hat in seinen Streitschriften wiederholt und zurecht hervorgehoben, daß in der "modernen Biographie", wo man "die besondere Betonung des Persönlichen erwarten" dürfe, "eine weitgehende Betonung des Milieus"[72] festzustellen sei und damit dem "kausalen Gedanken das größte Entgegenkommen"[73] bewiesen werde.[74] 3. Das Festhalten am Primat der Politikgeschichte wirkt sich ebenfalls begünstigend auf die Biographie aus. Hier spielt vor allem eine Rolle, daß die historische Biographie seit der Jahrhundertmitte eine beliebte Form der Politikgeschichte ist. Die Neorankeaner reihen sich mit ihrer Gattungswahl also in eine bewährte Tradition ein. Zugleich zeigt sich in der historiographischen Praxis - um dieses Ergebnis der nachfolgenden Analyse der biographischen Werke hier vorwegzunehmen - daß die Biographie offen für die gewünschte Einbeziehung der sozial- und wirtschaftsgeschichtlichen Elemente ist: Sie gesellen sich zu den "Zeitverhältnissen", in die man das Individuum stellt. - Die Summe aus diesen Überlegungen ist: Die seit 1890 konstatierbare Konjunktur[75] der historischen Biographie erklärt sich zu einem guten Teil daraus, daß diese Darstellungsform in wesentlichen Punkten als Idealform des wissenschaftlich konservativen Paradigmas der Rankerenaissance erscheint.

Zu diesem Erklärungsansatz gehört ein weiterer wichtiger Punkt hinzu. Lutz Raphael hebt hervor, daß der Methodenstreit - abgehoben von seinen konkreten Inhalten - "als Reaktion auf die wachsende Lücke zwischen der zunehmenden Spezialisierung der Forschungstätigkeit im engeren Sinne und den Anforderungen an die darstellende Synthese des sich anhäufenden Materials historischer Gelehrsamkeit" gedeutet werden kann.[76] Es gehört zu den vielbeklagten Problemen des sich ausbreitenden Wissenschaftsbetriebs, daß über der detailbezogenen Kärrnerarbeit die Fähigkeit der Geschichtswissenschaft zur großen, publikumswirksamen Synthese verloren gehe.[77]

---

[72] LAMPRECHT: Was ist Kulturgeschichte?, S. 288.

[73] LAMPRECHT: Alte und neue Richtungen, S. 186.

[74] Vgl. dazu die Überlegungen im Schlußteil der Arbeit.

[75] Für diese Konjunktur gibt es zahlreiche zeitgenössische Zeugnisse: Wilhelm DILTHEY: "Die Stellung der Biographie in der Geschichtsschreibung hat eine außerordentliche Steigerung erfahren." (Der Aufbau der geschichtlichen Welt in den Geisteswissenschaften, S. 250); Georg v. BELOW: "Großer Beliebtheit hat sich die biographische Form erfreut." (Deutsche Geschichtsschreibung, S. 124); Max LENZ: Die Biographie ist die "Form der Geschichtsschreibung, die heute im Vordergrund des Interesses und vielleicht des Könnens steht." (Rankes biographische Kunst, S. 7f). Peter SCHUMANN hat darauf hingewiesen, daß die historische Biographie bei den deutschen Historikertagen zwischen 1900 und 1913 eine wichtige Rolle gespielt hat (Die deutschen Historikertage von 1893 bis 1937. Die Geschichte einer fachhistorischen Institution im Spiegel der Presse, Diss. Marburg 1974, S. 233-243).

[76] RAPHAEL: Historikerkontroversen, S. 343f.

[77] Vgl. folgende bissige Bemerkung des alten DROYSEN in einem Brief an seinen Sohn Gustav (24.09.1883): "Unsre Historiker jetzt laborieren mehr und mehr daran, daß sie die Hauptarbeit dem Podex und nicht dem Kopf zuweisen oder doch meinen, wenn sie alles beieinander haben, ein Ganzes

Lamprecht, Delbrück und der Althistoriker Eduard Meyer sind die einzigen der jungen Historikergeneration, die sich noch an große national-, universal- und epochengeschichtliche Synthesen wagen.[78] Aber gerade die von den jeweiligen Spezialisten vorgetragene Detailkritik an Lamprechts "Deutscher Geschichte" zeigt, wie schwierig es gegen Ende des 19. Jahrhunderts geworden ist, gelehrte Einzelforschung und universale Stoffbewältigung miteinander zu verbinden.[79] Hier zeigt sich ein weiterer Grund für die Konjunktur der Biographie am Ende des 19. Jahrhunderts. Sie ist eine Form der Geschichtsschreibung, die die beiden Pole wissenschaftlicher Historie, die empirische Detailforschung auf der einen und die publikumswirksame Darstellung auf der anderen Seite, auch unter den Bedingungen fortgeschrittener Arbeitsteilung und Spezialisierung noch zu verbinden erlaubt. Wenn Lamprecht schreibt, "daß auf dem Gebiete der sogenannten reinen politischen Geschichte [...] heute vornehmlich die Biographie noch blüht",[80] so ist das auch ein Indiz für die Abkehr von der großen Synthese und die Konjunktur der Biographie als "kleiner Synthese". Indem sie eine kleine, begrenzte Einheit der Geschichte zum Gegenstand hat, kann sie dem Anspruch an intensive archivalische Forschung und möglichst lückenlose Berücksichtigung der Literatur genügen. Indem sie eine national- oder universalgeschichtlich wichtige Persönlichkeit in ihrer allgemeingeschichtlichen Bedeutung zeigt, kann sie zugleich als geschichtliche Bildung vermittelnde Synthese wirken. Das Rankesche Ideal der Historie als Einheit von empirischer Forschung und literarisch anspruchsvoller Darstellung ist unter den Bedingungen des späten 19. Jahrhunderts in der Biographie noch erfüllbar. Sie ermöglicht

---

zu haben und das Ganze geben zu können." (BW, Bd. 2, S. 969). Theodor MOMMSEN verteidigt dagegen das positivistische Wissenschaftsverständnis: "Die Wissenschaft allerdings schreitet unaufhaltsam und gewaltig vorwärts; aber dem emporsteigenden Riesenbau gegenüber erscheint der einzelne Arbeiter immer kleiner und geringer. [...] Unser Werk lobt keinen Meister und keines Meisters Auge erfreut sich an ihm; denn es hat keinen Meister und wir sind alle nur Gesellen. [...] Wir klagen nicht und beklagen uns nicht: die Blume verblüht, die Frucht muß treiben." (Ansprache am Leibniz'schen Gedächtnistage am 4. Juli 1895, zitiert nach: Stefan REBENICH: Theodor Mommsen und Adolf Harnack. Wissenschaft und Politik im Berlin des ausgehenden 19. Jahrhunderts, Berlin/New York 1997, S. 66).

[78] Hans DELBRÜCK: Weltgeschichte. Vorlesungen, gehalten an der Universität Berlin 1896/1920, 5 Bde., Berlin 1923-28. Eduard MEYER: Geschichte des Altertums, 8 Bde., hg. v. Hans Erich STIER, Darmstadt ^{9}1984. Dies wird für lange Zeit ein Manko der deutschen Geschichtswissenschaft bleiben. Gerhard RITTER beklagt 1949, "daß bis heute nicht eine einzige Gesamtdarstellung deutscher Geschichte existiert, deren Lektüre der Fachhistoriker mit gutem Gewissen empfehlen könnte: [...]." (Gegenwärtige Lage und Zukunftsaufgaben deutscher Geschichtswissenschaft, S. 6).

[79] Schon Ranke als der Historiker, der gerade diese Einheit wie kein anderer verkörpert, ist diesbezüglich skeptisch gewesen. Im Vorwort zu seiner "Englischen Geschichte" schreibt er: "Denn wer vermöchte mit gelehrter Forschung, wie sie der Fortschritt der Studien notwendig macht, den gesamten Stoff zu durchdringen, ohne sich in ihm zu verlieren?" (S. 1) Und welche Mühe hatte Droysen, seine auf die preußischen Archive beschränkte "Geschichte der preußischen Politik" (14 Bde., 1855-86) fortzuführen! Dreißig Jahre, weit mehr als die Hälfte seines produktiven Historikerlebens, hat er diesem Unternehmen geopfert.

[80] LAMPRECHT: Alte und neue Richtungen, S. 186.

dem Historiker, sich sowohl als unermüdlicher Archivarbeiter als auch als publikumsbezogener historischer Schriftsteller zu bewähren.

δ. Die aufgezeigten Zusammenhänge begründen nicht nur den quantitativen Bedeutungszuwachs biographischer Historie innerhalb der Geschichtswissenschaft, sie lassen auch qualitative Veränderungen ihrer Gestalt erwarten. Die aussagekräftigsten Zeugnisse für diese Veränderungen sind die im folgenden zu analysierenden theoretischen Beiträge zur historischen Biographie und vor allem die biographische Praxis der Neorankeaner selbst. An dieser Stelle werden deshalb zunächst nur erste Vermutungen über die Rückwirkungen des Methodenstreits auf die Idee-Geschichte der historischen Biographie formuliert. 1. Die Betonung der hermeneutischen Methode läßt eine stärkere Integration des personalen Moments in die historische Biographie erwarten. Denn "Einfühlung" bewährt sich gerade am Persönlichen. Diese Erwartung wird bestärkt durch das verbreitete Interesse an der Individualpsychologie, wie es sich in der erzählenden Literatur dieser Zeit, zum Beispiel im psychologischen Roman, und in dem Vordringen der wissenschaftlichen Psychologie zeigt.[81] Dieses geschichtsdarstellende Potential bliebe ungenutzt, würde man in der Tradition von Droysens "Alexander", also der rein historischen Biographie, auf die Integration des personalen Moments weitgehend verzichten. 2. Der Umstand, daß man in dieser Zeit verstärkt auf die Biographie als geschichtsvermittelnde Synthese zurückgreift, dürfte sich dahingehend auswirken, daß auch das historische Moment intensiviert wird. Denn diese Funktion kann sie im syntagmatischen Sinn am besten dadurch erfüllen, wenn sie sich auf die "welthistorischen Individuen" konzentriert und diese im Zusammenhang der allgemeinen Geschichte zeigt. 3. Das festgehaltene Primat der Politikgeschichte läßt vermuten, daß sich die universitäre Geschichtswissenschaft auf die syntagmatische Form der historischen Biographie konzentriert. Auf der anderen Seite dürfte die von den Neorankeanern angestrebte Öffnung des politikgeschichtlichen Paradigmas für wirtschafts- und sozialgeschichtliche Aspekte dazu führen, daß diesen Themen innerhalb der Biographien verstärkt Rechnung getragen wird. Damit würden *innerhalb* der syntagmatischen Form paradigmatische Momente stärkere Beachtung finden.

Schon die Analyse der kaiserzeitlichen Biographik über die Protagonisten der Preußischen Reformen und der Freiheitskriege hat gezeigt, daß das Vorhaben, eine Geschichtsperiode auf biographischem Wege darzustellen, dazu führt, daß das historische Moment stärker betont wird. Anders ausgedrückt: Die Biographie kann sich nur dann

---

[81] Außerdem hegt man Ende des 19. Jahrhunderts die Hoffnung, in der Psychologie eine Elementarwissenschaft der Geisteswissenschaften zu erhalten, die alle Erscheinungen des Soziallebens auf psychische Gesetzmäßigkeiten zurückführen könne. Vgl. Max WEBER: Die "Objektivität" sozialwissenschaftlicher und sozialpolitischer Erkenntnis (zuerst: 1904), in: ders.: Schriften zur Wissenschaftstheorie, hg. v. Michael SULAKE, Stuttgart 1991, S. 21-101, hier: S. 53.

als zentrale geschichtswissenschaftliche Darstellungsform etablieren, wenn sich die biographisch tätigen Historiker vom dem Plutarchschen Programm, nicht Geschichte, sondern Lebensbilder zu schreiben, endgültig freimachen und in der Biographie dezidiert und hauptsächlich allgemeinhistorische Darstellungsabsichten verfolgen. Nur indem sie *historische* Biographie wird, kann sie in den "Vordergrund des Interesses" (Lenz) rücken. Dieses vorweggenommen kann man sagen: In dem gleichen Maße wie der Methodenstreit in seinem Ergebnis der theoretischen und inhaltlichen Modernisierungsfähigkeit der deutschen Geschichtswissenschaft geschadet hat, hat dieser Streit der Ausbildung der Biographie zu einer leistungsfähigen historischen Darstellungsform genutzt.

4. Theoretische Beiträge zur historischen Biographie

Ein erste Möglichkeit, die im letzten Abschnitt geäußerten Vermutungen über die konzeptionellen Veränderungen der historischen Biographie in Folge des Methodenstreits zu erhärten und zu differenzieren, ist die Betrachtung theoretischer Beiträge aus dieser Zeit. Hierbei sind drei Kategorien zu unterscheiden: α. theoretische Stellungnahmen der "Praktiker", β. die historische Biographie in Einführungen und methodologischen Lehrbüchern zur Geschichte, γ. die Biographie im Kontext geschichtsphilosophischer Überlegungen (Wilhelm Dilthey).

α. Von den Historikern liegen nur wenige theoretische Beiträge zur historischen Biographie vor. Die Generation der Neorankeaner hat keinen Droysen hervorgebracht, der als Praktiker und Theoretiker gleichermaßen von Bedeutung wäre. Von den Aufsätzen, die Max Lenz, Alfred Dove und Erich Marcks zur Biographie veröffentlicht haben, eröffnet nur der von Lenz allgemeinere Perspektiven.[82] Über die Charakterisierung von Ranke als Biographen kommt Lenz zur Aufgabenstellung der historischen Biographie: Sie soll "das Verhältnis der Persönlichkeit zu der Umwelt [...] beschreiben und das Maß, mit dem sie auf diese einwirkte, [...] bestimmen [...]." (S. 6) Lenz betont damit den historischen Charakter der Biographie als Geschichtsschreibung: Sie hat nicht das Individuum als solches im Blick (wie die personale Biographie), sondern immer nur im Verhältnis zur geschichtlichen Umwelt. Wichtig ist, daß Lenz ausdrücklich betont, daß "die Biographie unter demselben Zeichen wie die allgemeine Historie" stehe und daß sie nur unter "universalen Gesichtspunkten anzugreifen" sei (S. 11). Lenz bezeugt damit die neorankeanische Auffassung der historischen Biographie als einer Form allgemeiner, "großer" Geschichtsschreibung. Ebenso findet sich bei Lenz die Bevorzugung des syntagmatischen Verhältnisses: "Nicht jedermann [...] verdient darum sogleich, daß

---

[82] DOVE: Ranke's Verhältnis zur Biographie; MARCKS: Nach den Bismarcktagen; Max LENZ: Rankes biographische Kunst.

man sein Leben von der Wiege bis zur Bahre beschreibe [...]. Nur demjenigen gebührt in Wahrheit ein solches Denkmal, der mit seiner Persönlichkeit voll in die Weltentwicklung eingegriffen hat." (S. 13) Die Abgrenzungen, die Lenz vornimmt, deuten allerdings an, daß der Kontext seiner Ausführungen nicht mehr der Methodenstreit der 1890er Jahre ist, sondern das Aufkommen einer mit den Historikern konkurrierenden psychologischen und belletristischen Biographik.[83] Lenz führt nämlich aus, daß "jeder andere Versuch, in das Innere der historischen Persönlichkeiten einzudringen", scheitern müsse, "mag er nun von der Phantasie des Dichters her oder aus irgendeiner Ecke der Psychologie oder gar der Psychiatrie unternommen werden." (S. 11). Lenz erneuert damit Überlegungen für die historische Biographie, die schon Hegel und Droysen vorgebracht haben, um die idealistische Sichtweise der historischen Individuen von der psychologisierenden und moralisierenden Beurteilung der Aufklärungshistorie abzugrenzen.

β. Die quantitative und qualitative Bedeutungssteigerung der Biographie innerhalb der Geschichtsschreibung findet ihren Niederschlag auch in den methodologischen und systematischen Einführungen in die Geschichtswissenschaft, die - rund vierzig Jahre nach Droysens ersten Vorlesungen über "Historik" - dem Bedürfnis eines sich stark erweiternden wissenschaftlichen Betriebs nach Vermittlung fachlicher Grundkenntnisse nachkommen.[84] Die Umschau beginnt mit der kleinen theoretischen Schrift des Alt- und Universalhistorikers Eduard Meyer (1855-1930),[85] die vor allem deshalb anzuführen ist, weil sie eine der wenigen Gegenstimmen zu dem hier analysierten Etablierungsprozeß der Biographie in die historiographischen Darstellungsformen darstellt. Am Schluß seines Werkes findet man folgende bemerkenswerte Reflexion:

"Zu den philologischen Disciplinen gehört auch die Biographie. Sie wird zwar in unserer Zeit [...] vorwiegend, wenn auch nicht ausschließlich von Historikern behandelt; aber eine eigentlich historische Tätigkeit ist sie nicht. Ihr Object ist die betreffende Persönlichkeit an sich in ihrer Totalität, nicht als historisch wirksamer Factor [...]. Daher ist in ihr Raum für alle Einzelheiten des Wesens, der Erscheinung des äusseren und inneren Lebens ihres Helden, mit denen sich der Historiker nicht befassen darf. Umgekehrt aber kann keine Biographie, so lange sie wirklich Biographie bleibt und nicht lediglich ein anderer Name ist für die Geschichte der Zeit ihres Helden, niemals erreichen, was die ei-

---

[83] Der Streit zwischen Historikern und Literaten um die "Historische Belletristik" entbrennt zwar erst in der Weimarer Republik, das Spannungsverhältnis baut sich aber schon in der Spätzeit des Kaiserreichs auf, insbesondere auf dem Gebiet der Bismarck-Biographik. So sieht sich der Bismarck-Biograph Max LENZ der Konkurrenz eines Emil LUDWIG ausgesetzt, der 1911 einen "psychologischen Versuch" über Bismarck veröffentlicht.

[84] Vgl. BLANKE: Historiographiegeschichte, S. 227-253.

[85] Eduard MEYER: Zur Theorie und Methodik der Geschichte, Halle 1902. Benutzte Literatur zu Eduard Meyer: Gustav A. LEHMANN: Eduard Meyer, in: NDB 17(1994), S. 309-311; CHRIST: Von Gibbon zu Rostovtzeff, S. 286-333; NÄF: Eduard Meyers Geschichtstheorie.

gentliche Aufgabe eines Geschichtswerkes ist, eine allseitige und erschöpfende Darstellung eines historischen Vorgangs." (S. 55f.)

Das Faktum der Hinwendung der Historiker zur Biographie wird auch von Meyer konstatiert, zugleich versucht er nachzuweisen, daß sich seine Kollegen damit auf einem Holzweg befinden, denn eine "eigentlich historische Tätigkeit" sei die Biographie nicht. Die klaren und präzisen Argumente, die Meyer hierfür anführt, sind nicht neu, sie werden schon in den biographietheoretischen Schriften der Aufklärung formuliert. Wie Wiggers und Jenisch legt Meyer seinen Ausführungen den Begriff der personalen Biographie zugrunde und zieht aus dem Vergleich der Intentionen einer solchen Biographik mit denen der Geschichtsschreibung den zweifellos folgerichtigen Schluß, daß beide durchaus unterschiedliche Erkenntnisinteressen haben. Wenn man so will, gibt Meyer hier eine Definition der historischen Biographie *ex negativo*: Kehrt man nämlich die Bestimmungen um, erhält man genau die Definition, die Max Lenz gegeben hat: Das Objekt der historischen Biographie ist *nicht* die betreffende Persönlichkeit an sich, *sondern* die Persönlichkeit als historisch wirksamer Faktor. Daher ist in ihr *kein* Raum für alle Einzelheiten des Wesens etcetera. Meyer ist ein Beispiel dafür, daß die Ablehnung der Lamprechtschen Position und die Betonung des Individuellen in der Geschichte[86] nicht notwendig zur Anerkennung der Biographie als historiographische Darstellungsform führt.

Der bekannteste und bedeutendste Geschichtstheoretiker des Kaiserreichs aus den Reihen der Historiker ist sicherlich Ernst Bernheim (1850-1942) mit seinem zwischen 1889 und 1908 sechsmal aufgelegten "Lehrbuch der historischen Methode und der Geschichtsphilosophie".[87] An verschiedenen Stellen seines umfangreichen Werkes kommt er auf die Biographie zu sprechen.[88] Von Interesse ist hier seine Unterscheidung verschiedener historischer "Betrachtungsarten", die auch in der Biographie zum Tragen kommen können (S. 38).[89] Er grenzt eine "rein erzählende", eine "pragmatische" und eine "entwickelnde" Biographie voneinander ab (ebd.). Die erste Form ist dadurch charakterisiert, daß sie die Schicksale ihres Helden "als an und für sich wissenswert

---

[86] Vgl. dazu NÄF: Eduard Meyers Geschichtstheorie, S. 292f.

[87] BERNHEIM: Lehrbuch der historischen Methode und der Geschichtsphilosophie. Mit Nachweis der wichtigsten Quellen und Hilfsmittel zum Studium der Geschichte, 5./6. neu bearbeitete und vermehrte Auflage Leipzig 1908. Bernheim war mit Karl Lamprecht befreundet, kritisiert aber in seinem "Lehrbuch" die einseitig kollektivistische Geschichtsauffassung Lamprechts. Vgl. zu Bernheim Gottfried OPITZ: Ernst Bernheim, in: NDB 2(1955), S. 125; WEBER, S. 41.

[88] Vgl. die im Kapitel A erwähnte Eingliederung der Biographie in die "Einteilung des geschichtlichen Stoffes". Außerdem bezeugt er in dem Kapitel "Darstellung", daß man gegen Ende des 19. Jahrhunderts das Dogma der streng chronologischen Vorgehensweise in der Biographie zugunsten thematischer Einheiten aufgebrochen hat (S. 783).

[89] Er stellt diese Überlegungen im Rahmen des ersten Kapitels über "Begriff und Wesen der Geschichtsschreibung" (S. 1-178) an.

[...] erzählt, ohne sich tiefer in deren Bildungs- und Entwicklungsverhältnisse einzulassen." (ebd.) Das Verhältnis des Individuums zu seiner geschichtlichen Umgebung und seine historische Bedeutung werden hier nicht thematisiert, letztere ist nur die unausgesprochene Voraussetzung seiner biographischen Behandlung. Bernheim selbst gibt keine Beispiele an, aber denkt man an die Praxis des 19. Jahrhunderts, so läßt sich diese Form am ehesten durch die Biographien Varnhagen von Enses illustrieren.[90] In einer "pragmatischen" Biographie wird das Leben einer Person "als Beispiel der Vaterlandsliebe oder der Tugend [...] dargestellt." (ebd.) Auch mit dieser Form ist man noch nicht im eigentlichen Gebiet der historischen Biographie, denn hier klingt sehr deutlich die Tradition der exemplarischen Biographik an, wie man sie im Humanismus und in der Aufklärung findet. Erst die dritte, die "entwickelnde" Form entspricht dem Idealtypus der historischen Biographie. In ihr soll untersucht werden, "wie die betreffende Persönlichkeit in Wechselwirkung mit den Bedingungen ihrer Zeit und gesamten Umgebung geworden ist, was sie war, und was sie im Zusammenhang mit den früheren und späteren Leistungen des betreffenden Gebietes geleistet und bedeutet hat." (ebd.) Von besonderer Bedeutung ist, daß Bernheim hier - deutlicher als etwa Max Lenz - eine Definition der Vollform der syntagmatischen Biographie, also der integrativen Biographie, gibt. Ihre beiden Elemente, die historische Bildungsgeschichte des Individuums in seinen Zeitverhältnissen (das Goethesche Erbe) und die Tätigkeitsgeschichte des Individuums im geschichtlichen Zusammenhang (das Erbe der idealistischen Geschichtsphilosophie), werden von Bernheim deutlich benannt. Dies ist eine Bestätigung der These, daß sich die Vollform der historischen Biographie gegen Ende des 19. Jahrhunderts in der deutschen Geschichtswissenschaft etabliert hat.

Das dritte zu besprechende Werk, die "Einführung in das Studium der Geschichte" des österreichischen Neuzeithistorikers Wilhelm Bauer (1877-1953),[91] überschreitet zwar etwas den gesetzten zeitlichen Rahmen dieser Untersuchung, ist aber als Zeugnis für ein deutlich weiterentwickeltes theoretisches Gattungsbewußtsein sehr aufschlußreich. Neben dem syntagmatischen Verhältnis findet in diesem Werk das paradigmatische erstmals wieder Beachtung:[92]

---

[90] Vgl. Kapitel D, Abschnitt 3b.

[91] BAUER: Einführung in das Studium der Geschichte, Tübingen ¹1921, 2. verb. Auflage Wien 1928, ND Frankfurt a. M. 1961. Zitiert wird aus der ersten Auflage. Vgl. zu Bauer: WEBER, S. 26; Elisabeth SCHULTZ: Wilhelm Bauer. Studien zu Leben und Werk, Wien 1979. (Das Kapitel über "Die Einführung in das Studium der Geschichte", S. 74-92, berichtet nur über Entstehungsbedingungen und Rezeption und enthält keine Interpretation).

[92] Daß Bauer sich von allen hier behandelten Theoretikern am ausführlichsten und eindringlichsten mit der historischen Biographie beschäftigt hat, kann man nicht nur aus den sorgfältig ausgewählten Beispielen schließen (in der zweiten Auflage wird beispielsweise die 1925 erschienene Metternich-Biographie von Srbik berücksichtigt), sondern auch daran, daß Bauer Kenntnis von der theoretischen Tradition hat und beispielsweise Daniel Jenisch' Schrift anführt (S. 126). Bauer erwähnt auch die

"Die Geschichte von *Einzelpersönlichkeiten* erfährt eine verschiedene Einstellung, je nachdem man nur eine schlichte Erzählung der Veränderungen, Handlungen und Willensakte geben will, [...] oder ob man in ihm den Träger zeitlich bedingter, typischer Merkmale erblickt, die einen Stand, den Vertreter einer besonderen Geistesrichtung kennzeichnen." (S. 126)

Die hier vorgenommene Zweiteilung korrespondiert mit der Einteilung der historischen Biographie in eine syntagmatische und paradigmatische Unterart. Das "Durchschnittsindividuum" kommt allerdings für Bauer noch nicht als Gegenstand der Biographie in Betracht. Er entwickelt seinen Begriff auf der Grundlage der gängigen Biographik über "große Individuen". Indem man "den Gestalter" (S. 127) einer Epoche zugleich als ihren "Sohn" (ebd.) begreift, tritt das paradigmatische Verhältnis innerhalb der syntagmatischen Biographie hervor. Gestalterisch bedeutet dies, daß der Biograph die biographische Vorgeschichte betont, also schildert, wie die Person in den Zeitverhältnissen zu derjenigen geworden ist, die dann gestaltend in diese Verhältnisse eingreifen konnte. Darüber hinaus verweist Bauer auf eine Darstellungsaufgabe, die bisher überhaupt noch nicht im Horizont des biographietheoretischen Diskurses aufgetaucht ist: "Als Ergänzung zur Lebensbeschreibung jeder bedeutenden Persönlichkeit hat neuerdings Julian Hirsch [...] die Forderung aufgestellt, man solle die Persönlichkeit im Wandel der Bewertung zeigen, die sie zu verschiedenen Zeiten erfahren hat." (S. 129) In dem angesprochenen Werk[93] untersucht der Literaturwissenschaftler Hirsch die Faktoren, die am Zustandekommen der einem Individuum zugeschriebenen historischen Größe ("Ruhm") beteiligt sind. Er kommt zu dem Ergebnis, daß jenes Urteil vor allem auf der seiner Meinung nach irrationalen Wahrnehmung der "Masse" beruhe.[94] Wenn die wissenschaftliche historische Biographie also zeigen wolle, "wie es eigentlich gewesen ist",[95] dürfe sie nicht "nur das Individuum an sich" berücksichtigen,[96] sondern müsse erst durch eine Kritik seiner Wahrnehmungsgeschichte den wahren, geschichtlichen Kern der historischen Größe herausarbeiten. Hirsch fordert deshalb, daß alle Biographik "durch eine Phänographik"[97] zu ergänzen sei. Wenn Hirschs gestalterische Folgerungen auch etwas übertrieben erscheinen (er will in manchen Fällen die Phänographie weit

---

Integration von Biographien in größeren Geschichtswerken, etwa in Rankes "Deutscher Geschichte im Zeitalter der Reformation" (Luther u.a.) und Mommsens "Römischer Geschichte" (Pompeius, Caesar, Cicero, Cato) (S. 126f.).

[93] HIRSCH: Die Genesis des Ruhmes.

[94] Hirsch nennt eine ganze Reihe von "psychischen" und "sozialen" Faktoren, die diese "irrationale" Wahrnehmung bedingen: u.a. das Verehrungsbedürfnis, das Gemeinschaftsgefühl (Stolz auf große Vertreter der eigenen Nation), das Sensationsbedürfnis, Erziehung und Schule, populärwissenschaftliche Literatur, die Tagespresse.

[95] HIRSCH: Die Genesis des Ruhmes, S. 209.

[96] HIRSCH: Die Genesis des Ruhmes, S. 254.

[97] HIRSCH: Die Genesis des Ruhmes, S. 277.

stärker gewichtet sehen als die eigentliche Biographie),[98] so weisen doch die Rezeption dieses Ansatzes bei Wilhelm Bauer und beobachtbare praktische Ansätze zu einer Integration der "Phänographik" in die historische Biographie darauf hin,[99] daß mit dem Buch von Hirsch erstmals eine grundlegende Forschungs- und Darstellungsaufgabe der modernen historischen Biographie angesprochen worden ist.

γ. Den bedeutendsten theoretischen Beitrag zur historischen Biographie im Rahmen geschichtsphilosophischer Überlegungen liefert ohne Zweifel Wilhelm Dilthey. Sein Versuch einer erkenntnistheoretischen Grundlegung der Geisteswissenschaften, dessen Rezeption durch die im Methodenstreit zutage tretende Legitimierungsbedürftigkeit der Geschichtswissenschaft stark gefördert worden ist, sichert ihm schon seit vielen Jahren die Beachtung der Wissenschaftsgeschichtsschreibung. Seine Bedeutung in dieser Hinsicht besteht allerdings weniger in innovativen Überlegungen als darin, daß sein Werk als "große zusammenfassende Selbstdarstellung des Historismus" zu begreifen ist.[100] Auch auf dem Gebiet der Theorie der historischen Biographie hat Dilthey seit längerem den Ruf eines herausragenden, wenn nicht gar des bedeutendsten Theoretikers des 19. Jahrhunderts.[101] In zwei Schritten soll hier versucht werden, diese Bedeutung zu klären: αα. Diltheys Begriff der historischen Biographie, ββ. die problematische Funktion der Biographie als Keimzelle der Geschichtsschreibung.

---

[98] Jacques LEGOFF zeigt allerdings in seiner Biographie Ludwigs des Heiligen (Saint Louis, Paris 1996) auf eine überzeugende Weise, daß die Rekonstruktion der "Phänographik" für die biographische Behandlung mittelalterlicher Individuen von grundlegender Bedeutung ist. Gut zweihundert Seiten (von knapp 1000) setzt er sich mit der "production de la mémoire royale" auseinander, um durch "Vergleich und Interferenz" von "verschiedenartigen Erinnerungskulturen [...] das Individuum vom Typischen [...] abzugrenzen." (OEXLE: Individuum und Erinnerungskultur im 13. Jahrhundert, S. 47).

[99] In der zeitgenössischen Praxis sieht Hirsch dazu allenfalls Ansätze (S. 277). Als Beispiel kann man etwa Eberhard Gotheins Biographie über Ignatius von Loyola nennen. Er stellt in einem Einleitungskapitel, "Ignatius Loyola im Wandel der Zeiten", die der Loyola-Historiographie von seinem ersten Biographen bis zu Ranke vor (GOTHEIN: Ignatius von Loyola und die Gegenreformation, S. 1-10).

[100] SCHNÄDELBACH: Geschichtsphilosophie nach Hegel, S. 115. Die Konzentration auf diesen Autor hat in dieser Hinsicht zu Überschätzungen geführt. Dilthey werden "Verdienste um die Entdeckung des Wesens des Geschichtlichen" (Diwald) zugeschrieben, die allenfalls als Wiederentdeckungen, bzw. systematische Zusammenfassungen historistischer Grundeinsichten gelten können. Vgl. Hellmut DIWALD: Wilhelm Dilthey. Erkenntnistheorie und Philosophie der Geschichte, Göttingen/Berlin/Frankfurt a.M. 1963, S. 7. Schnädelbach weist zurecht darauf hin, daß eine systematische Grundlegung der Geschichtswissenschaft als Geisteswissenschaft zuerst von Droysen vorgelegt worden ist und daß deshalb "zahlreiche Theoreme, die auch in prominenten Dilthey-Darstellungen als originäre Leistungen Diltheys ausgegeben werden, nichts anderes als präzisere begriffliche Fassungen des gedanklichen Allgemeinguts des Historismus sind [...]." (ebd.) Die gleiche Meinung vertritt MACLEAN: J. G. Droysen and the Development of Historical Hermeneutics, S. 347.

[101] Vgl. folgende Würdigungen der Diltheyschen Biographietheorie: Joachim MÜLLER: Dilthey und das Problem der historischen Biographie, in: AKG 23(1933), S. 89-108; Bernd NEUMANN: Utopie und Mimesis. Zum Verhältnis von Ästhetik, Gesellschaftsphilosophie und Politik in den Romanen Uwe Johnsons, Kronberg 1978, S. 96-98 ("einen Schritt hinaus über alle früheren Arbeiten zu diesem Thema"); Thomas KORNBICHLER: Tiefenpsychologische Biographik, Berlin 1987, S. 34-37.

αα. Dilthey ist als einer der Autoren des 19. Jahrhunderts zu nennen, denen "die umfassendere Aufgabe der biographischen Geschichtsschreibung"[102] deutlich vor Augen steht. Er entwickelt in der Konzeption und in den programmatischen Überlegungen innerhalb seiner Schleiermacher-Biographie (1. Bd. 1870) schon lange vor dem Methodenstreit das Modell einer Biographie, die umfassende historische Erkenntnisansprüche zu befriedigen weiß. Es lohnt, seine einschlägigen Sätze aus dem Vorwort zum "Schleiermacher" ausführlich zu zitieren:

> "Denn in dem Verhältnis des einzelnen zu der Gesamtheit, in welcher er sich entwickelt und auf die er zurückwirkt, liegt der Schwerpunkt der Biographie wie des Lebens selber; zumal aber die Biographie eines Denkers oder Künstlers hat die große geschichtliche Frage zu lösen, wie ganz zerstreute Elemente der Kultur, welche durch allgemeine Zustände, gesellschaftliche und sittliche Voraussetzungen, [...] gegeben sind, in der Werkstatt des einzelnen Geistes verarbeitet und zu einem originalen Ganzen gebildet werden, das wiederum schöpferisch in das Leben der Gemeinschaft eingreift."[103]

Dilthey weist selber darauf hin, daß diese Bestimmung nichts Neues sei, sondern durch "treffliche Vorgänger" "wohl ein- für allemal tatsächlich festgestellt ist."[104] Deutlich ist erkennbar, daß Dilthey sich in die Tradition der Goetheschen Biographiekonzeption stellt und in Methode und Gegenstand dessen Idee der historischen Bildungsgeschichte geistesgeschichtlicher "Flügelmänner" verfolgt. Die Qualität des Historischen liegt hier nicht in dem unmittelbaren Eingreifen eines Individuums in den geschichtlichen Verlauf (dem syntagmatischen Verhältnis), sondern in der komplexen Wechselwirkung zwischen den Einflüssen der geschichtlichen Umwelt des Individuums und der Ausbildung seiner originalen "Weltsicht", die diese Umwelt wiederum auf eine bestimmte Weise abspiegelt (dem paradigmatische Verhältnis bei den "Flügelmännern"). In Diltheys zweitem systematischen Hauptwerk, "Der Aufbau der geschichtlichen Welt in den Geisteswissenschaften", wird die "Aufgabe des Biographen" mit dem Begriff des "Wirkungszusammenhangs" beschrieben: "Die Aufgabe des Biographen ist nun, aus solchen Dokumenten den Wirkungszusammenhang zu verstehen, in welchen ein Individuum von seinem Milieu bestimmt wird und auf dieses reagiert."[105] Wichtig ist hierbei die Abgrenzung zum westeuropäischen positivistischen Gedankengut. Das Individuum ist in der deutschen idealistisch-neuhumanistischen Denktradition, in der Diltheys Überlegungen hier stehen, nicht einfach die Summe der Milieueinflüsse. Diese sind vielmehr nur als

---

[102] DILTHEY: Leben Schleiermachers, 1. Bd., Erster Halbband, S. XXXIII (Vorwort zur 1. Auflage).
[103] Leben Schleiermachers, 1. Bd., S. XXXIII.
[104] Ebd.
[105] DILTHEY: Der Aufbau der geschichtlichen Welt in den Geisteswissenschaften, S. 246. Im gleichen Sinne: "Der Lebenslauf einer historischen Persönlichkeit ist ein Wirkungszusammenhang, in welchem das Individuum Einwirkungen aus der geschichtlichen Welt empfängt, unter ihnen sich bildet und nun wieder auf diese geschichtliche Welt zurückwirkt." (S. 248).

Anregungen, als Material aufzufassen, die vom Individuum auf eine ihm eigentümliche Weise zu einer Weltsicht ausgebildet werden. Methodisch bedeutet das für die Biographie: Die Kenntnis und Einbeziehung der geschichtlichen Umwelt ist zwar ein unerläßlicher Bestandteil der biographischen Arbeit, aber das Individuum kann nicht einfach aus diesen Einflüssen abgeleitet werden. Es kann letztlich nur aus sich selbst verstanden werden - das Hineinversetzen, die Einfühlung in das Individuum ist deshalb die unverzichtbare Methode, um sich seiner Subjektivität anzunähern. Ebenso muß man Diltheys Bestimmung aber auch von dem Begriff der historischen Biographie abgrenzen, wie etwa Lenz ihn aufgestellt hat. Dieser denkt ihn von den großen geschichtlichen Zusammenhängen (der Universalgeschichte) aus und sieht in der Biographie diejenige historische Darstellungsform, die einen individuellen Faktor dieser Zusammenhänge behandelt. Dilthey geht hingegen vom Individuum aus und kommt über die Idee der Bildungsgeschichte zur Einbeziehung des Geschichtlichen. Diese Prävalenz des personalen Moments kommt auch in den Überlegungen zum Ausdruck, die Dilthey der Frage nach den geeigneten Kandidaten biographischer Darstellung widmet. "Jedes Leben", so beginnt diese Reflexionsreihe, "kann beschrieben werden [...]."[106] In dem zweiten Gedankenschritt spielt dann das historische Moment hinein: "Aber der historische Mensch, an dessen Dasein dauernde Wirkungen geknüpft sind, ist in einem höheren Sinne würdig, in der Biographie als Kunstwerk fortzuleben."[107] Das Argument der historischen Wirksamkeit, das von dem Lenzschen Standpunkt aus völlig einsichtig erscheint, ist von Diltheys Standpunkt aus wesentlich schwieriger zu rechtfertigen. Denn die Ausbildung einer individuellen Weltsicht in Wechselwirkung mit der geschichtlichen Umgebung ist ein Verhältnis, das an "jedem Leben" beschrieben werden kann, sofern Zeugnisse dafür vorliegen. Das syntagmatische Argument der "Wirksamkeit" paßt eigentlich nicht zu dem von Dilthey vertretenen paradigmatischen Begriff der Biographie als historischer Bildungsgeschichte. Bezeichnenderweise verbindet Dilthey den Gedanken der Wirksamkeit im dritten Schritt wieder mit dem personalen Moment: "Und unter diesen werden dann wieder diejenigen das Augenmerk des Biographen besonders auf sich ziehen, deren Wirkungen aus besonderen schwer verständlichen Tiefen menschlichen Daseins hervorgegangen sind und die daher in das Menschenleben und seine individuellen Gestalten einen tieferen Einblick gewähren."[108] Dieses Argument spiegelt nur nicht das besondere Interesse des Psychologen Dilthey an den "Tiefen des menschlichen Daseins", sondern ist auch mit der hier vertretenen These in Zusammenhang zu bringen, daß es infolge des Methodenstreits zu einer Intensivierung des

---

[106] Der Aufbau der geschichtlichen Welt in den Geisteswissenschaften, S. 247.
[107] Ebd.
[108] Ebd.

personalen Moments innerhalb der historischen Biographie kommt.[109] Für eine Geschichtsschreibung, die das unableitbare individuelle "x" in den Mittelpunkt stellt, muß der "tiefere Einblick", den eine Biographie in das individuelle Menschenleben zu gewähren vermag, zu den wichtigsten Vorzügen dieser Gattung gehören.

ββ. Bisher hat sich Dilthey als ein Theoretiker der historischen Biographie gezeigt, der in der Goetheschen Tradition die Biographie vornehmlich als historische Bildungsgeschichte begreift.[110] Eine neue Qualität erhalten diese Überlegungen nun dadurch, daß Dilthey im "Aufbau" den Versuch unternimmt, von dem Einzelleben und seiner Biographie ausgehend die Erkenntnismöglichkeit des allgemeingeschichtlichen Zusammenhangs abzuleiten.[111] Diesem Unterfangen liegen zwei Gedanken zugrunde: 1. Das einfachste Element der Geschichte, die "Atome" der historischen Welt, sind die einzelnen Menschen. Sie stellen eine Einheit dar, hinter die nicht weiter zurückgegangen werden kann, aus denen sich andererseits die komplexeren geschichtlichen Einheiten zusammensetzen.[112] 2. In der Besinnung eines Menschen über sein Leben, angefangen von der einfachen "Erinnerung" bis hin zur literarisch gestalteten "Autobiographie", heben sich bedeutungsvolle Ereignisse und Sinnabschnitte heraus. Das für die Geschichtsschreibung zentrale Problem einer "objektiven" Auswahl der Fakten und ihrer Verknüpfung ist hier, wie Dilthey schreibt, "schon durch das Leben halb gelöst."[113]

---

[109] Damit soll nicht gesagt sein, daß Dilthey hier seinerseits auf den Methodenstreit reagiert. Vielmehr ist seine Betonung des personalen Moments und der hermeneutischen Methode ein Grund für die Rezeption Diltheys innerhalb der Geschichtswissenschaft nach dem Methodenstreit.

[110] In diese Tradition wird Dilthey schon bei Georg MISCH gestellt (Geschichte der Autobiographie, 4. Bd, 2. Hälfte, S. 979).

[111] Vgl. dazu Bernhard GROETHUYSEN: Vorbericht des Herausgebers, in: DILTHEY: Der Aufbau der geschichtlichen Welt in den Geisteswissenschaften, S. V-X, hier: S. IX ("Die Biographie wäre so der Ausgangspunkt für jede geschichtliche Darstellung überhaupt."). Gegen die zumeist behauptete systematische Schlüsselstellung der Biographie bei Dilthey hat sich Jürgen HABERMAS gewandt: "Er [Dilthey, O.H.] entwickelt die Implikationen der geisteswissenschaftlichen Hermeneutik am Beispiel der Autobiographie. Diese Wahl hat keine systematische Bedeutung; sie soll nicht etwa eine biographische Geschichtsauffassung präjudizieren." (Erkenntnis und Interesse. Mit einem neuen Nachwort, Frankfurt a. M. [10]1991, S. 190).

[112] "Die Biographie stellt so die fundamentale geschichtliche Tatsache rein, ganz, in ihrer Wirklichkeit dar. Und nur der Historiker, der sozusagen von diesen Lebenseinheiten aus die Geschichte aufbaut [...] wird die Wirklichkeit eines geschichtlichen Ganzen erfassen [...]." (Wilhelm DILTHEY: Einleitung in die Geisteswissenschaften. Versuch einer Grundlegung für das Studium der Gesellschaft und der Geschichte, 1. Bd. [zuerst: 1883] [= Gesammelte Schriften, Bd. 1, hg. v. Bernhard GROETHUYSEN], Göttingen/Stuttgart [5]1962, S. 34). Georg SIMMEL hat den gleichen Gedanken einmal mit folgendem Beispiel verdeutlicht: "Die Einzelseele ist das Element der geschichtlichen Ereignisse, hinter das auf kein noch einfacheres zurückgegangen werden kann. Demzufolge würde jedes kollektive Ereignis, z.B. die Schlacht bei Marathon, erst dann 'verstanden' sein, wenn wir die Lebensgeschichte jedes Griechen und jedes Persers bis zu dem Punkte kennten, an dem sein Verhalten in der Schlacht psychologisch begreiflich aus seiner gesamten inneren Entwicklung hervorgeht." (Die Probleme der Geschichtsphilosophie, S. 90).

[113] Der Aufbau der geschichtlichen Welt in den Geisteswissenschaften, S. 200. Diesen Gedanken hat Erich ROTHACKER aufgegriffen, um die Möglichkeit einer genetischen Geschichtsschreibung im Sinne

Denkt man beide Gedanken weiter, stößt man allerdings bald auf Schranken, die den einfachen Übergang vom Einzelleben zum geschichtlichen Zusammenhang verhindern: 1. Die einzelnen Individuen und ihre Rolle in den größeren geschichtlichen Einheiten können nicht aus sich selbst heraus verstanden werden, sondern nur mittels der immer schon mitgedachten Kenntnis dieser Einheiten.[114] 2. Die geschichtlichen Zusammenhänge zeichnen sich dadurch aus, daß sie "niemand als solche erlebt hat."[115] Die "Geschichtliche Welt", schreibt Gadamer, "ist kein Erlebniszusammenhang von der Art, wie etwa in der Autobiographie Geschichte für die Innerlichkeit der Subjektivität sich darstellt. Geschichtlicher Zusammenhang muß am Ende als ein Sinnzusammenhang verstanden werden, der den Erlebnishorizont des einzelnen grundsätzlich übersteigt."[116] Diltheys Ausführungen zur Biographie sind von dem Widerspruch durchzogen, einerseits die Erkenntnis des geschichtlichen Zusammenhangs von der Erkenntnis des individuellen Lebenszusammenhangs ableiten zu wollen, andererseits aber zugeben zu müssen, daß der allgemeingeschichtliche Standpunkt vom Individuum aus nicht zu gewinnen sei.

"Diese Dokumente zeigen das Individuum als einen Mittelpunkt von Kraftwirkungen, die es erfährt und ausübt. Aber die Bedeutung desselben im geschichtlichen Zusammenhang ist doch nur feststellbar, wenn überhaupt die Aufgabe lösbar ist, einen von diesem Individuum ablösbaren allgemeinen Zusammenhang zu gewinnen. [...] Damit vollzieht sich aber eine Veränderung des Standpunktes."[117]

Karl Lamprechts zu erweisen: Er sieht in der "biographischen Monographie das Musterbeispiel eines echt genetischen Verfahrens." - "Die Analyse ihrer Grundsätze, Lebensläufe zu behandeln, wird uns [...] einen Weg objektiver Auslese wie eine Möglichkeit historischer Verknüpfungen insbesondere von Handlungs- und Zustandsschilderungen weisen [...], welcher [...] historische Allgemeingültigkeit besitzt." (Über die Möglichkeit und den Ertrag einer genetischen Geschichtsschreibung im Sinne Karl Lamprechts, Leipzig 1912, S. 137).

[114] Diese Schranke läßt sich schön durch das von SIMMEL angeführte Beispiel der Marathonschlacht verdeutlichen: Auch wenn man die Biographien aller Schlachtteilnehmer kennen würde, "so würde die gesuchte Vollständigkeit der Erklärung noch immer ausstehen. Denn um dieser willen müßte man jeden einzelnen der seelischen Inhalte zu seinen psychischen und geschichtlichen Ursprüngen *jenseits des persönlichen Bewußtseins* [Hervorhebung, O.H.] zurückverfolgen. Unzählige Einflüsse des physischen, kulturellen, personalen Milieus, von überallher gesponnen, in unendliche Zeitweiten hinüberreichend, mußten sich in jedem der Marathonkämpfer treffen, um sein Verhalten in der Schlacht zu erzeugen." (Die Probleme der Geschichtsphilosophie, S. 90).

[115] GADAMER: Wahrheit und Methode, S. 210.
[116] GADAMER: Wahrheit und Methode, S. 478.
[117] Der Aufbau der geschichtlichen Welt in den Geisteswissenschaften, S. 250. Im gleichen Sinne: "allgemeine Bewegungen gehen durch das Individuum als ihren Durchgangspunkt hindurch; wir müssen neue Grundlagen für das Verständnis derselben aufsuchen, die nicht im Individuum gelegen sind, um sie zu verstehen. Die Biographie enthält für sich nicht die Möglichkeit, sich als wissenschaftliches Kunstwerk zu gestalten." (S. 251).

Der Widerspruch zwischen dem Standpunkt des Individuums und dem der allgemeinen Geschichte existiert aber nur dann für die historische Biographie, wenn man wie Dilthey die Vermittlung beider vom Individuum ausgehend sucht. Für objektivistische Geschichtstheorien wie die idealistische Geschichtsphilosophie[118] (Hegel, Ranke, Droysen) mit ihrem Konzept des historischen Individuums besteht dieser Widerspruch nicht, weil sie den dialektischen Zusammenhang von Individuum und Geschichte von der Geschichte aus denkt. Das Individuum kommt hier nur als allgemeingeschichtliches Moment in den Blick. Das bedeutet für die historische Biographie, daß die Perspektive des Biographen sich fundamental von dem Standpunkt seines Helden unterscheidet: Was für seinen Helden "wichtig" gewesen ist, muß für den Biographen nicht Bedeutung haben und umgekehrt: "Denn daß Friedrich auf der Flöte blies", schreibt Droysen, "[...] ist zwar sehr interessant, aber für die große geschichtliche Tätigkeit [...] gleichgültig." (Historik, S. 243) Umgekehrt stellt der Biograph seinen Helden in geschichtliche Zusammenhänge, die "vielleicht in dieser Allgemeinheit und abstrakten Klarheit niemals in das Bewußtsein des Subjektes getreten" sind.[119] Das Problem des Standpunktwechsels, das Dilthey an der Möglichkeit einer wissenschaftlichen Biographie zweifeln läßt, existiert für eine objektivistische Geschichtstheorie nicht.[120] - Man kann deshalb zu dem Schluß kommen, daß Diltheys Versuch, die Biographie "zu der Grundwissenschaft der Geschichtswissenschaften"[121] zu machen, gescheitert ist. Er ist allerdings als derjenige Theoretiker und vor allem Praktiker hervorzuheben, der die Leistungsfähigkeit des Goetheschen Konzepts der Biographie als historische Bildungsgeschichte nachdrücklich unter Beweis gestellt hat. Er hat damit der historischen Biographie zu einem Ansehen verholfen, das den Etablierungsprozeß dieser Gattung nicht unerheblich unterstützt hat.

---

[118] Andere Beispiele für objektivistische Geschichtstheorien sind der historische Materialismus und die Modernisierungstheorie, die von der "Historischen Sozialwissenschaft" herangezogen wird.
[119] SIMMEL: Die Probleme der Geschichtsphilosophie, S. 46. Er formuliert weiter: "Es ist also nicht der real gelebte Zusammenhang, den eine solche Biographie bietet; die Kategorie, nach der das Zusammenhängen ausgewählt und der Zusammenhang hergestellt wird, liegt jenseits seines Ursprungs als seelischer Wirklichkeit in einer darüber dargestellten objektiven Idee [...]." (S. 47f.)
[120] GADAMER hebt hervor, daß eine widerspruchsfreie Vermittlung des Individuums mit der Geschichte bisher "nur in Hegels dialektischer Vermittlung des subjektiven und des objektiven Geistes im absoluten Geist [...] wirklich begründet" scheint (Wahrheit und Methode, S. 484).
[121] Hans-Ulrich LESSING: Dilthey als Historiker. Das "Leben Schleiermachers" als Paradigma, in: HAMMERSTEIN (Hg.): Deutsche Geschichtswissenschaft um 1900, S. 113-130, hier: S. 120.

5. Die historische Biographie nach dem Methodenstreit: Die "große Geschichte" in der "kleinen Synthese"

a) Zeitalter der Reformation und Gegenreformation

Aus der Vielzahl der seit 1890 bis zum Ende des Kaiserreichs erscheinenden historischen Biographien treten drei Gegenstandsbereiche besonders hervor: Reformation und Gegenreformation, Bismarck und die Reichsgründung und politische Bewegungen des 19. Jahrhunderts. Die Themenblöcke eröffnen dabei unterschiedliche Möglichkeiten, die Rückwirkungen des Methodenstreits auf die Idee-Geschichte der historischen Biographie oder auch weitere Aspekte des Etablierungsprozesses zu untersuchen.

Die Epoche der Reformation und Gegenreformation, unter der hier die Zeit von den reformatorischen Bewegungen im frühen 16. Jahrhundert bis zum Ende des Dreißigjährigen Krieges verstanden werden soll, ist - anders als das lange vernachlässigte Spätmittelalter - eine traditionell durch die deutsche Geschichtswissenschaft gut erforschte Periode. Insbesondere Rankes "Deutsche Geschichte im Zeitalter der Reformation" (1839-47) hatte buchstäblich epochemachende Wirkung, indem sie den typisch deutschen Blickwinkel auf diese Zeit nachhaltig prägte.[122] Ebenso ist dieses Zeitalter mit seiner Fülle herausragender Fürsten, politischer und religiöser Führungsgestalten ein über die Phasen der Historiographiegeschichte hinweg beliebtes Thema biographischer Geschichtsschreibung.[123]

Dies legt die Vermutung nahe, daß die Epoche Eigenheiten besitzt, die eine Affinität zur biographischen Geschichtsschreibung aufweisen: Realgeschichtlich treten in diesem Zeitraum die "Herrscher als Geschichtssubjekt" besonders hervor.[124] Wie schon die römische Kaiserzeit eine vornehmlich an den Kaiserviten orientierte Geschichtsschreibung hervorbrachte, legt diese erste Phase des europäischen Absolutismus eine biogra-

---

[122] Vgl. dazu Heinrich LUTZ: Reformation und Gegenreformation (= OGG, Bd. 10), München ⁴1997, S. 116.

[123] Angefangen bei der voraufklärerischen Fürstengeschichtsschreibung (z.B. PUFENDORFS Geschichte des "Großen Kurfürsten") über die Historiographie der Aufklärung (z.B. ROBERTSON über Karl V.), Rankes "Wallenstein" oder Werke katholischer Historiker wie Friedrich E. HURTER oder August Fr. GFRÖRER über Ferdinand II. oder Gustav Adolf ist diese Epoche immer wieder in Biographien oder personenbezogener Geschichtsschreibung behandelt worden.

[124] Wolfgang KÜTTLER schreibt dazu: "In jedem Fall aber bleibt festzuhalten, daß mit der Entstehung einer absolutistischen Staatsmacht auch der Handlungsspielraum sowie die Rolle entweder des Herrschers selber oder der führenden Politiker, die an dessen Stelle und in dessen Auftrag agierten, gegenüber allen vorausgegangenen feudalen Staatsformen gewaltig anwuchsen. Es entstand so der Eindruck einer weitgehend unabhängig handelnden, Geschichte machenden Kraft des absoluten Herrschers." (Herrscherpersönlichkeiten als Geschichtssubjekt, in: Günter VOGLER (Hg.): Europäische Herrscher. Ihre Rolle bei der Gestaltung von Politik und Gesellschaft vom 16. bis zum 18. Jahrhundert, Weimar 1988, S. 18-30, hier S. 22). Die voraufklärerische Fürstengeschichtsschreibung ist deshalb nicht nur als Anpassung an die absolutistische Herrschaftsideologie zu begreifen, sondern auch als Reflex auf die politischen Verhältnisse dieser Zeit.

phische Aufarbeitung nahe. - Das 16. und 17. Jahrhundert ist auch das Zeitalter großer Gegensätze und Konflikte (Reformation, Bauernkrieg, Aufstand in den Niederlanden, Dreißigjähriger Krieg etcetera). Hier häufen sich geschichtliche Krisen, die - wie die idealistische Geschichtsphilosophie hervorgehoben hat - das Auftreten "welthistorischer Individuen" begünstigen. Die biographische Betrachtung solcher Persönlichkeiten führt den Historiker zu Schlüsselstellen epochaler Entwicklungen. Nicht zufällig findet sich in diesem Zeitalter häufig der Stoff für unsere klassische dramatische Literatur.[125] - Hinzu kommt, daß die Quellenlage der Frühen Neuzeit eine biographische Geschichtsschreibung weit besser unterstützt als etwa diejenige des Mittelalters. Rankes anschauliche Personenportraits fußen zu einem gut Teil auf den Gesandtschaftsberichten der sich in der Frühen Neuzeit ausbildenden Hofdiplomatie.[126] Ebenso treten allmählich autobiographische Schriften[127] und persönliche Briefe als Quellen für das personale Moment der Biographie hinzu.

Da vor allem der Einfluß des Methodenstreits auf die Praxis der historischen Biographie verfolgt werden soll, konzentriert sich die Untersuchung auf die Biographien, die seit 1890 erschienen sind. Die Biographien von Erich Marcks über Coligny und Elisabeth I. von England, die Ignatius-Biographie von Eberhard Gothein, die Moritz von Sachsen-Biographie von Erich Brandenburg und die Wilhelm v. Oranien-Biographie von Felix Rachfahl werden berücksichtigt.[128] Folgende Veränderungen und Probleme der biographischen Praxis sollen näher untersucht werden: α. die Intensivierung des personalen Moments und die Ausbildung der integrativen syntagmatischen Biographie, β. der

---

[125] Von GOETHES Geschichtsdramen spielen bsw. "Götz von Berlichingen", "Faust", "Egmont" und "Torquato Tasso" in dieser Zeit; von denjenigen SCHILLERS "Die Verschwörung des Fiesko zu Genua", "Don Carlos", die Wallenstein-Trilogie, "Maria Stuart" und "Demetrius".

[126] Vgl. dazu die Hinweise von RANKE in: Englische Geschichte, S. 3 (Vorwort).

[127] Bekanntlich liegt GOETHES Berlichingen-Drama dessen im 18. Jahrhundert veröffentlichte Autobiographie als Hauptquelle zugrunde (Lebensbeschreibung Herrn Goezens von Berlichingen, zugenannt mit der eisernen Hand, Nürnberg 1731). Vgl. auch folgende Anthologie: WENZEL (Hg.): Die Autobiographie des späten Mittelalters und der frühen Neuzeit.

[128] MARCKS: Gaspard von Coligny; ders.: Königin Elisabeth von England und ihre Zeit; GOTHEIN: Ignatius von Loyola und die Gegenreformation; Erich BRANDENBURG: Moritz von Sachsen, 1. Bd.: Bis zur Wittenberger Kapitulation (1547), Leipzig 1898; RACHFAHL: Wilhelm von Oranien und der niederländische Aufstand, 3 Bde., Halle 1906-1911 (Bd. 1, 2/1, 2/2) und Haag 1924 (Bd. 3) - der geplante vierte und letzte Band ist nicht erschienen. - Vgl. folgende *Rezensionen*: HOLLAENDER: [Rez.: Marcks: Coligny], in: HZ 71(1893), S. 522-524; MIRBT: Ignatius v. Loyola; EGELHAAF: [Rez.: Brandenburg: Moritz von Sachsen, Bd. 1]; BRUGMANS: [Rez.: Rachfahl: Wilhelm von Oranien, Bd. 1]. - Neuere *Darstellungen*: Bei JANDER finden sich Interpretationen von Brandenburg, "Moritz v. Sachsen", und Marcks, "Coligny" (Untersuchungen, S. 171-174 u. 181f.). Zu den Marckschen Biographien vgl. insbesondere die Ausführungen bei KRILL: Rankerenaissance, S. 44-65. - Folgende Biographien zu diesem Themenkreis wurden bereits in den 1880er Jahren publiziert: Max LENZ: Martin Luther; G. DROYSEN: Bernhard v. Weimar; BAUMGARTEN: Geschichte Karls V. Vgl. folgende Rezensionen: v. ZWIEDINECK: [Rez.: Droysen: Bernhard v. Weimar], in: HZ 57(1887), S. 81-84; G. EGELHAAF: [Rez.: Baumgarten: Geschichte Karl's V.], in: HZ 55(1886), S. 488-492.

Einfluß des universalhistorischen Interesses auf die Gestalt der historischen Biographie und γ. die Grenzen der historischen Biographie als geschichtswissenschaftlicher Darstellungsform.

α. Ein wichtiges Merkmal biographischer Historie vor 1890 war, daß sie theoretisch und praktisch das Schwergewicht auf die Darstellung des Helden als geschichtlich Handelnder gelegt hat. Die biographische Vorgeschichte, die die Ausbildung der Persönlichkeit in den Zeitverhältnissen erzählt, wird als Voraussetzung nur kurz gestreift. Äußerlich ist dieser Schwerpunkt daran erkennbar, daß die Biographien den Titel "Geschichte" tragen ("Geschichte Alexanders des Großen", "Geschichte Wallensteins"). Diese Variante der syntagmatischen Biographie ist die *rein historische* genannt worden. Nun konnte man aber schon bei Ranke geschichtsphilosophische Überlegungen beobachten, die zu einer Erweiterung dieses Modells führen. Faßt man nämlich Individuum und geschichtliche Bewegung als zwei selbständige Größen auf, die an einem bestimmten Punkt zusammentreffen und in der Folge in steter Wechselwirkung den historischen Prozeß bestimmen, so wird die Frage nach der Vorgeschichte *beider* Größen virulent. Zu dem Interesse an der Tätigkeitsgeschichte des historischen Individuums tritt die Frage nach seiner Bildungsgeschichte. Die daraus abgeleiteten Elemente der Biographiekonzeption wurden monographische und biographische Vorgeschichte und bio-monographische Tätigkeitsgeschichte genannt. Die *Erweiterung der rein historischen Biographie zur integrativen Biographie* ist der idee-geschichtlich wichtigste Vorgang, der sich an einigen Biographien dieses Gegenstandsbereiches beobachten läßt.

Ein Beispiel dafür ist die Coligny-Biographie von Erich Marcks. Programmatisch heißt es im Vorwort, daß dieses Werk "eine wirkliche Biographie, eine wirkliche Geschichte" bieten solle (S. V). Schon hier wird deutlich, daß Marcks über das von Droysen ("Geschichte Alexanders des Großen") verkörperte Modell hinausgehen will. Es soll eine historische Darstellung sein, die das genuin Biographische mit dem Historischen verknüpft.[129] Unter "wirklicher Biographie" versteht Marcks, daß der Biograph den Mut haben solle, "über das äußerlich Sichtbare unbedenklich hinauszugehen und das farbige Bild, in dem die Persönlichkeit ihm innerlich ja doch erscheinen muß, ganz und ohne Rückhalt auch wiederzugeben." (ebd.) Integration des personalen Moments in die historische Biographie bedeutet aber, daß die Entwicklung der Persönlichkeit aus

---

[129] Wenn KRILL schreibt, daß es sich bei diesem Werk nicht nur um ein ausführliches Lebensbild, sondern um eine "Geschichte Colignys" im Anschluß an Rankes "Wallenstein" handele (Rankerenaissance, S. 53), so hebt er damit zwar richtig hervor, daß Marcks sich durchaus in der Tradition Rankes sieht. Krill übersieht dabei aber, daß Marcks ebenso die Absicht hat, über Ranke hinaus zu gehen. Das eigentlich Biographische erfährt ein viel stärkeres Gewicht. Dieses Mehr gegenüber Ranke mit einem Hinweis auf Marcks' "Neigung zum Psychologisieren" abzutun (S. 46) greift zu kurz, denn hinter dem "Psychologisieren" verbirgt sich die konzeptionelle Erweiterung dieser historiographischen Gattung zur integrativen Biographie.

historischem Interesse betrachtet wird. In diesem Sinne schreibt Marcks, daß die Gestalt Colignys zwar um ihrer selbst willen betrachtenswert sei, die allgemeine Geschichte sich aber für ihn als "Führer der Hugenotten" und als "Staatsmann, der es versucht hat, Frankreich protestantisch zu machen", interessiere (ebd.). Die Frage nach der Persönlichkeit Colignys wird auf diese Weise zu einer historischen Frage: Aufgrund welcher individueller Voraussetzungen konnte Coligny der politische Führer der Hugenotten und protestantischer Staatsmann werden? Im ersten Buch ("Jugend und Lehrzeit im königlichen Dienste 1519-1559") beleuchtet Marcks die biographische Vorgeschichte. Es erzählt den Weg Colignys vom "jungen Edelmann" im königlichen Dienst zum hochrangigen Offizier bis zur Hinwendung zum Protestantismus in der Gefangenschaft von Sluys. Colignys innere Entwicklung, die Gewinnung der protestantischen Glaubensüberzeugung und die Herausbildung seiner politischen und militärischen Fähigkeiten, sind damit als Voraussetzungen der "13 Jahre seines eigentlichen geschichtlichen Handelns" (S. 156) geschildert. Das zweite Buch ("Frankreichs und Colignys Eintritt in die bürgerlich-religiösen Kämpfe unter Franz II. 1559-1560") hebt nun *nicht* damit an, den Beginn dieses Handelns zu berichten, sondern es werden zunächst "Frankreichs staatliche und gesellschaftliche Zustände um die Mitte des 16. Jahrhunderts" dargestellt. Es folgt ein Kapitel über die Entwicklung des Protestantismus in Frankreich bis 1559 und erst das dritte und letzte Kapitel des zweiten Buches erzählt mit Colignys offenem Eintreten für den Protestantismus in der Notablenversammlung von Fontainebleau (24./25. August 1560) den Anbruch seiner "zweiten, im vollen Sinne geschichtlichen Periode seines öffentlichen Lebens." (S. 317)

Die Anlage des Werkes ist deshalb skizziert worden, weil bereits sie den konzeptionellen Grundgedanken der integrativen historischen Biographie hervortreten läßt. Das erste Buch schildert die biographische Vorgeschichte des Individuums, das zweite entwirft die monographische Vorgeschichte der geschichtlichen Bewegung, in der Coligny seine historische Stellung erlangt. Das letzte Kapitel enthält schließlich den Integrationspunkt und den Beginn der bio-monographischen Tätigkeitsgeschichte. Es ist formgeschichtlich von großer Bedeutung, daß Marcks *beiden* Vorgeschichten eine quantitativ und qualitativ ungefähr gleichgewichtige Stellung einräumt. Droysen hatte in seinem "Alexander" die Entwicklung der griechischen und persischen Verhältnisse als Voraussetzung der Geschichte seines Helden beschrieben und Alexanders Jugend nur kurz gestreift. Alexander tritt bei ihm eigentlich erst mit seinem Zug nach Griechenland 336 vor Christus auf. Das Neue an der Marckschen Biographie ist demgegenüber die Betonung der individuellen Vorgeschichte als zweite tragende Säule syntagmatischer biographischer Historie. Das personale Moment und die mit ihm verbundene hermeneutisch-psychologische Methode der Einfühlung in die Bewußtseinsentwicklung des Helden wird dadurch in verstärktem Maße in die historische Biographie integriert. Das

Marcksche Motto, "eine wirkliche Biographie, eine wirkliche Geschichte" zu schreiben, kann als Grundsatz der integrativen historischen Biographie überhaupt gelten. Sein "Coligny" repräsentiert damit den Idealtypus biographischer Historie, welcher der Blütephase der historistischen Biographik seit 1890 zugrundeliegt.

β. Neben der Integration des personalen Moments ist auch eine Intensivierung der allgemeingeschichtlichen Bezüge in den historischen Biographien seit 1890 zu beobachten. Es ist bereits auf Lenz' Forderung hingewiesen worden, daß die Biographie von dem Historiker nur unter "universalen Gesichtspunkten anzugreifen" sei;[130] auch Friedrich Meinecke hat rückblickend darauf aufmerksam gemacht, daß sich ein neues universalhistorisches Interesse in der historischen Biographik der Neorankeaner vorbereitet habe.[131] Dieses Interesse macht sich besonders in den Biographien dieses Gegenstandsbereiches geltend, dem Rankes besondere Vorliebe gegolten hatte.[132] Ranke hatte bei seiner "Französischen" und "Englischen Geschichte" den "welthistorischen Beruf"[133] dieser Völker im Auge. Auch den dominierenden Persönlichkeiten der jeweiligen Nationalgeschichte gewann Ranke eine universalhistorische Relevanz ab:

"Gestalten wie König Franz I., Katharina Medici mit ihren Söhnen, Admiral Coligny [...] gehören so gut der allgemeinen Geschichte an, wie der französischen. Alle diese Persönlichkeiten, durch große und gute, oder auch durch entgegengesetzte Eigenschaften ausgezeichnet, empfingen doch ihr unterscheidendes Gepräge durch ihre Beziehungen zu dem religiös-politischen Kampfe, der das sechzehnte und das siebzehnte Jahrhundert allenthalben erfüllte."[134]

Universalhistorisches Interesse bedeutet bei Ranke demnach zweierlei: nämlich erstens das Überschreiten der deutschen Geschichte auf die wichtigsten europäischen Kulturnationen der Frühen Neuzeit (Ranke nennt in der Einleitung zur "Französischen Geschichte" neben Frankreich Italien, Spanien, Deutschland und England) und zweitens deren Betrachtung unter allgemeinhistorischem Aspekt, den Ranke in dem "religiös-politischen Kampfe" dieses Zeitalters gegeben sieht. Neorankeaner wie Erich Marcks und Max Lenz übernehmen Rankes Orientierung an der europäischen Geschichte, stellen diese aber nicht in Nationalgeschichten mit Epochenschwerpunkt dar, sondern in historischen Biographien, die sich jeweils einer Schlüsselfigur dieser Nationalgeschichten widmen: Über Luther und Karl V., den dominierenden Figuren in Rankes

---

[130] LENZ: Rankes biographische Kunst, S. 11. Vgl. Abschnitt 4 (Theoretische Beiträge zur historischen Biographie).

[131] MEINECKE: Nachruf Alfred Dove, S. 382f.

[132] Bekanntlich behandeln Rankes "Französische" und "Englische Geschichte" vornehmlich die Geschichte des 16. und 17. Jahrhunderts.

[133] Vgl. dazu RANKE: Französische Geschichte, S. 1.

[134] RANKE: Französische Geschichte, S. 2.

"Deutscher Geschichte im Zeitalter der Reformation", schreiben Max Lenz und Hermann Baumgarten. Mit Coligny und Elisabeth I. wählt Erich Marcks zwei der Zentralgestalten aus Rankes "Französischer" und "Englischer Geschichte" aus. Lediglich in seinem Spätwerk "Die Gegenreformation in Westeuropa" (1931) überschreitet Marcks den biographischen Rahmen.[135] Universalhistorischem Interesse können diese Biographien aber nur genügen, wenn sie mehr sind als individualgeschichtliche Exkurse zu den von Ranke anschlagenen Themen. Sie sind vielmehr als eine zweite Stufe der Verdichtung europäischer Geschichte anzusehen. Ranke hatte seine Nationalgeschichten auf die Epoche des 16. und 17. Jahrhunderts konzentriert und die vorhergehenden Jahrhunderte gerafft als "welthistorische Momente" abgehandelt. Die Biographien der Neorankeaner konzentrieren nun nochmals Rankes Epochenschwerpunkt auf Schlüsselfiguren dieser Zeit. Der von Ranke skizzierte national-universalgeschichtliche Rahmen wird aber als Interpretationshintergrund beibehalten. Die ausführliche Einbeziehung allgemeingeschichtlicher Zustände und Prozesse begründet Marcks folgendermaßen:

"Wer Colignys Leben ganz erfassen will, muß das Geschick des Protestantismus auf französischem Boden bis zu seiner Katastrophe verfolgen und erklären; er wird auch dieses nur begreifen, indem er es im großen Zusammenhange einmal der Reformationsgeschichte, dann aber ganz vornehmlich der französischen Volksgeschichte betrachtet." (S. VI)

In diesem Vorhaben steckt deutlich mehr als das in vielen populären Biographien beobachtbare Verfahren, der Lebensbeschreibung durch ein kurzes Kapitel über Zeit, Land und Leute etwas Lokalkolorit zu verschaffen. Es geht vielmehr um eine eigenständige, quantitativ mit der eigentlichen Biographie gleichgewichtige allgemeingeschichtliche Darstellung der französischen Geschichte im 16. Jahrhundert: In dem umfangreichen Kapitel über "Frankreichs staatliche und gesellschaftliche Zustände um die Mitte des 16. Jahrhunderts" behandelt Marcks zum Beispiel die Ausdehnung, Vereinheitlichung und Verdichtung der königlichen Herrschaft, die Stellung des Adels und der Bauern auf dem Hintergrund der wirtschaftlichen Entwicklung, den Aufstieg des Bürgertums in Staatsdienst und Handel und das Verhältnis der provinzialen zu den zentralstaatlichen Tendenzen. Immer hat Marcks dabei im Auge, welche Bedeutung diese Zustände und Entwicklungen für den Ausbruch und Verlauf der Religionskämpfe (und damit auch für das Wirken Colignys) haben. Diese monographischen Ausführungen

---

[135] Daß dieses Thema auch auf biographischem Wege aufgearbeitet werden kann, zeigt Eberhard GOTHEINS Werk "Ignatius von Loyola und die Gegenreformation". Es hat den Anspruch, "eine Kulturgeschichte der Gegenreformation [zu] sein" (Loyola, S. III). Sein Rezensent Carl MIRBT lobt, daß Gothein eine Biographie vorgelegt habe, "welche durch psychologische Analyse des Helden, in seinem Werden wie auf der Höhe des Wirkens, stets fesselt und zugleich in der Vorführung des kulturgeschichtlichen Hintergrundes Darstellungen von selbständigem Werth darbietet." (Ignatius v. Loyola, S. 73).

belegen zugleich die intensive Einbeziehung sozial- und wirtschaftsgeschichtlicher Aspekte in die neorankeanische Historiographie.[136] Im ebenso umfangreichen zweiten Kapitel, "Frankreich und der Calvinismus bis 1559", widmet er sich ausführlich der religiösen Entwicklung Frankreichs bis zum Ausbruch der Religionskämpfe: Er schildert den Zustand der gallikanischen Kirche, die allmähliche Ausbreitung (lutherisch-)reformatorischer Anschauungen seit 1520, Calvin und den Calvinismus und schließlich die gewaltige Bedeutungszunahme des französischen Protestantismus unter dem Einfluß der calvinistischen Reformation.

Nicht zu Unrecht hat man davon gesprochen, daß solch umfangreiche allgemeingeschichtliche Ausführungen eigentlich den "biographischen Rahmen sprengen".[137] Es lassen sich jedoch Gründe für diese Gewichtung angeben: Die syntagmatische Biographie kann auf die idealistische Theorie der "welthistorischen Individuen" zurückgreifen. Es fällt auf, daß die beiden Biographien, deren Held am ehesten dieser Vorstellung entspricht, Marcks' "Coligny" und Rachfahls "Wilhelm v. Oranien", den ausführlichsten monographischen Teil haben (203 von 423 Seiten bei Marcks; 338 von 579 Seiten bei Rachfahl - jeweils im ersten Band). Die ausführliche Berücksichtigung der Voraussetzungen und Vorgeschichte der religiösen Kämpfe in Frankreich, beziehungsweise des Aufstandes gegen die spanische Herrschaft in den Niederlanden kann als historiographische Konsequenz daraus verstanden werden, daß ihre Helden als (welt-)historische Individuen nicht ohne eine ausführliche Schilderung dieser Begebenheiten zu verstehen sind. Ein zweiter Grund ist darin zu sehen, daß das allgemein- oder universalgeschichtliche Interesse, wenn es sich in biographischer Historie manifestiert, zwangsläufig zu einer stärkeren Betonung und Ausweitung des monographischen Anteils führt. Um es salopp zu formulieren: Einer Historikergeneration, die sich hauptsächlich auf das Schreiben von Biographien verlegt, bleibt nichts anderes übrig, als in einer Wilhelm von Oranien-Biographie auch die Geschichte des niederländischen Aufstandes zu erzählen, beziehungsweise in einer Coligny-Biographie die Geschichte des Religionskampfes in Frankreich. Das mehrfach zu beobachtende "Sprengen des biographischen Rahmens"

---

[136] KRILL weist darauf hin, daß sich in diesen Passagen der Einfluß Schmollers geltend mache (Rankerenaissance, S. 55). - Den umfangreichsten wirtschafts-, sozial- und kulturgeschichtlichen Unterbau hat Felix RACHFAHLS Oranien-Biographie. Er widmet den "Zuständen in Gesellschaft, Wirtschaft und Kultur" in den Niederlanden des 16. Jahrhunderts ein ganzes Buch mit über 120 Seiten. Insbesondere findet das hochentwickelte flandrische Städtewesen eine ausführliche Darstellung. Auch in Erich MARCKS "kleiner" Elisabeth-Biographie werden diese Elemente betont: "Wer das entscheidende Leben jener Zeit verstehen will, muß, wie die königliche Gewalt, so die politischen und sozialen Gewalten, die ihr gegenüberstanden und mit ihr zusammen das England der Elisabeth erfüllen, wenigstens in ihren Grundzügen [...] vergegenwärtigen." (Elisabeth, S. 11f). Unter diesen sozialgeschichtlichen Voraussetzungen des Elisabethanischen Zeitalters hebt Marcks besonders den Aufstieg der "Gentry" hervor (vgl. Elisabeth, S. 13-18).

[137] KRILL: Rankerenaissance, S. 54f.

ist eine naheliegende Konsequenz, wenn die Biographie zur historiographischen Hauptform avanciert.

γ. Diese Überlegungen werfen die Frage nach den Grenzen biographischer Historie auf. Wenn der Biographie seit 1890 in verstärktem Maße zugemutet wird, eine Hauptform allgemeingeschichtlicher Darstellung zu sein, so ist zu erwarten, daß dies nicht nur zur der oben analysierten Leistungssteigerung führt, sondern daß mit dieser Steigerung zugleich auch die Grenzen des geschichtsdarstellenden Potentials dieser Gattung sichtbar werden. Diese Grenzen sind auf zwei Ebenen zu suchen: Zum einen kann man davon ausgehen, daß ein hauptsächlich durch Biographien vermitteltes Geschichtsbild durch die perspektivischen Einseitigkeiten dieser Gattung geprägt ist, zum anderen ist zu vermuten, daß die Zumutung, die "große Geschichte" in der "kleinen Synthese" darzustellen, zu Überforderungen der Gattung und der Historiker führt.

Die Problematik eines einseitigen Geschichtsbildes wird von einem Rezensenten der Oranien-Biographie Felix Rachfahls thematisiert:

"Kann man jedoch [...] mit R[achfahl] sagen, 'daß eine Geschichte des Abfalls der Niederlande bis 1584 tatsächlich mit einer Geschichte Oraniens identisch sei'? Meiner Meinung nach ist diese Anschauung grundfalsch. [...] Wie hoch man die Bedeutung Oraniens für die Geschichte seiner Zeit und seines Landes auch anschlagen mag, seine Geschichte ist darum noch nicht die des niederländischen Volkes. Nicht alle Seiten der großen Bewegung kommen in seiner Figur zum Ausdrucke; seine Ideale sind andere als die seiner meisten Genossen; auf seinen Wegen geht nicht immer das Rebellenvolk. Er ist die Hauptfigur, aber nicht um ihn allein dreht sich das Stück."[138]

Bedeutsam ist dieser Einwand zunächst deshalb, weil er ausdrücklich auf den allgemeingeschichtlichen Anspruch der Rachfahlschen Biographie hinweist. Keiner wird bestreiten, daß eine historische Biographie des großen Oraniers im Rahmen der niederländischen Geschichte bedeutsam ist, aber der Anspruch, mit seiner Biographie zugleich die ganze Geschichte des niederländischen Aufstandes abzuhandeln, ist problematisch. Hinzu kommt, daß Rachfahl sich mit der personenkonzentrierten Darstellung zugleich gegen bewährte historiographische Traditionsmuster stellt, die den niederländischen Aufstand als kollektives Phänomen deuten.[139] Nun kann man im Sinne Rachfahls ein-

---

[138] BRUGMANS: [Rez.: Rachfahl: Wilhelm von Oranien, Bd. 1], S. 154f.

[139] Innerhalb der deutschen Tradition kann man vor allem auf Friedrich SCHILLERS Darstellung der "Geschichte des Abfalls der Vereinigten Niederlande von der Spanischen Regierung" (1788) verweisen. Dort heißt es in der Einleitung: "Auch erwarte man hier keine hervorragende, kolossalische Menschen, keine der staunenswürdigen Taten, die uns die Geschichte vergangener Zeiten in so reichlicher Fülle darbietet. [...] Es ist also gerade der Mangel an heroischer Größe, welche diese Begebenheit eigentümlich und unterrichtend macht, und wenn sich andere zum Zweck setzen, die Überlegenheit des Genies über den Zufall zu zeigen, so stelle ich hier ein Gemälde auf, wo die Not das Genie erschuf und die Zufälle Helden machten." (Sämtliche Werke. Säkularausgabe, hg. v. Eduard HELLEN, Bd. 14, Stuttgart/Berlin 1904/05, S. 393-414, hier: S. 4).

wenden, daß sich seine Biographie ja gerade durch die umfangreiche Einbeziehung der "Zustände [...], wie sie in den Niederlanden herrschten" (Oranien, S. 238) auszeichnet und daß er ausführlich zeigt, welche von dem Helden unabhängigen historischen Voraussetzungen sein Wirken als niederländischer Freiheitsheld bedingen. Ebenso kann man zur Verteidigung anführen, daß sich Rachfahls Interpretation auf das idealistische Modell des historischen Individuums berufen kann. Dieses Modell geht ja davon aus, daß es historische Fälle gibt, wo die Lebensgeschichte eines Individuums und die geschichtliche Bewegung zusammenlaufen und insofern identisch werden, als dieses nun "welthistorische Individuum" das tut, was an der Zeit ist und was viele (unbewußt) wollen. Konkret führt dieses Interpretationsmodell dazu, daß man bei dem Individuum politische Intentionen, "Ideen", ausmacht, die sich durch ihren Erfolg in der zukünftigen Entwicklung (gegebenenfalls erst nach seinem Tod) als "historisch richtig" bewahrheiten. Auf diese Weise ließe sich der Einwand des Rezensenten, daß es auch andere Ideale gegeben habe, entkräften.[140] Doch auch wenn man diese Interpretation des Oraniers als (welt-)historisches Individuum akzeptiert, bleibt die Darstellung seiner historischen Rolle einseitig, und zwar aufgrund des in den Biographien von Rachfahl oder Marcks deutlich sichtbar werdenden *historischen Interpretationsmusters* der syntagmatischen Biographie: Wirtschaftliche, gesellschaftliche und gesamtstaatliche Entwicklungen und Strukturen werden von Rachfahl und Marcks als *Bedingungen* individuellen Handelns behandelt. Ihre Biographien öffnen sich dadurch zwar den von Lamprecht angemahnten neuen geschichtlichen Inhalten aus Wirtschaft und Gesellschaft, aber sie werden als Bedingungen zu unselbständigen Elementen der allgemeinen Geschichte und damit der personenzentrierten Politikgeschichte untergeordnet. Diese perspektivische Einseitigkeit der Biographie wird aber erst dann zum Problem, wenn die biographische Sicht auf die Geschichte dominiert und ihre Relativierung durch andere historiographische Darstellungsformen fehlt.[141]

Die perspektivische Einseitigkeit führt zu einer zweiten, ebenso wesentlichen. Zu den wichtigsten Vorzügen der historischen Biographie gehört es, daß in ihr die Geschichte nicht auf abstrakte, unanschauliche Weise vergegenwärtigt wird, sondern konkret und lebendig. Indem man sich in das Leben eines historisch bedeutsamen Individuums vertieft, erblickt man gewissermaßen eine Innenseite der Geschichte, die zur Sympathie und zur Identifikation (beziehungsweise zur Antipathie und Ablehnung) einlädt. Ist die

---

[140] RACHFAHL geht davon aus, daß die Bestrebungen Wilhelm v. Oraniens den allgemeinen Zeittendenzen entsprechen: "Aber indem der Zustand, unter dem er [Wilhelm v. Oranien, O.H.] leidet, nicht nur von ihm selbst, sondern von vielen empfunden wird, werden die individuellen Motive zu universalen Tendenzen, die große soziale Gruppen und ganze Zeitalter erfüllen. [...] Das Einzelschicksal wird also gleichsam zum typischen Ausdrucke des Inhalts einer Massenbewegung." (Bd.2/1, S. 348).

[141] Zu dem historischen Interpretationsmuster der syntagmatischen Biographie vgl. auch den Schlußteil, wo die hier angestellten Überlegungen weiter ausgeführt und verallgemeinert werden.

Biographie die historiographische Hauptform, wird aber dieser Vorzug wiederum zum Problem. Die perspektivische Einseitigkeit der Biographie (Zuschnitt der Geschichte auf ein Individuum) erhält auf diese Weise eine ideologische Brisanz, gerade wenn es sich um Individuen aus dem konfessionellen Zeitalter handelt, dessen Gegensätze im 19. Jahrhundert und besonders in der Zeit des Kulturkampfes noch virulent sind. Es ist kein Zufall, daß die großen weltanschaulichen Gegensätze, die die Historiographie des 19. Jahrhunderts bestimmen (katholisch - evangelisch; großdeutsch - kleindeutsch; konservativ - liberal - demokratisch- sozialistisch) gerade auf dem Feld der historischen Biographie ausgetragen werden. So transportiert der katholische Historiker Hurter sein hierarchisches Weltbild durch eine Biographie des wahrscheinlich mächtigsten mittelalterlichen Papstes, Innozenz III.[142] Die anti-protestantischen Ressentiments der katholischen Historiker schlagen sich in kritischen Luther-Biographien nieder.[143] Droysen und die kleindeutsche Schule suchen den "deutschen Beruf Preußens" durch Biographien "preußischer Helden" schmackhaft zu machen, während ein großdeutscher Gegner wie Onno Klopp sich an einer biographischen Demontage Friedrichs II. versucht.[144] Gewiß brechen sich auch in anderen Darstellungsformen ideologische Einseitigkeiten Bahn (man denke an Droysens "Geschichte der Preußischen Politik", Treitschkes "Deutsche Geschichte im 19. Jahrhundert" oder an das katholische Gegenstück, Janssens "Geschichte des deutschen Volkes seit Ausgang des Mittelalters"), aber keine andere Darstellungsform "verführt" so zur ideologischen Einseitigkeit wie die Biographie, die sich ganz auf einen historischen Pro- oder Antagonisten des eigenen Weltbildes zuschneiden läßt. Die Phase des wissenschaftlichen Historismus ist allerdings auch dadurch geprägt, daß im Zuge einer sich intensivierenden und verfachlichenden wissenschaftlichen Diskussion die schroffen, weltbildbedingten Einseitigkeiten abgeschliffen werden.[145]

Den Gegenpol zur Gefahr der perspektivischen Verengung des Geschichtsbildes durch den dominierenden biographischen Zugang, bildet die Aufweichung des biographischen Charakters der Werke durch die umfangreiche Hineinnahme allgemeingeschichtlicher, vom Individuum losgelöster Darstellungsteile. Insbesondere in der Coligny-Biographie von Marcks und der Oranien-Biographie von Rachfahl nehmen diese

---

[142] HURTER: Geschichte Papst Innocenz des Dritten und seiner Zeitgenossen. Vgl. dazu BRECHENMACHER: Großdeutsche Geschichtsschreibung im neunzehnten Jahrhundert, S. 173-186; Peter VOGELSANGER: Weg nach Rom. Friedrich Hurters geistige Entwicklung im Rahmen der romantischen Konversionsbewegung, Zürich 1954, S. 114-142; JANDER: Untersuchungen, S. 86-89.

[143] Vgl. Heinrich DENIFLE: Luther und Luthertum in der ersten Entwicklung, 2 Bde., Mainz 1904; Hartmann GRISAR: Luther, 3 Bde., Freiburg i. Br. ³1924/25.

[144] Onno KLOPP: Der König Friedrich II. von Preußen und die deutsche Nation, Schaffhausen 1860.

[145] Vgl. für das Beispiel Luther die Sammelrezension von Peter RASSOW: Luther-Schriften 1917, in: PrJb 172(1918), S. 198-211.

Passagen den Charakter eigenständiger, aus dem Werk herauslösbarer Monographien an. Wohl ist es als Fortschritt anzusehen, daß die historische Biographik Ende des 19. Jahrhunderts sich zunehmend von dem Dogma der strikt linearen und geschlossenen, immer um den Helden kreisenden Erzählung freimacht und sachthematische Darstellungen integriert. Andererseits wird die Gattungseinheit, beziehungsweise der erzählerische "Bogen" durch derart umfangreiche monographische Ausführungen sehr stark strapaziert. Die angeführten Beispiele machen deutlich, daß die Fähigkeit der syntagmatischen Biographie, eine Form allgemeingeschichtlicher Darstellung zu sein, ihre Grenzen hat. Die "große Geschichte", hineingezwängt in die "kleine Synthese", droht diese zu sprengen. Ebenso zeigt sich an den Biographien zur Epoche der Reformation und Gegenreformation, daß die Historiker auch in der "kleinen Synthese" an die Grenzen der Vereinbarkeit von archivalischer Forschung und zusammenfassender Darstellung stoßen. Die zahlreichen unvollendeten Biographien dieses Gegenstandsbereiches (Baumgartens "Karl V.", Brandenburgs "Moritz v. Sachsen", Marcks' "Coligny", Rachfahls "Wilhelm v. Oranien") sind ein Symptom dafür, daß die Historiker mit der dreifachen Anforderung, Quellenaufarbeitung bezüglich des Helden und der geschichtlichen Bewegung, eine breite Einbeziehung der Detailforschung und schließlich die darstellerische Organisation zu einem erzählerischen Ganzen zu leisten, überfordert sind. Die Zukunft der großen syntagmatischen Biographie liegt deswegen in der Konzentration auf die kohärente und umfassende Integration von Detailforschungen zu einem Gesamtbild, während die eigentliche Forschungsarbeit Aufsätzen und spezialisierten Monographien überlassen bleibt.

b) Bismarck und die Reichsgründung

Ein großes Thema der nationalgeschichtlich ausgerichteten deutschen Geschichtswissenschaft der Jahrhundertwende ist die Gründung des Deutschen Kaiserreiches. Das Interesse der wilhelminischen Historiker konzentriert sich dabei zunehmend auf Bismarck. Wilhelm I., um dessen Betitelung als "der Große" sich sein kaiserlicher Enkel letztlich vergeblich bemühte, aber auch Moltke und Roon, die führenden Militärs der "Einigungskriege", treten gegenüber der Gestalt des Reichsgründers deutlich zurück.[146] Die

---

[146] Wilhelm I. wird nach seinem Tod 1888 in zwei Werken gewürdigt: Zum einen von Erich MARCKS in der für die "Allgemeine Deutsche Biographie" verfaßten Schrift "Kaiser Wilhelm I." (Berlin ¹1897, ⁹1943), zum anderen von Wilhelm ONCKEN (Unser Heldenkaiser. FS zum hundertjährigen Geburtstag Kaiser Wilhelms des Großen, Berlin 1897). - In diesem Fall ist die Auflagenhöhe durchaus mit der Qualität der beiden Werk kongruent (vgl. dazu: KRILL: Rankerenaissance, S. 89-91). Moltke findet noch während des Kaiserreichs seinen Biographen (Max JÄHNS: Feldmarschall Moltke, 3 Bde., Berlin 1894/1901), während Roon erst in den 1930er Jahren ausführlicher gewürdigt wird. Gleichwohl sind beide Persönlichkeiten sowohl durch das blühende populäre Schrifttum als auch durch die Veröffentlichung ihrer "Denkwürdigkeiten" und "Briefe" im Geschichtsbild der wilhelminischen Zeit sehr präsent, wenn auch nicht im gleichen Maße wie Bismarck. Vgl. dazu FEHRENBACH: Die Reichsgründung in der

Geschichte der Reichsgründung wird hauptsächlich in Bismarck-zentrierten Darstellungen wie Sybels "Begründung des Deutschen Reiches durch Wilhelm I." (1889-94) und Max Lenz' "Geschichte Bismarcks" (1902) dargestellt. Andererseits muß aber auch betont werden, daß die wilhelminische Historiographie die neuere Nationalgeschichte nicht auf Bismarck reduziert. Gerade auf dem Gebiet der historischen Biographie existieren flankierende Themen, die das in der Bismarck-Biographik vermittelte Geschichtsbild relativieren: Das sind zum einen die schon behandelten Biographien über die Protagonisten der preußischen Reformzeit, zum anderen erscheinen nach 1900 eine Reihe biographischer Werke, die sich den Gegenspielern Bismarcks widmen: Das Spektrum reicht von Konservativen wie Radowitz über Liberale wie Bennigsen, Mevissen und Gagern bis zu "Linken" wie Lassalle, Schweitzer und Marx. Politische Orientierungen spielen bei der Themenwahl eine große Rolle: Konservative Historiker wie Max Lenz und Erich Marcks schreiben über Bismarck, nationalliberale Historiker wie Max Lehmann, Hans Delbrück oder Friedrich Meinecke widmen sich den preußischen Reformern, linksliberale und marxistisch orientierte Historiker wie Gustav Mayer und Franz Mehring bevorzugen dagegen Sozialisten.

Zweierlei zwingt jedoch zu einer besonderen Beachtung Bismarcks als Gegenstand biographischer Darstellung: 1. Für alle hier genannten Neuzeithistoriker ist Bismarck ein zentraler Bezugspunkt ihrer Geschichtsschreibung. 2. Noch stärker scheint das kollektive Geschichtsbewußtsein der wilhelminischen Ära auf Bismarck fixiert und wird das politische und historische Denken von seiner Erscheinung beeinflußt. Bevor die Bismarck-Biographik (β.) untersucht wird, muß daher zunächst das wilhelminische Bismarckbild und sein Einfluß auf das zeitgenössische Geschichtsdenken (α.) analysiert werden. Damit wird die Geschichte der historischen Biographie zugleich in einen neuen Kontext gestellt. Nicht nur der Methodenstreit sondern auch lebensweltliche Phänomene wie die Bismarck-Verehrung haben für die Etablierungs- und Idee-Geschichte der historischen Biographie im wilhelminischen Zeitalter eine Rolle gespielt.

α. Der nationalgeschichtliche Interpretationsrahmen der Reichsgründungsära ist in den letzten Jahrzehnten abgelöst, beziehungsweise überlagert worden durch das Modernisierungsmodell.[147] Im Kontext des nationalgeschichtlichen Paradigmas erscheint es zumindest diskutabel, von einer "Identität" Bismarcks "mit einer weltgeschichtlichen Aufgabe und einem staatsmännischen Werk" (Theodor Schieder)[148] auszugehen und die

---

deutschen Geschichtsschreibung, bes. S. 268-270, und die einleitenden Bemerkungen bei Heinz HELMERT: Albrecht von Roon. Zwischen Krone und Parlament, in: SEEBER (Hg.): Gestalten der Bismarckzeit, Bd. 2, S. 1-25, hier: S. 1.

[147] Vgl. dazu Lothar GALL: Bismarck in der Geschichtsschreibung nach 1945, in: Karl Otmar Freiherr v. ARETIN (Hg.): Bismarcks Außenpolitik und der Berliner Kongreß, Wiesbaden 1978, S. 131-158.

[148] SCHIEDER: Bismarck - gestern und heute, in: Lothar GALL (Hg.): Das Bismarck-Problem in der Geschichtsschreibung nach 1945, Köln/Berlin 1971, S. 342-374, hier: S. 344. Auch Gregor SCHÖLLGEN

Geschichte Deutschlands in der zweiten Hälfte des 19. Jahrhunderts in einer "Geschichte Bismarcks" zu konzentrieren. Das Modernisierungsmodell läßt Bismarck dagegen eher als Getriebenen denn als Treibenden erscheinen. Aus dieser Perspektive läßt sich die "Reichsgründungsgeschichte nicht mehr als ein Teil der Biographie Otto von Bismarcks"[149] schreiben.[150] Die wilhelminischen Historiker sehen sich dagegen in einer durch Bismarck geschaffenen nationalstaatlichen Welt.[151] Alle, auch die wenigen Bismarck-kritischen Historiker wie Hans Delbrück, *bejahen* Bismarck als *den Reichsgründer* und erkennen ihn in *dieser* Rolle als großes, geschichtsmächtiges Individuum an. Getragen von diesem Grundkonsens lassen sich drei verschiedene Haltungen der kaiserzeitlichen Historiographie zu Bismarck unterscheiden: 1. Die Altmeister der borussischen Schule, Sybel und Treitschke, die sich im Zuge der Reichseinigung von glühenden Bismarckhassern zu ebenso glühenden "Bismarckianern sans phrase" wandeln, deuten den Prozeß der Reichseinigung als "versöhnliche Verbindung ursprünglich getrennter Tendenzen" (Oncken),[152] als gegenseitige Annäherung liberaler Ideale und konservativer "Realpolitik" Bismarcks. - 2. Den "objektiven" Standpunkt sieht Oncken in der Bismarck-Biographie des konservativen Max Lenz eingenommen, der den Parteistandpunkt Sybels durch ein "weltgeschichtliches Begreifen unserer nationalen Konsolidierung"[153] ersetzt habe. Aus heutiger Sicht geht dieser "objektive" Standpunkt der konservativen Neorankeaner allerdings einer mit der kritiklosen Bejahung der Bismarckschen Politik und Weltsicht (Oncken nennt das einen "kongenialen Standpunkt der

---

vertritt die Ansicht, daß die Schöpfung des Deutschen Reiches das Werk Bismarck sei, "das Resultat einer für das 19. Jahrhundert erstaunlich großen Handlungsfreiheit nach innen wie nach außen." (Der Zauberlehrling. Otto von Bismarck und das Problem politischer Handlungsautonomie, in: NPL 27[1982], S. 439-445, bes. S. 440). Es gibt allerdings auch Historiker, die die politische Rolle Bismarcks bei der Reichseinigung relativieren und die Diskrepanz zwischen Intention und Ergebnis stärker betonen: Vgl. Dieter LANGEWIESCHE: Die Reichsgründung 1866/71, in: WEHLER (Hg.): Scheidewege der deutschen Geschichte, S. 131-145, bes. S. 143f.

[149] Helmut BÖHME (Hg.): Die Reichsgründung, München 1967, S. 8.

[150] Die Auswirkung dieses Paradigmenwechsels auf die Interpretation Bismarcks drückt sich schön in dem Metaphernwechsel aus, den Lothar Gall in seiner Bismarck-Biographie vollzogen hat: Während der Reichsgründer den wilhelminischen Historikern als der "große Zauberer" (Roon) erschien, der alle Fäden der Reichsgründungspolitik in der Hand hatte, ist Bismarck bei Gall der "Zauberlehrling", dem die Modernisierungsprozesse, die er teilweise mitbenutzt, im Resultat immens beschleunigt hat, über den Kopf wachsen. Vgl. GALL: Bismarck, bes. S. 729.

[151] Bezogen auf die in der deutschen Geschichtswissenschaft führende Universität Berlin schreibt Christian SIMON: "Ausser dem Mediävisten Tangl findet sich unter den in Berlin lehrenden Geschichtsprofessoren keiner, der nicht die Reichsgründung bewundert hätte. 1871 wird zum Ausgangspunkt eines interpretatorischen Koordinatensystems; es ist ein Haltepunkt der Geschichte, auf den hin Ereignisse verstanden und eingeordnet werden können." (Staat und Geschichtswissenschaft in Deutschland und Frankreich 1871-1914, Bd. 1, S. 8).

[152] ONCKEN: Bismarck und sein Werk in der neuesten Geschichtsschreibung, S. 214.

[153] ONCKEN: Bismarck und sein Werk, S. 215.

Beurteilung")¹⁵⁴. Charakteristisch für diese Historiker ist die Betitelung Bismarcks als "unser Lehrmeister" oder "Lehrmeister des deutschen Volkes".¹⁵⁵ Die Geschichte Bismarcks ist für sie auch die Geschichte eines politischen Lernprozesses der bürgerlichen Intelligenz, wie sie sich nach und nach von ihren "überspannten" liberalen Idealen verabschiedet und sich den "realpolitischen" Bismarckschen Standpunkt zu eigen macht. Bismarck erscheint ihnen als eine durch den Gang der Geschichte beglaubigte Autorität (er hatte Erfolg, also hatte er recht), er selbst wird damit zum Maßstab seiner Geschichte gemacht.¹⁵⁶ - 3. Schließlich gibt es noch die Position liberaler Neorankeaner wie Hans Delbrück, die die Bismarcksche Reichseinigungspolitik als notwendig bejahen, aber angesichts der immensen Probleme der Kaiserreichsgesellschaft nicht für das *non plus ultra* der Geschichte halten. Insbesondere die Spätzeit Bismarcks wird als politische Sackgasse empfunden und seine Entlassung als politische Notwendigkeit gerechtfertigt.¹⁵⁷ Die wilhelminische Geschichtsschreibung zur Reichsgründung und zu Bismarck ist allerdings hauptsächlich von den ersten beiden Historikergruppen geprägt. Die in Maßen Bismarck-kritischen Neorankeaner sind nicht mit großen Konkurrenzwerken zu den Arbeiten von Sybel, Lenz und Marcks hervorgetreten.

Zu dieser bejahenden Grundhaltung gesellen sich als Kontexte besondere Befindlichkeiten der wilhelminischen Gesellschaft. Da ist zum einen der in bürgerlichen Kreisen weit verbreitete Geniekult im allgemeinen, zum anderen der ebenso verbreitete Bismarckkult im besonderen. Wie schon die bildungsbürgerliche Welt des Biedermeier das Gefühl hatte, nach dem Tod Goethes in einer epigonalen Welt zu leben, lastet die

---

[154] ONCKEN: Bismarck und sein Werk, S. 221.
[155] Erich MARCKS: "Der Generation, die heute auf der Höhe steht, hat, so möchte ich glauben, Bismarck ihr Weltbild gegeben, das politische wie das allgemeine, den ganzen Klang ihrer Weltansicht." (Goethe und Bismarck, in: ders.: Männer und Zeiten, Bd. 2, S. 1-30, hier: S. 28); "Den Historikern seiner Tage, denke ich, bleibt er in ganz besonderem Maß, ist er allen geworden ist: der Lehrer ohne Gleichen; denn unser Bestes und Innerstes, an staatlicher, nationaler, geschichtlicher Weltanschauung, stammt uns von ihm." (Kaiser Wilhelm I., Vorwort zur 3. Auflage Leipzig 1899, S. XII). Max LENZ: "Dabei wird noch auf lange hinaus Bismarck unser Führer bleiben; seine Staatsauffassung ist es, die auch für die historische Erkenntnis seiner Epoche als Leitstern dienen wird." (Bismarck und Ranke, in: ders.: Kleine historische Schriften, München/Berlin ²1913, S. 383-408, hier: S. 399).
[156] Vgl. KRILL: Rankerenaissance, S. 110.
[157] DELBRÜCK schreibt in diesem Sinne in einer Besprechung von Marcks' kleiner Bismarck-Biographie: "Ein Bismarck-Biograph [...] müßte an dieser Stelle Gottes Gnade sowohl für das Deutsche Reich wie für seine Helden preisen, daß alle diese Möglichkeiten [Staatsstreich; eine neue Koalition, die Bismarck stützt, O.H.] nicht eingetreten sind, sondern der Kaiser den erlösenden Entschluß in der Entlassung gefunden hat." ([Rez.]: Marcks: Otto v. Bismarck. Ein Lebensbild], S. 135f.). Zur kritischen Einstellung Delbrücks gegenüber Bismarck vgl. HERZ-EICHENRODE: Die "Neuere Geschichte" an der Berliner Universität, S. 284; Hans SCHLEIER: Hans Delbrück. Ein politischer Historiker zwischen Preußenlegende, amtlicher Militärgeschichtsschreibung und historischer Realität, in: SEEBER (Hg.): Gestalten der Bismarckzeit, Bd. 1, S. 378-403; THIMME: Hans Delbrück als Kritiker der wilhelminischen Epoche. Verhaltene Kritik am späten Bismarck findet sich auch in der kurzen, populärwissenschaftlichen

Stimmung des nachgeborenen Epigonentums auf Teilen der wilhelminischen Gesellschaft.[158] Jacob Burckhardt hat für diese Befindlichkeit die treffende Formel geliefert: "Größe ist was wir nicht sind."[159] Um so stärker ist die Sehnsucht nach ihrer Vergegenwärtigung: Nietzsche formuliert eine Philosophie, die ganz von dem Ethos aristokratischen Menschentums beseelt ist.[160] Der Georgekreis verkündet einen antimodernen Geniekultus, der "weder Botschaft noch Lehre kannte, sondern ganz als personales Charisma gedacht war."[161]

Die bei diesen kulturellen Vordenkern zu beobachtende Tendenz einer irrationalen Bewunderung der heroischen Größe an sich, losgelöst von allen geschichtlichen Bezügen, findet sich auch in der Bismarck-Verehrung wieder, die nach seiner Abdankung 1890, verstärkt nach seinem Tod 1898 einsetzt.[162] Deutlich wird dies an der Bismarck-Denkmal-Bewegung der Jahrhundertwende, die bis 1914 etwa siebenhundert Bismarck-Monumente hervorbringt. Insbesondere die von der deutschen Studentenschaft ins Leben gerufenen Bismarck-Säulen, die ganz auf darstellende, historisierende Attribute verzichten (keine bildhauerische Darstellung Bismarcks, keine Namen, Titel oder Jahreszahlen),[163] bezeugen die Stilisierung Bismarcks zum überzeitlichen Mythos.[164]

Biographie des jungen Veit VALENTIN (Bismarck und seine Zeit [= Aus Natur und Geisteswelt, Bd. 500], Leipzig/Berlin 1915).

[158] So spricht z.B. Eberhard GOTHEIN von "unserer Epigonenzeit, in der die großen Worte die großen Taten abgelöst haben [...]" (Bismarcks Jugend, S. 322). Das Stichwort vom Epigonentum fällt in den Jahren vor dem Ersten Weltkrieg häufig; das damit verbundene Sehnen nach der großen Tat, nach großem Heldentum gehört bekanntlich mit zu unserer mentalitätsgeschichtlichen Vorgeschichte.

[159] BURCKHARDT: Über das Studium der Geschichte, S. 377. Das originellste an seinen Überlegungen zur geschichtlichen Größe sind deshalb auch seine Reflexionen über den oft verfälschenden Einfluß der Sehnsucht nach Größe.

[160] Vgl. als neue Interpretation Margot FLEISCHER: Der "Sinn der Erde" und die Entzauberung des Übermenschen. Eine Auseinandersetzung mit Nietzsche, Darmstadt 1993, bes. S. 196-202, und: Norbert REICHEL: Der Traum vom höheren Leben. Nietzsches Übermensch und die conditio humana europäischer Intellektueller von 1890 bis 1945, Darmstadt 1994.

[161] Stefan BREUER: Das Charisma des Führers, in: ders.: Bürokratie und Charisma: zur politischen Soziologie Max Webers, Darmstadt 1994, S. 144-175, hier: S. 151. Zum Georgekreis und seiner Biographik vgl. auch SCHEUER: Biographie, S. 112-122.

[162] Vgl. dazu ZMARZLIK: Das Bismarckbild der Deutschen; Werner PÖLS: Bismarckverehrung und Bismarcklegende als innenpolitisches Problem der wilhelminischen Zeit, in: Jahrbuch für Geschichte Mittel- und Ostdeutschlands 10(1971), S. 183-201; Hans-Walter HEDINGER: Der Bismarckkult, in: Gunther STEPHENSON (Hg.): Der Religionswandel unserer Zeit im Spiegel der Religionswissenschaft, Darmstadt 1976, S. 201-215; HARDTWIG: Erinnerung, Wissenschaft, Mythos; PFARR: "Zwei Seelen wohnen, ach! in meiner Brust!"; Lothar MACHTAN (Hg.): Bismarck und der deutsche Nationalmythos, Bremen 1994.

[163] Die ahistorische Grundkonzeption läßt sich schon an dem Aufruf der Deutschen Studentenschaft zur Errichtung der Bismarck-Säulen ablesen: "Überall soll, ein Sinnbild deutscher Einheit, das gleiche Zeichen erstehen in ragender Größe. [...] Keinen Namen soll der gewaltige Stein tragen, aber jedes Kind wird ihn deuten können." (Aufruf der Dt. Studentenschaft an die Nation vom 3.12.1898, in: Hubert SCHRADE: Das deutsche Nationaldenkmal. Idee, Geschichte, Aufgabe, München 1934, S. 93). Konzeptionell waren die Bismarck-Türme das Werk des Architekten Wilhelm H. Kreis, der sich mit seinen

Stellt die eingangs skizzierte positive Grundhaltung zu Bismarck eine nicht hinterfragte Selbstverständlichkeit bei den meisten Historikern dar, so sind diese Mystifizierungstendenzen zwar nicht ohne Einfluß geblieben, aber auch nicht vorbehaltlos übernommen worden. Es findet sich auch in ihren Werken die heute unsäglich klingende Geniemetaphorik ihrer Zeit,[165] aber Bismarck wird hier eben nicht - wie in vielen populären Bismarck-Büchern oder den Bismarck-Türmen - als überzeitlicher, religiös zu verehrender Heros dargestellt, sondern als historisches Individuum begriffen, abhängig von den Handlungsmöglichkeiten, die die historische Situation bereithielt.[166] Verglichen mit unserem heutigen Bismarckbild verherrlichen die wilhelminischen Historiker den Reichsgründer, gemessen an den zeitgenössischen Befindlichkeiten vertreten sie aber, gerade in den beiden großen Bismarck-Biographien, ein rationales und maßvolles, wenn auch unkritisches Bismarckbild.

Diese kurze Skizze des Bismarck-Phänomens macht deutlich, daß der preußische Junker nicht nur realgeschichtlich eine "Potenz sui generis"[167] gewesen ist, sondern auch bewußtseinsgeschichtlich eine immense Rolle gespielt hat. Sein Erscheinungsbild hat die Konjunktur der historischen Biographie um die Jahrhundertwende wesentlich beeinflußt. Dieser Zusammenhang wird in einer Äußerung von Erich Marcks anläßlich der Bismarcktage 1895 in den "Biographischen Blättern" sehr deutlich: "sie [die Biographischen Blätter, O.H.] dürfen es wohl empfinden und ausdrücken, wie er [Bismarck, O.H.] nicht nur der vornehmste Gegenstand biographischer Betrachtung ist, den unsere heutige Welt kennt, sondern zudem die lebendige Rechtfertigung biographischen Denkens und Auffassens überhaupt."[168] Dem wiederauflebenden Genieenthusiasmus stünde allerdings der "soziale und sozialistische Geist" gegenüber, der insgesamt in dieser Zeit dominiere. Auch unter Historikern finde die kollektivistische Geringschätzung der Persönlichkeit zunehmend Anhänger - "In diese Kämpfe haben die Bismarcktage ihr Wort hineingesprochen. Das Wehen des Genius hat uns Alle wieder einmal berührt

---

Vorstellungen "eines ungeheuren Heldenmales von germanischer Eigenart" (Kreis) in einem Architekturwettbewerb durchsetzte. Vgl. dazu Friedrich K. H. M. FRANKEN: Kontinuität und Wandel in Leben und Werk des Architekten Wilhelm H. Kreis, Diss. Aachen 1996, S. 38-103 (Zitat v. Kreis, S. 38; vgl. auch die Abbildungen einiger Monumente im Anhang, S. 4f.).

[164] Vgl. HARDTWIG: Erinnerung, Wissenschaft, Mythos, S. 261.

[165] Vgl. z.B. folgende, auf Bismarck gemünzte Metaphern in MARCKS' "Otto v. Bismarck. Ein Lebensbild" (Stuttgart 1915): "Gärung ungeheurer innerer Kräfte" (S. 10), "der Prometheus, der das Feuer herniedergeholt hat" (S. 154), "es ist das Hochgebirge, in dem die Lawinen wahllos niedergehen" (S. 237), "das Eisen im Blute dieser neuen Zeit, der Granit, auf dem ihre Mauern sich erheben" (S. 255) und dergleichen mehr.

[166] Vgl. ZMARZLIK: Das Bismarckbild der Deutschen, S. 16.

[167] WEHLER: Deutsche Gesellschaftsgeschichte, Bd. 3, S. 458.

[168] MARCKS: Nach den Bismarcktagen, S. 130.

[...]".¹⁶⁹ In dem Streit um die "individuelle und kollektivistische Geschichtsauffassung" dient Bismarck als schlagendes realgeschichtliches Argument gegen die vermeintlich verfälschende kollektivistische Geschichtsanschauung.¹⁷⁰ Abgesehen von der polemischen Funktionalisierung trägt Bismarck auf seine Weise zur Wiederbelebung des idealistischen Konzepts des (welt-)historischen Individuums bei.¹⁷¹ Gegenüber der Hegelschen Theorie machen sich jedoch gewisse Akzentuierungen und Verschiebungen bemerkbar. Ging jene Theorie von der *Übereinstimmung* von individuellem Wollen und geschichtlicher Bewegung aus, indem die welthistorischen Individuen nur das vollbringen, was viele (unbewußt) als notwendig empfinden, wird nun oftmals der *Gegensatz* zwischen "der Masse" und dem großen Einzelnen betont, der sich im "Kampf"¹⁷² mit den kollektiven Kräften befinde.¹⁷³

β. Im folgenden sollen die beiden vielbeachteten, publizistisch sehr erfolgreichen biographischen Hauptwerke der wilhelminischen Zeit über Bismarck im Mittelpunkt der Analyse stehen: Max Lenz' für die "Allgemeine Deutsche Biographie" verfaßte, dann auch selbständig veröffentlichte "Geschichte Bismarcks" und der erste und einzige Band von Erich Marcks' groß angelegter Biographie, "Bismarcks Jugend".¹⁷⁴

---

¹⁶⁹ Ebd.

¹⁷⁰ Vgl. z.B. Dietrich SCHÄFER: "In unserer so stark demokratisch gerichteten Zeit, die sich nur unter dem Eindruck der Gigantengestalt unseres Reichskanzlers allmählich daran erinnert, daß neben den Massen doch auch das Individuum noch etwas zu bedeuten habe." (Das eigentliche Arbeitsgebiet der Geschichte, S. 265). Vgl. auch die Zusammenstellung einschlägiger Äußerungen bei SCHLEIER: Zur Auswirkung der Reichsgründung auf historisch-politische und methodologische Konzeptionen der bürgerlichen deutschen Geschichtsschreibung bis 1914, S. 527-529.

¹⁷¹ Otto HINTZE: "Die Erscheinung Bismarcks hat viele Historiker erst wieder zur der Überzeugung geführt, daß der Gang der Geschichte doch nicht bloß von den Wandlungen der Ideen oder von den Veränderungen im wirtschaftlichen und sozialen Leben abhängt, sondern daß zu den großen Wendepunkten der Geschichte immer eine heroische Menschenkraft dazu gehört, [...] aus dem Chaos der Möglichkeiten, das im organischen Wuchern der Volkskräfte entsteht, das herauszugreifen, was sich zu wirklichem Leben gestalten läßt." (Otto Hintze über Kosers Friedrich II.-Biographie, zitiert nach: Herbert WARTENBERG: Otto Hintze als Geschichtsdenker. Ein Beitrag zur Analyse des neuzeitlichen Geschichtsdenkens, Diss. Berlin(-West) 1953, S. 15.)

¹⁷² Der Begriff des "Kampfes" ist gewissermaßen das Leitmotiv in der Bismarck-Biographie von Max LENZ.

¹⁷³ Charakteristisch ist eine briefliche Äußerung Heinrich v. Sybels an Erich Marcks vom 11.6.1895: "Ich halte es noch mit Treitschke: es sind die starken Männer, welche die Zeit machen. Die Masse macht nichts; sie empfindet drückende Bedürfnisse in weiten Kreisen; daraus abstrahieren gebildete Männer die Ideale der Zukunft; [...]. Aber was geschieht, endlich energisch geschieht, endigt im Fehlschlag. Bis dann der starke Mann erscheint, der nicht bloß, wie alle anderen das Ideal der Zeitströmung erkennt, sondern aus der eigenen die rechten Mittel zur Verwirklichung des Ideales ergreift. So Bismarck bei der deutschen Einheit." (zitiert nach SCHLEIER: Sybel und Treitschke, S. 262).

¹⁷⁴ Bibliographische Angaben: Max LENZ: Geschichte Bismarcks, München/Leipzig ¹1902, ⁴1913 (aus der vierten Auflage wird zitiert); Erich MARCKS: Bismarck. Eine Biographie, 1. Bd.: Bismarcks Jugend 1815-1848, Stuttgart/Berlin ¹1909, Stuttgart ²¹1951 (um den nachgelassenen Band "Bismarck und die deutsche Revolution 1848-1851" erweiterte Auflage) (aus der 1. Auflage wird zitiert). Außerdem wird berücksichtigt: Erich MARCKS: Otto von Bismarck. Ein Lebensbild, Stuttgart/Berlin ¹1915, ⁶⁻¹⁰1915,

Betrachtet man ihr umfangreiches Oeuvre zu Bismarck, so fällt auf, daß der Bismarck ihrer Reden, Aufsätze und populären Arbeiten ein anderer ist als der ihrer beiden Großbiographien. Die oben angedeuteten Spannungen zwischen irrationalem Bismarckmythos und sich um Rationalität bemühender Bismarckforschung sind an den Historikern selber zu beobachten.[175] Insbesondere in den Aufsätzen von Erich Marcks zu Bismarck[176] macht sich eine devotionale Heroenverehrung, eine Geniemetaphorik ("junger Riese", "Titan", "Löwe", "Übermensch", "Mann aus Eisen", "Mann aus Stahl") breit, die auch stilistisch alle Maße überschreitet.[177] Bezeichnend für Marcks' Verhältnis zu Bismarck ist sein Bericht, wie er 1893 als junger Berliner Privatdozent eine Audienz bei dem Fürsten bekam, dem er sodann "lauschend und betrachtend gegenübersitzen durfte."[178] Hierbei handelt es sich, wie Krill treffend formuliert hat, "um den Besuch eines vor Ehrfurcht schauernden Gläubigen bei dem von ihm verehrten, noch in der irdischen Hülle weilenden geschichtlichen Heros."[179] Anders ist der Eindruck, den die beiden großen Bismarck-Biographien hinterlassen. Wenn Hans Delbrück in einer Rezension von Erich Marcks populärem Lebensbild Bismarcks schreibt, hier sei der "Uebergang von der Legende zur Historie" gefunden,[180] so trifft das noch in stärkerem Maße für die großen wissenschaftlichen Biographien von Marcks und Lenz zu. Die im folgenden zu verteidigende These ist nun, daß die historische Rationalisierung des ehrfürchtig bewunderten Heros zu einem guten Teil auch dem (durchaus bejahten, bewußt eingesetzten) gattungseigenen Interpretationsmuster der historischen Biographie zu verdanken ist.

---

[23]1946 (zitiert wird aus der 6-10. Auflage). - *Rezensionen*: ONCKEN: Bismarck und sein Werk in der neuesten Geschichtsschreibung; R. FESTER: [Rez.: M. Lenz: Geschichte Bismarcks]; MEINECKE: Bismarcks Jugend; GOTHEIN: Bismarcks Jugend; DELBRÜCK: [Rez.: Marcks: Bismarck. Eine Biographie, Bd. 1], in: PrJb 140(1910), S. 529-531; E. MÜSEBECK: [Rez.: Marcks: Otto v. Bismarck. Ein Lebensbild], in: FBPG 28(1915), S. 641f; DELBRÜCK: [Rez.: Marcks: Otto v. Bismarck. Ein Lebensbild]; RAPP: [Rez.: Marcks: Otto v. Bismarck. Ein Lebensbild], in: HZ 117(1917), S. 492f. - *Interpretationen* und Kontexthinweise zu einzelnen Biographien finden sich in: KRILL: Rankerenaissance, S. 106-136 (Marcks, Lenz); JANDER: Untersuchungen, S. 182 (Marcks: Bismarck. Eine Biographie); FEHRENBACH: Die Reichsgründung in der deutschen Geschichtsschreibung, S. 268-271 (Lenz).

[175] Vgl. hierzu die vergleichende Analyse des wissenschaftlichen und des publizistischen Geschichtsbildes über die altpreußische Geschichte von Jürgen MIROW. Seine Beobachtung, daß die publizistische Literatur zu Übertreibungen und Vereinseitigungen neigt, ist gerade auch beim Thema Bismarck festzustellen (Das alte Preussen im deutschen Geschichtsbild seit der Reichsgründung [= Historische Forschungen, Bd. 18], Berlin 1981, bes. S. 94 u. 102f.).

[176] Goethe und Bismarck, Bei Bismarck, Trauerrede auf Bismarck, Fürst Bismarck, alle in: MARCKS: Männer und Zeiten, Bd. 2.

[177] Vgl. KRILL: Rankerenaissance, S. 130.

[178] MARCKS: Bei Bismarck, S. 33.

[179] KRILL: Rankerenaissance, S. 127f.

[180] DELBRÜCK: [Rez.: Marcks: Otto v. Bismarck. Ein Lebensbild], S. 132.

Mit der Betitelung seiner Biographie als "Geschichte Bismarcks" stellt sich Max Lenz in eine ganz bestimmte Traditionslinie der historischen Biographik des 19. Jahrhunderts. Da es sich bei Lenz um einen der bekanntesten Verfechter der "Rankerenaissance" handelte, lag schon für seine damaligen Rezensenten der Hinweis auf das Vorbild Rankes mit seiner "Geschichte Wallensteins" nahe,[181] ebenso kann man aber auf Droysens "Geschichte Alexanders des Großen" verweisen. Lenz erneuert mit seinem Werk die Tradition der *rein historischen Biographie*, in der das Gewicht auf der historischen Tätigkeit des Individuums liegt. Lenz zeigt hauptsächlich den Politiker, weniger den "Menschen" Bismarck. Dessen Bildungsgeschichte und "private" Seite bleibt weitgehend ausgeklammert. Auch an einem Droysenschen Charakterbild ("York") ist Lenz nicht interessiert: "Wir begleiten unsern Helden nicht auf die Schlachtfelder [...]. Wir folgen ihm nur wieder dorthin, wo wir ihn bisher immer aufgesucht haben, zu seiner politischen Arbeit." (S. 399) Seine Rezensenten heben hervor, daß diese "energische Selbstbeschränkung" (Oncken)[182] aus der Sache selber gerechtfertigt sei:

"Das Ziel von Bismarcks Leben, das er sich vorgesetzt und erreicht hat, ist mit kurzen Worten nichts anderes gewesen, als die welthistorische Konstellation der großen Mächte, wie er sie in den vierziger und fünfziger Jahren vorfand, durch die That umzugestalten zu Gunsten des preußischen Königtums und auf diesem Umwege die Einheit und Machtstellung der deutschen Nation zu erkämpfen. [...] So wird das weltgeschichtliche Handelns Bismarcks das eigentliche Thema dieser Biographie. In einheitlichem Stile werden seine Thaten nicht aus der Psychologie des privaten Seelenlebens, [...], sondern mit einer Art universalhistorischer Psychologie von dem Centrum des europäischen Völkerlebens her als realistische Staatskunst erklärt."[183]

Lenz' Rezensent Fester kommt zum gleichen Ergebnis, indem er ex negativo argumentiert und Bismarck zu einem ungeeigneten Objekt einer psychologischen Entwicklungsgeschichte erklärt.[184] Diese Argumentationen sind idee-geschichtlich vor allem deshalb von großem Interesse, weil sie belegen, daß das Droysensche Kriterium des biographischen Maßes historischer Figuren nun nicht mehr dazu dient, die Großen der Weltgeschichte von einer biographischen Behandlung auszuschließen, sondern ihnen eine bestimmte Form der Biographie, eben die rein historische, vorzubehalten.

Wie steht es mit der Rationalisierung und Relativierung Bismarcks in der Lenzschen Biographie? Hans Schleier, von der marxistischen Geschichtstheorie aus argumentierend, nennt die "Geschichte Bismarcks" als klassisches Beispiel für die sich nach der

---

[181] Vgl. ONCKEN: Bismarck und sein Werk in der neuesten Geschichtsschreibung, S. 217; FESTER: [Rez.: Lenz: Geschichte Bismarcks], S. 121. Die Beziehung zu Ranke wird auch von KRILL (Rankerenaissance, S. 114) betont.

[182] ONCKEN: Bismarck und sein Werk in der neuesten Geschichtsschreibung, S. 217.

[183] ONCKEN: Bismarck und sein Werk in der neuesten Geschichtsschreibung, S. 218.

[184] Vgl. FESTER: [Rez.: Lenz: Geschichte Bismarcks], S. 122f.

Reichsgründung verstärkende "voluntaristische Geschichtsauffassung", die die Geschichte auf das Handeln großer Männer reduziere.[185] Das einschlägige Zitat, mit dem Schleier seine These rechtfertigt, vermittelt tatsächlich diese Einseitigkeit: "Es war ganz und gar das Werk des einen. Wie Bismarck den Norddeutschen Bund allein geschaffen hatte, so konnte er sich auch mit vollem Recht als den Schöpfer von Kaiser und Reich bezeichnen." (S. 412) Hinzu kommt, daß Bismarck in dem Lenzschen Werk ganz zu dem einsamen, heroischen Kämpfer stilisiert wird, der mit seinen politischen Bestrebungen immer quer zu den Zeittendenzen (vor allem zum Liberalismus) gestanden habe.[186] Um diese ganz auf die Geschichtsmächtigkeit des großen Einzelnen angelegten Äußerungen allerdings richtig einordnen zu können, muß man folgendes berücksichtigen: Zunächst ist noch einmal auf den Schwerpunkt und das Interpretationsmodell dieser Biographie hinzuweisen: Bismarck wird nicht im Kontext eines vor allem auf überindividueller Ebene sich abspielenden Modernisierungsprozesses, sondern traditionell, im Rahmen einer intentional interpretierbaren politischen Nationalgeschichte begriffen. Der Schwerpunkt liegt nicht auf der mit zahlreichen ungelösten politischen Problemen behafteten Reichskanzlerzeit, sondern auf den Jahren der Reichsgründung von 1862 bis 1871, wo er den Zeitgenossen als der "große Zauberer" (Roon) erschien - auf diese Zeit bezieht sich auch das Wort von dem "Werk des einen". Lenz konzentriert somit seine Darstellung auf die Periode in Bismarcks Leben, in welcher er als Protagonist der "Revolution von oben" die Vorstellung individueller Geschichtsmächtigkeit auch aus heutiger Sicht am ehesten erfüllt. Zweitens sind diese Äußerungen noch als Antwort auf die Bestrebungen Wilhelms II. und gleichgesinnter Historiker zu lesen, die historische Bedeutung des inzwischen politisch unliebsamen Bismarck herunterzuspielen und "Wilhelm den Großen" als den Reichsgründer zu feiern. Es erscheint als eine selbstverständliche Aufgabe der ersten großen Bismarck-Biographie der deutschen Geschichtswissenschaft, dieses Bild im Sinne des "wahren" Reichsgründers zurechtzurücken. Schließlich, und das ist das entscheidende Argument, Geschichtsmächtigkeit und historische Relativierung schließen sich gerade im Falle Bismarcks nicht aus. Den Satz vom "Werk des einen" muß man im Kontext der Droysenschen Formel des "$A = a + x$" lesen. Er heißt dann so viel wie: Bismarck ist der entscheidende individuelle Faktor in dem Prozeß der Reichsgründung gewesen. Diese ist alles andere als eine *creatio ex nihilo* gewesen, aber unter den beteiligten Persönlichkeiten ist Bismarck diejenige, die den größten Anspruch darauf hat, das Reich als ihr Werk anzusehen. Die immense Bedeu-

---

[185] Vgl. SCHLEIER: Zur Auswirkung der Reichsgründung, S. 527-529.
[186] "Denn die Gestalt des großen Staatsmannes wird nur wachsen, wenn wir erkennen, wie einsam er mit seinen Gedanken war, die er seitdem zum Siege geführt und zum Gemeingut der Nation gemacht hat." (S. 177) LENZ konstatiert weiter eine "Verschiedenheit des Staatsbewußtseins, der Stellung zu den Fragen, die das Herz der Nation bewegten." (ebd.).

tung des Faktors "a" in diesem Prozeß, also all jene geschichtlichen Konstellationen und Prozesse, die Bismarck vorfand und auf die er reagieren mußte, wird von Lenz nicht unterdrückt, im Gegenteil, sie werden dank seines universalhistorischen Blickwinkels eher hervorgehoben. Schon in dem Einleitungskapitel, "Friedrich Wilhelm III. und sein Staat", analysiert Lenz die (macht-)politischen Bedingungen, die einer deutschen Einigungspolitik im 19. Jahrhundert gestellt waren.[187] Diese Perspektive wird konsequent in dem ganzen Buch durchgehalten.[188] Die neorankeanische Lieblingsvokabel "Realpolitik" bedeutet ja nichts anderes, als daß Bismarck selbst sich dadurch auszeichnete, seine Handlungsoptionen an eine genaue, realistische Analyse der machtpolitischen Verhältnisse zu binden, und auf diesem Realismus beruhten ja gerade seine Erfolge. Insofern sind Geschichtsmächtigkeit und historische Relativität zwei Seiten einer Medaille.

Der von Oncken lobend hervorgehobene "kongeniale Standpunkt der Beurteilung", den Lenz in diesem Werk einnehme, erscheint damit ambivalent: Zum einen sorgt er für eine ständige Anbindung der politischen Handlungen Bismarcks an die jeweils gegebenen politischen Möglichkeiten, zum anderen verführt er Lenz dazu, einzig in dem Bismarckschen Weg den historisch möglichen zu sehen. Demzufolge hat nur Bismarck die höheren Weihen der Einsicht in das historisch Notwendige, seine zweifellos exzeptionelle Stellung wird verabsolutiert. Er wird zum großen Lehrmeister stilisiert, dessen Einsichten sich alle, inklusive Historiker, anzuschließen haben. Eine wesentliche Voraussetzung wissenschaftlicher Historie ist damit im Falle Lenz' (und anderer wilhelminischer Historiker) bezüglich Bismarcks nicht erfüllt: Es fehlt die Distanz zum Gegenstand, die Emanzipation des Biographen vom Horizont seines Helden,[189] dasjenige was Hayden White treffend die "Ironie des Historikers" genannt hat.[190] Festzuhalten bleibt allerdings, daß es die syntagmatische Biographie in ihrer rein historischen Variante gewesen ist, in der Lenz seinen geschichtsmächtigen Helden Bismarck "realpolitisch" interpretiert und damit historisch relativiert hat - und dies in einer Zeit, in welcher der historische Bismarck zunehmend von einer ahistorischen, irrationalen und pseudoreligiösen Verehrungswelle verdeckt wurde.

---

[187] "Wollte es [Preußen, O.H.] seine Kraft an die Lösung der deutschen Fragen setzten, so mußte es vor allem den Mut haben, den Bruch mit den Mächten, denen die Politik des Beharrens Lebensinteresse war, mit Rußland und dem Österreich Metternichs, zu riskieren, und, wenn es sein mußte, Europa Trotz zu bieten." (S. 11) - In dieser Art finden sich viele Reflexionen.

[188] Der "große Zug der Auffassung" mache das Werk, wie sein Rezensent ONCKEN hervorhebt, zu einem "schweren Buch", das "vielleicht von sich aus nicht unmittelbar weite Kreise des Publikums erobern wird;" (Bismarck und sein Werk in der neuesten Geschichtsschreibung, S. 219 u. 221). Auch die "Schwere" dieser Biographie kann man als einen Hinweis auf den Rang der Biographie als große Geschichtsschreibung in der wilhelminischen Zeit lesen.

[189] Kritische Distanz ist natürlich auch eine Frage des zeitlichen Abstandes. Einige Rezensenten geben zu bedenken, daß die Zeit für eine Gesamtdarstellung Bismarcks noch nicht gekommen sei. Die deutlichsten Zweifel in dieser Hinsicht äußert FESTER: [Rez.: Lenz: Geschichte Bismarcks], S. 121.

[190] WHITE: Metahistory, S. 485.

Der erste Teil der auf vier Bände angelegten Bismarck-Biographie von Erich Marcks, sieben Jahre nach der "Geschichte Bismarcks" im Jahr 1909 veröffentlicht, hebt sich in seiner Konzeption ausdrücklich von seinem Vorgänger ab: "Es will", schreibt Marcks im Vorwort, "als *Ganzes* eine Biographie sein - nicht eine 'Geschichte', in dem Sinn, wie sie einmal und vortrefflich [...] geschrieben worden ist." (S. VII) Über die "sachlich-politischen Leitgedanken" (ebd.) von Bismarcks Handeln hinaus, auf die Lenz sich in seiner "Geschichte" beschränkt habe, möchte Marcks das personale Moment, d.h. die Entwicklung der Persönlichkeit Bismarcks, in seine Darstellung integrieren. Marcks' Bismarck-Biographie ist andererseits "selbstverständlich" "eine historische [...], die den Mann innerhalb der weiten Zusammenhänge, der allgemeinen Zustände, Kräfte, Bewegungen seines Zeitalters [...] sieht." (ebd.) Wie schon in seinem "Coligny", der "wirkliche Biographie, wirkliche Geschichte" sein sollte, zielt Marcks damit auf eine *integrative historische Biographie* ab, welche die Darstellung der Tätigkeitsgeschichte durch die Darstellung der Bildungsgeschichte erweitert. Erreicht worden ist dieses große Ziel von Marcks allerdings nicht, denn über den ersten Teil hinaus ist lediglich aus dem Nachlaß der Teil über "Bismarck und die Revolution" veröffentlicht worden.[191] Von den drei Elementen der integrativen Variante der syntagmatischen Biographie hat Marcks damit nur die biographische Vorgeschichte verwirklicht. Während Lenz mit seiner "Geschichte Bismarcks" an Rankes "Geschichte Wallensteins"

---

[191] Im Grunde ist das Ziel einer großen, befriedigenden Bismarck-Biographie erst in den letzten Jahren durch die Arbeiten von Lothar Gall, Ernst Engelberg und Otto Pflanze erreicht worden. In der Gewichtung der einzelnen Lebensabschnitte steht Gall übrigens in der Tradition von Max Lenz: Relativ kurz sind Jugend und "Lehrzeit" (Bismarck in der 1848er Revolution) dargestellt (100 von 700 Seiten), ausführlich dagegen die Zeit der Reichsgründung 1862 bis 1871 (260 Seiten), wiederum relativ kurz schließlich die mit 19 Jahren doppelt so lange Periode der Reichskanzlerschaft (270 Seiten). Engelberg schildert dagegen ausführlich Jugend und Lehrzeit (360 von 1400 Seiten), relativ kurz die Reichsgründungszeit (240 Seiten) und verhältnismäßig lang die Periode der Reichskanzlerschaft (650 Seiten: der ganze zweite Band). Pflanze schließlich widmet zwei Drittel seiner Darstellung dieser Periode. Alle drei Biographien entsprechen dem Modell der integrativen Biographie, die die Genese der Persönlichkeit als Voraussetzung ihres politischen Handelns miteinschließt. Gall steht jedoch der Tradition der rein historischen oder "politischen" Biographie näher, die dieses Element eher kurz abhandelt. In einem Werkstattbericht hat Engelberg übrigens über diese beiden Biographieoptionen reflektiert und seine Wahl begründet: "Will der Historiker nur eine politische Biographie verfassen, dann ist die summarische Behandlung der Frühzeit allenfalls zu rechtfertigen; strebt er jedoch nach einer möglichst umfassenden Darstellung des bio-sozialen Wesens einer Persönlichkeit, dann ist eine gründliche Erforschung eben der Herkunft, Jugend und Frühzeit unbedingt erforderlich." (ENGELBERG: Forschungs- und Darstellungsprobleme einer Bismarck-Biographie, in: Forschungs- und Darstellungsprobleme einer historischen Biographie, S. 19-25, hier: S. 15). Vgl.: ENGELBERG: Bismarck. Urpreuße und Reichsgründer, Berlin 1985; ders.: Bismarck. Das Reich in der Mitte Europas, Berlin 1990; PFLANZE: Bismarck, Bd. 1.: Der Reichsgründer, München 1997; Klaus KELLMANN: Otto von Bismarck, Ernst Engelberg und wir. Eine Biographie aus der DDR im Gesamtzusammenhang der deutsch-deutschen Rückbesinnung auf die Geschichte, in: GWU 37(1986), S. 690-700; Hellmut SEIER: Bismarck und der 'Strom der Zeit'. Drei neue Biographien und ein Tagungsband, in: HZ 256(1993), S. 689-709; Volker ULLRICH: Die denkbar interessanteste Figur [Rez.: Pflanze: Bismarck u.a.], in: Die Zeit, Nr. 43, 17. Oktober 1997, S. 29f.

anknüpft und damit ein weiteres Beispiel für die (universalhistorische) Intensivierung des geschichtlichem Moments der historischen Biographie nach dem Methodenstreit liefert, zeigt die Marcksche "Verinnerlichung des Historismus",[192] die in den kleinen Verhältnissen einer preußischen Landjunkerjugend die individuellen Wurzeln der großen Reichsgründungsgeschichte sucht, eine Intensivierung des personalen Moments.

Wie wird Bismarck in dieser Biographie historisch rationalisiert und relativiert? Die Rezensenten der Lenzschen "Geschichte Bismarcks" hatten argumentiert, daß nur eine Biographie, die sich auf das politische Handeln des Reichsgründers konzentriere, diesem gerecht werden könne. Die Marcksche Biographie belegt aber, daß die Ergänzung der Tätigkeitsgeschichte durch eine biographische Vorgeschichte gerade bei Bismarck ein zusätzliches Rationalisierungspotential der historischen Biographie mobilisiert. Die Rationalität der "Geschichte Bismarcks" fand ihre Grenze in der kritiklosen Übernahme des Bismarckschen Standpunkts. Aber eben dieser Standpunkt, Bismarcks politisches Weltbild, wird durch die sorgfältige Rekonstruktion der Bismarckschen Bildungsgeschichte historisiert und damit relativiert. Marcks erreicht damit das Quantum an historischer Distanz und unabhängiger historischer Beurteilung, das einem wilhelminischen Historiker, der ebenso wie Lenz den Politiker Bismarck rückhaltlos bejaht, möglich war. In seiner Monographie über die Geschichtsschreibung Erich Marcks' charakterisiert Pierre Wenger unter Anwendung Nietzschescher Begrifflichkeit diesen, nicht ohne kritischen Unterton, als "antiquarischen Historiker einer monumentalen Welt."[193] Gerade in dieser Spannung zwischen dem antiquarischen Versenken in die kleinen Verhältnisse einer individuellen Lebensgeschichte und der monumentalen historischen Bedeutung des daraus hervorgehenden Individuums liegt aber das spezifische Rationalisierungspotential dieser Biographie: Sie holt den zum Überzeitlichen und Übermenschlichen stilisierten Heros auf den Boden der Zeitverhältnisse des frühen 19. Jahrhunderts zurück. Die zurückhaltende Kammerdienerperspektive (seiner Zeit von Hegel und Droysen im Hinblick auf die moralisierenden Tendenzen der Aufklärungshistorie nicht zu Unrecht kritisiert), die Marcks gegenüber Bismarck geltend macht, indem er ihn innerhalb "seiner persönlichen Voraussetzungen und Umgebungen" (S. VIII) betrachtet, tritt hier in ihr Recht: Der wilhelminische Mythos Bismarck wird zu einem Menschen aus Fleisch und Blut.

Das Goethesche Konzept der historischen Bildungsgeschichte findet allerdings an Bismarck und dem Historiker Marcks jeweils bezeichnende Grenzen. Zunächst: Dieses Modell hat auf weiten Strecken der Biographie lediglich die Funktion einer *Negativfolie*. Charakteristisch in dieser Hinsicht ist die Marcksche Analyse der Bildungselemente, mit denen Bismarck auf dem humanistischen Gymnasium in Berührung gekommen ist:

---

[192] KRILL: Rankerenaissance, S. 123.

Altertum, klassische deutsche Dichtung, die Philosophie des Deutschen Idealismus - überall muß der Autor feststellen, daß diese Elemente "eine tiefgehende Bedeutung für sein Werden und Wesen" nicht gewonnen hätten (S. 64). Auch die deutsche Universität, die für viele seiner Zeitgenossen "eine gestaltende und wegweisende Macht" (S. 85) gewesen sei, habe Bismarck wenig beeindruckt. Marcks bilanziert: "Soweit er einen Führer hat, führt ihn die natürliche Tradition seines Standes, darüber hinaus nur eines, etwas noch Unbewußtes und Ungestaltetes, aber in der Stille Entscheidendes: sein Ich; aus dessen Tiefe blitzen dann und wann, noch wenig erkennbar, verborgene Kräfte einer starken Zukunft empor." (S. 103) Der in die Zeitverhältnisse gestellte Bismarck erweist sich im Kern von diesen unberührt. Die Grenze seines Interpretationsmodells läßt auf diese Weise dem bedingungslosen Bismarckbewunderer Marcks Raum, das in den Reden und Aufsätzen so eindrücklich beschworene, letztlich unbegreifliche Genietum seines Heros - nun gewissermaßen wissenschaftlich abgesichert - hervortreten zu lassen. Hinter dem zeitlich bedingten und menschlich verstandenen Individuum leuchtet - wie im Grimmschen Märchen von Schneeweißchen und Rosenrot unter dem Bärenfell das Gold - das Überzeitliche und Übermenschliche hervor. Diese Tendenz zeigt sich deutlich bei der zentralen Frage nach Bismarcks Religiosität. Marcks ist der Meinung, daß sich in Bismarcks Suche nach dem persönlichen Gott ein elementarer, zeitloser Drang bemerkbar mache, der sich auch bei anderen zeitlichen und menschlichen Umgebungen auf die gleiche Weise geäußert haben würde. Friedrich Meinecke, der sich ansonsten sehr lobend über das Werk äußert, hält dem entgegen, daß Bismarcks Weltanschauungssuche durchaus zeitbedingt sei und deshalb seine "Religiosität [...] einen im hohen Sinne zeitgeschichtlichen Charakter"[194] trage. Es sei der weltanschaulichen Kraftlosigkeit der Liberalismus dieser Zeit zuzuschreiben, daß Bismarck sich seinen "Welttrost" "aus dem christlich-germanischen Kreise holte".[195] Dieser Befund läßt sich allerdings wiederum zugunsten des historischen Rationalisierungs- und Relativierungspotential der historischen Biographie auslegen: Das in der integrativen historischen Biographie enthaltene Interpretationsmodul der historischen Bildungsgeschichte zwingt den Bismarckbewunderer Marcks dazu, seinen Heros auf das Wirken von Zeitumständen abzuklopfen. Der Mythos Bismarck wird auf diese Weise zwar nicht gänzlich entzaubert, aber doch methodisch diszipliniert als eine *letzte* Wahrheit angeboten. Auf dem Wege zu dieser formuliert der Historiker Marcks eine Reihe vorletzter, relativer historischer Wahrheiten, die den eigentlichen historiographischen Wert dieser Biographie ausmachen.

---

[193] WENGER: Grundzüge der Geschichtsschreibung von Erich Marcks, Zürich 1950, S. 127.
[194] MEINECKE: Bismarcks Jugend, S. 440.
[195] Ebd.

c) Politische Bewegungen im 19. Jahrhundert

Der dritte nach dem Methodenstreit in den Vordergrund rückende Gegenstandsbereich historischer Biographik ist quantitativ stark besetzt, aber von der Forschung relativ wenig beachtet: Von 1900 bis zum Ende des Kaiserreiches 1918 floriert die Geschichtsschreibung über "Politiker" des 19. Jahrhunderts, die neben Bismarck in die politischen Geschicke des deutschsprachigen Raumes einzugreifen suchten.[196] Das ganze sich in diesem Jahrhundert ausbildende politische Spektrum wird durch diese Historiographie erfaßt: Liberale wie Camphausen, Mevissen und Bennigsen, Konservative wie Radowitz und Kleist-Retzow, katholische Politiker wie Reichensperger und Windthorst, schließlich die Protagonisten der Arbeiterbewegung[197] - sie alle finden ihren Biographen,

---

[196] Gustav MAYER, selbst einer der Biographen dieses Themenbereichs, schildert in seinen "Erinnerungen", weshalb sich die Historiker erst relativ spät dieser Thematik angenommen haben: "Diese Generation von Historikern war unter Bismarcks langandauernder, halb absoluter Regierungszeit aufgewachsen. Und so verkörperte sich für sie in den politischen Parteien zu wenig an wirklicher Macht, als daß sie in deren Geschichte Stoffe sahen, die anzufassen sich für sie verlohnte. [...] Biographien von deutschen Parlamentariern wurden in der Regel nur geschrieben, wenn man gerade auf einen Nachlaß stieß, den man bequem bearbeiten konnte ohne zu viel zeitraubende Vertiefung in die zeitgenössische Publizistik oder die noch viel mühseligere in die unübersehbare Fülle der Tagespresse. Eine solche Aufgabe mutete man am ehesten noch Doktoranden zu, die sich dafür die Zeit nehmen wollten. [...] Etwas reger wurde die Teilnahme für dies Gebiet zuerst gerade in den Jahren, von denen ich jetzt hier handle [d.h. in den Jahren 1909 bis 1914, O.H.]." (Erinnerungen. Vom Journalisten zum Historiker der deutschen Arbeiterbewegung, München 1949, S. 189).

[197] Ein erster Überblick über diesen Themenbereich ergibt, daß zwischen 1890 und 1918 rund 25 Biographien über liberale, konservative, katholische und (im weiten Sinne) sozialistische Politiker erschienen sind. Diese Zahl ist aber nur als ein vorläufiger Anhaltspunkt zu verstehen, weil längst nicht alle in Frage kommenden Persönlichkeiten in Betracht gezogen wurden. Es handelt sich um folgende Biographien, nach politischen Richtungen geordnet (der Übersicht halber werden die Rezensionen hier unmittelbar nach den Werken aufgeführt): *Liberale*: Otto HARDTWIG: Ludwig Bamberger. Eine biographische Skizze, Marburg 1900; J. HEYERHOFF: J. Fr. Benzenberg, der erste rheinische Liberale, Düsseldorf 1909 (Rez.: J. HASHAGEN, in: HZ 105[1910], S. 391-395); H. ONCKEN: Rudolf v. Bennigsen, 2 Bde., Stuttgart/Leipzig 1910 (Rez.: Fr. MEINECKE, in: HZ 106[1911], S. 390-393); Carl ZADDACH: Lothar Bucher bis zum Ende seines Londoner Exils (1817-1861), Heidelberg 1915 (Rez.: A. HASENCLEVER, in: FBPG 29[1916], S. 550-552); A. CASPARY: Ludolf Camphausens Leben, Stuttgart/Berlin 1902 (Rez.: H. Oncken, in: PrJb 110[1902], S. 321-28, auch in: ders.: Historisch-politische Aufsätze und Reden, Bd. 2, München/Berlin 1914, S. 286-296; Fr. MEINECKE, in: HZ 92[1904], S. 306-309); L. v. PASTOR: Leben des Freiherrn Max v. Gagern, Kempten/München 1912; A. BERGENGRÜN: David Hansemann, Berlin 1901 (Rez.: Fr. MEINECKE, in: HZ 92[1904], S. 306-309); L. BERGER: Der alte Harkort, Leipzig 1891, ⁵1926 (Rez.: Th. FLATHE, in: HZ 70[1893], S. 355-357); Joseph HANSEN: Gustav v. Mevissen, 2 Bde., Berlin 1906 (Rez.: Fr. MEINECKE, in: HZ 99[1907], S. 402-407; H. ONCKEN, in: Historische Vierteljahrschrift 10(1907), S. 451-456, auch in: ders.: Historisch-politische Aufsätze und Reden, Bd. 2, S. 296-302); K. SAMWER: Zur Erinnerung an Fr. v. Roggenbach, Wiesbaden 1909 (Rez.: H. ONCKEN, in: HZ 108[1912], S. 624-633); Aaron BERNSTEIN: Schulze-Delitzsch, Berlin 1879; Friedrich THORWART: Hermann Schulze-Delitzsch, Berlin 1913; K. WILD: Karl Theodor Welcker, Heidelberg 1913 (Rez.: W. ANDREAS, in: HZ 122[1920], S. 510-513). - *Katholische Politiker*: L. v. PASTOR: August Reichensperger, 2 Bde., Freiburg i. Br. 1899 (Rez.: H. ONCKEN, in: HZ 88[1902], S. 247-263, auch in: ders.: Historisch-politische Aufsätze und Reden, Bd. 2, S. 303-323); J. N. KNOPP: Ludwig Windthorst. Ein Lebensbild, Dresden/Leipzig 1898. - *Konservative*: E. STAMM: Constantin Frantz, Bd. 1, Heidelberg 1907 (Rez.: Fr. MEINECKE, in: HZ 107[1911],

freilich nicht immer aus der zünftigen Geschichtswissenschaft.[198] Zwei Politikergenerationen werden dabei behandelt: Persönlichkeiten aus der Anfangszeit der politischen Bewegungen vor 1848, als es noch nicht zu einer festen Parteibildung gekommen ist (zum Beispiel Frühliberale wie Benzenberg und Welcker), und die Protagonisten aus der eigentlichen Konstituierungsphase der politischen Parteien in der Reichsgründungsära (zum Beispiel Bennigsen als Mitbegründer der nationalliberalen Partei, Reichensperger als führender Zentrumspolitiker oder Lassalle als Führungsgestalt der frühen deutschen Arbeiterbewegung).

Das Besondere an diesem vierten Gegenstandsbereich kaiserzeitlicher Biographik ist, daß diese Biographien in hohem Umfange in historiographisches Neuland vorstoßen: Alle bisher behandelten Gegenstandsbereiche fanden sich bereits in einer Tradition, auf die sie in spezifischer Weise zu reagieren hatten.[199] Der Themenbereich der politischen Bewegungen hingegen wird durch die hier in Frage kommenden Biographien eigentlich erst erschlossen.[200] Zentrale historische Probleme des 19. Jahrhunderts (wie Industrielle Revolution, politische Revolution 1848/49, soziale Frage, der Zusammenhang von

---

S. 379-381); Paul KRÄGELIN: Heinrich Leo, Bd. 1, Leipzig 1908 (Rez.: R. M. MEYER, in: HZ 103[1909], S. 373-378); H. v. PETERSDORFF: Kleist-Retzow, Stuttgart/Berlin 1907 (Rez.: Fr. MEINECKE, in: HZ 101[1908], S. 396-398); P. HASSEL: Joseph Maria v. Radowitz, Bd. 1, Berlin 1905 (Rez.: Fr. MEINECKE, in: HZ 98[1907], S. 180-183), Fr. MEINECKE: Radowitz und die deutsche Revolution, Berlin 1913 (Rez.: Th. EBBINGHAUS, in: PrJb 163[1916], S. 338-343). - *Sozialisten:* G. MAYER: Friedrich Engels, Bd. 1, Berlin 1919, Haag ²1934; H. ONCKEN: Lassalle, Stuttgart 1904 (Rez.: H. DELBRÜCK, in: PrJb 177[1904], S. 551-553; Fr. MEINECKE, in: HZ 95[1905], S. 97-100); Fr. MEHRING: Karl Marx, Leipzig 1918 (Rez.: H. DREYHAUS, in: FBPG 31[1919], S. 458-460); H. DIETZEL: Karl Rodbertus, 2 Bde., Jena 1886-88; K. JENTSCH: Rodbertus, Stuttgart 1899; G. MAYER: J. B. v. Schweitzer und die Sozialdemokratie, Jena 1910 (Rez.: H. HERKNER, in: PrJb 142[1910], S. 406-432; V. VALENTIN, in: HZ 110[1913], S. 137-146).

[198] Das Spektrum der Biographen umfaßt universitäre, den Neorankeanern zuzuordnende Historiker wie Friedrich Meinecke und Hermann Oncken, katholische Historiker wie Alfred v. Arneth und Ludwig Pastor, Außenseiter wie den linksliberalen Gustav Mayer oder den marxistischen Franz Mehring. Aus dem Heidelberger Kreis um Erich Marcks und Hermann Oncken treten vor 1918 auch schon Schüler mit Biographien zur Parteiengeschichte hervor, wie Carl Zaddach und Eugen Stamm. Ebenso profilieren sich aber auch Verwandte und Bekannte der Helden als historische Biographen, die nicht immer die Gnade der "zünftigen" Rezensenten finden. So hält Meinecke das Buch von Anna Caspary über Camphausen für "eine ganz üble Geschichtsklitterung", in dem sich ein Talent beweise, "das vielleicht zu einem Gartenlaubenroman ausreicht." (MEINECKE: [Rez. Caspary: Camphausen], S. 306); vgl. im gleichen Tenor: ONCKEN: [Rez.: Caspary: Camphausen], S. 286f.

[199] Die Biographik über die Protagonisten der preußischen Reformzeit und der Freiheitskriege war bereits die zweite "Generation" über diese Thematik; die neorankeanische Biographik über die großen Individuen der Reformationszeit stand in einer noch länger zurückreichenden Tradition. Auch die Bismarck-Biographik, die schon auf relativ umfangreiche Einzelforschungen zurückgreifen konnte, sah sich in Gestalt des populären Bismarck-Mythos einer Tradition gegenüber, auf die sie zu reagieren hatte.

[200] Bald folgen allerdings auch nicht-biographische Werke zur Parteiengeschichte: Franz MEHRING: Die Geschichte der deutschen Sozialdemokratie, 2 Bde., Stuttgart 1897/98; Gerhard RITTER: Die preußischen Konservativen und Bismarcks deutsche Politik 1858 bis 1876, Heidelberg 1913; Ludwig BERGSTRÄSSER: Geschichte der politischen Parteien in Deutschland, Mannheim u.a. 1921; Karl BACHEM: Vorgeschichte, Geschichte und Politik der deutschen Zentrumspartei, 9 Bde., Köln 1927-32.

politischer Weltanschauung und praktischer Politik), die in der Bismarck-Biographik mit ihrer Konzentration auf die Reichsgründung weitgehend ausgeblendet waren, treten hier erstmals in den Lichtkreis zusammenhängender historischer Darstellung. Man beobachtet hier eine bemerkenswerte inhaltliche Modernisierung der wilhelminischen Geschichtsschreibung im Rahmen des konservativen neorankeanischen Wissenschaftsparadigmas. Hinzu kommt, daß sich hier die vielleicht gelungensten[201] Beispiele biographischer Historie aus wilhelminischer Zeit finden lassen: Hermann Onckens Lassalle-Biographie, Joseph Hansens Mevissen-Biographie und Gustav Mayers Engels-Biographie[202] kann man in diesem Sinne hervorheben. Welche Gründe lassen sich für die inhaltliche Modernität und die herausragenden biographischen Leistungen benennen? Zunächst gilt es - wie bei dem Gegenstandsbereich Reformationszeit - (α.) das Verhältnis des Themas zur biographischen Form zu beleuchten. Die Analyse von Onckens Lassalle-Biographie soll dann (β.) beispielhaft die Ausbildung und Leistungsfähigkeit der integrativen historischen Biographie zeigen.

α. Fragt man zunächst nach dem Erkenntnisinteresse, das die Biographen mit ihren Werken verfolgen, beziehungsweise unter dem ihre zeitgenössischen Rezensenten das jeweilige Werk gelesen haben, so stellt sich heraus, daß es in den meisten Fällen um das Verhältnis der jeweiligen Persönlichkeit zu den entsprechenden politischen Bewegungen geht. Abstrakter formuliert: Es dominiert nicht das Interesse an dem Individuum als solchem, also das rein personal-biographische Interesse, sondern dasjenige an der Verwicklung des Individuums mit dem historischen Prozeß (also ein dezidiert historisches Interesse). Mehrings Marx-Biographie wird beispielsweise als Werk "zur Geschichte des Sozialismus" gelesen,[203] in Gustav Mayers Biographie über den Lassalle-Nachfolger Schweitzer geht es "um die entscheidenden Anfangsjahre der Sozialdemokratie",[204] Petersdorffs Arbeit über Kleist-Retzow zeigt "fünf inhaltsreiche Jahrzehnte von preußischem Konservativismus",[205] in Onckens "Bennigsen" steht die "Entwicklung

---

[201] "Gelungen" bedeutet hier selbstverständlich keine stilistisch-literarische und auch keine forschungsgeschichtliche Qualität. Es geht vielmehr darum, in welchem Grad und auf welche Weise die geschichtsdarstellenden Potenzen der historischen Biographie zur Geltung gebracht werden.

[202] Diese Biographie wird von Hans-Ulrich WEHLER zu Recht sehr hoch eingeschätzt: "Zu den drei oder vier wichtigsten historischen Biographien, die die deutsche Geschichtswissenschaft in diesem Jahrhundert hervorgebracht hat [...] muß man das Werk eines anderen Außenseiters rechnen: die große, zweibändige Biographie, die Gustav Mayer über Friedrich Engels geschrieben hat." (Gustav Mayer, in: ders. [Hg.]: Deutsche Historiker, Bd. 2, S. 120-132, hier: S. 120). Vgl. auch die Einschätzung bei Hans SCHLEIER: Zu Gustav Mayers Wirken und Geschichtsauffassung: Klassenkampf - Sozialreform - Revolution, in: Horst BARTEL u.a. (Hgg.): Evolution und Revolution in der Weltgeschichte. FS Ernst ENGELBERG, Bd. 1, Berlin(-Ost) 1976, S. 301-326, hier: S. 311f.

[203] DREYHAUS: [Rez.: Fr. Mehring: Karl Marx], S. 458.

[204] VALENTIN: [Rez.: G. Mayer: J. B. v. Schweitzer], S. 137.

[205] MEINECKE: [Rez.: Petersdorff: Kleist-Retzow], S. 396.

einer unserer großen Parteien"[206] im Mittelpunkt etcetera. Man ist davon überzeugt, daß sich die angesprochenen politischen Bewegungen durch die biographische Erzählung des Lebens prägender oder typischer Persönlichkeiten darstellen lassen.

Diese Überzeugung bleibt nicht unangefochten. In der Kontroverse zwischen Friedrich Meinecke und Erich Brandenburg über die "Geschichte des älteren deutschen Parteiwesens", ausgetragen in der "Historischen Zeitschrift" 1917/19,[207] wird der biographische Ansatz durch Erich Brandenburg in Zweifel gezogen. Meinecke hatte die These vertreten, daß eine Bewegung wie der Liberalismus nur aus den "individuell verständlichen Kreuzungen und Kombinationen geistiger und politischer Interessen" begriffen werden könne.[208] Brandenburg hält dies (zurecht) für ein Plädoyer zugunsten des biographischen Zugangs und setzt dem entgegen, daß es auf die Erforschung der verbreiteten "Grundmotive" nach dem Modell der Weberschen Idealtypen ankomme. Die Biographie führe "individuelle Mischungen" vor, die in ihrer Vielfalt den Leser nur verwirren könnten.[209] Brandenburgs Kritik fußt auf zwei Voraussetzungen: Er ist erstens der Ansicht, daß die politischen Bewegungen als komplexes Wechselspiel zwischen einer politischen Elite und der durch elementare äußere Ereignisse (wie der Napoleonischen Herrschaft) politisierten Masse zu begreifen seien. Es sei deshalb methodisch unzureichend, sich auf die Biographie einzelner Führungsgestalten zu konzentrieren, weil diese nur eine Seite des Phänomens darstellten. Zweitens geht er davon aus, daß die Aufgabe der Biographie darauf beschränkt sei, die individuelle Gedankenwelt eines Individuums "nachschaffend für die kommenden Geschlechter festzuhalten",[210] und daß deshalb in dieser Darstellungsform die wesentlichen historischen Zusammenhänge zurückgestellt werden müßten. - Es kann an dieser Stelle nicht darum gehen, Meineckes Position im einzelnen zu verteidigen. Es soll nur gezeigt werden, daß dieses Thema Aspekte beinhaltet, die den geschichtsdarstellenden Potentialen historischer Biographik entgegenkommen. Ein Spezifikum der deutschen Parteiengeschichte im 19. Jahrhundert ist - mangels breiter sozialer Basis - die herausragende Bedeutung der bildungsbürgerlichen Intelligenz als Impulsgeber der politischen Organisationen. Wenn Meinecke davon spricht, daß "alle großen geistigen Massenbe-

---

[206] MEINECKE: [Rez.: H. Oncken: R. v. Bennigsen], S. 391.

[207] MEINECKE: Zur Geschichte des älteren deutschen Parteiwesens; BRANDENBURG: Zum älteren deutschen Parteiwesen. Vgl. dazu Elisabeth FEHRENBACH: Die Anfänge der Parteiengeschichtsforschung in Deutschland, in: Herbert LUDAT/Rainer Christoph SCHWINGES (Hgg.): Politik, Gesellschaft, Geschichtsschreibung. FS Frantisek Graus, Köln/Wien 1982, S. 403-426, bes. S. 408-414. Der Streit bezieht sich auf die unterschiedlichen Darstellungen der politischen Bewegungen in MEINECKES "Weltbürgertum und Nationalstaat" (München/Berlin 1908) und BRANDENBURGS "Die Reichsgründung" (2 Bde., Leipzig 1916).

[208] MEINECKE: Zur Geschichte des älteren deutschen Parteiwesens, S. 53.

[209] BRANDENBURG: Zum älteren deutschen Parteiwesen, S. 72, 77, 83.

[210] BRANDENBURG: Zum älteren deutschen Parteiwesen, S. 76f.

wegungen" von den "geistigen Führern der Nation" ausgingen,[211] so offenbart diese Ansicht nicht nur den überkommenen geistigen Führungsanspruch des Bildungsbürgertums, sondern sie beschreibt auch ein zumindest für die Frühphase gültiges Charakteristikum der deutschen Verhältnisse.[212] Die in der Biographie angelegte Konzentration historischer Entwicklungen anhand einer Lebensgeschichte scheint damit für die *Anfänge* der Parteienbildung in Deutschland durchaus geeignet zu sein. Hinzu kommt, daß sich die politischen Bewegungen in Deutschland, insbesondere bis zur Revolution 1848/49, stark an philosophisch fundierten Weltanschauungen orientieren.[213] Die damit angesprochenen Fragen nach Ausbildung und individueller Rezeption philosophischer Ideen, nach der Umsetzung dieser Ideen in politische Konzepte angesichts der wahrgenommenen politisch-sozialen Realität und schließlich nach dem praktischen politischen Tätigwerden sind ebenfalls solche, die in biographischer Form bewältigt werden können. Insbesondere die biographische Vorgeschichte, die Frage nach den geistigen, sozialen und politischen Einflüssen auf die Vorstellungswelt eines Individuums, erweist sich in diesem Zusammenhang als fruchtbar. Eine Persönlichkeit wie Lassalle tritt dadurch anschaulich als individuelles "Scharnier" zwischen philosophischer Ideengeschichte, Sozialgeschichte und politischer Geschichte hervor.

Eine besondere Rolle spielt in diesem Zusammenhang die Frage nach den führenden Persönlichkeiten der Arbeiterbewegung. Stärker als bei Liberalismus und Konservativismus schätzt man hier ihre prägende Rolle ein.[214] Um so aufschlußreicher ist deshalb ihre biographische Behandlung: "Nicht bloß historisch interessant, sondern auch politisch nützlich ist es deshalb, die Ursprünge unserer Sozialdemokratie und besonders das Persönliche darin, die Biographien zu studieren, [...]".[215] Liberale wie Bennigsen oder

---

[211] MEINECKE: Zur Geschichte des älteren deutschen Parteiwesens, S. 49.

[212] Vgl. dazu Thomas NIPPDERDEY: Grundprobleme der deutschen Parteigeschichte im 19. Jahrhundert, in: Gerhard A. RITTER (Hg.): Deutsche Parteien vor 1918, Köln 1973, S. 32-55, hier: S. 34-36.

[213] Man denke an die Bedeutung Adam Smiths für den preußischen "bürokratischen Liberalismus" des frühen 19. Jahrhunderts (vgl. WEHLER: Deutsche Gesellschaftsgeschichte, Bd. 2, S. 416f.) oder an die Doppelrolle von Karl Marx als Denker und Organisator der internationalen Arbeiterbewegung.

[214] "Viele Eigenschaften der heutigen Sozialdemokratie werden erst verständlich, wenn man ihre Wurzel in der Persönlichkeit der Stifter entdeckt hat." (DELBRÜCK: [Rez.: H. Oncken: Lassalle], S. 553). Vgl. aus heutiger Sicht die Überlegungen zur "Heiligenverehrung" (u.a. zum "Lassallekult") in der Arbeiterbewegung bei Gottfried KORFF: Bemerkungen zum politischen Heiligenkult im 19. und 20. Jahrhundert, in: Gunther STEPHENSON (Hg.): Der Religionswandel unserer Zeit im Spiegel der Religionswissenschaft, Darmstadt 1976, S. 216-230.

[215] DELBRÜCK: [Rez.: H. Oncken: Lassalle], S. 552. Politisch erscheinen sie Delbrück nützlich, weil eine politische Einflußnahme auf die Arbeiterbewegung durch eine biographische "Enthüllung" ihrer Leitfiguren möglich scheint. So schreiben Oncken und Mayer ihre Biographien über Lassalle und Schweitzer mit der Absicht, die Tendenzen des Revisionismus und Reformismus innerhalb der marxistisch orientierten Sozialdemokratie dieser Jahre zu unterstützen. Man betont, daß sie - im Gegensatz zu Marx - *nationale* Sozialisten gewesen seien, die den Nationalstaat nicht zerstören, sondern ihn auf seine sozialen Pflichten aufmerksam machen wollten.

Mevissen, Konservative wie Kleist-Retzow erscheinen dagegen mehr als individueller, aber auch typischer Ausdruck ihrer politischen Richtung. Die Leistungsfähigkeit des biographischen Ansatzes liegt hier weniger im Aufzeigen individueller Wurzeln kollektiver Bewegungen, sondern darin, daß wichtige Entwicklungen anhand eines prominenten Beispiels dargestellt werden.[216] Die paradigmatische Erkenntnisperspektive der historischen Biographie tritt hier in den Vordergrund. Als besonders aufschlußreich und gelungen in dieser Hinsicht erscheint Joseph Hansens Biographie des rheinischen Liberalen und Wirtschaftsführers Gustav von Mevissen. Oncken zählt in seiner Rezension folgende Themen auf, die weit über die engeren Probleme der politischen Bewegungen und der Parteienbildung hinausgehen:

"Übergang von der philosophisch-literarischen Epoche zu seiner praktisch-materiellen, Eintreten der liberalen rheinischen Bourgeoisie in die Führung des preußischen Staates [...], Überführung der absolutistisch-bürokratischen Form des alten Staates zu den konstitutionellen der Gegenwart, vorbildliche Grundlegung der industriell-kapitalistischen Wirtschaftsformen und Organisationen im Westen." [217]

Es gäbe kaum ein Problem deutscher Geschichte im 19. Jahrhundert, resümiert Oncken, das nicht zur Erörterung käme, und so diene die Biographie dieses Einzellebens, "unserem Verständnis der ganzen Zeit."[218] Die herausragenden Leistungen historischer Biographik, die sich bei diesem Thema verzeichnen lassen, erscheinen somit nicht zuletzt darin begründet, daß das Thema die verschiedenen historischen Darstellungspotentiale der Biographie anspricht: Die Führungsgestalten der Arbeiterbewegung fordern die Biographie als Darstellungsform des persönlichen Moments in geschichtlichen Prozessen. Großbürgerliche Liberale wie Mevissen mit ihrem typischen Doppelengagement in Politik und Wirtschaft fordern die Biographie als paradigmatische Darstellungsform, die eine Vielzahl von Zeitverhältnissen und Tendenzen anschaulich zu bündeln vermag.

β. Diese fruchtbare Koinzidenz von Thema und Darstellungsform ist vielleicht an keinem anderem Werk besser zu belegen als an der Lassalle-Biographie von Hermann Oncken.[219] Sie eignet sich zugleich als Muster, an dem sich die ganze Leistungsfähigkeit

---

[216] Vgl. Hermann ONCKEN über Bennigsen: "Mitten in diese zweite Generation stelle ich als typischen Vertreter einen Mann, der sie [die Nationalliberalen, O. H.] nicht unbedingt beherrscht [...], der aber, nach der Tiefe seiner Überzeugungen und Fähigkeiten, nach dem Umfange seines Wirkens und nach der charakteristischen Abwandlung seiner Eigenart, kurzum nach seiner ganzen Persönlichkeit, diese Stellung mehr als jeder andere verdient: Rudolf von Bennigsen." (Bennigsen und die Epochen des parlamentarischen Liberalismus in Deutschland und Preußen, in: HZ 104[1910], S. 53-79, hier: S. 54f.).
[217] ONCKEN: [Rez.: J. Hansen: Mevissen], S. 297f.
[218] ONCKEN: [Rez.: J. Hansen: Mevissen], S. 298.
[219] Hermann ONCKEN: Lassalle. Stuttgart ¹1904, ²1912, Stuttgart/Berlin ³1920 (um die Abschnitte "Der Bruch mit Marx" und "Historische Perspektiven" erweiterte Auflage; Untertitel: Eine politische

historischer Biographik im Rahmen ihrer aufgezeigten idee-geschichtlichen Entwicklung von Aufklärung zum wissenschaftlichen Historismus nachdrücklich aufzeigen läßt.[220] Das Werk ist unterteilt in zwei Bücher: Das erste, "Die Vorbereitung", schildert in acht Kapiteln die Jugend und den Bildungsgang Lassalles, das zweite, "Die Aktion", seine kurze Karriere als Arbeiterführer bis zu seinem frühen Tod im Duell. Schon dieser äußere Aufbau läßt erkennen, daß Onckens Werk dem Modell der *integrativen historischen Biographie* zuzurechnen ist: Bildungsgeschichte und Tätigkeitsgeschichte treten deutlich als die beiden Hauptbestandteile hervor.[221] Von besonderer Bedeutung ist zunächst das dem ersten Buch vorangestellte Einleitungskapitel über "Nationalstaat und soziale Frage". Die Lebensgeschichte Lassalles wird hier in eine große historische Perspektive gerückt, die seiner Person und Tätigkeit nationalgeschichtliche, im Sinne Onckens sogar welthistorische Bedeutung geben. Oncken sieht das 19. Jahrhundert durch "zwei große und allgemeine Tendenzen beherrscht" (S. 15), nämlich dem Aufbau des Nationalstaates und den gesellschaftlichen Umwälzungen und Problemen, die die Industrielle Revolution mit sich gebracht hat ("soziale Frage").[222] Die Geschichtsschreibung habe sich beiden Problemen zu widmen und nicht - wie Oncken vielleicht in einer Anspielung auf den Methodenstreit formuliert - "nur die eine Seite dieser Entwicklung oder [...] nur die andere" (S. 17) zu betrachten. Wie schon die neorankeanische Biographik über die großen Individuen der Reformationszeit eine bemerkenswerte Bereitschaft gezeigt hat, wirtschafts- und sozialgeschichtliche Inhalte in die traditionelle Politikgeschichte zu integrieren, so manifestiert sich die inhaltliche Modernisierung in den

---

Biographie), [4]1923, [5]1966 (mit dem neuen Untertitel: "Zwischen Marx und Bismarck"; der Abschnitt "Historische Perspektiven" ist vom Herausgeber Felix HIRSCH herausgenommen worden). Ich zitiere, falls nicht anders angeben, aus der fünften Auflage. Vgl. folgende Würdigungen der Lassalle-Biographie: HAMEROW: Die Kunst der historischen Biographie in Deutschland, S. 35; HERTZ-EICHENRODE: Die "Neuere Geschichte" an der Berliner Universität, S. 293f.

[220] Man muß hierbei natürlich bedenken, daß Oncken in dieser Biographie - der Natur des historischen Forschungsprozesses gemäß - kein unanfechtbares, unübertreffbares Lassallebild liefert. Das Gegenwartsinteresse ist gerade in dieser Biographie nicht zu übersehen. Zudem kommen Lassalles späteren Biographen die umfangreichen ideen- und sozialgeschichtlichen Forschungen zur Arbeiterbewegung zugute. Der Form nach aber, sprich, in dem Bestreben, alle historiographischen Leistungspotentiale der historischen Biographie bewußt zu mobilisieren, ist diese Biographie von herausragender Qualität.

[221] In seiner Rezension bemerkt MEINECKE zurecht, daß Oncken nicht Ranke und Max Lenz ("Geschichte Wallensteins", "Geschichte Bismarcks") folge, sondern "wieder ein mehr in das Biographische zurücklenkendes Buch" vorlege ([Rez.: Oncken: Lassalle], S. 97).

[222] Bezüglich der deutschen Konstellation faßt ONCKEN dieses Problem analog dem seit den 1960er Jahren diskutierten Sonderwegsmodell, wonach die besondere Problematik der deutschen Geschichte im 19. Jahrhundert in dem gleichzeitigen und beschleunigten Zusammentreffen von politischen, gesellschaftlichen und wirtschaftlichen Umwälzungen besteht: "Nationalstaat und soziale Frage: daß diese beiden Probleme zu gleicher Zeit, unlöslich ineinander verflochten, vor dem politischen Willen der Deutschen des 19. Jahrhunderts gestanden haben, darin liegt die Besonderheit gerade unserer Entwicklung, mit der sich in dieser Hinsicht keine andere vergleichen läßt." (Lassalle, S. 15). Vgl. zu der Problematik: NIPPERDEY: Probleme der Modernisierung in Deutschland.

Biographien dieses Gegenstandsbereiches. Während aber jene Biographien die sozioökonomische Dimension lediglich als Bedingungsgefüge, monographisch von der eigentlichen Biographie abgetrennt, zu integrieren vermochten, können die Biographien dieses Themenbereichs die "soziale Frage", weil sie bewußter Gegenstand des politischen und gesellschaftlichen Handelns ihrer Helden ist, viel intensiver mit der jeweiligen Lebensgeschichte verbinden. Die welthistorische Bühne, auf die Oncken seinen Helden mittels dieser Einleitung setzt, verdankt sich letztlich einem drängenden Gegenwartsinteresse: In der Synthese von "Nationalstaat und sozialer Gerechtigkeit"[223] sieht Oncken die große Zukunftsaufgabe der modernen Welt - ein Beispiel dafür, wie große Gegenwartsfragen zu großer Geschichtsschreibung führen.

Drei Elemente sind es, die Oncken als Voraussetzung und Bestandteile der Bildungsgeschichte Lassalles geltend macht: Oncken setzt sich zunächst mit Lassalles jüdischer Abstammung auseinander und knüpft daran eine wichtige allgemeine sozialgeschichtliche Fragestellung, nämlich "welchen historischen Charakter das deutsche Judentum des verflossenen Jahrhunderts besessen und welchen Einfluß seine Emanzipation auf die politische und geistige Geschichte des Zeitalters ausgeübt hat." (S. 20). Er kommt zu dem Ergebnis, daß die revolutionäre Radikalität, die bei jüdischen Intellektuellen wie Marx, Lassalle, Börne oder auch Heine zu beobachten ist, wesentlich durch ihre sozial-geistige Lage nach der Emanzipation bestimmt sei. Die individualbiographische Perspektive findet sich hier auf eine sozialbiographische Dimension ausgeweitet. Hinzu kommen die individuellen Charaktereigenschaften Lassalles, die sich bei dem frühreifen Breslauer Kaufmannssohn schon frühzeitig bemerkbar machen: Aus dessen Tagebuch entnimmt Oncken einen "Drang nach Selbstdurchsetzung" (S. 30), einen sich später auf das Politische wendenden Machtwillen, der neben den objektiven Bildungselementen den Weg Lassalles zum Arbeiterführer bestimmen wird.

Nachdem Lassalles "politische Instinkte" durch die Lektüre Heines und Börnes geweckt worden sind (S. 32), wird die Philosophie Hegels zu dem bestimmenden geistigen Bildungsfaktor: Sie sei dasjenige Element in dem Entwicklungsgang Lassalles, "das entscheidend für sein Leben bleiben und seine eigentümliche historische Stellung bestimmen wird." (S. 37)[224] Es mutet wiederum wie eine Reminiszenz an den Methodenstreit an, wenn Oncken betont, daß dieses prägende Element "von rein ideeller Beschaffenheit" sei (ebd.). Das Hegelerlebnis wird von Oncken deshalb so in den Mittelpunkt gerückt, weil er in dem idealistischen Philosophen die wichtigste ideenge-

---

[223] ONCKEN: Lassalle. Eine politische Biographie, Stuttgart/Berlin ³1920, S. 514.
[224] Bei der Durchsicht der Werke zu diesem Themenbereich fällt übrigens auf, daß Hegel in vielen prominenten Lebensläufen des 19. Jahrhunderts eine bedeutende Rolle gespielt hat. Neben Lassalle gilt dies natürlich für Marx und Engels, aber auch ein Liberaler wie Mevissen ist Zeit seines Lebens von Hegel geprägt gewesen.

schichtliche Quelle von Lassalles Staatsidee sieht, die ihm eine Position "zwischen Marx und Bismarck" (Untertitel der fünften Auflage) und jenseits des Liberalismus verschaffe. Von Marx unterscheide ihn, daß er die Emanzipation des vierten Standes im und Mithilfe des Nationalstaates durchsetzen wolle; von Bismarck, daß er eine Veränderung der politischen Machtverhältnisse zugunsten dieser Klasse anstrebe; vom Liberalismus, daß er vom Staat eine aktive Sozialpolitik erwarte.

Das dritte Element der Lassallschen Bildungsgeschichte erblickt Oncken in der Revolutionserfahrung 1848/49, an der er nur ein Vierteljahr aktiv partizipiert hat, die aber nichtsdestoweniger "die Zeit der politischen Lehrjahre bedeutet." (S. 80)[225] Wichtig sind diese Wochen vor allem deshalb, weil Lassalle hier die folgenreichste Bekanntschaft seines Lebens macht, nämlich Karl Marx. In Rankescher Manier bietet Oncken zunächst einen allgemeinen Überblick über die Triebkräfte der Revolution, fokussiert anschließend das Rheinland als sozioökonomisch fortgeschrittenste Region Deutschlands, wo die Arbeiter allmählich als eigene Klasse sichtbar werden, um dann Karl Marx zu zeigen, wie er als Redakteur der "Neuen Rheinischen Zeitung" "die Anfänge der sozialdemokratischen Arbeiterbewegung mit unerbittlicher Konsequenz [...] vertreten hat." (S. 84) Vergleicht man diese Bildungsgeschichte mit derjenigen, die Erich Marcks von Bismarck entwirft, so ist als wichtige Gemeinsamkeit die Bedeutung von sozialer Herkunft und Revolutionserfahrung festzustellen. Ganz unterschiedlich fällt aber die dazwischen liegende geistige Bildungsgeschichte aus: Während Marcks von allen Bildungselementen, die Bismarck in Schule, Universität und im Staatsdienste begegnen, sagen muß, daß sie seinen Helden innerlich eigentlich nicht geprägt haben, findet Oncken in der Hegelschen Philosophie ein prägendes Bildungserlebnis Lassalles.

Das zweite Buch, "Die Aktion", das das nur zwei Jahre (1863/64) während Wirken Lassalles als Präsident des "Allgemeinen Deutschen Arbeitervereins" schildert, beginnt erneut mit einem allgemeingeschichtlichen Kapitel, das mit der Darstellungsstruktur der integrativen historischen Biographie in Verbindung zu bringen ist. Das erste Buch galt der biographischen Vorgeschichte, die zeigt, wie das Individuum zu der Persönlichkeit geworden ist, die schließlich historisch wirkend wurde. Das erste Kapitel des zweiten Buches, "Demokratie und Liberalismus. Der preußische Verfassungskonflikt und die Parteien", widmet sich nun der monographischen Vorgeschichte. Oncken setzt darin die sich im 19. Jahrhundert ausprägenden politischen Konzepte von Demokratie und Liberalismus zu dem bereits in der Einleitung umrissenen Doppelproblem der National-

---

[225] Die Revolution 1848 tritt immer wieder als entscheidender Augenblick der Lebensläufe hervor. Das "neu erwachte Interesse an der bürgerlichen Revolution", das Franzjörg BAUMGART der neorankeanischen Historiographie attestiert, dürfte zu den wichtigsten Impulsen gehören, die die Biographik der politischen Bewegungen nach 1900 vorangetrieben hat (Die verdrängte Revolution. Darstellung und Bewertung der Revolution von 1848 in der deutschen Geschichtsschreibung vor dem Ersten Weltkrieg, Düsseldorf 1976, S. 120).

staatsbildung bei sich gleichzeitig verschärfender "sozialer Frage" in Beziehung. Hier liegt die Konstellation, in der Oncken der historische Stunde Lassalles gewahr wird: "Es war die Bedeutung des Demokraten Lassalle, daß er an zweien dieser wunden Punkte, an der liberalen Auffassung des Staates und an der liberalen Beurteilung der sozialen Fragen, das Messer ansetzte." (S. 182) Der preußische Verfassungskonflikt bietet Lassalle dann die konkrete Möglichkeit, den Liberalismus politisch herauszufordern und die Arbeiter für sein Konzept zu gewinnen. Die nächsten acht Kapitel schildern die Ausbildung der politischen Programmatik, die Wahl Lassalles zum ersten Präsidenten des ADAV, die ersten Erfolge bei der Vergrößerung der Anhängerschaft und schließlich kurz die Umstände seines Duelltodes. Bemerkenswert in diesem zweiten Teil sind zwei Kapitel, die den Blick von der Erzählung der Ereignisfolge wieder auf das eingangs angeschlagene Thema der *politischen Ideengeschichte* lenken, diesmal allerdings auf der Ebene der Persönlichkeiten: Auf ein Kapitel über die Beziehung Lassalle - Marx[226] folgt eines über Lassalle - Bismarck. Lassalles Stellung "zwischen Marx und Bismarck" findet in diesen Kapiteln ihre zusammenhängende Erörterung. In der Ablösung von Marx sieht Oncken "das individuellste Geheimnis dieses Lebens" (S. 280). Die Auseinanderentwicklung sei in dem unterschiedlichen philosophischen Ausgangspunkt begründet: Während Marx sich vom idealistischen Hegelianer zum Materialisten gewandelt habe, sei Lassalle Zeit seines Lebens Althegelianer geblieben, der den politischen Kern der Hegelschen Philosophie, der Staat als Verwirklichung der menschlichen Freiheit, "auf die Bedürfnisse der konkreten Situation" angewandt habe (S. 289). Lassalles Verhältnis zu Bismarck sieht Oncken durch eine taktische Bundesgenossengeschaft gegen die Fortschrittspartei bestimmt (S. 296), dem allerdings eine Verwandtschaft der Staatsanschauung zugrunde gelegen habe. In diesem Taktieren mit Bismarck, das Sozialisten wie Marx, Engels oder Liebknecht als Verrat erschien, mache sich nicht nur die Persönlichkeit Lassalles mit ihrem "Drang nach Selbstdurchsetzung" sondern auch seine "realpolitische" Einstellung geltend: "Durch diplomatische Mittel versuchte er seine revolutionären Zwecke zu erreichen: das Listen mit der Idee war sein einziger Ausweg. Das Listen mit der Idee drängte ihn auf einen Weg, der zwischen die preußisch-deutsche Machtpolitik Bismarcks und die von keinem anderen als Marx bald darauf begründete Internationale mitten hindurchführte." (S. 375)[227]

---

[226] Das Kapitel "Der Bruch mit Marx" ist erst in der 3. Auflage von 1920 hinzugefügt worden.

[227] Die schöne Wendung vom "Listen mit der Idee" ist wohl als Umkehrung des berühmten Hegelwortes von der "List der Vernunft" zu verstehen, die sich in der Geschichte der (unvernünftigen) Leidenschaften der Individuen bedient, um ihre Zwecke durchzusetzen (vgl. HEGEL: PhilG, S. 49). MEINECKE nimmt diese Formulierung in seiner Rezension wieder auf und wendet sie wieder in den Hegelschen Sinn: "O[ncken] nennt es ein 'Listen mit der Idee', daß er so skrupellos zu Machtmitteln griff, die ganz und gar unsozialistisch waren, daß er revolutionäre Politik mit diplomatischen Mitteln trieb. Vielleicht könnte man mit noch größerem Rechte den Satz umkehren und sagen, daß die Idee mit ihm gelistet habe, indem die sozialistische Massenbewegung ihren Wecker und ersten großen Führer in

Onckens "Lassalle" kann man als Musterbeispiel der integrativen historischen Biographie ansehen. Deren Elemente, personales und historisches Moment, biographische und monographische Vorgeschichte, bio-monographische Tätigkeitsgeschichte, große historische Perspektive und konkretes politisches Handeln sind alle wohlproportioniert in diesem Werk vertreten. Die Darstellungsschwächen, die in den Biographien zu den anderen Gegenstandsbereichen festzustellen waren, fehlen hier: Die Biographie weitet sich nicht zu einer breit erzählten Zeitgeschichte aus, in welcher der individuelle Integrationspunkt zuweilen aus dem Blick verloren wird. Ebenso wird die biographische Form nicht durch die umfangreiche monographische Einarbeitung wirtschafts-, sozial-, und religionsgeschichtlicher Zusammenhänge überfordert. Es fehlt die Beeinträchtigung des wissenschaftlichen Charakters durch einen bewunderten Mythos wie Bismarck. Die "kleine Synthese" zeigt sich hier der allgemeingeschichtlichen Zumutung infolge des Methodenstreits gewachsen: Wir lesen "große Geschichte".

---

einem Mann fand, dem sein Ich viel höher stand als seine Sache. Er wollte im letzten Grunde sich selbst inszenieren, inszenierte aber tatsächlich etwas viel Größeres und Gewaltigeres." (S. 98).

E. Zusammenfassung und Diskussion der Ergebnisse im Hinblick auf eine Theorie der historischen Biographie

Im folgenden werden die wichtigsten Ergebnisse der historiographiegeschichtlichen Untersuchungen zur historischen Biographie kurz zusammengefaßt. Im Anschluß daran werden Überlegungen vorgetragen, die die Untersuchungsergebnisse eine Theorie der historischen Biographie nutzbar zu machen suchen.

Gegenstand dieser Untersuchung ist die historische Biographie als geschichtswissenschaftliche Darstellungsform. Das Augenmerk richtet sich in erster Linie auf die Entfaltung der verschiedenen kognitiven Darstellungspotenzen dieser Gattung, weniger auf ihre literarischen Qualitäten oder politische Wirkungsabsichten der Autoren. Bevor der Versuch einer Rekonstruktion ihrer Gattungsgeschichte begonnen werden kann, muß zunächst geklärt werden, aufgrund welcher Merkmale ein Text als historische Biographie zu identifizieren ist.

Hier stellt sich zunächst die Schwierigkeit, daß der Untersuchungsgegenstand zum einen als eine Form der literarischen Gattung Biographie, zum anderen als eine der geschichtswissenschaftlichen Darstellungsformen aufgefaßt werden kann (als historische Biographie und biographische Historie). Beide Zurechnungen eröffnen wichtige Abgrenzungsmöglichkeiten. Die historische Biographie läßt sich von personalen Formen unterscheiden, in denen vornehmlich die Erkenntnis des Individuums selbst, das heißt sein Charakter und seine individuelle Entwicklungsgeschichte, im Mittelpunkt steht. In einer historischen Biographie geht es dagegen nicht nur um das Individuum, sondern - ganz allgemein gesprochen - um das Verhältnis des Individuums zur "Geschichte". Gleichwohl ist das Personale auch in der historischen Biographie enthalten, aber nur als Moment, das einem historischen Erkenntnisinteresse untergeordnet ist. Wird der Untersuchungsgegenstand als biographische Historie aufgefaßt, so ergeben sich Definitionsmöglichkeiten durch die Abgrenzung von anderen geschichtswissenschaftlichen Darstellungsformen. Hier ist entscheidend, daß biographischer Historie das Leben eines einzelnen Individuums als Einheit zugrunde liegt. Der historischen Interpretation dieser Einheit eröffnen sich grundsätzlich zwei Wege: Zum einen kann ein Individuum vornehmlich als Spiegel von Epochenverhältnissen aufgefaßt werden (paradigmatisches Verhältnis), zum anderen kann es in seiner Rolle als historisch Handelnder (syntagmatisches Verhältnis) interpretiert werden.

Das Interesse im historischen Teil dieser Untersuchung richtet sich auf die Entstehung und Entwicklung der modernen historischen Biographie als geschichtswissenschaftliche Darstellungsform. Hier lassen sich zwei Fragestellungen unterscheiden: Es geht zum einen um die Genese der Idee der historischen Biographie (Idee-Geschichte) und zum anderen um die Etablierung dieser Darstellungsform in der sich im 18. und 19. Jahrhundert ausbildenden modernen Geschichtswissenschaft (Etablierungsgeschichte). Antike, Mittelalter und Frühe Neuzeit werden als Vorgeschichte der modernen historischen Biographie betrachtet. Erste Beispiele biographischer Historie finden sich in römischer Zeit. Sueton begründet mit seinen "De vita Caesarum" die Tradition der Herrscherbiographie, die dem syntagmatischen Verhältnis zuzuordnen ist. Tacitus' Biographie seines Schwiegervaters Agricola zeigt erstmals paradigmatische Bezüge. Plutarch, der wohl bekannteste Biograph der Antike, ist dagegen nicht als Vertreter der historischer Biographie anzusehen. Im Mittelalter, oft zu Unrecht als wenig fruchtbare Epoche in der Geschichte der Biographik abgewertet, wird die Tradition syntagmatischer und paradigmatischer Biographik mit zum Teil herausragenden Leistungen (Einhard: "Vita Karoli Magni") fortgesetzt. In Renaissance und Humanismus tritt demgegenüber eine exemplarische Biographik in den Vordergrund, die zwar als Geschichtsschreibung verstanden wird, aber von unserem heutigen Verständnis historischer Darstellung stark abweicht. Die heils- beziehungsweise reichsgeschichtliche Perspektive des konfessionellen und absolutistischen Zeitalters stellt die Individuen dagegen wieder in übergreifende historische Zusammenhänge, wenn auch im Zeichen einer jeweils übergeordneten theologischen beziehungsweise staatstheoretischen Interpretation.

In der Aufklärung modernisiert sich sowohl die Geschichts- als auch die Individualitätsauffassung, aber zunächst so, daß das Verhältnis zwischen Individuum und Geschichte, Biographie und Geschichtsschreibung problematisch wird. Diesem Befund liegen folgende Denkströmungen und Entwicklungen zugrunde: Das pragmatische Geschichtsdenken, in dem erstmals die säkularisierte Vorstellung einer Weltgeschichte aufkommt, betrachtet das Verhältnis von Individuum und Geschichte so, daß bloß die Wirkungen des Individuums auf das geschichtliche Geschehen beachtet werden. Die Historisierung des Individuums als Voraussetzung der modernen historischen Biographie steht damit noch aus. Einen wichtigen Schritt in diese Richtung kann man in der bürgerlichen (Auto-)biographik der zweiten Hälfte des 18. Jahrhunderts beobachten, in welcher das Individuum als sich Entwickelndes vorgestellt wird. Die Bedeutung der historischen Zeitumstände für die Lebensgeschichte wird allerdings zunächst noch wenig berücksichtigt. Vielmehr führt die Zuwendung zur subjektiven und privaten Welt des bürgerlichen Individuums einige Autoren (Abbt, Rousseau) dazu, der Biographie eigene didaktische und kognitive Darstellungsqualitäten zuzuschreiben und diese von der Geschichtsschreibung abzugrenzen. Umgekehrt setzen die Historiker der Spätaufklärung (Göttinger Schule) ihr Projekt einer an bürgerlichen Interessen orientierten Universalgeschichte deutlich von der Biographie und ihrem auf ein einzelnes Individuum beschränkten Erkenntnisinteresse ab. Die intensive theoretische Diskussion über das Verhältnis von Biographie und Geschichtsschreibung (Wiggers, Jenisch) ist als Symptom ihres Auseinandertretens zu bewerten. Die biographische und historiographische Praxis der Aufklärungsepoche zeigt folgendes Bild: Voltaire und der deutsche Spätaufklärer Daniel Jenisch schreiben ihre Biographien über Karl XII. von Schweden beziehungsweise Karl den Großen in der Tradition der exemplarischen Biographik des Humanismus, die in erster Linie auf eine moralische Beurteilung der Individuen abzielt. Die "History of the Reign of the Emperor Charles V." des schottischen Historikers William Robertson verkörpert dagegen die sich in der zweiten Hälfte der 18. Jahrhunderts entwickelnde "höhere Geschichtsschreibung", die nach umfassender kausaler Analyse von Ereigniszusammenhängen und historischen Prozessen strebt und deshalb die biographische Perspektive als zu beschränkt verwirft. Eine Alternative zur Einzelbiographie stellt die insbesondere um 1800 florierende Sammelbiographie dar. Es entwickelt sich eine syntagmatische Variante, die in einer "Weltgeschichte in Biographien" kulminiert. Die von Herder entwickelte paradigmatische Spielart, mit der sich beispielsweise die Rekonstruktion der Lebenswelt einer Epoche mittels verschiedener individueller Lebensläufe anstreben läßt, wird gerade in heutiger Zeit auf vielversprechende Weise angewendet.

Damit die Biographie zu einer modernen Form der Geschichtsschreibung werden kann, muß zunächst die in der Aufklärungsepoche zu beobachtende Trennung von Biographie und Geschichtsschreibung aufgehoben werden. Dies geschieht in den literarischen und philosophischen Bewegungen der Revolutionsepoche von 1789 bis 1815. Die Aufhebung erfolgt von zwei Seiten. Die Erfahrung des beschleunigten geschichtlichen Wandels führt Goethe auf den Gedanken, daß eine Biographie vornehmlich die Aufgabe hat, über das Verhältnis eines Individuums zu seiner Zeit Rechenschaft abzulegen. Die aufklärerische Idee der psychologischen Entwicklungsgeschichte wird umgeformt zu der Vorstellung einer historischen Bildungsgeschichte als Hauptinhalt einer Biographie. Goethe zeigt in seiner Autobiographie "Dichtung und Wahrheit" die paradigmatische Bildungsgeschichte eines "geistigen Flügelmanns", in der bewußt die sozialen und geistigen Verhältnisse Deutschlands in der zweiten Hälfte des 18. Jahrhunderts zur Darstellung gebracht werden. Neben dieser Historisierung der bürgerlichen (Auto-)biographie ist eine Personalisierung der in der Aufklärung an dem Leitbegriff des "Fortschritts" entwickelten Geschichtsauffassung zu beobachten. Die Geschichtsphilosophie Hegels konzipiert die Vorstellung einer weltgeschichtlichen Entwicklung, die wesentlich durch die Handlungen "welthistorischer Individuen" befördert wird. Historische und biographische Perspektive können auf dieser Grundlage wieder miteinander vermittelt werden.

In der Phase des idealistischen Historismus, die durch den frühen Droysen und Ranke repräsentiert wird, werden die beiden traditionsbildenden Formen moderner syntagmatischer historischer Biographik entwickelt. Droysen entwirft in seiner "Historik" eine

Theorie der Geschichtsschreibung, die in dem historischen Interesse das leitende Prinzip findet, von dem ausgehend die Wesensbestimmungen der historiographischen Darstellungsformen gewonnen werden. Die Definition der Biographie als "Ausprägung des Gedankens" wirft allerdings Interpretationsprobleme auf. Es können damit sowohl weltgeschichtliche Individuen als auch weniger wichtige Figuren gemeint sein. Auffällig ist die Ausgrenzung der individuellen Entwicklungsgeschichte aus der biographischen Darstellung, für die der Historiker nach Droysens Überzeugung keine Kompetenz habe. In der "Geschichte Alexanders des Großen" interpretiert Droysen den Makedonenkönig als weltgeschichtliches Individuum im Sinne Hegels. Die Goethesche Idee einer historischen Bildungsgeschichte wird - wie auch in den theoretischen Überlegungen der "Historik" - nicht in die biographische Darstellung aufgenommen. Droysen begründet damit einen Traditionszweig, den man als rein historische Biographie bezeichnen kann. Ranke entwirft dagegen, zumindest in seinen verstreuten theoretischen Aussagen zur Biographie, einen Ansatz, in welchem die Bildungsgeschichte integriert ist. Diese integrative historische Biographie, die man auch als Vollform der syntagmatischen Biographie bezeichnen kann, stellt dem Historiker die Aufgabe, sowohl die Entwicklung des Individuums in seinen Zeitverhältnissen zu verfolgen als auch seine geschichtliche Tätigkeit in ihrer Bedingtheit von den zeitgenössischen Umständen zu schildern. In der "Geschichte Wallensteins" fällt die Integration der individuellen Bildungsgeschichte allerdings recht bescheiden aus. Demgegenüber hat die Jugendbiographie Luthers in Rankes "Deutsche Geschichte im Zeitalter der Reformation" ein größeres Gewicht und ist ein Beispiel für die Integration biographischer Elemente in größeren monographischen Darstellungsformen.

Insgesamt kann man feststellen, daß die Biographie als geschichtswissenschaftliche Darstellungsform in der Periode des sich formierenden Historismus bis in die Mitte des 19. Jahrhunderts eine eher marginale Bedeutung hat. Dies ändert sich, als nach der Revolution 1848 eine Historikerschule in den Vordergrund tritt, die durch ihre Geschichtsschreibung das bürgerliche Publikum vom "deutschen Beruf Preußens" überzeugen will. Die Biographie als publikumswirksame Darstellungsform erfährt dadurch eine eigentümliche Aufwertung. Das Konzept des welthistorischen Individuums wird verdrängt durch dasjenige des "ethischen Individuums", das den moralischen Anspruch Preußens, Einigungsmacht Deutschlands zu sein, verkörpert. Gestalterisch hat dies in Droysens "York" die Konsequenz, daß die historischen Bezüge rigoros ausgeschlossen werden und die Darstellung sich ganz auf das Herausarbeiten der moralischen Qualitäten des Individuums konzentriert. Die zunehmende Verengung des geschichtswissenschaftlichen Interesses auf die Nationalgeschichte im Sinne von Politikgeschichte führt dazu, daß die universitäre Geschichtswissenschaft in der zweiten Hälfte des 19. Jahrhunderts vornehmlich die Tradition der syntagmatischen und die zuvor geschilderte

Sonderform der politischen Biographie pflegt. Beispiele für paradigmatische Biographien finden sich allerdings in der literarischen und literaturwissenschaftlichen Tradition der kulturhistorischen Biographik und der außeruniversitären Heimatgeschichtsschreibung. In David Friedrich Strauß' Lebensbeschreibung seines Freundes Christian Märklin kann man einen Vorläufer der historischen Biographie als Medium der Sozialgeschichte erblicken, denn sie veranschaulicht an einem Beispiel das Schicksal der durch Hegel geprägten bildungsbürgerlichen Intelligenz in Vormärz und Revolution. Die Biographie des sächsischen Pfarrers Christian Lehmann von dem Heimatforscher Johannes Poeschel führt den Leser paradigmatisch in die Alltagsgeschichte des Dreißigjährigen Krieges und verdeutlicht die Spannung zwischen Volkskultur und Elitenkultur im 17. Jahrhundert.

Erst während des Kaiserreiches werden die zu Beginn des 19. Jahrhunderts entwickelten Ideenpotentiale für die historische Biographie voll genutzt, erst hier tritt die Biographie als geschichtswissenschaftliche Darstellungsform in den Vordergrund. Die Etablierung ist schon an der Zahl bedeutender und einflußreicher (Neuzeit-)Historiker abzulesen, die von 1880 bis 1918 Biographien veröffentlichen. Die Geschichte der preußischen Reformen und der Freiheitskriege ist das erste im damaligen Verständnis zentrale Thema, das in erster Linie durch historische Biographien aufgearbeitet wird. Eine Schlüsselrolle in dem Etablierungsprozeß der historischen Biographie spielt die Krise der historistischen Geschichtswissenschaft, die in Deutschland im "Lamprechtstreit" zu Tage tritt. Die historische Biographie wird zur bevorzugten Darstellungsform der sich den - unter anderem von Lamprecht geforderten - Neuerungen verweigernden "Neorankeanern". Die in diesem Zusammenhang wichtigste Folge dieser Krise ist, daß der Biographie historische Darstellungsleistungen zugemutet werden, die bisher der "großen Geschichtsschreibung" (der nationalgeschichtlichen Monographie, der Epochenmonographie) vorbehalten waren. Gerade dadurch entfaltet die (syntagmatische) historische Biographie erst ihre volle historiographische Leistungsfähigkeit - zugleich zeigen sich aber auch deutlich ihre Grenzen, wie insbesondere die Biographien über wichtige Persönlichkeiten der Frühen Neuzeit deutlich machen. Die Bismarck-Biographik der wilhelminischen Epoche hat sich mit einer Persönlichkeit auseinanderzusetzen, welche als eigenständiger Faktor die Konjunktur biographischer Historie befördert und geprägt hat. Seine Biographen, Max Lenz und Erich Marcks, sehen sich einem in weiten Teilen der Gesellschaft enthusiastisch verehrten Mythos gegenüber, dessen Faszination sie sich selber nicht entziehen können. Gerade in dieser Konstellation bewährt sich aber die paradigmatische und syntagmatische Darstellungsperspektive als Rationalisierungspotential. Die Geschichte der politischen Bewegungen im 19. Jahrhundert ist ein Thema, welches durch historische Biographien eigentlich erst erschlossen worden ist. Einige Biographien, wie der "Lassalle" von Hermann Oncken, sind Beispiele dafür, daß ein Zusammenstimmen von Thema und Darstellungsform besondere historiographische Leistungen zur Folge haben kann. Die paradigmatischen und syntagmatischen Darstellungspotentiale der integrativen historischen Biographie, gespeist durch die Konzepte der historischen Bildungsgeschichte Goethes und des (welt-)historischen Individuums der idealistischen Geschichtsphilosophie, werden auf überzeugende Weise genutzt.

Welche bleibenden, bis in die Gegenwart gültigen Ergebnisse lassen sich aus diesen ersten Entwicklungsphasen der modernen historischen Biographie festhalten?

1. Das geistesgeschichtliche Fundament dieser Darstellungsform ist die Historisierung des Individuums (Herder und Goethe) und die geschichtsphilosophische Reflexion auf die Rolle des Individuums im historischen Prozeß (Hegel, Ranke, Droysen). Solange die Geschichtswissenschaft sich nicht auf die postmoderne "Dekonstruktion" dieser Basiskategorien, nämlich Individuum und historischer Prozeß, einläßt, solange macht es "Sinn", historische Biographien in der Tradition des Historismus zu schreiben.

2. In dem betrachteten Zeitraum bildet sich eine Gattungstradition heraus, die unterschiedliche Varianten historischer Biographik erkennen läßt. Bei der syntagmatischen Biographie ist eine rein historische Form zu beobachten, die hauptsächlich die historische Wirksamkeit und deren Bedingungen zum Gegenstand hat, und eine integrative Variante, die sich zusätzlich den individuellen Voraussetzungen dieser Wirksamkeit widmet. Diese beiden Varianten finden sich noch heute auf dem Feld der politischen Biographie. Die wichtigsten Neuerungen und Erweiterungen der Gattungsgeschichte im Anschluß an den Untersuchungszeitraum finden auf dem Gebiet der paradigmatischen Biographik statt. Sozialgeschichte und Alltagsgeschichte entwickeln mit der "Sozialbiographie" oder der "Gesellschaftsbiographie"[1] paradigmatische Formen, für die sich im 19. und frühen 20. Jahrhundert allenfalls Vorläufer abseits der universitären Geschichtswissenschaft finden lassen.

3. In dem Untersuchungszeitraum läßt sich eine Etablierung der Biographie als wichtige, ja zentrale historiographische Darstellungsform beobachten. Sie entwickelt sich zu einer leistungsfähigen "kleinen Synthese großer Geschichte", die umfangreiche Forschungsleistungen verdichtet und verschiedene Bereiche der historischen Wirklichkeit im Rahmen einer geschlossenen Darstellung bündelt. Diese Bedeutung hat die historische Biographie trotz der in der Einleitung geschilderten Kritik an der historistischen Tradition in den 1960er und 1970er Jahren behalten. Für den Forscher ist sie nach wie vor ein wichtiges Medium, um Forschungsergebnisse zu formulieren, sie bleibt ein wichtiger Kanal, über den die historische Fachwissenschaft ihre Bemühungen einer historisch interessierten Öffentlichkeit vermitteln kann.

---

[1] Vgl. SCHEUER: Biographie, in: UEDING (Hg.): Historisches Wörterbuch der Rhetorik, S. 34.

Welcher Nutzen ist aus dieser historiographiegeschichtlichen Betrachtung für eine Theorie der historischen Biographie und eine Theorie der historischen Darstellungsformen überhaupt zu ziehen? Die nachfolgenden Überlegungen wollen einige Bausteine zu seiner solchen vorstellen, die auf den Ergebnissen basieren, die in dieser Untersuchung gewonnen worden sind. Statt einem historiographiegeschichtlichen Standpunkt wird nun ein systematischer Standpunkt gegenüber der historischen Biographie eingenommen. Folgendes soll dabei thematisiert werden: 1. Die Theorie einer einzelnen historiographischen Darstellungsform wie der historischen Biographie unterscheidet sich grundlegend von den heute diskutierten Theorien der Geschichtsschreibung, die zwischen einzelnen historiographischen Genres nicht unterscheiden. 2. Die Biographie verfügt über ihr eigentümliche Darstellungsleistungen und -grenzen, die in der besonderen Zugangsstrategie dieser Darstellungsform zur "Geschichte" begründet liegen. 3. Eine besonders wichtige (und oft verkannte) Darstellungsleistung ist das Rationalisierungs- und Relativierungspotential der historischen Biographie, die als Konsequenzen ihrer Darstellungsstruktur zu verstehen sind.

1. In der Einleitung ist darauf hingewiesen worden, daß die moderne Geschichtstheorie Geschichtsschreibung nicht mehr als bloße Niederschrift von Forschungsergebnissen auffaßt, sondern den Akt der "Erzählung" als einen eigenständigen, fundamentalen Faktor in der fachwissenschaftlichen Produktion historischen Wissens aufwertet.[2] In den 1970er und 1980er Jahren sind Ansätze entwickelt worden, die die Theorie der Erzählung oder "Narrativität"[3] zu einer Theorie und Typologie der Geschichtsschreibung ausarbeiten: der textlinguistisch-strukturalistische Ansatz des amerikanischen Geschichtsphilosophen Hayden White[4] und der funktionalistisch-anthropologische Ansatz des deutschen Geschichtstheorikers Jörn Rüsen[5] sind vielleicht die bekanntesten

---

[2] Vgl. dazu: Jörn RÜSEN: Geschichtsschreibung als Theorieproblem der Geschichtswissenschaft. Skizze zum historischen Hintergrund der gegenwärtigen Diskussion, in: ders.: Zeit und Sinn, S. 135-152.

[3] Vgl. folgende Überblicke: Pietro ROSSI: Einleitung, in: ders. (Hg.): Theorie der modernen Geschichtsschreibung, Frankfurt a. M. 1987, S. 7-24; Hans-Michael BAUMGARTNER: Narrativität, in: Klaus BERGMANN, u.a. (Hgg.): Handbuch der Geschichtsdidaktik, Seelze-Felber [4]1992, S. 146-149; ROTHERMUND: Geschichte als Prozeß und Aussage, S. 175-188; LORENZ: Konstruktion der Vergangenheit, S. 127-188.

[4] Die wichtigsten Arbeiten Hayden WHITES: Metahistory. Die historische Einbildungskraft im 19. Jahrhundert in Europa, Frankfurt a. M. 1991 (org.: Baltimore/London 1973); Auch Klio dichtet oder Die Fiktion des Faktischen. Studien zur Tropologie des historischen Diskurses, Stuttgart 1986; Die Bedeutung der Form. Erzählstrukturen in der Geschichtsschreibung, Frankfurt a. M. 1990 (org.: Baltimore/London 1987). Zur Rezeption Whites in Deutschland vgl. Wolfgang WEBER: Hayden White in Deutschland, in: StdSt 25(1994), S. 89-102. Vgl. auch die kritische Auseinandersetzung mit White bei: Otto Gerhard OEXLE: Sehnsucht nach Klio. Hayden Whites "Metahistory" - und wie man darüber hinwegkommt, in: Rechtshistorisches Journal 11(1992), S. 1-18.

[5] RÜSEN entfaltet seine Theorie der Geschichtsschreibung in folgenden Schriften: Lebendige Geschichte. Grundzüge einer Historik III: Formen und Funktionen des historischen Wissens, Göttingen 1989; Die vier Typen des historischen Erzählens, in: ders.: Zeit und Sinn, S. 153-230.

Versuche im deutschen Sprachraum. Hayden White konkretisiert den Begriff der Erzählung, indem er zum einen - in Anlehnung an literarische Gattungen - verschiedene Plotstrukturen unterscheidet (Romanze, Komödie, Tragödie und Satire), die der Historiker einer Erzählung unterlegen kann, und zum anderen indem er die in der strukturalistischen Texttheorie verwendeten rhetorischen Figuren (Metapher, Metonymie, Synekdoche und Ironie) für eine "tropologische Analyse" historiographischer Texte theoretisch diskutiert und anwendet.[6] Jörn Rüsen unterscheidet in der Tradition Friedrich Nietzsches vier Formen historischen Erzählens anhand ihrer lebensweltlichen, "sinnbildenden" Funktion:[7] traditionales, exemplarisches, kritisches und genetisches Erzählen, wobei letzteres die Grundform der modernen Historiographie sei. Gemeinsam ist den Theorien von White und Rüsen, daß sie auf einer formalen, das heißt gegenstandsunabhängigen Ebene argumentieren. Sie stellen analytische Begriffe bereit, mit deren Hilfe man jedes beliebige historische Werk, ungeachtet seines Gegenstandes, auf seine narrativen Eigenarten untersuchen kann. Selbstverständlich lassen sich mit diesen Begriffen auch historische Biographien analysieren. Die Eigenart dieser Gattung jedoch läßt sich mit ihnen nicht begründen und theoretisch auf den Begriff bringen. Eine Biographie kann die Plotstruktur einer Romanze, Komödie oder Satire haben, sie kann vornehmlich traditional, exemplarisch, kritisch oder genetisch erzählt sein. Die Rüsenschen Erzählformen sind allerdings insofern für die Geschichte der historischen Biographie aufschlußreich, als sich auch hier der Wechsel von einer eher exemplarischen (vor allem in Renaissance und Aufklärung) zu einer primär genetischen Form im Zusammenhang mit der Entstehung der modernen Geschichtswissenschaft beobachten läßt.[8] Aber dies ist eben ein Vorgang, der alle historiographischen Genres betrifft. Die systematische und theoretische Stärke dieser beiden Theorien - ihre zeitlich wie texttypologisch universale Anwendbarkeit - ist gerade dafür verantwortlich, daß sie für die theoretische Beschreibung eines bestimmten Texttyps unzureichend sind. Weder die Whiteschen Plotstrukturen und Tropen noch die Rüsenschen Formen des Erzählens liefern ein Kriterium, mit denen man biographische Geschichtsschreibung von anderen Formen hinreichend abgrenzen kann.

---

[6] Vgl. dazu: Imgard WAGNER: Geschichte als Text. Zur Tropologie Hayden Whites, in: KÜTTLER/RÜSEN/SCHULIN (Hgg.): Geschichtsdiskurs, Bd. 1, S. 212-232; Hans-Jürgen LÜSEBRINK: Tropologie, Narrativik, Diskurssemantik. Hayden White aus literaturwissenschaftlicher Sicht, in: KÜTTLER/RÜSEN/SCHULIN (Hgg.): Geschichtsdiskurs, Bd. 1, S. 355-364.

[7] Vgl. RÜSEN: Die vier Typen des historischen Erzählens. Rüsen erwähnt NIETZSCHES einschlägige Schrift "Vom Nutzen und Nachteil der Historie für das Leben", in der zwischen monumentaler, kritischer und antiquarischer Historie unterschieden wird, nicht. Der systematische Ansatzpunkt ist jedoch der gleiche. Rüsen wie Nietzsche entwickeln ihre Kategorien aus dem Gesichtspunkt unterschiedlicher lebensweltlicher Funktionen der Historie.

[8] Vgl. RÜSEN: Die vier Typen des historischen Erzählens, S. 189-191.

Die Theorie der Darstellungsformen, verstanden als gegeneinander abgrenzbare historiographische Genres, hat deshalb auf einer anderen Ebene anzusetzen. Norbert Kersken unterscheidet eine "literaturhistorische Kategorisierung", worunter er Rüsens Theorie der Erzählformen faßt, von einem "quellenkundlichen Einteilungsschema", "das historiographische Texttypen nach dem *Darstellungsgegenstand* [Hervorhebung, O.H.] der jeweiligen Texte" bilde.[9] Kersken führt zurecht an, daß eine Einteilung nach den Gegenständen nicht in der gleichen Weise systematisierbar ist wie die literaturhistorische Kategorisierung, die - siehe White und Rüsen - auf abstrakten Prinzipien beruht. Welchen Gegenständen sich der Historiker zuwendet, welche gegenstandsbezogene Darstellungsform er somit wählt und ausgestaltet, hängt von den vielfältigen und sich ändernden Perspektiven auf die Vergangenheit ab. Betrachtet man unter diesem Blickwinkel die Historiographiegeschichte, so stellt sie sich auch als Prozeß der Innovation von immer neuen gegenstandsbezogenen Darstellungsformen dar. Jüngere Beispiele für solche Innovationen, die natürlich nicht ohne Vorläufer sind, stellen die "Gesellschaftsgeschichte" (Hans-Ulrich Wehler) oder die "Lokalgeschichte als Allgemeine Geschichte" (Hans Medick) dar.[10] Die Biographie ist im Unterschied zu diesen Neuentwicklungen eine gegenstandsbezogene Darstellungsform mit einer sehr langen, bis in die Anfänge der Geschichtsschreibung zurückreichenden Tradition.

Welche Konsequenzen sind aus dem Gegenstandsbezug für eine Theorie dieser Darstellungsformen zu ziehen? Mit den Bezeichnungen "historische Biographie" oder "Gesellschaftsgeschichte" oder "Lokalgeschichte" werden bestimmte Gegenstände oder Einheiten der *historischen Wirklichkeit* angesprochen. An der Doppeldeutigkeit des Wortes "Geschichte", sowohl das Geschehene zu bezeichnen wie die Erzählung dieses Geschehens,[11] partizipieren auch die Bezeichnungen der historiographischen Darstellungsformen: "Biographie" meint sowohl den tatsächlichen Lebenslauf wie seine Erzählung, "Gesellschaftsgeschichte" und "Lokalgeschichte" sowohl die Vergangenheit dieser historischer Einheiten wie ihre historiographische Darstellung. Es ist also kein Zufall oder Resultat mangelnden theoretischen Bewußtseins, wenn der im Hauptteil rekonstruierte theoretische Diskurs über die historische Biographie zumeist auf der gegenständlichen Ebene des Individuums und seiner Beziehung zur "Geschichte" ausgetragen wird (erinnert sei an Droysens "Kanditatentheorie" oder an Diltheys Überlegungen zum Individuum als "Mittelpunkt von Kraftwirkungen" aus der historischen

---

[9] Norbert KERSKEN: Geschichtsschreibung im Europa der "nationes". Nationalgeschichtliche Gesamtdarstellungen im Mittelalter (= Münstersche Historische Forschungen, Bd. 8), Köln u.a. 1995, S. 4.

[10] Hans MEDICK: Weben und Überleben in Laichingen 1650-1900. Lokalgeschichte als Allgemeine Geschichte, Göttingen 1996.

[11] "*Geschichte* vereinigt in unserer Sprache die objektive sowohl als subjektive Seite und bedeutet ebensogut die *historiam rerum gestarum* als die *res gestas* selbst; sie ist das Geschehene nicht minder wie die Geschichtserzählung." (HEGEL: PhilG, S. 83).

Welt, dessen Zusammenhang der Biograph darzustellen habe), sondern diese Betrachtungsweise liegt in dem konstitutiven Gegenstandsbezug dieser Darstellungsformen begründet. Mit anderen Worten: Eine Theorie der historischen Biographie basiert auf einer Theorie des Individuums, insofern es Moment der Geschichte ist. Die historische Biographie ist (wie die "Gesellschaftsgeschichte" oder die "Lokalgeschichte") als ein *zu einer historiographischen Gattung geronnenes Interpretationsmuster der Geschichte* zu begreifen, indem - im Falle der Biographie - der Lebenslauf eines Individuums in seiner Beziehung zur "Geschichte" als Interpretationshinsicht auf die Geschichte angeboten wird. Allerdings beinhaltet dieses Interpretationsmuster keine vollständige "Theorie des geschichtlichen Charakters menschlichen Handelns", wie Rüsen den fundamentalen historischen Theorietyp bezeichnet.[12] Die Wahl der historischen Biographie als Darstellungsform impliziert beispielsweise nicht, daß der Historiker eine personalistische oder individualistische Auffassung der Geschichte vertritt. Ihrer kann sich ebenso der historistische wie der marxistische Historiker bedienen, wenn auch bei ersterem eine gewisse Vorliebe für dieses Genre festzustellen ist. Das, was die gegenstandsbezogenen Darstellungsformen an theoretischen Konstrukten enthalten, sind gewissermaßen nur Schablonen, Theorieelemente, die sich auf unterschiedliche Weise in eine umfassende Geschichtstheorie einfügen können. In dieser Arbeit sind durch die Begriffe "syntagmatisch" und "paradigmatisch" zwei Interpretationsschablonen unterschieden worden, mit deren Hilfe in der historischen Biographie historische Sachverhalte zu einer Geschichtsdarstellung organisiert werden. Auch die im nächsten Abschnitt vollzogene Reflexion auf die Darstellungsleistungen der historischen Biographie hat deshalb auf der gegenständlichen Ebene, das heißt dem Individuum als Moment der Geschichte, anzusetzen.

2. "Das historisch wertvolle Geschehen kann nämlich als die Geschichte der Individuen [...] dargestellt, es kann aber auch die Geschichte der Geschehensinhalte: der unpersönlichen, zuständlichen oder ideellen Objektivitäten dargeboten werden."[13] Der Philosoph Georg Simmel attestiert der "Geschichte" eine eigentümliche Doppelstruktur: Sie kann zum einen als überindividueller, allgemeiner Prozeß und struktureller Zusammenhang von "Geschehensinhalten" aufgefaßt werden, zum anderen als das Handeln und Erleben der einzelnen Individuen selbst. Dieser Dualismus zwischen "methodologischem Individualismus und methodologischem Kollektivismus"[14] läßt sich auch als ein grundlegendes Darstellungsproblem der "Geschichte" beschreiben:

---

[12] RÜSEN: Wie kann man Geschichte vernünftig schreiben? Über das Verhältnis von Narrativität und Theoriegebrauch in der Geschichtswissenschaft, in: ders.: Zeit und Sinn, S. 106-134, hier: S. 126.

[13] Georg SIMMEL: Die Probleme der Geschichtsphilosophie. Eine erkenntnistheoretische Studie, Leipzig ³1907, S. 50.

[14] LORENZ: Konstruktion der Vergangenheit, S. 295.

"Wie kann die Doppelkonstitution historischer Prozesse, die Gleichzeitigkeit von gegebenen und produzierten Verhältnissen, die komplexe wechselseitige Beziehung zwischen umfassenden Strukturen und der Praxis der 'Subjekte' [...] erfaßt und dargestellt werden?"[15]

Die historiographischen Darstellungsformen bieten zur Lösung dieses Problems zwei Strategien an: Auf der einen Seite stehen die Darstellungsformen, welche "Geschichte" von der "unpersönlichen", "zuständlichen" und "ideellen" Seite erschließen - als typisches Beispiel sei auf Hans-Ulrich Wehlers "Gesellschaftsgeschichte" verwiesen. Diejenigen, die wirklich die Geschichte "machen", die Subjekte, liefern hier nur von Fall zu Fall einen "Input" (in Form von eminenten Handlungen), fungieren als Zeugen und Beobachter der "Zustände" oder treten als Verkörperungen solcher auf. Die Biographie ist dagegen der Inbegriff einer Darstellungsform, die von der Praxis der "Subjekte" ausgehend Geschichte darstellt. Sie folgt dem Lebensweg eines Individuums und hier sind es die überindividuellen "Strukturen" und "Prozesse", die von Fall zu Fall einfließen. In dieser Zugangsstrategie zur "Geschichte" liegen die besonderen Darstellungsleistungen und -grenzen der historischen Biographie begründet. Diese, von denen die ein oder andere im historiographiegeschichtlichen Teil schon zur Sprache gekommen ist, lassen sich systematisch in zwei Rubriken ordnen, je nachdem ob sie sich auf die überindividuellen Strukturen und Kräfte der Geschichte oder auf das Individuum und seine historische Bedeutung beziehen.

In der lebhaften theoretischen und fachstrategischen Diskussion der späten 1960er und 1970er Jahre, wie sie in der Einleitung kurz skizziert worden ist, standen vor allem die Darstellungsleistungen der historischen Biographie hinsichtlich überpersonaler Strukturen und Prozesse zu Debatte. Verteidiger dieser traditionellen Darstellungsform wurden nicht müde zu betonen, daß die Biographie "auch im Rahmen einer strukturgeschichtlichen Betrachtungsweise" ihren legitimen Platz habe.[16] In systematischer Hinsicht ist es sinnvoll, eine verlaufs- oder prozeßgeschichtliche von einer strukturgeschichtlichen[17] Darstellungsleistung zu unterscheiden. Erstere ist eher der syntagmatischen, letztere der paradigmatischen Darstellungsperspektive zuzuordnen.

In verlaufsgeschichtlicher Hinsicht besteht die Darstellungsleistung der historischen Biographie in der *Konzentration* von historischen Wandlungsprozessen. Es ist vor allem die syntagmatische Biographie über Individuen, die in einer historischen Krisensituation

---

[15] Hans MEDICK: "Missionare im Ruderboot?" Ethnologische Erkenntnisweisen als Herausforderung an die Sozialgeschichte, in: GG 10(1984), S. 295-319, hier: S. 295. Vgl. zu diesem Problem auch:

[16] Hagen SCHULZE: Die Biographie in der "Krise der Geschichtswissenschaft", S. 513. Vgl. RIESENBERGER: Biographie als historiographisches Problem, S. 37f.; SCHIEDER: Die Darstellungsformen der Geschichtswissenschaft, S. 142.

[17] Zu den Begriffen "Struktur" und "Prozeß" vgl. ROTHERMUND: Geschichte als Prozeß und Aussage, S. 54-57.

eine entscheidende Rolle spielen, in der sich solch eine Konzentration beobachten läßt. In der Krise, als einer Phase beschleunigten Wandels, kulminiert das Vorhergehende und werden die Weichen für das Nachfolgende gestellt. Droysen etwa behandelt in seiner "Geschichte Alexanders des Großen" nicht nur das kurze Leben des Makedonenkönigs, sondern auch das "Ende einer Weltepoche", nämlich den "Herbst" des klassischen Griechenlandes und des persischen Reiches, und "den Anfang einer neuen", nämlich den Beginn der Epoche des Hellenismus. Die Grenze dieser Darstellungsleistung besteht zum einen darin, daß die Konzentrationskapizität *quantitativ* begrenzt ist. Die Coligny-Biographie von Erich Marcks und die Oranien-Biographie von Felix Rachfahl, die umfangreiche, von dem Leben des jeweiligen Individuums losgelöste Darstellungsteile besitzen, sahen sich der berechtigten Kritik ausgesetzt, daß diese Passagen den "biographischen Rahmen" sprengen würden. Zum anderen besteht eine *qualitative* Begrenzung: Die syntagmatische Biographie erzählt und analysiert historische Sachverhalte im Hinblick auf das historische Handeln ihres Helden. Alles, was sich nicht in diesen Zusammenhang fügt, wird vernachlässigt. Bismarcks Handeln beispielsweise betrifft vor allem die politische Geschichte Deutschlands und Europas im 19. Jahrhundert. In einer Bismarck-Biographie wie der von Max Lenz (aber auch in neueren Bismarck-Biographien) spielen deshalb die Nationalbewegung des Vormärz, politische Bewegungen wie Liberalismus und Konservatismus und die Revolution von 1848/49 eine größere Rolle als die gleichzeitig stattfindende Industrialisierung.

In strukturgeschichtlicher Hinsicht besteht die Darstellungsleistung biographischer Historie, vor allem in der paradigmatischen Darstellungsperspektive, in der *Integration* verschiedener Dimensionen der historischen Wirklichkeit. Hier wirkt sich zunächst aus, daß der Biographie mit der Lebensgeschichte eines einzelnen Individuums "ein Zentrum, auf das alles zu beziehen ist"[18], gegeben ist. Eine Eigenart strukturgeschichtlicher Historiographie besteht in der analytischen *Trennung* historischer Wirklichkeitsbereiche. Hans-Ulrich Wehlers "Gesellschaftsgeschichte" unternimmt beispielsweise eine längsschnittartige Untersuchung von vier Dimensionen gesellschaftlicher Entwicklung.[19] Das integrierende Verfahren biographischer Historie stellt eine komplementäre Methode dar. Sonst getrennt erforschte und beschriebene historische Wirklichkeitsbereiche werden in einer Biographie zur konkreten Lebenswelt des Individuums zusammengefügt. In Strauß' Biographie seines Freundes Christian Märklin etwa erfaßt man den Zusammenhang von Geistesgeschichte (theologischer Junghegelianismus), Sozialgeschichte des Bildungsbürgertums und Geschichte der 1848er Revolution. Auch die strukturgeschicht-

---

[18] Christian MEIER: Die Faszination des Biographischen, in: Frank NIESS (Hg.): Interesse an der Geschichte, Frankfurt a. M. 1989, S. 100-111, hier: S. 108.
[19] Vgl. dazu WEHLERS "Einleitung" im ersten Band seiner Gesellschaftsgeschichte (Deutsche Gesellschaftsgeschichte, Bd. 1, München 1987, S. 6-33).

liche Integrationskapazität der historischen Biographie ist quantitativ und qualitativ begrenzt. Strukturgeschichtliche Momente fließen zwar in die Darstellung des Lebenslaufes ein, aber sie bilden lediglich Bezugspunkte, deren Entwicklung im einzelnen nicht verfolgt wird. Das paradigmatische Potential der Märklin-Biographie schließt sich nur demjenigen Leser vollständig auf, der über zusätzliche Informationen über Entwicklungen und Rahmenbedingungen der Sozialgeschichte des Bürgertums und der Geschichte der bürgerlichen Revolution verfügt. Die historische Biographie kann die Produktion (und Rezeption!) analytischer Monographien und Untersuchungen zu Einzelproblemen nicht ersetzen.[20]

Die Herausstellung der Rolle des Individuums, beziehungsweise individueller Faktoren im historischen Prozeß als Darstellungsleistung syntagmatischer biographischer Historie ist ein in der Tradition der Gattungsdiskussion intensiv und kontrovers diskutiertes Thema. Im Methodenstreit vor der Jahrhundertwende polarisierten sich die Anschauungen in eine "individualistische" und eine "kollektivistische" Richtung. Die "individualistischen" Neorankeaner setzten sich unter anderem deshalb für die Biographie ein, weil diese der Rolle der großen Individuen in der Geschichte gerecht werde. Zweifellos besteht eine wichtige Darstellungsleistung biographischer Historie darin, die historische Bedeutung einzelner Persönlichkeiten zu klären und zu würdigen. Bestimmte historische Komplexe wie die Reformation oder die Reichsgründung sind ohne die Aufarbeitung der Biographien von Luther und Bismarck nicht angemessen zu begreifen (was nicht heißt, daß sie ausschließlich aus deren Biographien zu begreifen wären). Ein Indiz für die Unverzichtbarkeit der biographischen Betrachtung einzelner Persönlichkeiten im Rahmen der allgemeinen Geschichte ist es, wenn größere monographische Darstellungsformen biographische Darstellungsteile beinhalten - dies läßt in Rankes "Deutscher Geschichte im Zeitalter der Reformation" beobachten; auch der einer individualistisch-biographischen Geschichtsauffassung unverdächtige Hans-Ulrich Wehler fügt im dritten Band seiner "Deutschen Gesellschaftsgeschichte" die biographische Darstellung des "Aufstiegs Bismarcks" ein.[21] Durch die Fokussierung auf die Handlungen eines Individuums vermag biographische Historie die Bedeutung *einzelner Entscheidungen* in einem geschichtlichen Ereigniszusammenhang zu klären. Mit dem

---

[20] Es gibt für diese Kapazität selbstverständlich keine quantifizierbaren Anhaltspunkte. Man kann keine Seitenzahl nennen, an der die Quantität einer von der biographierten Person losgelösten Analyse des sozialen, politischen oder kulturellen Rahmens in eine neue Qualität umschlägt, d.h., wo die Biographie eigentlich zur Monographie wird. Es gibt immer eine Diskrepanz zwischen dem, was aus fachwissenschaftlicher Sicht eigentlich alles gesagt werden müßte, und dem, was eine Darstellungseinheit an Information verträgt.

[21] WEHLER: Deutsche Gesellschaftsgeschichte, Bd. 3, S. 264-280.

Begriff der Entscheidung sind die Kategorien der *Willensfreiheit* und des *Zufalls*[22] angesprochen. Die historische Biographie ist damit ein Gegengewicht zu funktionalistischen Darstellungsweisen, die die Geschichte auf einen hinter dem Rücken der Individuen "automatisch" ablaufenden Prozeß reduzieren.[23] Die Kehrseite dieser Darstellungsleistung besteht darin, daß biographische Historie wenn nicht die Geschichtsmächtigkeit eines Individuums so doch die Interpretierbarkeit eines historischen Ereigniskomplexes mittels eines Individuums voraussetzt. Neben den Stärken teilt sie auch die Schwächen vornehmlich intentionaler Geschichtsbetrachtung:[24] Sie zeigt, indem sie das Innere eines Akteurs (syntagmatisch) oder Erlebenden (paradigmatisch) rekonstruiert, eine "Innenseite" des historischen Prozesses. Das historische Umfeld, die soziale, wirtschaftliche, politische und kulturelle Welt, wird dadurch - auch wenn die Abhängigkeit des Individuums von ihm betont wird - zur *Außen*welt. Der "nicht-intentionale Bedingungszusammenhang von Handeln"[25] wird überblendet von dem Lebenszusammenhang des Individuums. Die eingangs von Simmel skizzierte Eigenart der Geschichte, überindividueller Prozeß und Handeln und Erleben der Individuen zugleich zu sein, unterliegt in biographischer Geschichtsschreibung ebenso einer perspektivischen

---

[22] Man kann zwischen einem biologischen und einem prozessualen Zufall unterscheiden. Der biologische Zufall spielt in der Geschichte immer dann eine große Rolle, wenn Herrschaft dynastisch organisiert ist. Charakter, Fähigkeiten und Lebensdauer (und damit Regierungszeit) eines Herrschers sind zum Teil biologisch zufällig. Der prozessuale Zufall spielt dagegen in geschichtlichen Krisensituationen eine große Rolle. Die Behauptung Preußens im Siebenjährigen Krieg war nur möglich durch das "Mirakel des Hauses Brandenburg", durch den Tod der Zarin Elisabeth zum "richtigen" Zeitpunkt. Auch die Referenz vor "sa sacrée Majesté le Hazard" (Friedrich II. von Preußen) gehört zu den Darstellungsleistungen biographischer Historie. Vgl. auch die Überlegungen Alexander DEMANDTS zur Rolle des Zufalls in der Geschichte (Ungeschehene Geschichte, S. 29-37), ebenso: Helmut NEUHAUS: Der Historiker und der Zufall, in: Frank-Lothar KROLL (Hg.): Neue Wege der Ideengeschichte. FS Kurt KLUXEN, Paderborn u.a. 1996, S. 61-80. Vgl. kritisch gegenüber Willensfreiheit und Zufall in der Geschichte: LORENZ: Konstruktion der Geschichte, S. 315-321.

[23] Vgl. dazu insbesondere die Kritik die von Historikern wie Thomas NIPPERDEY und Lothar GALL an Hans-Ulrich WEHLERS "Das Deutsche Kaiserreich 1871-1918" (Göttingen 1973) geübt worden ist. Die Auseinandersetzung wird übersichtlich zusammengefaßt in: Thomas HAUSSMANN: Erklären und Verstehen: Zur Theorie und Pragmatik der Geschichtswissenschaft. Mit einer Fallstudie über die Geschichtsschreibung zum Deutschen Kaiserreich von 1871-1918, Frankfurt a. M. 1991, S. 240-278.

[24] Hans-Jürgen GOERTZ charakterisiert diese Schwäche folgendermaßen: "Eine Erkenntnis, die an der Intention oder dem Selbstverständnis des Erkenntnisobjektes orientiert ist, eine intentionale Geschichtsbetrachtung, gibt nur über einen Teil vergangener Wirklichkeit Aufschluß, über das Verstehbare, nicht über das Erklärbare, den Ablauf von Konjunkturen, von Krisen, von Revolutionen, über soziale, politische und mentale Strukturen [...], die sich nicht aus der Sicht einzelner Individuen zur Kenntnis bringen lassen." (Umgang mit der Geschichte, S. 114). Der "historische Zusammenhang", so formuliert es Jürgen HABERMAS, "geht nicht in dem auf, was die Menschen wechselseitig intendieren." (Zur Logik der Sozialwissenschaften, Frankfurt a. M. ⁵1982, S. 134).

[25] Jörn RÜSEN: Ursprung und Aufgabe der Historik, in: Hans-Michael BAUMGARTNER/Jörn RÜSEN (Hgg.): Seminar: Geschichte und Theorie. Umrisse einer Historik, Frankfurt a. M. 1976, S. 59-93, hier: S. 82.

Verzerrung wie in Formen der Geschichtsschreibung, denen eine überindividuelle Einheit zugrundeliegt.

Der Nutzen und Nachteil der biographischen Historie für das Leben geht über ihre Darstellungsleistungen hinaus. Oft zu lesende Hinweise wie, diese Form der Geschichtsschreibung sei besonders anschaulich, ansprechend und eingängig (oder negativ gewendet: verführerisch, unkritisch, einseitig), deuten auf eine weitere, eine didaktische Dimension, nämlich auf besondere *Vermittlungsleistungen* der historischen Biographie. Geschichte wird in biographischer Historie nicht nur auf eine bestimmte Art und Weise dargestellt, sie wird auch auf eine besondere Weise zugänglich macht. Diese besonderen Vermittlungsleistungen sind vermutlich ein wesentlicher Grund dafür, daß sich die Biographie beim Publikum anhaltender Beliebtheit erfreut - ungeachtet aller Konjunkturen und Krisen dieses Genres innerhalb der Geschichtswissenschaft. Worauf beruht das Vermittlungspotential dieser Darstellungsform? Die Biographie richtet das historische Interesse auf ein Individuum. Neben dem historischen Interesse wird das Interesse des Menschen am Menschen und Menschlichen angesprochen. Das personale Moment, das die historische Biographie enthält, ist ihr wesensmäßiger Vorzug gegenüber anderen Darstellungsformen. Folgende Vermittlungsleistungen sind vielleicht besonders kennzeichnend für die historische Biographie zu sein: die Veranschaulichung abstrakter geschichtlicher Inhalte und die Vermittlung historischer Distanz und Fremdheit.

Ein wichtiger Vermittlungsvorzug der Biographie besteht in der Bereicherung der Historie um die Dimension der Subjektiven. Die biographische Rekonstruktion des Inneren eines Menschen, seiner Gefühle, Vorstellungen, seiner Stärken und Schwächen mobilisiert beim Leser Kräfte des Mitdenkens, Mitfühlens und der Phantasie, die andere historiographische Formen in dieser Intensität zumeist nicht nützen können.[26] Überpersonale, abstrakte Konflikte werden zu mitempfundenen Lebenskonflikten. Die Dialektik der Geschichte wird zur Dramatik eines Einzellebens.[27] Die Dynamik und Spannung eines Schillerschen "Wallenstein" kann ein Historiker nicht erreichen, aber als Biograph kommt er ihr vielleicht am nächsten. Die historische Biographie ist zwar kein historischer Roman, aber kaum eine andere wissenschaftliche Darstellungsform steht in so

---

[26] Die didaktischen Potentiale eines biographischen Zugangs zu historisch-gesellschaftlichen Phänomen hat jüngst Heidrun HOPPE ausgelotet: "Das Vorführen beziehungsweise die Wahrnehmung jener Dialektik zwischen Einzelfall und Allgemeinem, zwischen Individuum und Gesellschaft, zwischen Subjektivität und Objektivität erleichtert es den Schülerinnen und Schülern, typische Problemlagen oder Handlungsinteressen deren Bedeutung in der biographischen Lebenssituation Dritter - und damit (potentiell) in ihrer eigenen - besser zu erkennen, als es ihnen allein durch die Analyse politischer Strukturen, Theorien und Konflikte möglich wäre." (Subjektorientierte politische Bildung. Begründung einer biographiezentrierten Didaktik der Gesellschaftswissenschaften [= Schriften zur politischen Didaktik, Bd. 26], Opladen 1996, S. 18).

[27] Vgl. dazu: Gerhard BINDER: Im Mittelpunkt steht der Mensch. Die Biographie als Hilfsmittel zeitgenössischer Darstellung, in: Pädagogische Welt 15(1961), S. 255-265.

enger Nachbarschaft zur Literatur und ihren welterschließenden Kapazitäten. Dilthey spricht nicht zu Unrecht von ihr als einem "wissenschaftlichen Kunstwerk".[28] Diesen Vorzügen steht die Gefahr der unkritischen Identifikation des Lesers mit dem Helden gegenüber (der zumeist die unkritische Identifikation des Biographen mit diesem vorausgeht). Die Mobilisierung der Emotion und der Einbildungskraft kann die Rationalisierung des Historischen beeinträchtigen. Es besteht die Möglichkeit, daß die Geschichte monoperspektivisch aus Sicht des Helden gesehen wird und daß seine Werturteile ohne Vorbehalte übernommen werden. Aus diesem Grund haben sich insbesondere die Geschichtsdidaktiker in den 1970er Jahren gegen die "Personalisierung" der Geschichte gewandt[29] und ihre "multiperspektivische" Behandlung gefordert.[30] Als Gegenmittel zu diesen Gefahren sei an Hans Delbrücks Empfehlung erinnert, die Lektüre der Lenzschen Bismarck-Biographie durch das Lesen der Stein-Biographie von Lehmann zu ergänzen, um auf diese Weise einer einseitigen Sichtweise auf die neuere deutsche Geschichte vorzubeugen. "Personalisierung" mittels biographischer Darstellung und "multiperspektivische" Betrachtung der Geschichte schließen sich nicht aus.

"Denn, indem man einen merkwürdigen Menschen", schreibt Goethe in seinem Anhang zur Lebensbeschreibung des Renaissancekünstlers Cellini, "als einen Teil eines Ganzen, seiner Zeit, oder seines Geburts- oder Wohnorts, betrachtet; so lassen sich gar manche Sonderbarkeiten entziffern, welche sonst ewig ein Rätsel bleiben würden."[31] Die Welt der Geschichte, zumal der entfernteren Epochen, wird oft als etwas Fremdes empfunden. Die historische Biographie, die einen Menschen als "Sohn seiner Zeit"

---

[28] DILTHEY: Der Aufbau der geschichtlichen Welt in den Geisteswissenschaften, S. 248.

[29] Als Beispiel sei die Argumentation Annette KUHNS gegen eine "personalisierte" Sicht der Reichsgründungsgeschichte angeführt: "Die fachdidaktischen Gefahren dieses Interpretationsmusters liegen offen zutage: Nach diesem Muster identifizieren sich die Schüler auf einer affektiven Ebene mit der Gestalt Bismarcks, die antidemokratischen Normen [...] werden positiv [...] gewertet, während die historische Kontinuität dieser anti-demokratischen deutschen Geschichte von 1871 bis 1945 den Schülern verschlossen bleibt." (Bismarck und die Reichsgründerzeit. Didaktische Überlegungen zum Verhältnis von Personen- und Gesellschaftsgeschichte, in: BOSCH [Hg.]: Persönlichkeit und Struktur, S. 125-138, hier: S. 129f.) Vgl. auch Klaus BERGMANN: Personalisierung, Personifizierung, ders.: Personalisierung im Geschichtsunterricht; Kurt POHL: Bildungsreform und Geschichtsbewußtsein. Empirische Befunde zu Wirkungen der Bildungsreform im Bereich des Geschichtsunterrichts (= Geschichtsdidaktik. Studien, Materialien. Neue Folge, hg. v. Bodo von BORRIES u.a.), Pfaffenweiler 1996, S. 18-24 (Der Autor faßt die Personalisierungsdiskussion in der Geschichtsdidaktik seit den 70er Jahren zusammen. Er kommt zu dem Ergebnis, daß die 'großen Persönlichkeiten' aufgrund von Veränderungen in den Schulbüchern und der methodisch-didaktischen Herangehensweise in Schule und Geschichtsunterricht "weitgehend unwichtig" geworden sein). In der fachdidaktischen Diskussion mehren sich in den letzten Jahren die Stimmen, die die grundsätzliche Ablehnung der "Personalisierung" kritisieren, vgl.: Freya STEPHAN-KÜHN: Schlüsselgeschichten, in: Geschichte, Politik und ihre Didaktik 22(1994), S. 82-86, hier: S. 82; Helmut SCHEUER: Biographie, in: Bergmann u.a. (Hgg.): Handbuch der Geschichtsdidaktik, S. 202f.

[30] Klaus BERGMANN: Multiperspektivität, in: ders. u.a. (Hgg.): Handbuch der Geschichtsdidaktik, S. 271-274.

[31] Goethe: Anhang zur Lebensbeschreibung des Benvenuto Cellini, S. 477

darstellt, bietet vielen Geschichtsinteressierten einen Zugang zu den "Zeiten der Vergangenheit". Woran liegt dies? Man kann sich das Individuum als einen Komplex aus historisch bedingten Elementen und anthropologischen Universalien vorstellen. Gerade diese Universalien, das Allgemeinmenschliche, das Lieben und Hassen, Hoffen und Fürchten, Wollen, Beten, Kämpfen, welches sich auch bei unseren Ahnen findet, wie bereits Giambattista Vico in seiner "Scienza nuova" (1725) feststellt,[32] erleichtert die Annäherung an das Fremde.[33] Annäherung sollte aber nicht Hinwegsehen über das Fremde bedeuten. Es geht vielmehr darum, daß *das Fremde als Fremdes verstanden wird.* Dies geschieht, indem vor allem der Unterschied zur heutigen Welt bewußt und deutlich gemacht wird.[34] - "Kenntnis der Vergangenheit entfremdet uns Zeiten, die andere sind als unsere eigene Zeit!" (Danto)[35] Die mikrohistorische Perspektive der Biographie auf das Leben eines einzelnen Individuums schafft eine fruchtbare Polarität zwischen der Erfahrung "Das waren damals auch Menschen" und der Erkenntnis "Aber sie lebten, dachten und empfanden doch anders als wir". Eine wichtige Strömung in der Geschichte der Biographie im Anschluß an den Untersuchungszeitraum, die sogenannte "Historischen Belletristik" während der Weimarer Republik,[36] ist allerdings ein Beispiel dafür, wie diese fruchtbare Spannung durch die Überbetonung einer Seite, nämlich des "Menschlich-Allzumenschlichen", aufgehoben wird.[37] Es geht nicht darum, die Mannigfaltigkeit historischer Individuen und ihrer Lebenswelten in zeitlose Allerweltsindividu-

---

[32] Vgl. Isaiah BERLIN: Giambattista Vico und die Kulturgeschichte, in: ders.: Das krumme Holz der Humanität. Kapitel der Ideengeschichte, hg. v. Henry Hardy, Frankfurt a. M. 1992 (org.: London 1990), S. 72-96, hier: 87.

[33] Die Rede vom Allgemein-Menschlichen soll nicht verdecken, daß wir heute von der "Historizität des Anthropologischen" auszugehen haben (Thomas Nipperdey: Die anthropologische Dimension der Geschichtswissenschaft, in: Gerhard SCHULZE [Hg.]: Geschichte heute. Positionen, Tendenzen, Probleme, Göttingen 1973, S. 225-248, hier: S. 227). Dieses Allgemein-Menschliche, das allen Menschen aller Zeiten gemeinsam ist, beschränkt sich somit auf die einigen wenigen, dafür um so fundamentaleren Eigenschaften, die Menschen zum Menschen machen. Aus Sicht einer philosophischen Anthropologie ist damit vor allem die Eigenschaft der Personalität oder Subjektivität angesprochen. Der Kern des Allgemein-Menschlichen am Menschen ist sein Ich-Bewußtsein und die damit verbundene Unterscheidung von seiner Umwelt. Die für den Historismus so zentrale Theorie des Verstehens, des Hinein-Versetzens beruht eben darauf, daß der Historiker anders als der Naturwissenschaftler als Objekte Gegenstände vor sich hat, die ebensosehr Subjekt sind wie er selbst.

[34] Vgl. zu den methodologischen Problemen der Rekonstruktion der Fremdheit vergangener Lebenswelten SIEDER: Sozialgeschichte auf dem Weg zu einer historischen Kulturwissenschaft?, S. 460f.; DANTO: Analytische Philosophie der Geschichte, S. 407-425. Zu dem grundsätzlichen Wert der historischen Beschäftigung mit der Fremdheit vergangener Lebenswelten vgl. die überzeugenden Überlegungen bei Thomas NIPPERDEY: Über Relevanz, in: Dietrich KURZE (Hg.): Aus Theorie und Praxis der Geschichtswissenschaft. FS Hans HERZFELD (= Veröffentlichungen der Historischen Kommission zu Berlin, Bd. 37), Berlin/New York 1972, S. 1-26, hier: S. 23f.

[35] DANTO: Analytische Philosophie der Geschichte, S. 418.

[36] Vgl. GRADMANN: Historische Belletristik; SCHEUER: Biographie, S. 151-230, bes. S. 182-189.

[37] Vgl. die knappe aber treffende Kritik bei: SCHEUER: Biographie, in: BERGMANN u.a. (Hgg.): Handbuch der Geschichtsdidaktik, S. 202.

en und -kulissen aufzulösen, sondern darum, das Allgemein-Menschliche als Brücke zum Historisch-Menschlichen in seiner Fremdheit und Verwandtheit zu benutzen.

3. Abschließend soll der Blick noch einmal auf die oben skizzierte Darstellungsleistung des Herausstellens der Rolle des Individuums in der Geschichte gerichtet werden. Isoliert man diese von den anderen, dazu komplementären Darstellungsleistungen, die die Bedeutsamkeit überindividueller Strukturen und Kräfte betreffen, so ist man schnell bei dem oft zu hörenden Vorwurf, biographische Geschichtsschreibung gehe mit einer einseitigen individualistischen Geschichtsauffassung einher. Das historische Interpretationsmuster dieser Darstellungsform führt jedoch nicht nur zu einer Herausstellung, sondern auch zu einer Relativierung und Rationalisierung des Phänomens "Individuum" in der Geschichte. Um diese These zu begründen, wird die Darstellungsstruktur der integrativen syntagmatischen Biographie, die im Abschnitt über Rankes Biographiekonzeption skizziert worden ist, aufgegriffen, verallgemeinert - unter Bezugnahme auf die im Hauptteil analysierten Biographien - und anschließend auf ihre relativierenden und rationalisierenden Potentiale untersucht.

Die Darstellungsstruktur der integrativen syntagmatischen Biographie umfaßt folgende Darstellungsteile: die Geschichte der Krise bis zu dem Zeitpunkt, in dem das Individuum eingreift (*monographische Vorgeschichte*); die Geschichte des Individuums bis zu eben diesem Zeitpunkt (*biographische Vorgeschichte*) und schließlich die dann beginnende Geschichte ihrer Wechselwirkung (*bio-monographische Tätigkeitsgeschichte*).

Der Mittelpunkt dieser Darstellungsstruktur ist der Zeitpunkt des Zusammentreffens von Individuum und geschichtlicher Bewegung. Er wird hier *Integrationspunkt* genannt. Die "geheimnißvolle Verrechnung" von "Zeit und Mensch", von der Jacob Burckhardt spricht,[38] konzentriert sich in diesem Moment. Das sprichwörtliche Überschreiten des Rubikon durch Cäsar, der (wahrscheinlich legendäre) Anschlag der 95 Thesen bei Luther, der Angriff Friedrichs II. von Preußen auf Schlesien - der Integrationspunkt symbolisiert den Eintritt dieser Individuen in die Weltgeschichte. (Und nur in dieser symbolischen Zuspitzung erweisen sich diese Ereignisse als mathematischer Punkt - in Wirklichkeit sind sie der Höhepunkt einer Annäherungskurve). Der Integrationspunkt markiert auch die Stelle, wo biographische und monographische Historie[39] ineinander übergehen. Idealtypisch formuliert: In biographischer Historie ist der Integrationspunkt die Stelle, an welcher die biographische Erzählung innehalten muß, um die (monogra-

---

[38] BURCKHARDT: Über das Studium der Geschichte, S. 380.
[39] Gemeint sind größere monographische Darstellungsformen wie die Epochenmonographie (Beispiel: RANKE: Deutsche Geschichte im Zeitalter der Reformation) oder Monographien, die die Geschichte eines Landes, Staates oder Volkes behandeln (Beispiele: MOMMSEN: Römische Geschichte oder WEHLERS "Deutsche Gesellschaftsgeschichte"). Vgl. SCHIEDER: Die Darstellungsformen der Geschichtswissenschaft, S. 134-137.

phische) Erzählung der historischen Situation und ihrer Genese einzufügen. Marcks unterbricht die Schilderung von Colignys Lebensweg in dem Moment, als dieser sich anschickt, als Führer der Hugenotten hervorzutreten, um zunächst die staatlichen und gesellschaftlichen Zustände Frankreichs und die Entwicklung des Protestantismus nachzuzeichnen. Die Biographie im engeren Sinne ruht gewissermaßen solange bis die Genese der historischen Situation, an der Colignys geschichtliches Wirken anhebt, geschildert worden ist. In monographischer Historie markiert der Integrationspunkt die Stelle, wo die allgemeingeschichtliche Darstellung innehalten muß, um die Biographie des Individuums nachzuholen, das im folgenden im Mittelpunkt der Erzählung steht - im Hauptteil ist dies ausführlich anhand von Rankes "Deutsche Geschichte im Zeitalter der Reformation" analysiert worden. Der Integrationspunkt zeigt den Moment an, ab dem biographische Historie auch monographisch und monographische Historie auch biographisch wird. Man kann auch formulieren: Monographische und biographische Historie besitzen, insofern sie beide das gleiche Thema haben, eine komplementäre Darstellungsstruktur, in der die einzelnen Teilgeschichten verschieden gewichtet werden: In Rankes "Deutscher Geschichte" umfaßt die Jugendbiographie Luthers nur vier Seiten (von insgesamt über 2300); in Max Lenz' Luther-Biographie umfaßt dagegen die einleitende monographische Schilderung der "deutschen Zustände" nur 29 Seiten (von 224).

Die *monographische Vorgeschichte* fällt innerhalb der syntagmatischen Biographie zumeist knapp aus, ist aber als unentbehrlich anzusehen. Hier wird die Sache, um die es geht, das historische Problem, mit dem dies Leben verknüpft ist, vorgestellt. Hier entwickelt der Historiker die Perspektive, in welcher er dies Individuum gestellt sehen möchte. Ob eine Biographie die Qualität biographischer *Historie* hat, entscheidet sich zunächst in diesem nicht-biographischen Teil. Eine historische Biographie Alexanders des Großen *muß* den Zustand der griechischen und persischen Welt als Ausgangspunkt von Alexanders Unternehmungen schildern, eine historische Biographie Cäsars *muß* auf die Krise der späten römischen Republik eingehen, eine historische Biographie Luthers *muß* den Leser über Zustand der mittelalterlichen Kirche und Gesellschaft aufklären - erst damit ist die historisch syntagmatische Perspektive auf diese Individuen gewonnen. Das geschichtlich Allgemeine tritt dabei in zwei Gestalten auf: Es ist zum einen der historische Prozeß, die konfliktgeladene Krise, die dem Individuum seine historische Aufgabe bereithält. Es ist zum anderen das sozioökonomische Bedingungsgefüge, der Zustand der Gesellschaft, die materiellen und geistigen Ressourcen, das Handeln des Individuums ermöglichen und determinieren. In Marcks Coligny-Biographie finden sich diese beide Formen in zwei getrennten Kapiteln: Das Kapitel über "Frankreichs staatliche und gesellschaftliche Zustände" schildert in erster Linie das sozioökonomische

Bedingungsgefüge, das Kapitel "Frankreich und Calvinismus bis 1559" erzählt die Genese der Krise, die schließlich in den religiösen Bürgerkrieg mündet.

Die *biographische Vorgeschichte* hat das eigentlich Biographische zum Inhalt. Die Erwartungshaltung des Lesers, in einer Biographie etwas über Vorfahren, Geburt, Kindheit und erste Eindrücke, nähere und weitere Lebensumstände, Welterfahrungen und Bildungserlebnisse zu erfahren, wird hier erfüllt. Es gibt jedoch einen wichtigen Unterschied zur Jugendgeschichte in einer personalen Biographie, etwa zum geschilderten Goetheschen Modell. Goethe geht es um die Herausbildung einer "Welt- und Menschenansicht" als solche, diese ist für sich das Erkenntnisziel der Biographie. In der biographischen Vorgeschichte innerhalb einer syntagmatischen Biographie geht es hingegen darum zu zeigen, welche Einflüsse und individuellen Anlagen das Vermögen einer Persönlichkeit zur Übernahme der historischen Aufgabe herangebildet haben. Mit anderen Worten: Die biographische Vorgeschichte wird im Hinblick auf den Integrationspunkt geschrieben. Bei der Schilderung des Bildungsgangs Lassalles interessiert sich Hermann Oncken weniger für dessen hauptsächlich in philosophiegeschichtlicher Hinsicht bedeutende Arbeiten (etwa für seine Doktorarbeit über Heraklit) als für diejenigen Schriften, in denen er seine politisch bedeutenden staats- und gesellschaftstheoretischen Ansichten entwickelt (zum Beispiel das "System der erworbenen Rechte"). Die Kausalrichtung der biographischen Vorgeschichte ist vorwiegend durch die *Einwirkung des Geschichtlichen auf das Individuum* bestimmt, vermittelt durch die Besonderheiten seiner näheren Umgebung. Die Männer, die Geschichte machen sollen, schrieb Franz Mehring im Hinblick auf Treitschkes Diktum, müssen erst von der Geschichte gemacht werden.[40] Bismarcks Eltern, der Vater als Verkörperung des junkerlich-landadeligen Preußen und die Mutter als eine von der aufgeklärten Reformbürokratie geprägte Persönlichkeit, werden von Marcks eingehend hinsichtlich ihrer Prägewirkung auf den jungen Bismarck untersucht. Durch das Interesse an der Herausbildung der Persönlichkeit rechtfertigt sich die Behandlung anscheinend geringfügiger Ereignisse und privater Verhältnisse. Des Kronprinzen Friedrich Auseinandersetzung mit seinem Vater liefert nicht nur dem Psychoanalytiker ein äußerst heftiges Beispiel für einen Vater-Sohn-Konflikt,[41] sondern interessiert auch einen Historiker wie Reinhold Koser als ein Vorkommnis, das den Charakter des späteren Königs nachhaltig prägt. Kann man in der monographischen Vorgeschichte den Darstellungsteil sehen, der eine Biographie zur biographischen Historie qualifiziert, so liegt die Bedeutung der biographischen Vorge-

---

[40] Franz MEHRING: in: Die Neue Zeit. Revue des geistigen und öffentlichen Lebens, Jg. 32, Heft 2, 1905, S. 362, zitiert nach: Walter KUMPMANN: Franz Mehring als Vertreter des Historischen Materialismus, Wiesbaden 1966, S. 113.

[41] Vgl. Ernst LEWY: The Transformation of Frederick the Great. A Psychoanalytic Study, in: The Psychoanalytic Study of Society 4(1967), S. 252-311.

schichte darin, daß sie derjenige Teil ist, welcher die besondere Stellung biographischer Historie innerhalb der historischen Darstellungsformen begründet: *Eine wichtige Dimension, die die Historie der syntagmatischen Biographie verdankt, ist das Begreifen der herausragenden Persönlichkeiten als historisch Geworden.* Der Faktor des Individuellen wird nicht einfach nur in Rechnung gestellt (indem etwa vom Anteil Bismarcks an der Reichsgründung oder dem Anteil Luthers an der Reformation gesprochen wird), sondern selber historisch untersucht. Monographische Historie muß das Individuum vielfach als etwas Gegebenes annehmen, für biographische Historie ist das Individuum dagegen eine zunächst unbekannte Größe, ein X, dessen Ergründung erst das Ziel der Darstellung ist.

Monographische und biographische Vorgeschichte fließen im Integrationspunkt zusammen und es beginnt die *bio-monographische Tätigkeitsgeschichte*. Diese Bezeichnung soll den eigentümlichen Doppelcharakter verdeutlichen, den dieser Teil syntagmatischer Biographik besitzt. Indem die Lebensgeschichte des Individuums weiter verfolgt wird, ist diese Teilgeschichte biographisch; indem die Geschichte des in der monographischen Vorgeschichte angerissenen historischen Ereignis- und Problemkomplexes fortgesetzt wird, ist er zugleich monographisch. Das verbindende Element zwischen beiden Ebenen bilden die *historisch relevanten Handlungen* des Individuums. Die Entscheidung Bismarcks, sich dem preußischen König als "Konfliktminister" zur Verfügung zu stellen, ist sowohl ein Ereignis seiner Biographie als auch der Geschichte der Reichsgründung. Zugleich bilden das Biographische und das Monographische die beiden komplementären Blickwinkel, aus denen das sie Verbindende, die historische Handlung, betrachtet wird: Die *biographische Perspektive* beleuchtet die persönliche Situation, die subjektive Vorstellungswelt, die die Handlung des Individuums motiviert. Dabei geht es nicht nur um eine Benennung der Intentionen, sondern um das Begreifen der Intentionen aus der Lebensgeschichte des Individuums heraus. Die *monographische Perspektive* klärt die strukturellen und ereignisgeschichtlichen Rahmenbedingungen der Handlung. Die Handlung erfolgt in einem Raum sie behindernder und fördernder Handlungen anderer Individuen und überpersonaler "Strukturen" und "Kräfte". Die historische Wirkung einer Handlung ist bekanntlich nie deckungsgleich mit der Intention des Individuums. "Denn was jeder einzelne will", meint der alte Friedrich Engels, "wird von jedem andern verhindert, und was herauskommt, ist etwas, das keiner gewollt hat."[42] Die historische Handlung ist ihrerseits das Kriterium, mit deren Hilfe sich das aus dem Fundus der biographischen und monographischen Tatsachen auswählen läßt, was sich zur Einheit der bio-monographischen Tätigkeitsgeschichte fügen läßt. "Geschichte" wird zwar immer erlebt, aber ein Individuum handelt nicht ununterbro-

---

[42] Friedrich Engels an Joseph Bloch, 21.9.1890, in: MEW, Bd. 37, S. 462-465, hier: S. 464.

chen geschichtlich; das biographische Material besteht nur zum kleineren Teil aus historischen Handlungen. In der historiographischen Praxis kann dies dazu führen, daß eine syntagmatische Biographie sich in einen öffentlich-historischen und einen privaten Teil aufspaltet. In der dokumentarischen Monumentalbiographik Mitte des 19. Jahrhunderts ist es beispielsweise üblich gewesen, zunächst die historisch bedeutenden, "offiziellen" Handlungen des Individuums zu schildern und dann am Ende der Kapitel Nachrichten über die Familienverhältnisse anzufügen und zahlreiche persönliche Dokumente (vor allem Briefe) abzudrucken. Diese Vorgehensweise verfehlt genauso die anzustrebende bio-monographische Einheit wie Biographien, die über der ausführlichen Schilderung von monographischen Zusammenhängen das Individuum als integrierenden Mittelpunkt aus den Augen verlieren - ein Problem, das man bei den Stein- und Scharnhorstbiographien Lehmanns und den Biographien über Oranien und Coligny beobachten konnte. Die historische Handlung ist auch das Kriterium für die Auswahl der Fakten und Themen aus dem historisch-monographischen Stoff: Nicht alles aus einer geschichtlichen Wirklichkeit läßt sich gleichermaßen problemlos und unmittelbar auf ein Individuum und seine Handlungen beziehen. Bestimmte Bereiche werden als Gegenstand oder Bedingung der Tätigkeit fokussiert und auf diese Weise in eine Erkenntnisperspektive gerückt, andere Bereiche müssen schwach beleuchtet bleiben, weil sie sich nicht oder kaum auf diese beziehen lassen. Deshalb kann man sagen: Eine Biographie Bismarcks ist für das Verständnis der neueren deutschen Geschichte unverzichtbar und durch nichts zu ersetzen, aber ebenso notwendig ist sie ergänzungsbedürftig durch monographische Darstellungsformen, die auch diejenigen Zusammenhänge beleuchten, die in einer Biographie des Reichsgründers zu kurz kommen müssen.[43]

Die hier idealtypisch analysierte Darstellungsstruktur der integrativen syntagmatischen Biographie läßt ein *historisches Interpretationsmuster* deutlich werden, das zu dem immer wieder zu hörenden Vorwurf, biographische Geschichtsschreibung gehe einher mit der Überschätzung der Rolle der Individuen in der Geschichte,[44] in deutlichem Kontrast steht. Richtig ist, daß biographische Geschichtsschreibung die historische

---

[43] Wenn Hans-Ulrich WEHLER an Lothar GALLS Bismarck-Biographie kritisiert, daß die mächtigen Zeittendenzen, die Bismarcks Politik getragen und determiniert haben, "nebulös" und "verschwommen" bleiben, so ist das zum einen als berechtigte Einforderung monographischer Analyse innerhalb historischer Biographik zu werten, zum anderen aber auch als Überschätzung der monographischen Kapazität dieser Darstellungsform. Eine Bismarck-Biographie kann eine "Deutsche Gesellschaftsgeschichte" über den entsprechenden Zeitraum nicht ersetzen (und umgekehrt). Vgl. WEHLER: Galls "Bismarck". Vorzüge, Grenzen und Rezeption einer Biographie, in: Gd 2(1981), S. 205-212, hier: S. 208; vgl. im gleichen Tenor: Jürgen KOCKA: Bismarck-Biographien, in: GG 7(1981), S. 572-581, bes. S. 577-579.

[44] So meint etwa Hans-Jörg BERLEPSCH, die traditionelle Geschichtsschreibung sei "apriori biographisch" gewesen, "weil sie allein den großen historischen Persönlichkeiten historische Gestaltungskraft zuschrieb." (Die Wiederentdeckung des "wirklichen Menschen" in der Geschichte. Neue biographische Literatur, in: Archiv für Sozialgeschichte, 29[1989], S. 488-510, hier: S. 492); Vgl. HAMEROW: Die Kunst der historischen Biographie, S. 30.

Erkenntnisperspektive auf ein Individuum *fokussiert* und daß - trivial, aber wichtig - eine Biographie nicht alle Fragen lösen kann, die ein Historiker an eine Epoche oder ein historisches Phänomen stellen kann. Falsch ist, daß diese Fokussierung notwendig mit der Überschätzung des Individuums einhergeht. Vielmehr tendiert die syntagmatische historische Biographie - wie schon Lamprecht bemerkte - dank der skizzierten Darstellungsstruktur dazu, das historische Individuum zu relativieren und als historisches Phänomen zu rationalisieren. Dies ist selbst dann der Fall, wenn die Biographen ihrem Gegenstand unkritisch und enthusiastisch gegenüberstehen - wie in dem Abschnitt über die Bismarck-Biographien gezeigt worden ist. Jede der oben vorgestellten Teilgeschichten beinhaltet ein spezifisches Relativierungs- und Rationalisierungspotential. Die *monographische Vorgeschichte* schildert Verhältnisse und Prozesse, die dem historischen Handeln der Individuen als Bedingungen vorausgehen. Das historische Individuum wird damit als relativ zu dem historischen Prozeß, dem es seinen "Aufstieg" verdankt, betrachtet. Wesentliche inhaltliche Elemente und Möglichkeiten seines Handelns werden als gegeben dargestellt. Das Individuum erscheint als ein hinzukommender zweiter, wenngleich notwendiger Faktor. In der *biographischen Vorgeschichte* steht die Historisierung der Persönlichkeit des Individuums im Mittelpunkt. Sie macht deutlich, daß auch das "große Individuum" kein vom Himmel gefallenes Genie der Geschichte ist, sondern ein "Sohn seiner Zeit", dessen Entwicklung "in den Zeitverhältnissen" verstanden werden muß. Mythologisierungen und Stilisierungen, etwa in Gestalt populärer Anekdoten und Legenden (wie besonders bei Bismarck verbreitet) werden - selbst bei einem enthusiastischen Bismarck-Verehrer wie Marcks - als Fälschungen oder Übertreibungen entlarvt. Die *bio-monographische Tätigkeitsgeschichte* orientiert sich an den historischen Handlungen des Individuums. Diese ist zum einen als dritter Teil der biographischen Historie von den ersten beiden Teilen, der monographischen und biographischen Vorgeschichte, in mancher Hinsicht vorbestimmt. Sowohl Handlungsinhalte und -möglichkeiten als auch individuelle Handlungsdispositionen sind durch diese vorgegeben. Zum anderen schildert sie die Handlungen des Individuums in der Abfolge der Situationen, unterstützt, begrenzt, durchkreuzt und relativiert durch das Handeln anderer Individuen und überpersonaler Strukturen. Alles in allem ist die syntagmatische Biographie als diejenige historische Darstellungsform anzusehen, die sowohl die Bedeutung der Einzelpersönlichkeit zu ergründen als auch ihre historische Relativierung und Rationalisierung zu leisten vermag.

Die Biographie ist eine Erscheinungsweise der historischen Vernunft. Diese in ihrer historischen Genese zu verfolgen und Ansätze zu ihrer theoretischen Beschreibung zu entwickeln, ist der Zweck dieser Arbeit gewesen. Es zeigte sich eine Vernunft, die nicht ohne Grenzen und Gefahren, aber schließlich unentbehrlich ist.

F. Anhang: Verzeichnis der mehrfach benutzten Quellen und Literatur

I. Quellen

1. Biographien, biographische Zeitschriften und sonstige Geschichtsschreibung

BAUMGARTEN, Hermann: Geschichte Karls V., 3 Bde., Stuttgart 1885/86-88/92

BEUMANN, Helmut (Hg.): Kaisergestalten des Mittelalters, München ³1991

Der Biograph. Darstellungen merkwürdiger Menschen der drey letzten Jahrhunderte, Halle/Berlin, 1802-1809

BOOCKMANN, Hartmut: Fürsten, Bürger, Edelleute. Lebensbilder aus dem späten Mittelalter, München 1994

BÖTTIGER, K. W.: Weltgeschichte in Biographieen [sic!], 8 Bde., Berlin 1839-44

BUCHNER, Rudolf (Hg.): Lebensbeschreibungen einiger Bischöfe des 10.-12. Jahrhunderts, übersetzt v. Hatto KALLFELZ (= FSGA, Ausgewählte Quellen zur deutschen Geschichte des Mittelalters, Bd. 12), Darmstadt 1973

DELBRÜCK, Hans: Das Leben des Feldmarschalls Grafen Neithardt von Gneisenau, 2 Bde., Berlin 1882

DILTHEY, Wilhelm: Leben Schleiermachers, 1 Bd. (zuerst: 1867/1870), hg. v. Martin REDEKER in zwei Halbbänden (= Gesammelte Schriften, Bde. 13/14), Berlin 1966; 2. Bd., hg. aus dem Nachlaß v. Martin REDEKER in zwei Halbbänden, Berlin 1966

DROYSEN, Johann Gustav: Geschichte Alexanders des Großen, Berlin 1833, Gotha ³1880 (= Geschichte des Hellenismus, Bd. 1), ND, hg. v. Erich BAYER, Tübingen 1952

DROYSEN, Johann Gustav: Das Leben des Feldmarschalls Grafen York von Wartenburg, 3 Bde., Berlin 1851/52, ¹¹1913

DROYSEN, Gustav: Bernhard von Weimar, 2 Bde., Leipzig 1885

FEST, Joachim C.: Hitler. Eine Biographie, Berlin/Frankfurt a. M. 1973, ND Berlin/Frankfurt a. M. 1995

FORSTER, Georg: Cook der Entdecker (zuerst: 1787), in: ders.: Werke in vier Bänden, Bd. 2, hg. v. Gerhard STEINER, Frankfurt a. M. 1969, S. 103-224

GALL, Lothar: Bismarck. Der weiße Revolutionär, Frankfurt a. M. 1980

GALL, Lothar: Bürgertum in Deutschland, Berlin 1989

GEISS, Immanuel: Geschichte griffbereit, Bd. 2: Personen. Die biographische Dimension der Weltgeschichte, Reinbek bei Hamburg 1979

GOETHE, Johann Wolfgang: Aus meinem Leben. Dichtung und Wahrheit (zuerst:1811/14), in: ders.: SWnEsS, Bd. 16

GOEZ, Werner: Gestalten des Hochmittelalters. Personengeschichtliche Essays im allgemeinhistorischen Kontext, Darmstadt 1983

GOTHEIN, Eberhard: Ignatius von Loyola und die Gegenreformation, Halle 1895

HANSEN, Joseph: Gustav von Mevissen. Ein rheinisches Lebensbild 1815-1899, 2 Bde., Berlin 1906

HAYM, Rudolf: Hegel und seine Zeit. Vorlesungen über die Entstehung und Entwicklung, Wesen und Werth der Hegel'schen Philosophie, Berlin 1857, ND Darmstadt 1974

HEGEWISCH, Dietrich Hermann: Versuch einer Geschichte Kayser Karls des Großen, Leipzig 1777

HERDER, Johann Gottfried: Sämtliche Werke, 33 Bde., hg. v. Bernd SUPHAN, Berlin 1877-1913, ND Hildesheim 1967

HERDER, Johann Gottfried: Adrastea, Leipzig 1801-1803, in: ders.: Sämtliche Werke, Bde. 23/24

HURTER, Friedrich Emmanuel: Geschichte Papst Innocenz des Dritten und seiner Zeitgenossen, 4 Bde., Hamburg 1834-42

JENISCH, Daniel: Lebens-Beschreibung Karls des Großen [1796], angehängt an: ders.: Theorie der Lebensbeschreibung, Berlin 1802

KLIPPEL, Georg H.: Das Leben des Generals von Scharnhorst, 3 Bde., Leipzig 1869-71

KOSER, Reinhold: Friedrich der Große als Kronprinz, Stuttgart 1886

KOSER, Reinhold: Geschichte Friedrichs des Großen, 2 Bde., Stuttgart 1893/1903

KOSER, Reinhold: König Friedrich der Große, 4 Bde., Stuttgart/Berlin 1912-14, ND Darmstadt 1974

LE GOFF, Jacques: Saint Louis, Paris 1996

LEHMANN, Max: Scharnhorst, 2 Bde., Leipzig 1886/87

LEHMANN, Max: Freiherr v. Stein, 3 Bde., Leipzig 1902/03/05

LENZ, Max: Martin Luther. FS der Stadt Berlin zum 10. November 1883, Berlin ^{1}1883, ^{2}1883, ^{3}1897

LENZ, Max: Geschichte Bismarcks, Leipzig ^{1}1902, München/Leipzig ^{4}1913

MANN, Golo: Wallenstein, Frankfurt a. M. 1971

MARCKS, Erich: Gaspard von Coligny. Sein Leben und das Frankreich seiner Zeit, 1. Bd., 1. Hälfte, Stuttgart 1892

MARCKS, Erich: Königin Elisabeth von England und ihre Zeit (= Monographien zur Weltgeschichte, Bd. 2), Bielefeld/Leipzig ^{1}1897, ^{2}1926, Stuttgart ^{3}1951

MARCKS, Erich: Bismarck. Eine Biographie, 1. Bd.: Bismarcks Jugend 1815-1848, Stuttgart/Berlin ^{1}1909, Stuttgart ^{21}1951 (um den nachgelassenen Band "Bismarck und die deutsche Revolution 1848-1851" erweiterte Auflage)

MARCKS, Erich: Otto von Bismarck. Ein Lebensbild, Stuttgart/Berlin ¹1915, ²³1946

MAYER, Gustav: Johann Baptist von Schweitzer und die Sozialdemokratie. Ein Beitrag zur Geschichte der deutschen Arbeiterbewegung, Jena 1909, ND Glashütten 1970

MAYER, Gustav: Friedrich Engels. Eine Biographie, 1. Bd.: Friedrich Engels in seiner Frühzeit, Berlin ¹1919, Haag ²1934; 2. Bd.: Engels und der Aufstieg der Arbeiterbewegung in Europa, Haag 1934

MEINECKE, Friedrich: Das Leben des Generalfeldmarschalls Hermann von Boyen, 2 Bde., Stuttgart 1896/99

MEHRING, Franz: Karl Marx. Geschichte seines Lebens, Leipzig 1918

MORE, Thomas: History of Richard III, in: The Complete Works of St. Thomas More, Bd. 2, hg. v. Richard S. SYLVESTER, New Haven/London 1963

MORUS, Thomas: Die Geschichte König Richards III., übersetzt, eingeleitet u. kommentiert v. Hans P. HEINRICH (= Werke, Bd. 3), München 1984

ONCKEN, Hermann: Lassalle, Stuttgart ¹1904 (= Politiker und Nationalökonomen, Bd. 2), ²1912, Stuttgart/Berlin ³1920 (mit Untertitel: Eine politische Biographie), ⁴1923, ⁵1966, hg. v. Felix HIRSCH (neuer Untertitel: "Zwischen Marx und Bismarck")

PERTZ, Georg Heinrich: Das Leben des Ministers Freiherrn vom Stein, 6 Bde., Berlin 1849-1855

PERTZ, Georg Heinrich: Das Leben des Feldmarschalls Grafen Neithardt von Gneisenau, 3 Bde., Berlin 1864-69, Bde. 4-5, hg. v. Hans DELBRÜCK, Berlin 1880

PLUTARCH: Große Griechen und Römer, eingeleitet und übersetzt v. Konrat ZIEGLER, 6 Bde., Zürich/München ²1979; weitere Ausgabe: Von großen Griechen und Römern, übersetzt von Konrat ZIEGLER und Walter WUHRMANN, München 1991

POESCHEL, Johannes: Eine Erzgebirgische Gelehrtenfamilie. Ein Beitrag zur Kulturgeschichte des 17. Jahrhunderts, Leipzig 1883

PREUß, Johann D.: Friedrich der Große. Eine Lebensgeschichte, 5 Bde., Berlin 1832-34, ND Osnabrück 1981

PUFENDORF, Samuel: De Rebus Gestis Fréderici Wilhelmi Magni Electoris Brandenburgici Commentatorium Libri XIX, Berlin 1695

PUFENDORF, Samuel: Friedrich Wilhelms des grossen Chur-Fürstens zu Brandenburg Leben und Thaten, Berlin/Frankfurt 1710

RACHFAHL, Felix: Wilhelm von Oranien und der niederländische Aufstand, 3 Bde., Halle 1906/1907/1908 (Bde. 1, 2/1, 2/2) und Haag 1924 (Bd. 3)

RANKE, Leopold von: Deutsche Geschichte im Zeitalter der Reformation, 5 Bde., Berlin ¹1839-43, Leipzig ⁷1894

RANKE, Leopold von: Geschichte Wallensteins, Leipzig 1869, ²1870; gekürzter ND, hg. v. Hellmut DIWALD, Düsseldorf 1967

RITTER, Gerhard: Die Neugestaltung Europas im 16. Jahrhundert, Berlin 1950

ROBERTSON, William: The History of the Reign of the Emperor Charles the Fifth, 3 Bde., London 1769, weitere Ausgabe: The History [...]. With an Account of The Emperor's life after his Abdication by William PRESCOTT, hg. v. Wilfred H. MUNRO, 4 Bde. (= The Works of William H. PRESCOTT, Bde. 12-15), New York 1904, ND New York 1968

SCHROECKH, Johann Matthias: Allgemeine Biographie, 8 Bde., Berlin 1767-91

STRAUß, David Friedrich: Christian Märklin. Ein Lebens- und Charakterbild aus der Gegenwart, Mannheim 1851

SUETON: Kaiserbiographien. Lateinisch und Deutsch, hg. und übersetzt v. Otto WITTSTOCK (= Schriften und Quellen der Alten Welt, Bd. 39), Berlin 1993

TACITUS: Das Leben des Iulius Agricola. Lateinisch und Deutsch, hg. und übersetzt v. Rudolf TILL (= Schriften und Quellen der Alten Welt, Bd. 8), Berlin(-Ost) ^{5}1988, weitere Ausgabe: Agricola, hg. und übersetzt von Robert FEGER, Stuttgart 1990

TREITSCHKE, Heinrich v.: Samuel Pufendorf, in: PrJb 35(1875), S. 614ff., wiederabgedruckt in: ders.: Historische und politische Aufsätze, 4. Bd.: Biographische und historische Abhandlungen, vornehmlich aus der neueren deutschen Geschichte, Leipzig 1897, S. 202-303

VARNHAGEN, von Ense: Biographische Denkmale, 5 Bde., Berlin ^{1}1824-30, ^{2}1845/46

VOLTAIRE: Histoire de Charles XII Roi de Suède (zuerst: 1731), in: ders.: Oeuvre historique, Bd. 1, hg. und eingeleitet v. Réne POMEAU, Paris 1957, S. 53-278

WENZEL, Horst (Hg.): Die Autobiographie des späten Mittelalters und der frühen Neuzeit, 2 Bde. (= Spätmittelalterliche Texte, hg. v. Thomas CRAMER, Bde. 3 u. 4), München 1980

2. Quellen zur Biographie- und Geschichtstheorie

ABBT, Thomas: 161. Brief: Allgemeine Erfordernisse der Schreibart eines Biographen, die Herr P. nie gekannt hat, in: Briefe, die Neueste Litteratur betreffend 10(1761), S. 211-214

ABBT, Thomas: 211. Brief, Nachschrift: Nuetzliche Regeln für Biographen, aus dem Rambler, in: Briefe, die Neueste Litteratur betreffend 13(1762), S. 51-60

BAUER, Wilhelm: Einführung in das Studium der Geschichte, Tübingen ^{1}1921, Wien ^{2}1928, ND Frankfurt a. M. 1961

BELOW, Georg v.: Die neue historische Methode, in: HZ 81(1898), S. 193-273

BERNHEIM, Ernst: Lehrbuch der Historischen Methode und der Geschichtsphilosophie. Mit Nachweis der wichtigsten Quellen und Hülfsmittel zum Studium der Geschichte, Leipzig $^{5-6}$1908 (1. Auflage, Leipzig 1889, unter dem Titel: Lehrbuch der Historischen Methode, ND New York 1960)

BLANKE, Horst Walter/Dirk FLEISCHER (Hgg.): Theoretiker der deutschen Aufklärungshistorie, 2 Bde. (= Fundamenta Historica, hg. v. Georg G. IGGERS u.a., Bde. 1/2), Stuttgart-Bad Cannstadt 1990

BRANDENBURG, Erich: Zum älteren deutschen Parteiwesen, in: HZ 119(1919), S. 63-84

Briefe, die Neueste Litteratur betreffend, hg. v. Friedrich NICOLAI/Gotthold Ephraim LESSING/Moses MENDELSSOHN, Berlin 1759-1765, ND Hildesheim/New York 1974

BRUGMANS, H.: [Rez.: Rachfahl: Wilhelm von Oranien, Bd. 1], in: HZ 100(1908), S. 153-156

BURCKHARDT, Jacob: Über das Studium der Geschichte. Der Text der "Weltgeschichtlichen Betrachtungen" auf Grund der Vorarbeiten von Ernst ZIEGLER nach den Handschriften hg. v. Peter GANZ, München 1982

DELBRÜCK, Hans: [Rez.: Lenz: Geschichte Bismarcks; Lehmann: Freiherr v. Stein], in: PrJb 109(1902), S. 337-339

DELBRÜCK, Hans: [Rez.: Oncken: Lassalle], in: PrJb 177(1904), S. 551-553

DELBRÜCK, Hans: Max Lehmanns Stein, in: PrJb 134(1908), S. 448-466

DELBRÜCK, Hans: [Rez.: Marcks: Otto v. Bismarck. Ein Lebensbild], in: PrJb 164(1916), S. 131-136

DILTHEY, Wilhelm: Der Aufbau der geschichtlichen Welt in den Geisteswissenschaften (zuerst: 1907-1910) (= Gesammelte Schriften, Bd. 7, hg. v. Bernhard GROETHUYSEN), Göttingen/Stuttgart ^{5}1968

DOVE, Alfred: Ranke's Verhältnis zur Biographie, in: BioBl 1(1895), S. 1-22

DREYHAUS, H.: [Rez.: Mehring: Karl Marx], in: FBPG 31(1919), S. 458-460

DROYSEN, Johann Gustav: Vorlesungen über die Geschichte der Freiheitskriege, 2 Theile, Kiel 1846

DROYSEN, Johann Gustav: Erhebung der Geschichte zum Rang einer Wissenschaft, in: HZ 9(1863), S. 1-22, wiederabgedruckt in: ders.: Historik. Historisch-kritische Ausgabe, S. 451-469

DROYSEN, Johann Gustav: BW, hg. v. Rudolf HÜBNER, 2 Bde., Stuttgart 1929, ND Osnabrück 1967 (= Deutsche Geschichtsquellen des 19. Jahrhunderts, hg. von der Historischen Kommission bei der Bayerischen Akademie der Wissenschaften, Bde. 25/26)

DROYSEN, Johann Gustav: Historik. Vorlesungen über Enzyklopädie und Methodologie der Geschichte, hg. v. Rudolf HÜBNER, München ^{1}1937, ^{6}1971

DROYSEN, Johann Gustav: Historik. Historisch-kritische Ausgabe, Bd. 1: Rekonstruktion der ersten vollständigen Fassung der Vorlesungen (1857). Grundriß der Historik in der ersten handschriftlichen (1857/58) und in der letzten gedruckten Fassung (1882), hg. v. Peter LEYH, Stuttgart/Bad Cannstadt 1977

EGELHAAF, G.: [Rez.: Brandenburg: Moritz von Sachsen], in: HZ 83(1899), S. 88-92

FESTER, R.: [Rez.: Lenz: Geschichte Bismarcks], in: HZ 93(1904), S. 121-125

GANS, Eduard: [Rez.: Biographische Denkmale von K. A. Varnhagen v. Ense], in: ders.: Vermischte Schriften, juristischen, historischen, staatswissenschaftlichen und ästhetischen Inhalts, 1. Bd., Berlin 1834, S. 224-236

GATTERER, Johann Christoph: Vom historischen Plan, und der darauf sind gründenden Zusammenfügung der Erzählungen, in: Allgemeine Historische Bibliothek, Bd. 1, Halle 1767, S. 15-89, wiederabgedruckt in: BLANKE/FLEISCHER (Hgg.): Theoretiker der deutschen Aufklärungshistorie, Bd. 2, S. 621-662

GERVINUS, Georg Gottfried: Grundzüge der Historik (zuerst: 1837), in: ders.: Schriften zur Literatur, hg. v. G. ERLER, Berlin(-Ost) 1962, S. 49-103

GOETHE, Johann Wolfgang: [Rez.: Bildnisse jetzt lebender Berliner Gelehrten, mit ihren Selbstbiographien, Berlin 1806], in: ders.: SWnEsS, Bd. 6.2, S. 622-625

GOETHE, Johann Wolfgang: Anhang zur Lebensbeschreibung des Benvenuto Cellini, Bezüglich auf Sitten, Kunst und Technik (zuerst: 1796-1803), in: SWnEsS, Bd. 7, 454-516

GOETHE, Johann Wolfgang: [Vorwort zu "Der junge Feldjäger", zuerst: 1824], in: ders.: SWnEsS, Bd. 13/1, S. 485-487

GOETHE, Johann Wolfgang: [Paralipomenon 40 zu "Dichtung und Wahrheit"], in: ders.: SWnEsS, Bd. 16, S. 861

GOTHEIN, Eberhard: Bismarcks Jugend [Rez.: Erich Marcks: Bismarck. Eine Biographie, 1. Bd.], in: HZ 104(1910), S. 322-340

GOTTSCHALL, Rudolf: Die Biographie der Neuzeit, in: Unserer Zeit. Deutsche Revue der Gegenwart, NF 1874, Teil 2, S. 577-593 und S. 657-677

GOTTSCHALL, Rudolf: Die deutsche Nationallitteratur des neunzehnten Jahrhunderts. Litterarhistorisch und kritisch dargestellt, 2. Bd., Breslau ^{7}1901

HEGEL, Georg Wilhelm Friedrich: Werke in 20 Bänden. Auf der Grundlage der "Werke" von 1832-1845 neu editierte Ausgabe. Redaktion Eva MOLDENHAUER und Karl Markus MICHEL, Frankfurt a. M. 1970/71

HEGEL, Georg Wilhelm Friedrich: Vorlesungen über die Philosophie der Geschichte, in: ders.: Werke, Bd. 12

HELBIG, K. G.: [Rez.: Ranke: Geschichte Wallensteins], in: HZ 22(1869), S. 915-202

HERDER, Johann Gottfried: Vom Erkennen und Empfinden der menschlichen Seele. Bemerkungen und Träume (zuerst: 1778), in: ders.: Sämtliche Werke, Bd. 8, S. 165-235

HINTZE, Otto: Soziologie und Geschichte. Gesammelte Abhandlungen zur Soziologie, Politik und Theorie der Geschichte, hg. v. Gerhard OESTREICH, (= Gesammelte Abhandlungen, Bd. 2) Göttingen 1964

HINTZE, Otto: Über individualistische und kollektivistische Geschichtsauffassung, in: HZ 78(1897), S. 60-67, wiederabgedruckt in: ders.: Soziologie und Geschichte, S. 315-322

HIRSCH, Julian: Die Genesis des Ruhmes. Ein Beitrag zur Methodenlehre der Geschichte, Leipzig 1914

JENISCH, Daniel: Theorie der Lebensbeschreibung, Berlin 1802

KANT, Immanuel: Schriften zur Geschichtsphilosophie, hg. v. Manfred RIEDEL, Stuttgart 1974

KESSLER, Eckhard: Theoretiker humanistischer Geschichtsschreibung. Nachdruck exemplarischer Texte aus dem 16. Jahrhundert, München 1971

LAMPRECHT, Karl: Alte und neue Richtungen in der Geschichtswissenschaft, Berlin 1896, wiederabgedruckt in: ders.: Ausgewählte Schriften, S. 173-256

LAMPRECHT, Karl: Was ist Kulturgeschichte? Beitrag zu einer empirischen Historik, in: Deutsche Zeitschrift für Geschichtswissenschaft, NF 1 (1896), S. 75-145, wiederabgedruckt in: ders.: Ausgewählte Schriften, S. 257-328

LAMPRECHT, Karl: Ausgewählte Schriften zur Wirtschafts- und Kulturgeschichte und zur Theorie der Geschichtswissenschaft, hg. v. Herbert SCHÖNEBAUM, Aalen 1974

LAMPRECHT, Karl: Alternative zu Ranke. Schriften zur Geschichtstheorie, hg. v. Hans SCHLEIER, Leipzig 1988

LENZ, Max: Lamprecht's Deutsche Geschichte, 5. Band, in: HZ 77(1896), S. 385-447

LENZ, Max: Kleine historische Schriften, 3 Bde., München/Berlin 1910-1922

LENZ, Max: Rankes biographische Kunst und die Aufgaben des Biographen (= Rede zur Gedächtnisfeier des Stifters der Berliner Universität, König Friedrich Wilhelm III., am 3. August 1912), Berlin 1912

MARCKS, Erich: Nach den Bismarcktagen. Eine biographische Betrachtung, in: BioBl 1(1895), S. 130-140

MARCKS, Erich: Männer und Zeiten. Aufsätze und Reden zur neueren Geschichte, 2 Bde., Leipzig 1911

MEINECKE, Friedrich: Nachruf auf Heinrich v. Sybel, in: HZ 75(1895), S. 390-395

MEINECKE, Friedrich: Erwiderung auf Karl Lamprecht, in: HZ 77(1896), S. 262-266

MEINECKE, Friedrich: [Rez.: Caspary: Ludolf Camphausens Leben], in: HZ 92(1904), S. 306-309

MEINECKE, Friedrich: [Rez.: Oncken: Lassalle], in: HZ 95(1905), S. 97-100

MEINECKE, Friedrich: [Rez.: Petersdorff: Kleist-Retzow], in: HZ 101(1908), S. 396-398

MEINECKE, Friedrich: Bismarcks Jugend, in: Die Neue Rundschau 20(1909), S. 1768ff., wiederabgedruckt in: ders.: Brandenburg. Preußen. Deutschland. Kleine Schriften zur Geschichte und Politik, hg. v. Eberhard KESSEL (= Werke, Bd. 9), Stuttgart 1979, S. 426-441

MEINECKE, Friedrich: Nachruf Alfred Dove, in: HZ 116(1916), S. 96-130, wiederabgedruckt in: ders.: Zur Geschichte der Geschichtsschreibung, S. 356-385

MEINECKE, Friedrich: Zur Geschichte des älteren deutschen Parteiwesens, in: HZ 118(1917), S. 46-62

MEINECKE, Friedrich: Zur Geschichte der Geschichtsschreibung, hg. v. Eberhard KESSEL (= Werke, Bd. 7), München 1968

MEYER, Eduard: Zur Theorie und Methodik der Geschichte, Halle 1902

MIRBT, Carl: Ignatius v. Loyola, in: HZ 80(1898), S. 43-74

NIETZSCHE, Friedrich: Vom Nutzen und Nachteil der Historie für das Leben (zuerst: 1874), in: ders.: Unzeitgemäße Betrachtungen (= Kröners Taschenausgabe, Bd. 71), Stuttgart ⁶1976, S. 95-196

N.N.: [Rez.: Hans Delbrück: Gneisenau], in: PrJb 50(1882), S. 640f.

ONCKEN, Hermann: Bismarck und sein Werk in der neuesten Geschichtsschreibung, in: FBPG 15(1902), S. 209-221

ONCKEN, Hermann: [Rez.: Caspary: Ludolf Camphausens Leben], in: PrJb 110(1902), S. 321-28, wiederabgedruckt in: ders.: Historisch-politische Aufsätze und Reden, Bd. 2, S. 286-296

ONCKEN, Hermann: [Rez.: Pastor: August Reichensperger], in: HZ 88(1902), S. 247-263, wiederabgedruckt in: ders.: Historisch-politische Aufsätze und Reden, Bd. 2, S. 303-323

ONCKEN, Hermann: [Rez.: Hansen: Gustav v. Mevissen], in: Historische Vierteljahrsschrift 10(1907), S. 451-456, wiederabgedruckt in: ders.: Historisch-politische Aufsätze und Reden, Bd. 2, S. 296-302

ONCKEN, Hermann: Historisch-politische Aufsätze und Reden, 2 Bde., München/Berlin 1914

PATRIZI, Francesco: Della Historia Diece Dialoghi (zuerst: 1560), in: KESSLER: Theoretiker humanistischer Geschichtsschreibung, ohne Paginierung

RANKE, Leopold von: Französische Geschichte, vornehmlich im 16. und 17. Jahrhundert, 5 Bde., Stuttgart 1852-61, 6 Bde., ⁴1877-79, ND, hg. v. Willy ANDREAS, Essen 1996

RANKE, Leopold von: Englische Geschichte, vornehmlich im 16. und 17. Jahrhundert, 7 Bde., Berlin 1859-68, 9 Bde., ⁴1877-79, ND, hg. v. Willy ANDREAS, Essen 1996

RANKE, Leopold von: Über die Epochen der neueren Geschichte. Vorträge dem Könige Maximilian II. von Bayern gehalten (1854), Darmstadt 1954, ND Darmstadt 1973

RANKE, Leopold von: Tagebücher, hg. v. Walther Peter FUCHS (= Aus Werk und Nachlaß, Bd. 1), München/Wien 1964

RANKE, Leopold von: [Fragment aus den dreißiger Jahren], in: Fritz STERN (Hg.): Geschichte und Geschichtsschreibung. Möglichkeiten, Aufgaben, Methoden, München 1966, S. 61-64

RANKE, Leopold von: Vorlesungseinleitungen, hg. von Volker DOTTERWEICH und Walther Peter FUCHS (=Aus Werk und Nachlaß, Bd. 4), München 1975

REMER, Julius August: Überblick der drey letzten Jahrhunderte aus dem Gesichtspunkt der Biographik. Eine vorbereitende Abhandlung, in: Der Biograph, Bd. 1, Halle/Berlin 1802, S. 1-44 u. S. 137-184

ROUSSEAU, Jean-Jacques: Émile ou de l'éducation (zuerst: 1762), kommentiert v. Francois u. Pierre RICHARD, Paris 1992; deutsche Ausgabe: Emil oder über die Erziehung, hg. v. Ludwig SCHMIDTS, Paderborn u.a. ¹¹1993

SCHÄFER, Dietrich: Das eigentliche Arbeitsgebiet der Geschichte, Jena 1888, wiederabgedruckt in: ders.: Aufsätze, Vorträge und Reden, Bd. 1, Jena 1913, S. 264-290

SIMMEL, Georg: Die Probleme der Geschichtsphilosophie. Eine erkenntnistheoretische Studie, Leipzig ³1907

SYBEL, Heinrich von: Über den Stand der neueren deutschen Geschichtsschreibung (zuerst: 1856), in: ders.: Kleine historische Schriften, Bd. 1, Stuttgart 1880, S. 350-364

TREITSCHKE, Heinrich v.: Politik. Vorlesungen, gehalten an der Universität zu Berlin, hg. v. Max CORNICELIUS, 2 Bde., Leipzig ²1899

VALENTIN, Veit: [Rez.: Mayer: Schweitzer], in: HZ 110(1913), S. 137-146

VISCHER, Friedrich Theodor: Friedrich Strauß als Biograph (zuerst: 1858), in: ders.: Kritische Gänge, 1. Bd., hg. v. Robert VISCHER, München ²1922, S. 217-279

WERNER, R. M.: Biographie der Namenlosen, in: BioBl 1(1895), S. 114-119

WIELAND, Christoph Martin: Über Herders Adrastea, 1.-4. Stück, in: Neuer Teutscher Merkur, 1. Bd., 1802, S. 277-298, wiederabgedruckt in: ders.: Werke, Bd. 38, Berlin 1879, S. 615-626

WIGGERS, Johann Georg: Über die Biographie, Mitau 1777

ZEDLER, Johann Heinrich: Grosses vollständiges Universallexikon aller Wissenschaften und Künste, 64 Bde. u. 4 Ergänzungsbände, Halle/Leipzig 1732-54, ND Graz 1961-64

II. Darstellungen

1. Darstellungen, vornehmlich zur Historiographiegeschichte und zur Geschichtstheorie

ACHAM, Karl/Winfried SCHULZE (Hgg.): Teil und Ganzes. Zum Verhältnis von Einzel- und Gesamtanalyse in Geschichts- und Sozialwissenschaften (= Theorie der Geschichte. Beiträge zur Historik, Bd. 6), München 1990

ALBRECHT, Michael von: Geschichte der römischen Literatur. Von Andronicus bis Boethius. Mit Berücksichtigung ihrer Bedeutung für die Neuzeit, 2 Bde., Berlin 1992

ANKERSMIT, Frank R.: Historicsm. An Attempt at Synthesis, in: HTh 34(1995), S. 143-161

ARNOLD, Günter: Geschichte und Geschichtsphilosophie in Herders "Adrastea", in: Impulse. Aufsätze, Quellen, Berichte zur deutschen Klassik und Romantik, Folge 7, Berlin/Weimar 1984, S. 224-261

BACKS, Silvia: Dialektisches Denken in Rankes Geschichtsschreibung bis 1854 (= Dissertationen zur Neueren Geschichte, Bd. 17), Köln/Wien 1985

BELOW, Georg v.: Die Deutsche Geschichtsschreibung von den Befreiungskriegen bis zu unseren Tagen, München/Berlin ²1924, ND Aalen 1973

BERGMANN, Klaus u.a. (Hgg.): Handbuch der Geschichtsdidaktik, Seelze-Felber ⁴1992

BLANKE, Horst Walter: Historiographiegeschichte als Historik (= Fundamenta Historica, hg. v. Georg G. IGGERS u.a., Bd. 3), Stuttgart 1991

BLANKE, Horst Walter: Typen und Funktionen der Historiographiegeschichtsschreibung. Eine Bilanz und ein Forschungsprogramm, in: KÜTTLER/RÜSEN/SCHULIN (Hgg.): Geschichtsdiskurs, Bd. 1, S. 191-211

BOSCH, Manfred (Hg.): Persönlichkeit und Struktur in der Geschichte. Historische Bestandsaufnahme und didaktische Implikationen, Düsseldorf 1977

BRECHENMACHER, Thomas: Großdeutsche Geschichtsschreibung im neunzehnten Jahrhundert. Die erste Generation (1830-1848) (= Berliner Historische Studien, Bd. 22), Berlin 1996

BRECHT, Martin: Martin Luther. Sein Weg zur Reformation 1483-1521, Stuttgart 1981

BRUMFITT, Henry: Voltaire historian, Oxford 1958

BRUNNER, Otto/Werner CONZE/Reinhart KOSELLECK (Hgg.): Geschichtliche Grundbegriffe. Historisches Lexikon zur politisch-sozialen Sprache in Deutschland, 7 Bde., Stuttgart 1972-1992

BUCK, August: Das Geschichtsdenken der Renaissance, Krefeld 1957

BUCK, August (Hg.): Humanismus und Historiographie, Weinheim 1991

BURGUIÈRE, André (Hg.): Dictionnaire des Sciences Historiques, Paris 1986

CASSIRER, Ernst: Die Philosophie der Aufklärung, München ³1973

CHARLE, Christophe: Vordenker der Moderne. Die Intellektuellen im 19. Jahrhundert, Frankfurt a. M. 1997

CHRIST, Karl: Von Gibbon zu Rostovtzeff. Leben und Werk führender Althistoriker der Neuzeit, Darmstadt 1972

CROCE, Benedetto: Zur Theorie und Geschichte der Historiographie, Tübingen 1915

DANIEL, Ute: "Ein einziges grosses Gemählde". Die Erfindung des historischen Genres um 1800, in: GWU 47(1996), S. 3-20

DANTO, Arthur C.: Analytical Philosophy of History, Cambridge 1965; deutsche Ausgabe: Analytische Philosophie der Geschichte, Frankfurt a. M. 1974

DEMANDT, Alexander: Politische Aspekte im Alexanderbild der Neuzeit. Ein Beitrag zu historischen Methodenkritik, in: AKG 54(1972), S. 324-363

DEMANDT, Alexander: Ungeschehene Geschichte. Ein Traktat über die Frage: Was wäre geschehen, wenn ...?, Göttingen ²1986

DROYSEN, Johann Gustav: Zur Kritik Pufendorfs (zuerst: 1864), in: ders.: Abhandlungen zur neueren Geschichte, Leipzig 1876, S. 307-386

DUCHHARDT, Heinz: Das Zeitalter des Absolutismus (= OGG, Bd. 11), München ²1992

EGGERT, Hartmut: Studien zur Wirkungsgeschichte des deutschen historischen Romans 1850-1875 (= Studien zur Philosophie und Literatur des neunzehnten Jahrhunderts, Bd. 14), Frankfurt a. M. 1971

EGGERT,Hartmut/Ulrich PROFITLICH/Klaus R. SCHERPE (Hgg.): Geschichte als Literatur. Formen und Grenzen der Repräsentation von Vergangenheit, Stuttgart 1990

ERBE, Michael (Hg.): Friedrich Meinecke heute. Bericht über ein Gedenk-Colloqium zu seinem 25. Todestag am 5. und 6. April 1979 (= Einzelveröffentlichungen der historischen Kommission zu Berlin, Bd. 35), Berlin 1981

FAULENBACH, Bernd (Hg.): Geschichtswissenschaft in Deutschland. Traditionelle Positionen und gegenwärtige Aufgaben, München 1974

FEHRENBACH, Elisabeth: Die Reichsgründung in der deutschen Geschichtsschreibung, in: Theodor SCHIEDER/Ernst DEUERLEIN (Hgg.): Reichsgründung 1870/71. Tatsachen, Kontroversen, Interpretationen, Stuttgart 1970, S. 259-290

FEHRENBACH, Elisabeth: Rankerenaissance und Imperialismus in der wilhelminischen Zeit, in: FAULENBACH (Hg.): Geschichtswissenschaft in Deutschland, S. 54-65

FEHRENBACH, Elisabeth: Vom Ancien Régime zum Wiener Kongreß (= OGG, Bd. 12), München ³1993

FUETER, Eduard: Geschichte der neueren Historiographie, München/Berlin ³1936, ND Zürich/Schwäbisch Hall 1985

FUHRMANN, Horst: "Sind eben alles Menschen gewesen". Gelehrtenleben im 19. und 20. Jahrhundert. Dargestellt am Beispiel der Monumenta Germania Historica und ihrer Mitarbeiter, München 1996

FULDA, Daniel: Wissenschaft aus Kunst. Die Entstehung der modernen deutschen Geschichtsschreibung 1760-1860 (= European Cultures. Studies in Literature and the Arts, hg. v. Walter PAPE, Bd. 7), Berlin/New York 1996

GADAMER, Hans-Georg: Wahrheit und Methode. Grundzüge einer philosophischen Hermeneutik, Tübingen ²1960

GEHRKE, Hans-Joachim: Geschichte des Hellenismus (= OGG, Bd. 1A), München ²1995

GINZBURG, Carlo: Der Käse und die Würmer. Die Welt eines Müllers um 1600, Frankfurt a. M. 1983 (org.: Turin 1976)

GOERTZ, Hans-Jürgen: Umgang mit der Geschichte. Eine Einführung in die Geschichtstheorie, Reinbek bei Hamburg 1995

HALTERN, Utz: Geschichte und Bürgertum. Droysen - Sybel - Treitschke, in: HZ 259(1994), S. 59-107

HAMBERGER, Georg Christoph/Johann Georg MEUSEL: Das gelehrte Teutschland oder Lexikon der jetzt lebenden teutschen Schriftsteller, angefangen v. G. Chr. HAMBERGER, fortgeführt v. J. G. MEUSEL, 5. Ausgabe, 23 Bde., Lemgo 1796-1834, ND Hildesheim 1965-67

HAMMERSTEIN, Notker: Samuel Pufendorf, in: Michael STOLLEIS (Hg.): Staatsdenker im 17. und 18. Jahrhundert. Reichspublizistik, Politik, Naturrecht, Frankfurt a. M. ²1987, S. 172-196

HAMMERSTEIN, Notker (Hg.): Deutsche Geschichtswissenschaft um 1900, Stuttgart 1988

HARDTWIG, Wolfgang: Von Preußens Aufgabe in Deutschland zu Deutschlands Aufgabe in der Welt. Liberalismus und borussisches Geschichtsbild zwischen Revolution und Imperialismus, in: HZ 231(1980), S. 265-324, wiederabgedruckt in: ders.: Geschichtskultur und Wissenschaft, S. 103-162

HARDTWIG, Wolfgang: Erinnerung, Wissenschaft, Mythos. Nationale Geschichtsbilder und politische Symbole in der Reichsgründungsära und im Kaiserreich, in: ders.: Geschichtskultur und Wissenschaft, S. 224-263

HARDTWIG, Wolfgang: Geschichtskultur und Wissenschaft, München 1990

HARDTWIG, Wolfgang: Geschichtsreligion - Wissenschaft als Arbeit - Objektivität. Der Historismus in neuer Sicht, in: HZ 252(1991), S. 1-32

HARDTWIG, Wolfgang: Alltagsgeschichte heute. Eine kritische Bilanz, in: SCHULZE (Hg.): Sozialgeschichte, Alltagsgeschichte, Mikro-Historie, S. 19-32

HARRAEUS, Karl: David Friedrich Strauß: sein Leben und seine Schriften unter Heranziehung seiner Briefe dargestellt (= Männer der Zeit. Lebensbilder hervorragender Persönlichkeiten der Gegenwart und der jüngsten Vergangenheit, Bd. 10), Leipzig 1901

HAUSSMANN, Thomas: Erklären und Verstehen: Zur Theorie und Pragmatik der Geschichtswissenschaft. Mit einer Fallstudie über die Geschichtsschreibung zum Deutschen Kaiserreich von 1871-1918, Frankfurt a. M. 1991

HELLMANN, Siegmund: Einhards literarische Stellung, in: Historische Vierteljahrsschrift 27(1932), S. 40-110, wiederabgedruckt in: ders.: Ausgewählte Abhandlungen zur Historiographie und Geistesgeschichte des Mittelalters, hg. und eingeleitet v. Helmut BEUMANN, Weimar 1961, S. 159-230

HERTZ-EICHENRODE, Dieter: Die "Neuere Geschichte" an der Berliner Universität. Historiker und Geschichtsschreibung im 19./20. Jahrhundert, in: Reiner HANSEN/Wolfgang RIBBE (Hgg.): Geschichtswissenschaft in Berlin im 19. und 20. Jahrhundert. Persönlichkeiten und Institutionen (= Veröffentlichungen der Historischen Kommission zu Berlin, Bd. 82), Berlin/New York 1992, S. 261-322

HINTZE, Otto: Johann Gustav Droysen, in: ADB 48(1904), S. 82-144, wiederabgedruckt in: ders.: Soziologie und Geschichte, S. 427-499

JAEGER, Friedrich/Jörn RÜSEN: Geschichte des Historismus. Eine Einführung, München 1992

JARAUSCH, Konrad/Jörn RÜSEN/Hans SCHLEIER (Hgg.): Geschichtswissenschaft vor 2000. Perspektiven der Historiographiegeschichte, Geschichtstheorie, Sozial- und Kulturgeschichte, FS Georg G. IGGERS, Hagen 1991

JOACHIMSEN, Paul: Geschichtsauffassung und Geschichtsschreibung in Deutschland unter dem Einfluß des Humanismus, 1. Teil, Leipzig 1910, ND Aalen 1968

JORDAN, Karl: Von Dahlmann zu Treitschke: Die Kieler Historiker im Zeitalter der schleswig-holsteinischen Bewegung, in: AKG 49(1967), S. 261-296

KERSKEN, Norbert: Geschichtsschreibung im Europa der "nationes". Nationalgeschichtliche Gesamtdarstellungen im Mittelalter [= Münstersche Historische Forschungen, Bd. 8], Köln u.a. 1995

KLUETING, Harm: Rückwärtigkeit des Örtlichen - Individualisierung des Allgemeinen. Heimatgeschichtsschreibung (Historische Heimatkunde) als unprofessionelle Lokalgeschichtsschreibung neben der professionellen Geschichtswissenschaft, in: Edeltraud KLUETING (Hg.): Antimodernismus und Reform. Zur Geschichte der deutschen Heimatbewegung, Darmstadt 1991, S. 50-89

KOCKA, Jürgen: Sozialgeschichte. Begriff - Entwicklung - Probleme, Göttingen ²1986

KOCKA, Jürgen/Thomas Nipperdey (Hgg.): Theorie und Erzählung in der Geschichte (= Theorie der Geschichte. Beiträge zur Historik, Bd. 3), München 1979

KOCKA, Jürgen: Struktur und Persönlichkeit als methodologisches Problem der Geschichtswissenschaft, in: BOSCH (Hg.): Persönlichkeit und Struktur, S. 152-169

KUCZYNSKI, Jürgen: Geschichte des Alltags des deutschen Volkes, Bd. 1, Berlin(-Ost) 1980

KOSELLECK, Reinhart: Historia Magstria Vitae. Über die Auflösung des Topos im Horizont neuzeitlich bewegter Geschichte, in: Natur und Geschichte. FS Karl LÖWITH, Stuttgart u.a. 1967, S. 196-219

KOSELLECK, Reinhart u.a.: Geschichte, in: BRUNNER/CONZE/KOSELLECK (Hgg.): Geschichtliche Grundbegriffe, Bd. 2, Stuttgart 1975, S. 593-717

KOSELLECK, Reinhart/Heinrich LUTZ/Jörn RÜSEN (Hgg.): Formen der Geschichtsschreibung (= Theorie der Geschichte. Beiträge zur Historik, Bd. 4), München 1982

KOSELLECK, Reinhart: Darstellungsweisen der preußischen Reform. Droysen, Treitschke, Mehring, in: KOSELLECK/LUTZ/RÜSEN (Hgg.): Formen der Geschichtsschreibung, S. 245-265

KRAUS, Andreas: Grundzüge barocker Geschichtsschreibung, in: Historisches Jahrbuch 88(1968), S. 54-77

KRILL, Hans-Heinz: Die Rankerenaissance. Max Lenz und Erich Marcks. Ein Beitrag zum historisch-politischen Denken in Deutschland 1880-1935 (= Veröffentlichungen der Berliner Historischen Kommission beim Friedrich-Meinecke-Institut der Freien Universität Berlin, Bd. 3), Berlin 1962

KÜTTLER, Wolfgang/Jörn RÜSEN/Ernst SCHULIN (Hgg.): Geschichtsdiskurs, Bd. 1.: Grundlagen und Methoden der Historiographiegeschichte, Frankfurt a. M. 1993

KÜTTLER, Wolfgang/Jörn RÜSEN/Ernst SCHULIN (Hgg.): Geschichtsdiskurs, Bd. 2: Anfänge modernen historischen Denkens, Frankfurt a. M. 1994

KÜTTLER, Wolfgang/Jörn RÜSEN/Ernst SCHULIN (Hgg.): Geschichtsdiskurs, Bd. 3: Die Epoche der Historisisierung, Frankfurt a. M. 1997

KÜTTLER, Wolfgang/Jörn RÜSEN/Ernst SCHULIN (Hgg.): Geschichtsdiskurs, Bd. 4: Krisenbewußtsein, Katastrophenerfahrungen und Innovationen 1880-1945, Frankfurt. a. M. 1997

MACLEAN, Michael J.: Johann Gustav Droysen and the Development of Historical Hermeneutics, in: HTh 21(1982), S. 347-365

LORENZ, Chris: Konstruktion der Vergangenheit. Eine Einführung in die Geschichtstheorie (=Beiträge zur Geschichtskultur, hg. v. Jörn RÜSEN, Bd. 13), Köln/Weimar/Wien 1997 (org.: Amsterdam 1987ff.)

MEIER, Christian: Geschichte schreiben - Aus der Werkstatt des modernen Historikers, in: Stefan KRIMM/Dieter ZERLIN/Wieland ZIRBS (Hgg.): Geschehenes erzählen - Geschichte schreiben. Literatur und Historiographie in Vergangenheit und Gegenwart, München 1995, S. 13-34

MEINECKE, Friedrich: Johann Gustav Droysen, sein Briefwechsel und seine Geschichtsschreibung (zuerst: 1929/30), in: ders.: Zur Geschichte der Geschichtsschreibung, S. 125-167

MEINECKE, Friedrich: Die Entstehung des Historismus (zuerst: 1936) (= Werke, Bd. 3), München ^{4}1965 (2. Auflage im Rahmen der "Werke")

MEISTER, Klaus: Die griechische Geschichtsschreibung. Von den Anfängen bis zum Ende des Hellenismus, Stuttgart/Berlin/Köln 1990

METZ, Karl-Heinz: Grundformen historiographischen Denkens. Wissenschaftsgeschichte als Methodologie. Dargestellt an Ranke, Treitschke und Lamprecht. Mit einem Anhang über zeitgenössische Geschichtstheorie, München 1979

MUHLACK, Ulrich: Leopold von Ranke, in: HAMMERSTEIN (Hg.): Deutsche Geschichtswissenschaft um 1900, S. 11-37

MUHLACK, Ulrich: Geschichtswissenschaft im Humanismus und in der Aufklärung. Die Vorgeschichte des Historismus, München 1991

NÄF, Beat: Eduard Meyers Geschichtstheorie. Entwicklung und zeitgenössische Reaktionen, in: William M. CALDER III./Alexander DEMANDT (Hgg.): Eduard Meyer. Leben und Leistung eines Universalhistorikers, Leiden u.a. 1990, S. 285-310

NIPPERDEY, Thomas: Über Relevanz, in: Dietrich KURZE (Hg.): Aus Theorie und Praxis der Geschichtswissenschaft. FS Hans HERZFELD (= Veröffentlichungen der Historischen Kommission zu Berlin, Bd. 37), Berlin/New York 1972, S. 1-26

NIPPERDEY, Thomas: Die anthropologische Dimension der Geschichtswissenschaft, in: Gerhard SCHULZE (Hg.): Geschichte heute. Positionen, Tendenzen, Probleme, Göttingen 1973, S. 225-248

NIPPERDEY, Thomas: Probleme der Modernisierung in Deutschland, in: Saeculum 30(1979), S. 292-303, wiederabgedruckt in: ders.: Nachdenken über die deutsche Geschichte, S. 44-59

NIPPERDEY, Thomas: Georg Wilhelm Friedrich Hegel. Geschichtliches Bewußtsein und politisches Handeln, in: Peter ALTER/Wolfgang J. MOMMSEN/Thomas NIPPERDEY (Hgg.): Geschichte und politisches Handeln. Studien zu europäischen Denkern der Neuzeit. Theodor SCHIEDER zum Gedächtnis, Stuttgart 1985, S. 128-145

NIPPERDEY, Thomas: Nachdenken über die deutsche Geschichte, München ^{2}1986

NIETHAMMER, Lutz: Anmerkungen zur Alltagsgeschichte, in: Gd 3(1980), S. 231-242

OESTREICH, Gerhard: Die Fachhistorie und die Anfänge der sozialgeschichtlichen Forschung in Deutschland, in: HZ 208(1969), S. 320-363, wiederabgedruckt in: ders.: Strukturprobleme der frühen Neuzeit. Ausgewählte Aufsätze, hg. v. Brigitta OESTREICH, Berlin 1980, S. 57-95

OEXLE, Otto Gerhard/Jörn RÜSEN (Hgg.): Historismus in den Kulturwissenschaften. Geschichtskonzepte, historische Einschätzungen, Grundlagenprobleme (= Beiträge zur Geschichtskultur, hg. v. Jörn RÜSEN), Köln u.a. 1996

OSTERHAMMEL, Jürgen: Epochen der britischen Geschichtsschreibung, in: KÜTTLER/RÜSEN/SCHULIN (Hgg.): Geschichtsdiskurs, Bd. 1, S. 157-189

PFARR, Rudolf: "Zwei Seelen wohnen, ach! in meiner Brust!" Strukturen und Funktionen der Mythisierung Bismarcks (1860-1918), München 1992

RAPHAEL, Lutz: Historikerkontroversen im Spannungsfeld zwischen Berufshabitus, Fächerkonkurrenz und sozialen Deutungsmustern. Lamprecht-Streit und französischer Methodenstreit in vergleichender Perspektive, in: HZ 251(1990), S. 325-360

RIEDEL, Manfred: Fortschritt und Dialektik in Hegels Geschichtsphilosophie, in: ders.: System und Geschichte, Frankfurt a. M. 1973, S. 40-64

RITTER, Gerhard: Gegenwärtige Lage und Zukunftsaufgaben deutscher Geschichtswissenschaft, in: HZ 170(1949), S. 1-22

RÜSEN, Jörn: Historische Vernunft. Grundzüge einer Historik I: Die Grundlagen der Geschichtswissenschaft, Göttingen 1983

RÜSEN, Jörn: Lebendige Geschichte. Grundzüge einer Historik III: Formen und Funktionen des historischen Wissens, Göttingen 1989

RÜSEN, Jörn: Zeit und Sinn. Strategien historischen Denkens, Frankfurt a. M. 1990

RÜSEN, Jörn: Grundlagenreflexion und Paradigmenwechsel in der westdeutschen Geschichtswissenschaft, in: ders.: Zeit und Sinn, S. 50-76

RÜSEN, Jörn: Geschichtsschreibung als Theorieproblem der Geschichtswissenschaft. Skizze zum historischen Hintergrund der gegenwärtigen Diskussion, in: ders.: Zeit und Sinn, S. 135-152

RÜSEN, Jörn: Die vier Typen des historischen Erzählens, in: ders.: Zeit und Sinn, S. 153-230

RÜSEN, Jörn: Der Teil des Ganzen. Über historische Kategorien, in: ACHAM/SCHULZE (Hgg.): Teil und Ganzes, S. 299-322

RÜSEN, Jörn: Konfigurationen des Historismus. Studien zur deutschen Wissenschaftskultur, Frankfurt a. M. 1993

SCHIEDER, Theodor: Die Darstellungsformen der Geschichtswissenschaft, in: ders.: Geschichte als Wissenschaft, München ²1968, S. 114-145

SCHIFFER, Werner: Theorien der Geschichtsschreibung und ihre erzähltheoretische Relevanz (Danto, Habermas, Baumgartner, Droysen), Stuttgart 1980

SCHLEIER, Hans: Sybel und Treitschke. Antidemokratismus und Militarismus im historischen Denken großbourgeoiser Geschichtsideologen, Berlin(-Ost) 1965

SCHLEIER, Hans: Zur Auswirkung der Reichsgründung auf historisch-politische und methodologische Konzeptionen der bürgerlichen deutschen Geschichtsschreibung bis 1914, in: Horst BARTEL/Ernst ENGELBERG (Hgg.): Die großpreußisch-militaristische Reichsgründung 1871. Voraussetzungen und Folgen, Bd. 2, Berlin(-Ost) 1971, S. 517-581

SCHLEIER, Hans: Die Ranke-Renaissance, in: STREISAND (Hg.): Studien über die deutsche Geschichtswissenschaft, Bd. 2, S. 99-135

SCHNÄDELBACH, Herbert: Geschichtsphilosophie nach Hegel. Probleme des Historismus, Freiburg i. Br./München 1974

SCHNEIDER, Reinhard: Das Frankenreich (= OGG, Bd. 5), München ³1995

SCHOLTZ, G.: Geschichte, Historie, in: Historisches Wörterbuch der Philosophie, hg. v. Joachim RITTER, Bd. 3, Darmstadt 1974, Sp. 344-398

SCHULZE, Winfried (Hg.): Sozialgeschichte, Alltagsgeschichte, Mikro-Historie, Göttingen 1994

SEEBER, Gustav (Hg.): Gestalten der Bismarckzeit, 2 Bde., Berlin 1978/1986

SIEDER, Reinhard: Sozialgeschichte auf dem Weg zu einer historischen Kulturwissenschaft?, in: GG 20(1994), S. 445-468

SIMON, Christian: Staat und Geschichtswissenschaft in Deutschland und Frankreich 1871-1914. Situation und Werk von Geschichtsprofessoren an den Universitäten Berlin, München, Paris, 2 Bde., Bern 1988

SIMON, Christian: Historiographie. Eine Einführung, Stuttgart 1996

SOUTHARD, Robert: Droysen and the Prussian School of History, Kentucky 1995

SRBIK, Heinrich Ritter von: Geist und Geschichte vom deutschen Humanismus bis zur Gegenwart, 2 Bde., München/Salzburg 1950/51

STERN, Fritz: Geschichte und Geschichtsschreibung. Möglichkeiten, Aufgaben, Methoden. Texte von Voltaire bis zur Gegenwart, München 1966

STREISAND, Joachim: Studien über die deutsche Geschichtswissenschaft, Bd. 2: Die bürgerliche deutsche Geschichtsschreibung von der Reichseinigung von oben bis zur Befreiung Deutschlands vom Faschismus, Berlin 1974 (org.: Berlin 1965)

TELLENBACH, Gerd: Zur Bedeutung der Personenforschung für die Erkenntnis des früheren Mittelalters (= Freiburger Universitätsreden NF, Heft 25), Freiburg i. B. 1957

THIMME, Annelise: Hans Delbrück als Kritiker der wilhelminischen Epoche (= Beiträge zur Geschichte des Parlamentarismus und der politischen Parteien, Heft 6), Düsseldorf 1955

VOGLER, Günter: Max Lehmann, in: STREISAND: Studien über die deutsche Geschichtswissenschaft, Bd. 2, S. 57-98

WAGNER, Christine: Die Entwicklung Johann Gustav Droysens als Althistoriker, Bonn 1991

WEBER, Wolfgang: Priester der Klio. Historisch-sozialwissenschaftliche Studien zur Herkunft und Karriere deutscher Historiker und zur Geschichte der Geschichtswissenschaft 1800-1970, Frankfurt a. M./Bern/New York 1984

WEBER, Wolfgang: Biographisches Lexikon zur Geschichtswissenschaft in Deutschland, Österreich und der Schweiz. Die Lehrstuhlinhaber für Geschichte von den Anfängen des Faches bis 1970, Frankfurt a. M. u.a. ²1987

WEHLER, Hans-Ulrich (Hg.): Deutsche Historiker, bisher 9 Bde., Göttingen 1971-1982

WEHLER, Hans-Ulrich: Deutsche Gesellschaftsgeschichte, Bd. 1: Vom Feudalismus des Alten Reiches bis zur Defensiven Modernisierung der Reformära 1700-1815, München ²1989

WEHLER, Hans-Ulrich: Deutsche Gesellschaftsgeschichte, Bd. 2 : Von der Reformära bis zur industriellen und politischen "Deutschen Doppelrevolution" 1815-1845/49, München ²1989

WEHLER, Hans-Ulrich: Aus der Geschichte lernen?, München 1988

WEHLER, Hans-Ulrich (Hg.): Scheidewege der deutschen Geschichte. Von der Reformation bis zur Wende 1517-1989, München 1995

WEHLER, Hans-Ulrich: Deutsche Gesellschaftsgeschichte, Bd. 3: Von der "Deutschen Doppelrevolution" bis zum Beginn des Ersten Weltkrieges 1849-1914, München 1995

WHITE, Hayden: Metahistory. Die historische Einbildungskraft im 19. Jahrhundert in Europa, Frankfurt a. M. 1991 (org.: Baltimore/London 1973)

WHITE, Hayden: Auch Klio dichtet oder Die Fiktion des Faktischen. Studien zur Tropologie des historischen Diskurses, Stuttgart 1986

WHITE, Hayden: Die Bedeutung der Form. Erzählstrukturen in der Geschichtsschreibung, Frankfurt a. M. 1990 (org.: Baltimore/London 1987)

ZEDELMAIER, Helmut: "Im Griff der Geschichte": Zur Historiographiegeschichte der Frühen Neuzeit, in: Historisches Jahrbuch 112(1992), S. 436-456

ZMARZLIK, Hans-Günter: Das Bismarckbild der Deutschen - gestern und heute, Freiburg i. Br. 1965

2. Darstellungen zur Geschichte und Theorie der historischen Biographie

BERGLAR, Peter: Die Wiederkehr der Biographie. Vergangenheitsanschauung und geschichtliche Orientierung, in: Criticón, Heft 49, 1978, S. 231-233

BERLEPSCH, Hans-Jörg von: Die Wiederentdeckung des "wirklichen Menschen" in der Geschichte, in: Archiv für Sozialgeschichte 29(1989), S. 488-510

BERSCHIN, Walter: Biographie und Epochenstil im lateinischen Mittelalter, bisher 3 Bde., Stuttgart 1986/88/92

BERSCHIN, Walter (Hg.): Biographie zwischen Renaissance und Barock. Zwölf Studien, Heidelberg 1993

BRUNHÖLZL, F. u.a.: Biographie, in: LMA, Bd. 2, München/Zürich 1983, Sp. 199-212

BUCK, August (Hg.): Biographie und Autobiographie in der Renaissance (= Wolfenbütteler Abhandlungen zur Renaissanceforschung, Bd. 4), Wiesbaden 1983

BURCKHARDT, Jacob: Die Kultur der Renaissance in Italien. Ein Versuch (zuerst: 1860) (= Gesammelte Werke, Bd. 3), Basel/Stuttgart 1978

DIHLE, Albrecht: Studien zur griechischen Biographie, Göttingen ²1970

DIHLE, Albrecht: Die Entstehung der historischen Biographie (= Sitzungsberichte der Heidelberger Akademie der Wissenschaften, Philosophisch-historische Klasse, Jg. 1986, Bericht 3), Heidelberg 1987

DIHLE, Albrecht: Antike Grundlagen, in: BERSCHIN (Hg.): Biographie zwischen Renaissance und Barock, S. 1-22

ENGELBERG, Ernst/Hans SCHLEIER: Zu Geschichte und Theorie der historischen Biographie, in: Zeitschrift für Geschichtswissenschaft 38(1990), S. 195-217

Forschungs- und Darstellungsprobleme einer historischen Biographie (= Sitzungsberichte der Akademie der Wissenschaften der DDR, Jg. 1984, Nr. 16/G), Berlin(-Ost) 1985

FUHRMANN, M.: Biographie, in: Der kleine Pauly. Lexikon der Antike, hg. v. Konrat ZIEGLER u. Walter SONTHEIMER, 1. Bd., Stuttgart 1964, Sp. 902-904

GERSTINGER, H.: Biographie, in: Reallexikon für Antike und Christentum. Sachwörterbuch zur Auseinandersetzung des Christentums mit der Antiken Welt, hg. v. Theodor KLAUSER, Bd. 2, Stuttgart 1954, Sp. 386-391

GESTRICH, Andreas/Peter KNOCH/Helga MERKEL (Hgg.): Biographie - sozialgeschichtlich, Göttingen 1988

GRADMANN, Christoph: Geschichte, Fiktion und Erfahrung - kritische Anmerkungen zur neuerlichen Aktualität der historischen Biographie, in: Internationales Archiv für Sozialgeschichte der deutschen Literatur 17(1992), S. 1-16

GRADMANN, Christoph: Historische Belletristik. Populäre historische Biographien in der Weimarer Republik, Frankfurt/New York 1993

GRAEVENITZ, Gerhart v.: Geschichte aus dem Geist des Nekrologs. Zur Begründung der Biographie im 19. Jahrhundert, in: DVjS 54(1980), S. 105-170

GRAND, E.-D.: Biographie, in: La Grande Encyclopédie, Bd. 6, Paris 1886, S. 890-897

GRIMM, Reinhold/Jost HERMAND (Hgg.): Vom Anderen und vom Selbst. Beiträge zu Fragen der Biographie und Autobiographie, Königstein/Taunus 1982

GUGEL, Helmut: Studien zur biographischen Technik Suetons, aus dem Nachlaß hg. v. Karl VRETSKA (= Wiener Studien, Beiheft 7), Wien/Köln/Graz 1977

HAMEROW, Theodore S.: Die Kunst der historischen Biographie in Deutschland von 1871 bis zur Gegenwart, in: GRIMM/HERMAND (Hgg.): Vom Anderen und vom Selbst, S. 30-44

HARTH, Dietrich: Biographie als Weltgeschichte. Die theoretische und ästhetische Konstruktion der historischen Handlung in Droysens "Alexander" und Rankes "Wallenstein", in: DVjS 54(1980), S. 58-104

HIRSCHER, Gerhard: Die Biographie in der Diskussion der Geschichtswissenschaft, in: Geschichte, Politik und ihre Didaktik 17(1989), S. 114-123

HÖLZLE, Peter: Biographie, in: Günther und Irmgard SCHWEIKLE (Hgg.): Metzler Literatur Lexikon, Stuttgart 1984, S. 54

IJSEWIJN, Jozef: Die humanistische Biographie, in: BUCK (Hg.): Biographie und Autobiographie in der Renaissance, S. 1-20

IMMENKÖTTER, Herbert: Von Engeln und Teufeln: Über Luther-Biographien des 16. Jahrhunderts, in: BUCK (Hg.): Biographie und Autobiographie in der Renaissance, S. 91-102

JÄGER, Georg: Empfindsamkeit und Roman. Wortgeschichte, Theorie und Kritik im 18. und frühen 19. Jahrhundert, Stuttgart u.a. 1969

JANDER, Eckhart: Untersuchungen zu Theorie und Praxis der deutschen historischen Biographie im neunzehnten Jahrhundert (Ist die Biographie eine mögliche Form legitimer Geschichtsschreibung?), Diss. Freiburg i. Br. 1965

KLINGENSTEIN, Grete/Heinrich LUTZ/Gerald STOURZH (Hgg.): Biographie und Geschichtswissenschaft. Aufsätze zur Theorie und Praxis biographischer Arbeit (= Wiener Beiträge zur Geschichte der Neuzeit, Bd. 6), München 1979

KLOSE, Werner: Die Wiederkehr der historischen Biographie, in: Geschichte, Politik und ihre Didaktik 15(1987), S. 212-216

KOCKA, Jürgen: Bismarck-Biographien, in: GG 7(1981), S. 572-581

KÖHLER, Oswald: Das Bild des geistlichen Fürsten in den Viten des 10., 11. und 12. Jahrhunderts, Basel 1935

KRUCKIS, Hans-Martin: Ein potenziertes Abbild der Menschheit. Idolatrie und Wissenschaft in der Goethe-Biographik bis Gundolf, Diss. Bielefeld 1989, veröffentlicht unter dem Titel: "Ein potenziertes Abbild der Menschheit". Biographischer Diskurs und Etablierung der Neugermanistik in der Goethe-Biographik bis Gundolf, Heidelberg 1995

KRUCKIS, Hans-Martin: Biographie als literaturwissenschaftliche Darstellungsform im 19. Jahrhundert, in: Jürgen FOHRMANN/Wilhelm VOßKAMP (Hgg.): Wissenschaftsgeschichte der Germanistik im 19. Jahrhundert, Stuttgart 1994, S. 550-575

KUCZYNSKI, Jürgen: Gelehrtenbiographien (= Studien zu einer Geschichte der Gesellschaftswissenschaften, Bd. 6), Berlin(-Ost) 1977

LEO, Friedrich: Die griechisch-römische Biographie nach ihrer literarischen Form, Leipzig 1901, ND Hildesheim 1965

MAURER, Michael: Die Biographie des Bürgers. Lebensformen und Denkweisen in der formativen Phase des deutschen Bürgertums (1680-1815) (=Veröffentlichungen des Max-Planck-Instituts für Geschichte, Bd. 127), Göttingen 1996

MIECK, Ilja: Die Frühe Neuzeit. Definitionsprobleme, Methodendiskussion, Forschungstendenzen, in: Nada Boskovska LEIMGRUBER (Hg.): Die Frühe Neuzeit in der Geschichtswissenschaft. Forschungstendenzen und Forschungsergebnisse, Paderborn 1997, S. 17-38

MISCH, Georg: Geschichte der Autobiographie, 4. Bd, 2. Hälfte: Von der Renaissance bis zu den autobiographischen Hauptwerken des 18. und 19. Jahrhunderts, aus dem Nachlaß bearb. v. Bernd NEUMANN, Frankfurt a. M. 1969

MÜLLER, Klaus-Detlef: Autobiographie und Roman. Studien zur literarischen Autobiographie der Goethezeit, Tübingen 1976

NIGGL, Günter: Geschichte der deutschen Autobiographie im 18. Jahrhundert, Stuttgart 1977

OELKERS, Jürgen: Biographik - Überlegungen zu einer unschuldigen Gattung, in: NPL 19(1974), S. 296-309

OEXLE, Otto Gerhard: Individuum und Erinnerungskultur im 13. Jahrhundert, oder: Wie man eine moderne Biographie schreibt, in: Rechtshistorisches Journal 15(1996), S. 44-50

OPGENOORTH, Ernst: Golo Manns Wallenstein, in: HPB 20(1972), S. 129f.

PRESS, Volker: Böhmischer Aristokrat und kaiserlicher General. Zwei Biographien Albrecht von Wallensteins, in: HZ 222(1976), S. 626-638

RÖCKELEIN, Hedwig (Hg.): Biographie als Geschichte (= Forum Psychohistorie, Bd. 1), Tübingen 1993

RIESENBERGER, Dieter: Biographie als historiographisches Problem, in: BOSCH (Hg.): Persönlichkeit und Struktur in der Geschichte, S. 25-39

ROMEIN, Jan: Die Biographie. Einführung in ihre Geschichte und ihre Problematik, Bern 1948 (org.: Amsterdam 1946)

SCHEUER, Helmut: Biographie. Studien zur Funktion und zum Wandel einer literarischen Gattung vom 18. Jahrhundert bis zur Gegenwart, Stuttgart 1979

SCHEUER, Helmut: Biographie, in: BERGMANN u.a. (Hgg.): Handbuch der Geschichtsdidaktik, S. 201-204

SCHEUER, Helmut: Biographie, in: Gerd UEDING (Hg.): Historisches Wörterbuch der Rhetorik, Bd. 2, Tübingen 1994, S. 30-43

SCHIEDER, Theodor: Der junge Goethe im alten Reich. Historische Fragmente aus "Dichtung und Wahrheit", in: Peter BERGLAR (Hg.): Staat und Gesellschaft im Zeitalter Goethes. FS Hans TÜMMLER, Köln/Wien 1977, S. 131-145, wiederabgedruckt in: SCHIEDER: Einsichten in die Geschichte. Essays, Frankfurt a. M./Berlin/Wien 1980, S. 51-66

SCHIEDER, Theodor: [Rez.: Gall: Bismarck], in: GWU 32(1981), S. 256-260

SCHLEIER, Hans: Überlegungen zur historischen Biographie um die Jahrhundertwende in Deutschland, in: Wolfgang KÜTTLER/Karl-Heinz NOACK (Bearb.): Methodologiegeschichte als Historiographiegeschichte. FS Ernst ENGELBERG (= Sitzungsberichte der Akademie der Wissenschaften in Berlin, Jg. 1991, Nr. 1), Berlin 1991, S. 81-87

SCHULER, Reinhard: Das Exemplarische bei Goethe. Die biographische Skizze zwischen 1803 und 1809, München 1973

SCHULZE, Hagen: Die Biographie in der "Krise der Geschichtswissenschaft", in: GWU 29(1978), S. 508-518

SELGE, Kurt-Viktor: Die Darstellung Luthers (bis zum Wormser Reichstag) in neueren Biographien und Reformationsgeschichten, in: KOSELLECK/LUTZ/RÜSEN (Hgg.): Formen der Geschichtsschreibung, S. 266-289

SENGLE, Friedrich: Biedermeierzeit. Deutsche Literatur im Spannungsfeld zwischen Restauration und Revolution 1815-1848, Bd. 2: Die Formenwelt, Stuttgart 1972

TEUFFEL, Rudolf: Individuelle Persönlichkeitsschilderung in den deutschen Geschichtswerken des 10. und 11. Jahrhunderts (= Beiträge zur Kulturgeschichte des Mittelalters und der Renaissance, hg. v. Walter GOETZ, Bd. 12), Leipzig/Berlin 1914, ND Hildesheim 1974

WEHLER, Hans-Ulrich: Zum Verhältnis von Geschichtswissenschaft und Psychoanalyse, in: ders.: Geschichte und Psychoanalyse, Frankfurt a. M. ²1974, S. 7-26

WEHLER, Hans-Ulrich: Galls "Bismarck". Vorzüge, Grenzen und Rezeption einer Biographie, in: Gd 2(1981), S. 205-212

WERTHEIM, Ursula: Zu Problemen von Biographie und Autobiographie in Goethes Ästhetik, in: dies.: Goethe-Studien, Berlin(-Ost) 1968, S. 89-126

WOLGAST, Eike: Biographie als Autoritätsstiftung: Die ersten evangelischen Lutherbiographien, in: BERSCHIN (Hg.): Biographie zwischen Renaissance und Barock, S. 41-72

WUTHENOW, Ralph-Rainer: Das erinnerte Ich. Europäische Autobiographie und Selbstdarstellung im 18. Jahrhundert, München 1974

Domenico Losurdo (Hrsg.)

Geschichtsphilosophie und Ethik

Referate des Kongresses vom 11. - 14. September 1996 in Pavia

Frankfurt/M., Berlin, Bern, New York, Paris, Wien, 1998. XII, 688 S.
Annalen der Internationalen Gesellschaft für dialektische Philosophie.
Herausgegeben von Domencio Losurdo. Bd. 10
ISBN 3-631-31002-1 · br. DM 148.–*

In unseren Tagen gibt es eine überwältigende Masse von Büchern, Abhandlungen und Artikeln – auch in der Tagespresse –, in denen die These vertreten wird, daß die Katastrophe oder die Katastrophen des 20. Jahrhunderts und der heutigen Welt das Ergebnis des Opfers der Moral auf dem Altar der Geschichtsphilosophie sind. Abgesehen von Marx klagt dieses Fazit auch Hegel in schwerwiegender Weise an. Das Treffen von Pavia bot die Gelegenheit, entscheidende theoretische Fragen und wichtige Probleme der Geschichte der Philosophie zu erörtern und sie eng mit der Analyse eines zentralen Topos der herrschenden Ideologie zu verknüpfen, der oft nur in entschieden einseitiger Weise geltend gemacht wird, um die großen Revolutionen zu liquidieren, welche die heutige Welt geprägt haben.

Aus dem Inhalt: Foren I und II · Geschichte und Ethik in der Philosophie vor Hegel · Geschichte und Ethik in der Philosophie bei und nach Hegel · Geschichte und Natur · Recht und Ethik · Geschichtsphilosophie und Geschichtswissenschaft · Die Debatte über die Geschichtsphilosophie

Frankfurt/M · Berlin · Bern · New York · Paris · Wien
Auslieferung: Verlag Peter Lang AG
Jupiterstr. 15, CH-3000 Bern 15
Telefax (004131) 9402131
*inklusive Mehrwertsteuer
Preisänderungen vorbehalten